河南省职业教育和继续教育精品在线开放课程配套教材
高等职业教育数字化教材
交通土建高职高专专业教材

Daolu Cailiao Yingyong Jishu

道路材料应用技术

（第3版）

宁金成　主　编
曹学　　峰　副主编
　　　　　主　审

人民交通出版社股份有限公司
北　京

内 容 提 要

本书为河南省职业教育和继续教育精品在线开放课程配套教材、高等职业教育数字化教材、交通土建高职高专专业教材。全书包括十个项目，分别为砂石材料、石灰、水泥、沥青、工程用土、建筑钢材、水泥混凝土、无机结合料稳定材料、沥青混合料、其他建筑材料。项目一至项目六为单一材料，项目七至项目九为混合料。本书详细地阐述了它们的生产、分类、物理性质、化学性质、力学性质、工艺性质等，通过实际工程案例介绍了三种混合料的配合比设计。

本书可作为交通高等职业技术学院道路与桥梁工程技术、道路工程检测技术、道路养护与管理、道路工程造价、建设工程监理等专业教材，也可用作中等职业教育交通土建类专业教材、各类成人教育培训教材，以及供工程技术人员学习参考。

本教材在"智慧职教"建有河南省精品在线开放课程，读者可登录学习（具体见后"本教材配套资源介绍"）；本教材配教学课件，教师可通过加入"职教路桥教学研讨"QQ群（QQ:561416324）获取课件。

图书在版编目(CIP)数据

道路材料应用技术／宁金成主编．— 3 版．— 北京：人民交通出版社股份有限公司，2023.7
ISBN 978-7-114-18824-4

Ⅰ.①道… Ⅱ.①宁… Ⅲ.①道路工程—工程材料—高等学校—教材 Ⅳ.①U414

中国国家版本馆 CIP 数据核字(2023)第 096970 号

	河南省职业教育和继续教育精品在线开放课程配套教材
	高等职业教育数字化教材
	交通土建高职高专专业教材
书　名：	道路材料应用技术（第3版）
著作者：	宁金成
责任编辑：	任雪莲　陈虹宇
责任校对：	孙国靖　宋佳时
责任印制：	张　凯
出版发行：	人民交通出版社股份有限公司
地　址：	(100011)北京市朝阳区安定门外外馆斜街3号
网　址：	http://www.ccpcl.com.cn
销售电话：	(010)59757973
总经销：	人民交通出版社股份有限公司发行部
经　销：	各地新华书店
印　刷：	北京虎彩文化传播有限公司
开　本：	787×1092　1/16
印　张：	23.5
字　数：	572 千
版　次：	2008 年 1 月　第 1 版 2014 年 8 月　第 2 版 2023 年 7 月　第 3 版
印　次：	2023 年 7 月　第 3 版　第 1 次印刷　总第 9 次印刷
书　号：	ISBN 978-7-114-18824-4
定　价：	68.00 元

(有印刷、装订质量问题的图书，由本公司负责调换)

第3版前言

本教材是河南省职业教育和继续教育精品在线开放课程配套教材、高等职业教育数字化教材,也是全国交通运输职业教育教学指导委员会路桥工程类专业指导委员会高等职业教育规划教材之一。

随着交通运输事业的蓬勃发展,为适应高等职业教育人才培养目标的需要,本次教材修订前通过对第2版教材使用情况和多家企业的调研,在对公路建设过程中道路材料所涉及的岗位群进行任务目标和职业能力分析的基础上,确定了本课程的学习任务,明确了学生所需道路工程材料应用能力的目标,紧紧围绕完成工作任务的需要来选择教材内容,培养学生在具备道路工程材料的基本知识、基本理论和实践技能的基础上,结合公路水运工程试验检测职业资格证书的要求,从知识、技能、能力、职业素养与价值观五个维度,对职业技能等级及人才培养方案进行比对、分解、补充、完善,以期实现岗、课、证对接与融合。全书内容设计由简单到复杂,符合学习规律,教师可根据不同专业及学时要求,灵活选择教学内容。本教材课后习题参考公路水运试验检测人员考试内容,所选用的案例全部来自实际工程,与实际工作紧密对接。此外,本教材注重培养学生结合新技术、新材料、新工艺、新设备解决道路工程材料问题的能力,以及运用国家现行的道路材料规范、规程、标准的能力,促进学生处理实际道路材料问题能力的提高,为后续其他课程的学习奠定良好的基础。

教材编写团队根据高职学生特点,以实际工作任务为引领,根据交通运输类不同的专业,选取不同的道路材料来组织教材内容,融入最新的道路材料技术手段和大量工程案例,同时强化了实践教学环节。教师可通过任务模拟、案例分析等活动方式来组织教学,指导学生在各个项目任务活动中灵活运用道路材料知识并不断提升技能,培养学生初步具备在交通土建工程建设中所需的处理材料问题的基本能力。按照"专业设置与产业需求对接、课程内容与职业标准对接、教学过程与生产过程对接"的三对接要求，教材编写的思路是：①由学校专任教师、行业和企业专家合作选择课程内容；②变学科型课程体系为项目导向、任务引领型课程体系，紧紧围绕完成工作任务的需要来选择课程内容；③变知识学科本位为职业能力本位，从分析"任务目标与职业能力"出发，设定课程能力培养目标。

本教材兼具理论性、可操作性、实用性和易学性的特点。教材的修订力求突出以下特色：

1. 德技并修，突出职教特色

按照"技能最小单元化、考核可量化"的原则，通过"知识重构、对接标准、结合案例"的方式，让学生了解道路工程建设中所涉及的材料种类、材料技术性质、混合料配合比设计等，根据交通土建工程施工过程中工程材料知识的应用顺序，构建了10个学习项目，每个项目自成一体，按照先单一材料再混合料的顺序编排，符合学习规律。根据专业不同，教师可选择不同教学项目；根据各专业的需要，每个学习项目按照知识的难易划分为不同的任务，学生可选择项目内的不同任务来进行学习，遵循技术技能人才成长规律。教材中融入工匠精神和信息化要素，培养学生成为能从事道路工程原材料检测、混合料检测、配合比设计等试验检测工作的高素质技术技能人才。

2. 对接职业标准，产教融合，岗课证融通

在紧跟交通产业发展趋势和对接行业人才需求的前提下，教材引入道路设计技术标准、公路施工"四新"技术，使课程内容更符合生产要求。充分考虑1+X职业等级证书制度的要求，将施工员、无损检测员等职业技能等级标准和公路相关执业资格证书的要求有机融入教材内容，结合职业技能证书考试要求，系统化设计任务，创设工作项目与任务，并附有习题可供公路水运试验检测人员考试进行练习，从而实现岗课证有效融通。

3. 数字资源丰富，线上线下互通融合

围绕深化教学改革和教育信息化发展需求，初步形成课程建设、教材编写、配套资源开发、信息技术应用统筹推进的新形态一体化教材。教材可与省级精品在线开放课程(智慧职教MOOC学院)配套使用，配有教学视频、试验操作视频、教学课件、习题、试题库、微课、动画等数字化资源，资源丰富，图文并茂，清晰美观。资源来自实际工程案例，有助于提高学生的学习兴趣，加深学生对道路材料的认识和理解。编者根据行业规范标准不断完善实习实训指导书，以电子活页的形式呈现，

使用者可以登录在线开放课程自行下载,结合本校开设试验实训情况进行选用。随着课程资源开发的不断加强,通过课程网站可实现资源共享,有利于教师授课和学生线上线下学习,方便师生之间、学生之间交流互动,有效服务学习内容和学习目标,积极提升教学效果和课程资源利用率。

4.服务社会,助力企业职工技能提升

本教材可以作为施工企业相关岗位开展有针对性的职业技能培训的教材。教材编写时,充分考虑了提升服务经济社会发展能力、当下的培训教材区域差异性特征不明显、教材内容产业先进元素不足等因素,充分凸显区域性,融入交通土建行业先进技术。企业可根据适应岗位需求和发展需要的道路材料应用技能,利用本教材进行岗前培训、在岗培训、脱产培训、线上线下学习等活动。

本教材由河南交通职业技术学院宁金成主编,河南交通职业技术学院曹学禹、河南交投平宛高速公路有限公司高级工程师刘新锋担任副主编,全书由河南交通职业技术学院张艳华统稿,河南高速公路设计咨询有限公司教授级高级工程师韩功学、河南交通职业技术学院夏连学教授担任主审。导学、项目二、项目十的任务五和任务六由宁金成编写,项目一、项目六由河南交通职业技术学院王清编写,项目三、项目七由曹学禹编写,项目四、项目九由张艳华编写,项目五、项目八由河南交通职业技术学院吴晶编写,项目十的任务一~任务四由刘新锋编写。

本教材在编写过程中,参考和引用了大量有关文献资料,在此对原作者表示感谢!尽管我们在探索教材建设的特色方面做出了许多努力,但由于编者水平有限,教材中仍可能存在一些疏漏和不当之处,恳请读者批评指正,并将建议及时反馈给我们(电话:13837110550),以便修订完善。

编 者
2023年6月

本教材配套多媒体辅助学习资源表

序号	资源所在项目	学习资源名称	对应本书页码
1	项目一 砂石材料	认知砂石材料	7
2		检验细集料的技术性质	11
3		检验细集料表观密度	15
4		检验细集料堆积密度及紧装密实度	17
5		检验细集料级配和粗度	18
6		检验粗集料的技术性质	23
7		检验粗集料级配	31
8		检验水泥混凝土用粗集料针片状颗粒含量试验(规准仪法)	35
9		检验沥青混合料中粗集料针片状颗粒含量试验(游标卡尺法)	37
10		检验粗集料压碎值	39
11		检验粗集料磨耗值(洛杉矶法)	41
12		进行矿质混合料组成设计	44
13		矿质混合料的组成设计方法之试算法	48
14		矿质混合料的组成设计方法之图解法	52
15		图解法实例	54
16	项目二 石灰	认知石灰	61
17		检验石灰的技术性质	65
18		检验石灰有效 CaO 含量	67
19	项目三 水泥	认知水泥	72
20		检验水泥的技术性质	81
21		检验水泥细度(负压筛法)	85
22		检验水泥标准稠度用水量(标准法)	88
23		检验水泥凝结时间	89
24		检验水泥胶砂强度(ISO 法)	91
25		水泥胶砂强度试验数据处理	94
26	项目四 沥青	认知沥青	101
27		检验石油沥青的技术性质	110
28		检验沥青的针入度	119
29		检验沥青的软化点	121
30		检验沥青的延度	124
31	项目五 工程用土	认知工程用土	129
32		检验工程用土的技术性质	135

续上表

序号	资源所在项目	学习资源名称	对应本书页码
33	项目五 工程用土	检验土的含水率(酒精燃烧法)	145
34		检验土的颗粒级配(筛分法)	148
35		检验土的界限含水率(液塑限联合测定仪法)	151
36		检验土的最佳含水率和最大干密度	154
37	项目六 建筑钢材	认知钢材	168
38		检验钢材的技术性质	171
39	项目七 水泥混凝土	认知水泥混凝土	187
40		检验水泥混凝土的技术性质	189
41		检验水泥混凝土拌合物稠度	202
42		水泥混凝土立方体试件成型与养护	203
43		检验水泥混凝土立方体抗压强度	205
44		抗压强度试验结果的数据处理	206
45		初步配合比的计算	210
46		试拌调整提出基准配合比	215
47		检验强度,确定试验室配合比	215
48		施工配合比的计算	216
49	项目八 无机结合料稳定材料	认知无机结合料稳定材料	226
50		检验无机结合料稳定材料的技术性质	229
51		无机结合料稳定材料的无侧限抗压强度试验	236
52		检验水泥或石灰剂量(EDTA滴定法)	250
53	项目九 沥青混合料	认知沥青混合料	265
54		检验沥青混合料的技术性质	268
55		制作沥青混合料马歇尔试件(击实法)	278
56		检验沥青混合料马歇尔稳定度	282
57		制作沥青混合料车辙试件(轮碾法)	285
58		检验沥青混合料车辙技术指标	288
59		进行热拌沥青混合料的配合比设计	291

本教材配套资源介绍

依托智慧职教平台(www.icve.com.cn)教学系统,团队建设开发了与教材配套的河南省精品在线开放课程"道路材料应用技术"。该在线开放课程依据河南省职业教育精品在线开放课程建设技术要求及国家级教学资源库标准示范课程建设要求而建。在线课程配有丰富的原创信息化教学资源,既可辅助教学,又可激发学生的学习兴趣和积极性,有助于学生更好地理解和掌握相关知识,有助于教师组织和实施教学服务,有助于企业开展专业培训和线上自学服务,打造立体化新形态教材,实现线下线上教学的有效统一。满足本课程在线学习要求即可发放电子证书。

1. 课程内容方面

能够涵盖课程标准规定内容,覆盖该课程所有知识点和技能点,包含完整的教学内容和教学活动,适合网络在线自主学习,支持面向职业教育技能型人才培养的混合式教学改革。推进专业技能与职业岗位相衔接、课程内容与职业标准相融合。把课程思政建设作为落实立德树人根本任务的关键环节,将思想政治教育贯穿课堂教学过程,充分发掘课程内容和教学方式中蕴含的思想政治教育资源,引导学生学习知识、锤炼心志、涵养品行。

2. 课程资源方面

结合实际教学需要,以服务自主学习和课程教学改革为建设依据,以课程教学资源的系统完整为基本要求,以资源充分开放共享为目标,做好课程基本资源、拓展资源建设,注重课程资源的适用性和易用性。每个任务配有教学课件、微课、试验操作视频或动画,将课程的每个资源以二维码的形式植入相应的教学任务中,用手机扫码即可观看学习,在实训时可以边看边练、边练边学,真正做到"教、学、练"一体化。每个项目配有习题,使用者可以通过练习掌握自己的学习情况。

3. 在线开放课程使用方法

(1)移动端:打开微信扫一扫右侧二维码,注册后即可登录"道路材料应用技术"在线开放课程,点击课程页面中的"加入学习",可自由查看资源。无论是在校生还是社会人员,都可以通过平台注册学习,网课平台具备学期统计分析等全套功能,学生学习痕迹全记录。

(2)PC端:搜索"智慧职教MOOC学院"官方网站,或者浏览器登录https://icve-mooc.icve.com.cn/cms/,在右上角搜索栏里输入"道路材料应用技术",待该课程页面显示后,点击该课程并加入学习,可进行学习。

欢迎各位使用,并提出宝贵建议,如有相关问题,可联系主编(电话:13837110550)。

目 录

课程导学 ··· 1
项目一　砂石材料 ··· 7
　　任务一　认知砂石材料 ··· 7
　　任务二　检验细集料的技术性质 ·· 11
　　任务三　检验粗集料的技术性质 ·· 23
　　任务四　进行矿质混合料组成设计 ·· 44
　　习题 ·· 57
项目二　石灰 ·· 61
　　任务一　认知石灰 ··· 61
　　任务二　检验石灰的技术性质 ·· 65
　　习题 ·· 70
项目三　水泥 ·· 72
　　任务一　认知水泥 ··· 72
　　任务二　检验水泥的技术性质 ·· 81
　　习题 ·· 96
项目四　沥青 ·· 101
　　任务一　认知沥青 ··· 101
　　任务二　检验石油沥青的技术性质 ··· 110
　　习题 ·· 127
项目五　工程用土 ·· 129
　　任务一　认知工程用土 ··· 129
　　任务二　检验工程用土的技术性质 ··· 135
　　习题 ·· 164
项目六　建筑钢材 ·· 168
　　任务一　认知钢材 ··· 168

  任务二 检验钢材的技术性质 ………………………………………………… 171
  习题 …………………………………………………………………………………… 185
项目七 水泥混凝土 ……………………………………………………………………… 187
  任务一 认知水泥混凝土 ……………………………………………………… 187
  任务二 检验水泥混凝土的技术性质 ……………………………………… 189
  任务三 设计普通水泥混凝土的配合比 ……………………………………… 207
  习题 …………………………………………………………………………………… 221
项目八 无机结合料稳定材料 ……………………………………………………………… 226
  任务一 认知无机结合料稳定材料 ……………………………………………… 226
  任务二 检验无机结合料稳定材料的技术性质 ………………………………… 229
  任务三 进行无机结合料稳定材料的配合比设计 ……………………………… 241
  习题 …………………………………………………………………………………… 260
项目九 沥青混合料 ……………………………………………………………………… 265
  任务一 认知沥青混合料 ……………………………………………………… 265
  任务二 检验沥青混合料的技术性质 ……………………………………… 268
  任务三 进行热拌沥青混合料的配合比设计 ………………………………… 291
  习题 …………………………………………………………………………………… 307
项目十 其他建筑材料 ……………………………………………………………………… 309
  任务一 认知减水剂及其他水泥混凝土类材料 ……………………………… 309
  任务二 认知其他沥青混合料类材料 ………………………………………… 319
  任务三 认知砂浆类材料 ………………………………………………………… 334
  任务四 认知环保再生类建筑材料 ……………………………………………… 339
  任务五 认知加固补强类材料 …………………………………………………… 344
  任务六 认知交通安全类材料 …………………………………………………… 354
  习题 …………………………………………………………………………………… 361
参考文献 …………………………………………………………………………………… 363

课程导学

一、本课程的重要性

道路建筑材料是指道路与桥隧建筑所用的各种材料,它是道路与桥隧工程的物质基础。一切物质产品都是生产者对材料进行劳动加工的成果,工程师和建筑工人所建筑的道路、桥隧、房屋及其附属构筑物也不例外。本课程的重要性主要体现在以下五个方面。

1. 道路建筑材料决定结构物的质量

道路与桥梁工程结构物裸露于大自然中,承受瞬时、反复的汽车荷载和各种自然因素的作用,材料的性能和质量对结构物的使用性能影响极大。近年来,由于交通量的迅速增长和渠化交通设计,一些高等级公路路面出现较严重的波浪、车辙等病害现象,这些现象均与材料的性质有密切的关系。材料质量的优劣、配制是否合理及选用是否适当等,均直接影响结构物的质量。

2. 道路建筑材料决定结构物的造价

在道路与桥隧结构物的修筑费用中,材料费用约占 30%～50%,某些重要工程甚至高达 60%～70%。因此,合理地选择和使用材料,对节约工程投资、降低工程造价十分重要。

3. 道路建筑材料推动新技术、新工艺的发展

工程建筑设计、工艺的更新换代,往往依赖于新材料的发展;同时,新材料的出现和使用,必然导致工程建筑设计、工艺的新突破。道路与桥隧工程中许多新型、先进的设计,由于材料一关未能突破,导致难以推广应用。对道路建筑材料的研究也是道路与桥隧技术发展的重要基础。

4. 本课程在教学中具有服务属性

(1)为后续课程的学习提供服务。

道路建筑材料是一门专业基础课,开设时间一般为大一的第一学期或第二学期,后面很多专业课程都涉及材料的知识,道路建筑材料为其他课程的学习提供了知识储备。

(2)为生产实践提供服务。

"道路建筑材料"不仅是一门课程,也是一项技术,学生通过学习要掌握如何对常用的建筑材料进行检测和评定,要能够对混合料进行配合比设计。本课程的学习,为道路工程

的设计、施工、监理等工作提供了技术服务。

5. 本课程与工作岗位关系密切

本课程与路桥类专业学生今后的工作岗位紧密相关。本课程所对应的工作岗位是试验检测师,高职学生毕业且参加工作满2年,可以考取公路水运工程助理试验检测师职业资格证书。在全国范围的交通建设领域,不论是实习生还是持有资格证书的毕业生,相关试验检测人员都是紧缺的,所以学习好本门课程,对大学生就业有着非常大的帮助。

二、本教材的主要内容

根据道路与桥梁工程技术专业及相关专业课程的知识结构和课程特点,本教材按照先单一材料再混合料的顺序进行知识编排,由浅入深、先易后难,符合学生的认知规律。

1. 砂石材料

砂石材料是指经人工开采的岩石或轧制得到的颗粒状碎石,以及地壳表层岩石经天然风化呈松散颗粒状的材料。

这类材料是道路与桥梁工程结构中使用量最大的一种材料。其中尺寸较大的块状石料经加工后,可以直接用于砌筑道路、桥梁工程结构及附属构造物;性能稳定的轧制碎石等可用于沥青混合料或水泥混凝土。

2. 工业废渣

工业废渣是用作筑路材料的炉渣、铁渣和钢渣的总称。它主要包括火力发电厂排放的废渣——粉煤灰,冶金生产过程中由矿石、燃料和助熔剂中易熔硅酸盐化合而成的副产品——冶金矿渣,煤炭工业精选煤后剩余的废渣——煤矸石等。粉煤灰和冶金矿渣经加工后既可作为水泥原料,又可以直接作为路面基层材料,也可作为水泥混凝土和沥青混合料中的掺合料。

3. 无机结合料

道路与桥梁工程中常用的无机结合料是水泥和石灰。水泥是桥梁建筑中水泥混凝土、预应力混凝土结构和水泥混凝土路面的主要材料。石灰则主要用于拌制石灰稳定材料、石灰粉煤灰稳定材料和石灰砂浆。无机结合料稳定材料(包括稳定碎石、砂砾、土等)广泛用于道路路面基层结构,水泥(或石灰)砂浆是各种桥梁圬工结构物砌筑的重要黏结材料。

4. 有机结合料

有机结合料主要是指沥青类材料,如石油沥青、煤沥青等。这类材料与不同颗粒粒径(大小)的碎石、石屑、砂等组成沥青混合料,可以修筑成各种类型的沥青路面。沥青混合料是现代路面工程中极为重要的一种材料。

5. 土

土是地壳表层的物质,是在长期风化、搬运、磨蚀、沉积作用的过程中形成的颗粒大小不等、未经胶结的一切松散物质。土既可作为路基材料,又可作为无机结合料稳定类基层的主要材料。

6. 高分子聚合物

高分子聚合物是指由一种或几种低分子化合物(单体)聚合而成的高分子有机物质。道路和桥梁工程中常用的高分子聚合物包括塑料、橡胶和合成纤维三类。常用的土工合成材料有土工织物、土工格栅、土工网、土工膜、土工复合材料等。随着我国化学工业和高等级公路的发展,越来越多的高分子聚合物用于道路和桥梁工程中。高分子聚合物在道路和桥梁工程中主要用来改善沥青混合料或水泥混凝土的性能以及路基或路面的结构性能等。

7. 钢材和木材

钢材是桥梁钢结构、钢筋混凝土结构或预应力钢筋混凝土结构的重要材料。本教材着重介绍建筑钢材的技术性能和应用。由于木材资源短缺,除了抢修工程和林区临时性工程外,木材较少用于修筑桥涵,主要用作水泥混凝土工程的模板和支架等。

8. 水泥混凝土

水泥混凝土是以水泥和水组成的水泥浆体为黏结介质,将分散其间的不同粒径的粗、细集料胶结起来,在一定的条件下,硬化成为具有一定力学性能的一种人工石材。水泥混凝土因具有施工方便、性能可根据需要设计调整、抗压强度高、耐久性好、与钢筋等材料的协调性好等优点,被广泛应用于土木建筑工程中。

9. 沥青混合料

沥青混合料是由人工合理选配的矿料与沥青结合料拌和而成的混合料的总称,其中集料起骨架作用,沥青与填料(矿粉)起胶结和填充作用。沥青混合料经摊铺、压实成型后可作为沥青路面。

10. 无机结合料稳定材料

在集料或粉碎的(或原来松散的)土中掺入一定量的无机结合料(包括水泥、石灰或粉煤灰等)和水,经拌和得到的混合料经压实与养生后,其抗压强度符合规定的要求时,称为无机结合料稳定材料。无机结合料稳定材料的刚度介于沥青混合料和水泥混凝土之间,亦称为半刚性材料。无机结合料稳定材料多用于铺筑道路的基层和底基层。

本书主要介绍道路与桥梁工程常用材料的产源(天然材料)或生产方法(人造材料)、内部组成结构、原材料的技术性质及评价方法、混合料的技术性质及评价方法、混合料的组成设计方法等内容。

三、道路建筑材料应具备的工程性质

道路与桥梁建筑物,不仅要受到车辆荷载复杂力系的作用,而且受到各种复杂的自然因素的影响。用于道路与桥梁建筑的材料,既要具备一定的力学性能,又要保证在各种自然因素影响下,综合力学性能不会明显地下降。

为了保证道路与桥梁用建筑材料的综合力学性能和稳定性,要求建筑材料应具备下列性质:

1. 力学性质

力学性质是材料抵抗车辆荷载复杂力系等综合作用的性能。目前对建筑材料力学性质的测定,主要是测定各种静态的强度,如用抗压、抗拉、抗弯、抗剪等强度来反映材料的力学性质。如有某些特殊需要,还采用磨耗、冲击等经验指标来反映其力学性质。

2. 物理性质

材料的物理常数(如密度、实积率、孔隙率等)是材料内部组成结构的反映,与力学性质之间有一定的相关性,可以用来推断材料的力学性质。

材料在使用过程中,其力学强度随温度和湿度等环境因素影响而改变。一般情况下,材料的强度随温度的升高或含水率的增大而降低。通常用材料的温度稳定性、水稳定性来表示其强度变化的程度。

3. 化学性质

化学性质主要是指材料抵抗周围各种环境因素对其化学作用的性能。道路与桥梁建筑材料除了受到周围介质(如桥墩在工业污水中)侵蚀外,还受到大气因素(如气温的交替变化、日光中紫外线、空气中的氧等)的综合作用,引起材料力学性质的衰变。材料自身的化学成分将影响材料及混合材料的性质,也影响结构物的使用性能。

4. 工艺性质

工艺性质是指材料适合于一定工艺要求加工的性能。例如水泥混凝土在成型之前需要一定的流动性,以便浇筑制成一定形状的构件。

四、道路建筑材料的检验方法和技术标准

1. 道路建筑材料的一般检验方法

道路建筑材料应具有的技术性能,可通过适当的测试手段来进行检测。检验测定道路与桥梁用材料在实际结构物中的性质,通常采用试验室内原材料性能测定、试验室内模拟结构物检验测定,以及现场修筑试验性足尺结构物检验测定等方法。本教材着重介绍试验室内原材料性能检验测定,包括下列内容:

1)物理性质试验

测定道路与桥梁常用材料的物理常数,除了为混合料组成设计提供原始资料外,通过物理常数测定还可以间接推断材料的力学性能。

2)力学性质试验

目前建筑材料的力学性质试验主要采用各种试验机测定其静态的抗压、拉、弯、剪等强度。

随着科学技术的发展,建筑材料的力学性质试验方法不断完善,对道路建筑材料在不同温度与不同荷载作用时间条件下动态的单一黏-塑性能试验已成为可能。例如,沥青混合料在不同温度与不同荷载作用时间条件下的动态劲度,以及采用特殊设备或动态三轴仪来测定在复杂应力作用下,不同频率和间歇时间的沥青混合料的疲劳强度等,使材料的力学性质与其在公路上的实际受力状态较为接近,也对现代考虑黏-塑性的路面设计方法提供一定的参数。

3) 化学性质试验

对于材料化学性质的试验,通常只做材料简单化合物(如 CaO、MgO)含量或有害物质含量的分析,也可做某些材料(如沥青)的"组分"分析,初步地了解材料的组成与性能的关系。随着近代测试技术的发展,核磁共振波谱、红外光谱、X-射线衍射和扫描电子显微镜等在沥青材料分析中得到应用,促进了对沥青化学结构与路用性能相依性的研究,有可能从化学结构上来设计要求沥青材料的性能。

4) 工艺性质试验

现代工艺性质试验主要是将一些经验的指标与工艺要求联系起来,尚缺乏科学理论的分析。随着流变力学、断裂力学等的发展,许多材料工艺性质的试验可以按照流变-断裂学理论来进行分析,并提出不同的试验方法。例如,沥青混合料的摊铺性质采用流动性系数等指标来控制。

2. 道路材料的技术标准

为了保证建筑材料的质量,我国对各种建筑材料制定了专门的技术标准。目前,我国建筑材料的标准分为国家标准、行业标准、地方标准和企业标准四个等级。

对需要在全国范围内统一的技术要求,制定"国家标准"。国家标准由国务院标准化行政主管部门制定、发布。我国的国家标准由代号、编号、制定或修订年份、标准名称等四部分组成。"GB"为强制性国家标准的代号,推荐性国家标准在 GB 后加"/T"。

对没有国家标准而又需要在全国某行业范围内统一的技术要求,制定行业标准。行业标准由国务院有关行政主管部门制定、发布,并报国务院标准化行政主管部门备案。行业标准由行业标准代号、一级类目代号、二级类目代号、二级类目序号、制定或修订年份、标准名称等部分组成。

对没有国家标准和行业标准又需要在省区市范围内统一的技术要求,可以制定地方标准。企业生产的产品没有国家标准和行业标准的,应当制定企业标准,作为组织生产的依据。

与道路材料有关的国家标准和行业标准代号示例见表 0-1。

国家标准和行业标准代号 表 0-1

标准名称	代号(汉语拼音)	示例
国家标准	国标 GB(Guo Biao)	《建设用卵石、碎石》(GB/T 14685—2022)
交通运输行业标准	交通 JT(Jiao Tong)	《公路工程技术标准》(JTG B01—2014)
建筑工业行业标准	建工 JG(Jian Gong)	《普通混凝土配合比设计规程》(JGJ 55—2011)
建材行业标准	建材 JC(Jian Cai)	《建筑生石灰》(JC/T 479—2013)
石油化工行业标准	石化 SH(Shi Hua)	《道路石油沥青》(NB/SH/T 0522—2010)
黑色冶金行业标准	冶标 YB(Ye Biao)	《煤沥青筑路油》(YB/T 030—2012)

为学习和应用国外有关道路建筑材料的科学技术,将国际及国外几个主要国家的标准代号列于表 0-2 中。

国际标准和国外国家标准代号　　　　表 0-2

标准名称	缩写(全称)
国际标准	ISO(International Standard Organization)
美国国家标准	ANS(American National Standard)
美国材料与试验学会标准	ASTM(American Society for Testing and Materials)
英国标准	BS(British Standard)
德国工业标准	DIN(Deutsche Industric Normen)
日本工业标准	JIS(Japanese Industrial Standard)
法国标准	NF(Normes Francaises)

五、本课程学习方法

本教材能够满足线上线下混合式教学,学生利用在线开放课程丰富的信息化教学资源进行课前预习,带着问题进入课堂,在老师的引领下重点学习预习时没有理解的知识点,课后在线完成习题,巩固所学知识。

此外,本教材还采用理论与实训相结合的模式,每一任务之后的"任务实施"设置了本任务所涉及的常规试验,随讲随做,帮助学生加深理解和巩固所学的理论知识,强调试验检测技能的训练,强化学生的动手操作能力。

项目一 PROJECT ONE

砂石材料

任务一　认知砂石材料

认知砂石
材料

学习目标	● 知识目标	❶ 了解道路和桥涵常用的岩石制品。 ❷ 掌握集料概念、分类。 ❸ 掌握粗、细集料的类别
	● 能力目标	❶ 能通过集料的分界筛孔尺寸区分粗、细集料。 ❷ 能够区分常见的粗、细集料类别
	● 素质目标	培养学生具备扎实的专业基础知识,结合在线开放课程,了解集料的前世今生,结合工作任务,感悟港珠澳大桥体现的精神价值,激发学生对集料学习的热情,培养学生精益求精的工作态度,增强职业认同感

🔗 任务描述

港珠澳大桥沉管隧道设计使用年限是120年,因此要求预制沉管混凝土是具有优良的工作性、耐久性、高抗裂、低渗透的高性能混凝土,其中混凝土原材料选择必然直接影响混凝土结构性能,在满足该工程原材料技术指标要求条件下,最终确定配制沉管混凝土原材料如下:

(1)水泥:P·Ⅱ42.5 硅酸盐水泥;

(2)粉煤灰:Ⅰ级 F 类粉煤灰;

(3)矿粉:S95 级磨细高炉矿渣粉;

(4)碎石:取自白水带的 4.75~19mm[(4.75~9.5):(9.5~19)=3:7]连续级配花岗岩碎石;

(5)河砂:Ⅱ级配区要求的中粗砂(细度模数2.5~3.0);

(6)外加剂:聚羧酸盐高性能减水剂(减水率不低于25%);

(7)水:饮用水。

通过本任务的学习,确定粗、细集料的分界筛孔尺寸,并能够根据集料名称区分粗、细集料的类别。

任务引导

要完成此任务,可以结合在线开放课程进行相关知识的学习,掌握集料的分类和类别,以及矿质混合料的组成设计。

相关知识

集料(骨料)是指在混合料中起骨架或填充作用的颗粒材料,包括岩石经天然风化而成的砾石和砂等,以及由岩石经轧制而成的各种尺寸的碎石、机制砂、石屑等。集料是公路工程建设特别是道路路面建造中用量最多的材料,例如在水泥混凝土中集料质量占75%以上,在沥青混合料中则超过95%,可见集料在路用材料中的重要性。

填料粒径小于0.075mm,包括矿粉、水泥、石灰、粉煤灰等,常用于沥青混合料。工地上常见的填料主要为矿粉,是采用碱性石灰岩或碱性基性岩加工磨细的粉状材料。

集料和填料统称为矿质混合料(矿料)。

一、集料的来源

集料来源于岩石,自然界中岩石的种类很多,按形成原因可分为岩浆岩、沉积岩和变质岩三大类。其中岩浆岩在道路材料中应用最广泛。

岩浆岩中的各种氧化物之间有明显的变化规律,岩石中的 SiO_2、Al_2O_3、CaO 等化学成分对其路用性能有一定的影响,例如根据岩石中 SiO_2 的含量一般将岩浆岩分为酸性岩石、中性岩石和碱性岩石三类(表1-1)。道路工程常用的酸性岩石有花岗岩、石英岩等,碱性岩石有石灰岩、玄武岩等,中性岩石有闪长岩、辉绿岩等。

岩浆岩的分类　　　　表1-1

类别	酸性岩石	中性岩石	碱性岩石
SiO_2 含量(%)	65~75	52~65	<52

二、道路和桥涵用岩石制品

1. 道路路面铺筑用岩石制品

道路路面铺筑用岩石制品包括直接铺砌路面面层用的整齐块石、半整齐块石和不整齐块石,作路面基层用的锥形块石、片石等。各种岩石制品的规格和技术要求简要分述如下:

(1)高级铺砌用整齐块石,由高强、硬质、耐磨的岩石经精凿加工而成。用整齐块石铺筑路面时,需以水泥混凝土为底层,并且用水泥砂浆灌缝找平,所以这种路面造价很高,在有特殊要求的道路上才考虑使用,如水泥混凝土路面与沥青混凝土路面的过渡路段或供履带车等行驶的路段可铺筑整齐块石路面。整齐块石的尺寸一般可按设计要求确定。大方块石的尺寸为 300mm×300mm×(120~150)mm,小方块石的尺寸为 120mm×120mm×250mm。石料的抗压强度不低于100MPa,洛杉矶磨耗率不大于5%。

(2)路面铺砌用半整齐块石,为经粗凿而成立方体的方块石或长方体的条石。其顶面与底面平行,顶面积与底面积之比不小于40%～75%。半整齐块石用硬质岩石制成,为修凿方便,常采用花岗岩。顶面不进行加工,因此顶面平整性较差,一般只在特殊路段使用,如路基尚未沉实稳定的桥头引道及铁轮履带车经常通过的路段。

(3)铺砌用不整齐块石,又称拳石,它是由粗打加工而得到的块石,要求顶面为一平面,底面与顶面基本平行,顶面积与底面积之比大于40%～60%。其优点是造价不高,经久耐用;其缺点是不平整,行车震动大,故目前应用较少。

(4)锥形块石,又称大块石(或手摆块石),用于路面底基层。锥形块石由片石进一步加工而得,要求上小下大,接近截锥形。其底面积不宜小于100cm^2,以便砌摆稳定。高度一般分为160mm±20mm、200mm±20mm、250mm±20mm等,通常底基层厚度应为石块高的1.1～1.4倍。除特殊情况外,一般不采用大块石基层。

2. 桥涵及路基砌筑用主要岩石制品

桥涵及路基砌筑使用的主要岩石制品有:片石、块石、料石、镶面石等。

(1)片石

片石是由岩石打眼放炮后经选择所得的形状不规则的、最小边长一般不小于15cm的石块。每块片石的体积一般不小于0.01m^3,质量在30kg以上。

(2)块石

块石是在成层岩石中打眼放炮或用锲子打入成层岩石的明缝(或暗缝)中劈出后进行加工而成的形状大致方正的石块。块石无尖角,有两个较大的平行面,边角可不加工。其厚度应不小于20cm,宽度为厚度的1.5～2.0倍,长度为厚度的1.5～3.0倍。

(3)料石

料石是按规定要求经凿琢加工而成的形状规则的石块。根据料石加工的程度不同将其分为粗料石和细料石。

(4)镶面石

镶面石是有美化要求的桥梁结构物的装饰材料。岩石的外露面可沿四周琢成2cm宽的边,中间部分仍保持原来的天然石面。岩石上、下和两侧均粗琢加工成刹口,刹口宽度不得小于10cm,琢面应垂直于外露面。

三、集料的分类

在公路工程中,通过筛分方法确定集料颗粒尺寸的大小,目前使用的标准筛为方孔筛,筛孔尺寸用来表示集料颗粒尺寸的大小,通常称为粒径。不同粒径的集料在沥青混合料和水泥混凝土中所起的作用不同,一般将集料分为粗集料和细集料两种。

在沥青混合料中,粗集料是指粒径大于2.36mm的碎石、破碎砾石、筛选砾石和矿渣等,细集料是指粒径小于2.36mm的天然砂、人工砂(包括机制砂)及石屑;在水泥混凝土中,粗集料是指粒径大于4.75mm的碎石、砾石和破碎砾石,细集料是指粒径小于4.75mm的天然砂、人工砂。

1. 粗集料

粗集料包括碎石、卵石、砾石、砂砾等(图1-1)。碎石是指符合工程要求的岩石,经开采并按一定尺寸加工而成的有棱角的粒料。卵石、砾石、砂砾是岩石经自然风化、水流冲刷而成的无棱角或少量棱角的粒料。

a)碎石

b)卵石

图1-1　碎石和卵石

2. 细集料

细集料包括天然砂、人工砂(包括机制砂)和石屑等。

图1-2　天然砂

天然砂是由自然风化、水流冲刷、堆积形成的粒径小于4.75mm的岩石颗粒(图1-2)。根据产源的不同可将天然砂分为河砂、山砂和海砂。河砂颗粒表面光滑,比较洁净,质地较好,产源广;山砂颗粒表面粗糙有棱角,含泥量和含有机杂质较多;海砂具有河砂的特点,但常混有贝壳碎片和盐分等有害杂质。工程上多使用河砂。在缺乏河砂的地区,也可使用山砂或海砂,使用前应按规定做技术检验。

人工砂通常指石料加工过程中采取真空抽吸等方法除去大部分土和细粉,或将石屑水洗得到的洁净的细集料。从广义上分类,机制砂、矿渣砂和煅烧砂都属于人工砂。机制砂是由碎石及砾石经制砂机反复破碎加工至粒径小于2.36mm的细集料,亦称破碎砂。

石屑是由采石场加工碎石时通过最小筛孔(通常为2.36mm或4.75mm)的筛下部分。机制砂和石屑表面多棱角,较洁净。机制砂造价较高,如无特殊情况,一般不使用机制砂。

任务实施

根据任务描述,结合所学内容,确定粗细集料的分界筛孔尺寸,并能够根据集料名称区分粗、细集料的类别。查阅相关资料,简述港珠澳大桥建设中使用到的岩石制品。

任务评价

评价项目	评价标准	参考分值	得分
粗、细集料分界筛孔尺寸	筛孔尺寸判断正确	30	
粗、细集料类别	类别判断正确	30	
港珠澳大桥用到的岩石制品	能写出5项以上岩石制品	20	
工程技术人员对港珠澳大桥沉管岩石制品选择的技术要求	能够从职业精神、工匠精神等方面进行阐述	20	
总评			

任务二　检验细集料的技术性质

检验细集料的技术性质

学习目标	● 知识目标	❶掌握细集料的物理常数和试验方法。 ❷掌握细集料级配、粗度概念和试验方法。 ❸了解细集料其他技术性质
	● 能力目标	❶能对细集料表观密度、堆积密度进行检测。 ❷能对细集料的级配、粗细程度进行检测。 ❸能对细集料的含泥量进行检测
	● 素质目标	在试验室内通过细集料表观密度试验和筛分试验,培养学生严谨细心、团结协作、主动服务的工作作风

任务描述

某道路工程中,施工前需要在试验室内对集料的技术性质进行检验。请根据本节学习内容,在试验室检测细集料的表观密度、级配和细度模数、含泥量。

任务引导

要完成此项工作任务,需要了解集料的物理常数、级配和粗度的概念,掌握表观密度、级配、粗度、含泥量的检测方法,能够按照规范要求准备材料和进行试验操作,并对试验结果进行处理。学生可以登录在线开放课程,通过微课"细集料技术性质"进行相关知识的预习和复习。

相关知识

细集料的技术性质主要是指物理常数、颗粒级配和粗度等。

一、物理常数

细集料的物理常数包括表观密度、堆积密度和空隙率等,具体数值可通过试验测定和计算。细集料的物理常数计算方法与粗集料相同,详见"任务三 粗集料技术性质"。

二、级配

细集料(天然砂、人工砂、石屑)的级配和粗细程度可通过筛分试验确定。对于水泥混凝土用细集料可采用干筛法筛分,也可采用水洗法筛分;对于沥青混合料及基层用细集料必须采用水洗法筛分。

干筛法筛分试验:称取预先通过9.5mm孔径的干砂试样500g(M),置于一套孔径分别为4.75mm、2.36mm、1.18mm、0.6mm、0.3mm、0.15mm、0.075mm的标准筛(方孔筛)上,摇筛后分别称取存留在各筛上的试样质量,然后计算其级配有关参数。

水洗法筛分试验:称取预先通过9.5mm孔径(水泥混凝土用天然砂)或4.75mm孔径(沥青混合料及基层用天然砂、人工砂、石屑)的细集料干试样500g(M),置于洁净容器中用洁净水冲洗,洗去小于0.075mm的颗粒后再将试样烘干称其质量(m_1),最后置于一套孔径分别为4.75mm、2.36mm、1.18mm、0.6mm、0.3mm、0.15mm的标准筛(方孔筛)上,摇筛后分别称取存留在各筛上的试样质量。

1. 分计筛余百分率

某号筛上的筛余质量占试样总质量的百分率,按式(1-1)计算:

$$a_i = \frac{m_i}{M} \times 100 \tag{1-1}$$

式中:a_i——第 i 号筛上的分计筛余百分率(简称分计筛余),%;

m_i——存留在第 i 号筛上的试样质量,g;

M——试样的总质量,g。

2. 累计筛余百分率

第 i 号筛的分计筛余百分率 a_i 和大于该号筛的各号筛的分计筛余百分率之总和 A_i,可按式(1-2)计算:

$$A_i = a_1 + a_2 + \cdots + a_i \tag{1-2}$$

式中:A_i——累计筛余百分率(简称累计筛余),%;

$a_1, a_2, \cdots, a_i$——4.75mm、2.36mm……至计算的第 i 号筛的分计筛余,%。

3. 通过百分率

通过第 i 号筛的试样质量占试样总质量的百分率,即100与第 i 号筛累计筛余百分率之差,按式(1-3)计算:

$$P_i = 100 - A_i \tag{1-3}$$

式中:P_i——通过百分率,%;

A_i——累计筛余,%。

综上所述,分计筛余、累计筛余和通过百分率的关系可见表1-2。

分计筛余、累计筛余和通过百分率关系表　　　　　　　　　　表1-2

筛孔尺寸 （mm）	存留质量 m_i(g)	分计筛余 a_i(%)	累计筛余百分率 （%）	通过百分率 P_i(%)
4.75	$m_{4.75}$	$a_{4.75}$	$A_{4.75}=a_{4.75}$	$P_{4.75}=100-A_{4.75}$
2.36	$m_{2.36}$	$a_{2.36}$	$A_{2.36}=a_{4.75}+a_{2.36}$	$P_{2.36}=100-A_{2.36}$
1.18	$m_{1.18}$	$a_{1.18}$	$A_{1.18}=a_{4.75}+a_{2.36}+a_{1.18}$	$P_{1.18}=100-A_{1.18}$
0.60	$m_{0.6}$	$a_{0.6}$	$A_{0.6}=a_{4.75}+a_{2.36}+a_{1.18}+a_{0.6}$	$P_{0.6}=100-A_{0.6}$
0.30	$m_{0.3}$	$a_{0.3}$	$A_{0.3}=a_{4.75}+a_{2.36}+a_{1.18}+a_{0.6}+a_{0.3}$	$P_{0.3}=100-A_{0.3}$
0.15	$m_{0.15}$	$a_{0.15}$	$A_{0.15}=a_{4.75}+a_{2.36}+a_{1.18}+a_{0.6}+a_{0.3}+a_{0.15}$	$P_{0.15}=100-A_{0.15}$
<0.15	$m_{<0.15}$	$a_{<0.15}$	$A_{<0.15}=a_{4.75}+a_{2.36}+a_{1.18}+a_{0.6}+a_{0.3}+$ $a_{0.15}+a_{<0.15}$	
	$\sum m_i=M$	$\sum a_i=100$		

三、粗度

粗度是评价细集料粗细程度的一项指标，通常用细度模数（M_x）表示。细度模数亦称细度模量，可按式（1-4）计算，精确至0.01。

$$M_x = \frac{(A_{0.15}+A_{0.3}+A_{0.6}+A_{1.18}+A_{2.36})-5A_{4.75}}{100-A_{4.75}} \quad (1-4)$$

式中：　　　M_x——细度模数；

$A_{0.15}, A_{0.30}, \cdots, A_{4.75}$——分别为0.15mm、0.30mm……4.75mm各筛的累计筛余百分率，%。

细度模数越大，表示细集料越粗。水泥混凝土用砂，按细度模数可分为下列三级：

$M_x=3.1\sim3.7$ 为粗砂；

$M_x=2.3\sim3.0$ 为中砂；

$M_x=1.6\sim2.2$ 为细砂。

【例题1-1】 某高速公路桥梁工程项目购进了一批配制水泥混凝土的砂，现取样进行筛分试验，筛前试样质量为510.5g，筛后试样质量见表1-3。请计算该集料分计筛余百分率、累计筛余百分率和通过百分率。

某砂筛分试验的计算示例　　　　　　　　　　　　　　表1-3

筛孔尺寸(mm)		9.5	4.75	2.36	1.18	0.6	0.3	0.15	筛底
筛余质量(g)		0.0	31.0	57.5	63.0	152.5	133.0	53.5	16.5
分计筛余(%)		0.0	6.1	11.3	12.3	29.9	26.1	10.5	3.2
累计筛余(%)		0.0	6.1	17.4	29.7	59.6	85.7	96.2	99.4
通过百分率(%)		100.0	93.9	82.6	70.3	40.4	14.3	3.8	—
累计筛余级配范围	上限	0	10	25	50	70	92	100	—
	下限	0	0	0	10	41	70	90	—

解:分别将计算结果列入表1-3。

将0.15~4.75mm累计筛余百分率代入式(1-4)得该砂的细度模数为:

$$M_x = \frac{(17.4 + 29.7 + 59.6 + 85.7 + 96.2) - 5 \times 6.1}{100 - 6.1} = 2.75$$

该砂属于中砂。

细度模数虽能表示砂的粗细程度,但不能完全反映砂的颗粒级配情况,因为相同细度模数的砂可能有不同的颗粒级配。因此,要全面表征砂的颗粒性质,必须同时使用细度模数和级配两个指标。

四、含泥量与石粉含量、泥块含量

存在于集料中或包裹在集料颗粒表面的泥土会降低水泥的水化反应速度,也会影响集料与水泥或沥青间的黏结能力,显著影响混合料的整体强度与耐久性,因此应对其含量加以限制。

1. 含泥量与石粉含量

含泥量是指天然砂中粒径小于0.075mm的颗粒含量,石粉含量是指人工砂中小于0.075mm的颗粒含量。

细集料的含泥量可采用水洗法筛分试验确定。称取400g(m_0)烘干的细集料试样,置于洁净容器中,注入洁净水搅拌、浸泡、淘洗,过1.18mm、0.075mm套筛;重复水洗、过筛过程,直至容器中洗出的水清澈为止。再将两筛上的颗粒烘干,称其质量(m_1),按照式(1-5)计算含泥量。

$$Q_n = \frac{m_0 - m_1}{m_0} \times 100 \quad (1-5)$$

式中:Q_n——细集料的含泥量,%;
m_0——试验前烘干集料试样的质量,g;
m_1——经筛洗后烘干集料试样的质量,g。

严格地讲,含泥量应是集料中的泥土含量,筛洗法洗去的粒径小于0.075mm的颗粒中实际上包含了矿粉、细砂与黏土成分,而筛洗法很难对这些成分加以区别。将通过0.075mm筛的颗粒部分全都当作"泥土"的做法是不正确的。因此,应尽可能采用细集料砂当量试验来测定其中所含的黏质土或杂质的含量,以评定细集料的洁净程度。

细集料砂当量试验是将通过4.75mm筛的颗粒(干燥试样120g)装入透明、有刻度线的圆柱形试筒中,用配制的冲洗液(氯化钙、甘油、甲醛等)按规定的方法使矿粉、细砂与黏土分层沉淀。砂当量是指矿粉、细砂沉淀物的高度与絮凝物和沉淀物总高度的百分比,用SE表示。砂当量越大,细集料越洁净。

国际上还常采用亚甲蓝试验的方法,用于测定细集料中是否存在膨胀性黏土矿物,并测定其含量,以评定细集料的洁净程度。

2. 泥块含量

集料中的泥块主要以三种类型存在:由纯泥组成的团块;由砂、石屑与泥组成的团块;

包裹在集料颗粒表面的泥。水泥混凝土用砂中泥块含量是指粒径大于 1.18mm 泥块颗粒的含量;粗集料中泥块含量是指粒径大于 4.75mm 泥块颗粒的含量。

泥块含量试验是取规定质量的烘干试样,过 1.18mm(或 4.75mm)筛,称取 1.18mm 筛(或 4.75mm 筛)上试样的质量 m_1;将试样置于容器中注入洁净水搅拌,浸泡 24h,用手捻碎泥块;再将试样放在 0.6mm(或 2.36mm)筛上用水冲洗,直至洗出的水清澈为止。将冲洗后的试样烘干并称取质量 m_2,按照式(1-6)计算泥块含量。

$$Q_k = \frac{m_1 - m_2}{m_1} \times 100 \qquad (1-6)$$

式中:Q_k——集料的泥块含量,%;
  m_1——筛上(细集料为 1.18mm 筛,粗集料为 4.75mm 筛)试样的质量,g;
  m_2——试样经水洗后,筛上(细集料为 0.6mm 筛,粗集料为 2.36mm 筛)烘干试样的质量,g。

细集料的技术性质指标还有含水率、吸水率、有机质含量、云母含量、坚固性、三氧化硫含量、压碎值等。

任务实施

细集料的表观密度采用容量瓶法测定,表观相对密度、毛体积相对密度、表干相对密度采用坍落筒法测定。

一、检验细集料表观密度

1. 目的及适用范围

本试验用于测定含有少量大于 2.36mm 颗粒的细集料(天然砂、石屑、机制砂)在 23℃ 时对水的表观相对密度和表观密度。

2. 仪具与材料

(1)天平:称量 1kg,感量不大于 1g。
(2)容量瓶:500mL。
(3)烘箱:能使温度控制在 105℃ ±5℃。
(4)烧杯:500mL。
(5)洁净水。
(6)其他:干燥器、浅盘、铝制料勺、温度计等。

3. 试验准备

将缩分至 650g 左右的试样在温度为 105℃ ±5℃ 的烘箱中烘干至恒重,并在干燥器内冷却至室温,分成两份备用。

4. 试验步骤

(1)称取烘干的试样约 300g(m_0),装入盛有半瓶洁净水的容量瓶中。
(2)摇转容量瓶,使试样在已保温至 23℃ ±1.7℃ 的水中充分搅动以排除气泡,塞紧瓶塞,在恒温条件下静置24h左右,然后用滴管添水,使水面与瓶颈刻度线平齐,再塞紧瓶塞,擦干瓶外水分,称其总质量(m_2)。

(3)倒出瓶中的水和试样,将瓶的内外表面洗净,再向瓶内注入同样温度的洁净水(温差不超过2℃)至瓶颈刻度线,塞紧瓶塞,擦干瓶外水分,称其总质量(m_1)。

注:在砂的表观密度试验过程中应测量并控制水的温度,试验期间的温差不应超过1℃。

5.结果整理与判定

(1)细集料的表观相对密度按式(1-7)计算,精确至小数点后3位。

$$\gamma_a = \frac{m_0}{m_0 + m_1 - m_2} \tag{1-7}$$

式中:γ_a——细集料的表观相对密度,无量纲;
m_0——试样的烘干质量,g;
m_1——水及容量瓶总质量,g;
m_2——试样、水及容量瓶总质量,g。

(2)表观密度ρ_a按式(1-8)计算,精确至小数点后3位。

$$\rho_a = \gamma_a \times \rho_T \text{ 或 } \rho_a = (\gamma_a - \alpha_T) \times \rho_w \tag{1-8}$$

式中:ρ_a——细集料的表观密度,g/cm^3;
ρ_w——水在4℃时的密度,取$1g/cm^3$;
α_T——试验时水温对水的密度影响的修正系数,见表1-4;
ρ_T——试验温度为T℃时水的密度,按表1-4取用,g/cm^3。

不同水温时水的密度ρ_T及水温修正系数α_T 表1-4

水温(℃)	15	16	17	18	19	20
水的密度ρ_T(g/cm^3)	0.99913	0.99897	0.99880	0.99862	0.99843	0.99822
水温修正系数α_T	0.002	0.003	0.003	0.004	0.004	0.005
水温(℃)	21	22	23	24	25	
水的密度ρ_T(g/cm^3)	0.99802	0.99779	0.99756	0.99733	0.99702	
水温修正系数α_T	0.005	0.006	0.006	0.007	0.007	

(3)以两次平行试验结果的算术平均值作为测定值,如两次结果之差值大于0.01 g/cm^3时,应重新取样进行试验。试验记录表见表1-5。

细集料表观密度试验记录表(容量瓶法) 表1-5

试验次数	水的温度(℃)	试样烘干质量m_0(g)	试样、水及容量瓶的质量m_2(g)	水及容量瓶的质量m_1(g)	T℃时水的密度ρ_T(g/cm^3)	表观密度ρ_a(g/cm^3)		备注
						个别	平均	
1								
2								
结论	经检验,该试样的表观密度符合/不符合《公路水泥混凝土路面施工技术细则》(JTG/T F30—2014)中细集料表观密度的技术要求							

试验者_____　　计算者_____　　校核者_____　　试验日期_____

二、检验细集料堆积密度及紧装密度

检验细集料堆积密度及紧装密实度

1. 目的及适用范围

本试验用于测定砂自然状态下的堆积密度、紧装密度并计算空隙率,为水泥混凝土配合比设计提供数据资料。

2. 仪具与材料

(1)台秤:称量5kg,感量5g。

(2)容量筒:金属制,圆筒形,内径108mm,净高109mm,容积约为1L,如图1-3所示。

(3)标准漏斗:如图1-3所示。

(4)烘箱:能使温度控制在105℃±5℃。

(5)其他:小勺、直尺、浅盘、玻璃板、φ10mm 钢筋、洁净水(20℃±5℃)等。

3. 试验准备

(1)试样制备:用浅盘装试样约5kg,在温度为105℃±5℃的烘箱中烘干至恒重,取出并冷却至室温,分成大致相等的两份备用。试样烘干后如有结块,应在试验前先捏碎。

(2)容量筒容积的标定:先称取容量筒与玻璃板总质量(m_1'),然后注入温度为20℃±5℃的洁净水装满容量筒,此时水的密度为1g/mL,用玻璃板沿筒口滑移,使其紧贴水面,玻璃板与水面之间不得有空隙。擦干筒外壁的水,称量其总质量(m_2'),用式(1-9)计算筒的容积 V。

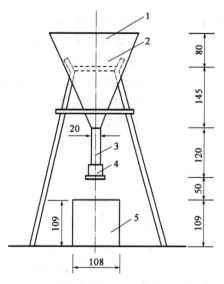

图1-3 标准漏斗和容量筒(尺寸单位:mm)
1-漏斗;2-筛;3-φ20mm 的管子;4-活动门;5-金属容量筒

$$V = m_2' - m_1' \tag{1-9}$$

式中:V——容量筒的容积,mL;

m_1'——容量筒和玻璃板总质量,g;

m_2'——容量筒、玻璃板和水总质量,g。

4. 试验步骤

(1)测定堆积密度。将试样装入漏斗中,打开漏斗底部的活动门,让砂流入容量筒中,也可直接用小勺向容量筒中装试样,但漏斗出料口或料勺距容量筒筒口均应为50mm左右,直至试样装满并超出容量筒筒口,用直尺将多余的试样沿筒口中心线向两个相反方向刮平,称取质量(m_1)。

(2)测定紧装密度。取试样1份,分两层装入容量筒,装完一层后,在筒底垫放一根直径为10mm的钢筋,将筒按住,左右交替颠击地面各25下,然后再装入第二层试样。

第二层试样装满后,用同样方法颠实(但筒底所垫钢筋的方向应与第一层放置方向垂直)。两层装完并颠实后,添加试样超出容量筒筒口,然后用直尺将多余的试样沿筒口中心线向两个相反方向刮平,称其质量(m_2)。

5. 结果整理与判定

(1)堆积密度 ρ 及紧装密度 ρ' 分别按式(1-10)和式(1-11)计算,精确至小数点后3位。

$$\rho = \frac{m_1 - m_0}{V} \tag{1-10}$$

$$\rho' = \frac{m_2 - m_0}{V} \tag{1-11}$$

式中:ρ——砂的堆积密度,g/cm³;
　　　ρ'——砂的紧装密度,g/cm³;
　　　m_0——容量筒的质量,g;
　　　m_1——容量筒和堆积砂总质量,g;
　　　m_2——容量筒和紧装砂总质量,g;
　　　V——容量筒容积,mL。

以两次试验结果的算术平均值作为测定值。

(2)砂的空隙率按式(1-12)计算,精确至0.1%。

$$n = \left(1 - \frac{\rho}{\rho_a}\right) \times 100 \tag{1-12}$$

式中:n——砂的空隙率,%;
　　　ρ——砂的堆积或紧装密度,g/cm³;
　　　ρ_a——砂的表观密度,g/cm³。

试验记录表见表1-6。

细集料的堆积密度及紧装密度试验记录　　　　　表1-6

试验项目	试验次数	容量筒容积 V (mL)	容量筒质量 m_0 (g)	容量筒和砂总质量 m_1 或 m_2 (g)	砂质量 (m_1-m_0) 或 (m_2-m_0) (g)	堆积密度或紧装密度 ρ 或 ρ' (g/cm³)		空隙率 n (%)	备注
						个别	平均		
堆积密度	1								
	2								
紧装密度	1								
	2								
结论	经检验,该试样符合/不符合《公路水泥混凝土路面施工技术细则》(JTG/T F30—2014)中细集料堆积密度或紧装密度和空隙率的技术要求								

试验者_____　　计算者_____　　校核者_____　　试验日期_____

三、检验细集料级配和粗度

1. 目的与适用范围

本试验用于测定细集料(天然砂、人工砂、石屑)的颗粒级配及粗细程度。对于水泥混凝土用细集料可采用干筛法筛分,如果需要(含泥量超过5%的细集

检验细集料级配和粗度

料)也可采用水洗法筛分;对于沥青混合料及基层用细集料必须采用水洗法筛分。

注:当细集料中含有粗集料时,可参照此方法筛分,但需特别注意保护标准筛筛面不遭损坏。

2. 仪具与材料

(1)标准筛。
(2)天平:称量1000g,感量不大于0.5g。
(3)摇筛机。
(4)烘箱:能控制温度在105℃±5℃。
(5)其他:水槽、浅盘、搅棒、硬毛刷和软毛刷等。

3. 试验准备

根据试样中最大粒径的尺寸,选用适宜的标准筛,通常采用9.5mm筛(水泥混凝土用天然砂)或4.75mm筛(沥青路面及基层用天然砂、石屑、机制砂等)筛除其中的超粒径材料,然后将样品在潮湿状态下充分拌匀,用分料器法或四分法缩分至每份不少于550g的试样两份,在105℃±5℃的烘箱中烘干至恒重,冷却至室温后备用。

4. 试验步骤

1)干筛法试验步骤

(1)准确称取约500g烘干试样(m_1),精确至0.5g,置于套筛的最上面一只筛,即4.75mm筛上,将套筛装入摇筛机,摇筛约10min,然后取出套筛,再按筛孔大小顺序,从最大的筛号开始,在清洁的浅盘上逐个进行手筛,直到每分钟的筛出量不超过筛上剩余量的0.1%时为止,将筛出通过的颗粒并入下一号筛,和下一号筛中的试样一起过筛,以此顺序进行至各号筛全部筛完为止。

注:①试样如为特细砂时,试样质量可减少到100g;
②无摇筛机时,可直接用手筛。

(2)称量各筛筛余试样的质量,精确至0.5g,所有各筛的分计筛余量和底盘中剩余量的总量与筛分前的试样总量,相差不得超过后者的1%。

2)水洗法试验步骤

(1)准确称取约500g烘干试样(m_1),精确至0.5g。
(2)将试样置于一洁净容器中,加入足量的洁净水,将试样全部淹没。
(3)用搅棒充分搅动试样,将试样表面洗涤干净,使细粉悬浮在水中,但不得有试样从水中溅出。
(4)用1.18mm筛及0.075mm筛组成套筛。仔细将容器中混有细粉的悬浮液徐徐倒出,经过套筛流入另一容器,但不得将试样倒出。

注:不可直接倒至0.075mm筛上,以免试样掉出损坏筛面。

(5)重复步骤(2)~(4),直至倒出的水洁净且小于0.075mm的颗粒全部倒出。
(6)将容器中的试样倒入搪瓷盘中,用少量水冲洗,使容器上黏附的试样颗粒全部进入搪瓷盘中。将筛子反扣过来,用少量的水将筛上的试样冲洗入搪瓷盘中。操作过程中不得有试样散失。

(7)将搪瓷盘连同试样一起置于105℃±5℃烘箱中烘干至恒重,称取干燥试样的总质量(m_2),准确称量至0.1%。m_1 与 m_2 之差即为通过0.075mm筛的部分。

(8)将全部要求筛孔的筛组成套筛(但不需0.075mm筛),将已经洗去小于0.075mm部分的干燥试样置于套筛上(通常为4.75mm筛)。将套筛装入摇筛机,摇筛约10min,然后取出套筛,再按筛孔大小顺序,从最大的筛号开始,在清洁的浅盘上逐个进行手筛,直到每分钟的筛出量不超过筛上剩余量的0.1%时为止。将筛出通过的颗粒并入下一号筛,和下一号筛中的试样一起过筛,按此顺序进行,直至各号筛全部筛完为止。

注:如为含有粗集料的集料混合料,套筛筛孔根据需要选择。

(9)称量各筛筛余试样的质量,精确至0.5g。所有各筛的分计筛余量和底盘中剩余量的总量与筛分前后试样总量的差值不得超过后者的1%。

5. 结果整理

(1)计算分计筛余百分率。

各号筛的分计筛余百分率为各号筛上的筛余量除以试样总量(m_1)的百分率,精确至0.1%。

对沥青路面及基层用细集料(水筛法)而言,0.15mm 筛下部分即为0.075mm 的分计筛余,由前述水洗法试验步骤(7)测得的 m_1 与 m_2 之差即为小于0.075mm 的筛底部分。

(2)计算累计筛余百分率。

各号筛的累计筛余百分率为该号筛及大于该号筛的各号筛的分计筛余百分率之和,准确至0.1%。

(3)计算质量通过百分率。

各号筛的质量通过百分率等于100减去该号筛的累计筛余百分率,精确至0.1%。

(4)根据各筛的累计筛余百分率或质量通过百分率,绘制级配曲线(图1-4)。

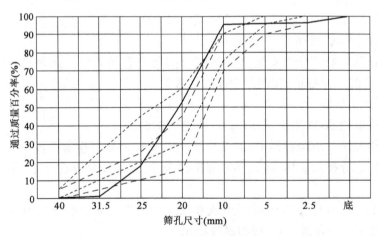

图1-4 几种集料级配曲线绘制

(5)天然砂的细度模数按式(1-4)计算,精确至0.01。

(6)应进行两次平行试验,以试验结果的算术平均值作为测定值。如两次试验所得的细度模数之差大于0.2,应重新进行试验。试验记录表见表1-7。

筛分试验记录（干筛法） 表1-7

项目名称/合同段					样品编号				
工程部位/用途					样品名称				
试验依据					样品描述				
试验条件									
主要仪器设备及编号									
干燥试样总质量(g)	第1组				第2组				平均
筛孔尺寸（mm）	筛余质量（g）	分计筛余（%）	累计筛余（%）	通过百分率（%）	筛余质量（g）	分计筛余（%）	累计筛余（%）	通过百分率（%）	累计筛余（%）
4.75									
2.36									
1.18									
0.6									
0.3									
0.15									
筛底									
细度模数 M_x									
级配区									
报告：									

试验者_____ 计算者_____ 校核者_____ 试验日期_____

四、检验细集料含泥量

1. 目的与适用范围

(1) 本方法仅用于测定天然砂中粒径小于 0.075mm 的尘屑、淤泥和黏土的含量。

(2) 本方法不适用于人工砂、石屑等矿粉成分较多的细集料。

2. 仪具与材料

(1) 天平：称量 1kg，感量不大于 1g。
(2) 烘箱：能控温在 105℃±5℃。
(3) 标准筛：孔径 0.075mm 及 1.18mm 的方孔筛。
(4) 其他：筒、浅盘等。

3. 试验准备

将来样用四分法缩分至每份约 1000g，置于温度为 105℃±5℃ 的烘箱中烘干至恒重，冷却至室温后，称取约 400g（m_0）的试样两份备用。

4. 试验步骤

(1) 取一份烘干的试样置于筒中，并注入洁净的水，使水面高出砂面约 200mm，充分拌和均匀后,浸泡24h,然后用手在水中淘洗试样,使尘屑、淤泥和黏土与砂粒分离,并使之悬浮于水中,缓缓地将浑浊液倒入1.18mm至0.075mm的套筛上,滤去小于0.075mm的颗粒。试验前应将筛子的两面用水湿润,在整个试验过程中应注意避免砂粒丢失。

(2)再次加水于筒中,重复上述过程,直至筒内砂样洗出的水清澈为止。

(3)用水冲洗剩余在筛上的细粒,并将0.075mm筛放在水中(使水面略高出筛中砂粒的上表面)来回摇动,以充分洗除小于0.075mm的颗粒;然后将两筛上筛余的颗粒和筒中已经洗净的试样一并装入浅盘,置于温度为105℃±5℃的烘箱中烘干至恒重,然后冷却至室温,称取试样的质量(m_1)。

5. 结果整理与评定

砂的含泥量按式(1-13)计算,精确至0.1%。

$$Q_n = \frac{m_0 - m_1}{m_0} \times 100 \tag{1-13}$$

式中:Q_n——砂的含泥量,%;

m_0——试验前的烘干试样质量,g;

m_1——试验后的烘干试样质量,g。

以两次试验结果的算术平均值作为测定值。两次结果的差值超过0.5%时,应重新取样进行试验。试验记录见表1-8。

含泥量试验记录表　　　　　　　　　表1-8

试验次数	试验前烘干试样质量(g)	试验后烘干试样质量(g)	含泥量测值(%)	含泥量平均值(%)
报告:				

试验者＿＿＿＿　　　计算者＿＿＿＿　　　校核者＿＿＿＿　　　试验日期＿＿＿＿

任务评价

评价项目	评价标准	参考分值	得分
细集料表观密度试验	试验操作步骤正确,试验误差满足规范要求	10	
	小组成员不怕脏不怕累、团队合作愉快默契	10	
细集料堆积密度及紧装密度试验	试验操作步骤正确	10	
	小组成员主动承担责任,具有服务意识	10	
细集料筛分试验	试验步骤正确,试验误差满足规范要求	20	
	小组成员严谨细心,具有分析、解决问题的能力	20	
细集料含泥量试验	试验操作正确,结果计算正确	10	
	分工协作,参与积极性高	10	
	总评		

任务三　检验粗集料的技术性质

学习目标	● 知识目标	❶掌握粗集料的物理性质和试验方法。 ❷掌握粗集料的力学技术性质和试验方法
	● 能力目标	❶能对粗集料表观密度、毛体积密度、堆积密度和空隙率进行检测。 ❷能对粗集料的级配进行检测。 ❸能对粗集料的针片状颗粒含量进行检测。 ❹能对粗集料的压碎值、磨耗值进行检测
	● 素质目标	在试验室内通过网篮法试验、筛分试验、针片状颗粒含量试验和压碎值试验,提升学生动手能力和解决问题能力,培养学生树立良好的职业操守,厚植劳动光荣的理念

任务描述

某桥梁工程中,施工前需要在试验室内对集料的技术性质进行检验。请根据本任务学习内容,在试验室完成粗集料的密度与吸水率试验、筛分试验、针片状颗粒含量试验,检测压碎值和磨耗值。

任务引导

要完成此次工作任务,需要对集料的物理常数、级配和力学性质有一定的了解,掌握粗集料技术性质的检测方法,能够按照规范要求进行粗集料密度、级配、针片状颗粒含量、压碎值和磨耗值检测。学生可以登录在线开放课程,通过微课"粗集料的技术性质"进行相关知识的预习和复习。

相关知识

粗集料的技术性质主要是指物理性质和力学性质。其物理性质包括物理常数(表观密度、毛体积密度、堆积密度和空隙率)、级配和针片状颗粒含量等。路用粗集料的力学性质包括抗压碎的能力、抗磨耗损失的能力、表面抗磨光的能力、抗冲击的能力等。

一、物理性质

1. 密度与吸水率

在计算集料的物理常数时,不仅要考虑集料中的孔隙(开口孔隙和闭口孔隙),还要考虑颗粒间的空隙。根据集料含水率的不同一般将其分为不同的含水状态:干燥状态、自然含水状态、饱和面干状态和饱水状态。对于集料的密度,由于公路工程上的用途不同,密度的表示方法也不相同,如在沥青混合料配合比设计时常用表观相对密度、毛体积密度,在水泥混凝土配合比设计时常用表干相对密度。

(1)表观密度(视密度)与表观相对密度(视比重)。

集料的表观密度是指,在规定条件下,单位表观体积(包括实体矿物成分和闭口孔隙体积)物质颗粒的干质量。集料的表观密度可用式(1-14)表示。

$$\rho_a = \frac{m_s}{V_s + V_n} \tag{1-14}$$

式中:ρ_a——集料的表观密度,g/cm^3;

m_s——矿质实体质量,g;

V_s——矿质实体体积,cm^3;

V_n——矿质实体闭口孔隙体积,cm^3。

集料的表观相对密度是指表观密度与同温度水的密度的比值,用γ_a表示,无量纲。

(2)毛体积密度与毛体积相对密度。

集料的毛体积密度是指,在规定的条件下,单位毛体积(包括实体矿物成分和闭口孔隙、开口孔隙等颗粒表面轮廓线所包围的体积)物质颗粒的干质量。集料的毛体积密度可用式(1-15)表示。

$$\rho_b = \frac{m_s}{V_s + V_n + V_i} \tag{1-15}$$

式中:ρ_b——集料的毛体积密度,g/cm^3;

V_i——矿质实体开口孔隙体积,cm^3;

其余符号意义同前。

集料的毛体积相对密度是指毛体积密度与同温度水的密度的比值,用γ_b表示,无量纲。单位毛体积(包括实体矿物成分和闭口孔隙、开口孔隙等颗粒表面轮廓线所包围的体积)物质颗粒的饱和面干质量称为集料的表干密度(饱和面干毛体积密度),用ρ_s表示。表干密度与同温度水的密度的比值称为集料的表干相对密度(饱和面干毛体积相对密度),用γ_s表示,无量纲。

《公路工程集料试验规程》(JTG E42—2005)规定,粗集料的上述密度指标用网篮法测定,即先称取烘干粗集料的质量m_a,再将集料置于容器中吸水饱和(浸水24h),然后用网篮法称取集料的水中质量m_w,最后称取集料的表干质量m_f。则有:

$$\gamma_a = \frac{m_a}{m_a - m_w} \tag{1-16}$$

$$\gamma_s = \frac{m_f}{m_f - m_w} \tag{1-17}$$

$$\gamma_b = \frac{m_a}{m_f - m_w} \tag{1-18}$$

$$\rho_a = \gamma_a \times \rho_T \text{ 或 } \rho_s = \gamma_s \times \rho_T \text{ 或 } \rho_b = \gamma_b \times \rho_T \tag{1-19}$$

式中:ρ_T——试验温度T时水的密度,g/cm^3。

水在不同温度下的密度略有差异,如4℃、15℃、25℃时水的密度分别为1.000g/cm^3、

0.99913g/cm^3、0.99702g/cm^3。

(3)堆积密度。

集料的堆积密度是指单位体积(含物质颗粒固体及其闭口孔隙、开口孔隙体积和颗粒间空隙体积)物质颗粒的质量,用 ρ 表示。堆积密度有干堆积密度和湿堆积密度之分。根据集料堆积方式不同,粗集料的堆积密度分为自然堆积密度、振实堆积密度和捣实堆积密度,细集料的堆积密度分为自然堆积密度和紧装堆积密度。

集料的堆积密度的测定按《公路工程集料试验规程》(JTG E42—2005)规定的方法,将集料试样装入容量筒中,容量筒的容积为试样的体积,容量筒中试样的质量与容量筒的容积之比即为堆积密度。

(4)吸水率。

集料的吸水率是指集料在饱和状态下的含水率。

2. 空隙率

集料的空隙率是指集料试样颗粒之间的空隙体积占总体积的百分率。集料的空隙率可按下列公式计算。

水泥混凝土用粗集料振实状态下的空隙率:

$$V_c = \left(1 - \frac{\rho}{\rho_a}\right) \times 100 \tag{1-20}$$

式中:V_c——水泥混凝土用粗集料的空隙率,%;

ρ_a——粗集料的表观密度,t/m^3;

ρ——按振实法测定的粗集料的堆积密度,t/m^3。

沥青混合料用粗集料骨架捣实状态下的空隙率:

$$\text{VCA}_{\text{DRC}} = \left(1 - \frac{\rho}{\rho_b}\right) \times 100 \tag{1-21}$$

式中:VCA_{DRC}——沥青混合料用粗集料的空隙率,%;

ρ_b——粗集料的毛体积密度,t/m^3;

ρ——按捣实法测定的粗集料的堆积密度,t/m^3。

砂的空隙率:

$$n = \left(1 - \frac{\rho}{\rho_a}\right) \times 100 \tag{1-22}$$

式中:n——砂的空隙率,%;

ρ_a——砂的表观密度,g/cm^3;

ρ——砂的堆积或紧装密度,g/cm^3。

3. 级配

粗集料的级配也是通过筛分试验确定的。粗集料的筛分试验是将粗集料通过一套规定筛孔尺寸的标准筛(75mm、63mm、53mm、37.5mm、31.5mm、26.5mm、19mm、16mm、13.2mm、9.5mm、4.75mm),然后测出存留在各个筛上的集料质量,根据集料试样的质量与存留在各筛上的集料质量,计算分计筛余百分率、累计筛余百分率和通过百分率等级配参数。计算方法与细集料筛分试验基本相同。

粗集料的筛分试验又分为干筛法和水洗法。测定粗集料(碎石、砾石、矿渣等)的颗粒组成时,对水泥混凝土用粗集料可采用干筛法筛分,对沥青混合料及基层用粗集料必须采用水洗法筛分试验。

4. 坚固性

粗集料的坚固性是指集料在气候、环境变化或其他物理因素作用下抵抗碎裂的能力。除将原岩石加工成规则试块进行抗冻性和坚固性试验外,对已轧制成的碎石或天然的卵石,亦可采用规定级配的各粒级集料,按《公路工程集料试验规程》(JTG E42—2005)选取规定数量,分别装在金属网篮中,再浸入饱和硫酸钠溶液中进行干湿循环试验。经一定的循环次数后,观察其表面破坏情况,并用质量损失百分率来计算其坚固性。

5. 针片状颗粒含量

形状接近于立方体的各种粒径的粗集料组成的矿质混合料,经过碾压或击实稳定后,粗集料之间的相互嵌挤、锁结作用显著,矿质混合料能够获得较大的抗压强度和抗剪强度。粗集料中细长的针状颗粒与扁平的片状颗粒对矿质混合料抗压强度和抗剪强度的形成是不利的,因此应限制其含量。

针片状颗粒含量是指粗集料中细长的针状颗粒与扁平的片状颗粒质量占试样总质量的百分率,用 Q_e 表示。

一般情况下,对于水泥混凝土用粗集料,颗粒的最大长度(或宽度)方向与最小厚度(或直径)方向的尺寸之比大于6的颗粒为针片状颗粒,用规准仪法测试;对于沥青混合料用粗集料,颗粒的最大长度(或宽度)方向与最小厚度(或直径)方向的尺寸之比大于3的颗粒为针片状颗粒,用游标卡尺法测试。

粗集料的物理性质指标还有含水率、吸水率、有机物含量等。

二、力学性质

道路路面建筑用粗集料的力学指标,主要包括压碎值和磨耗值,其次是抗滑表层用集料的力学指标,即磨光值和冲击值等。

1. 压碎值

压碎值反映按规定的方法测得的石料抵抗压碎的能力,以经压碎试验后粒径小于2.36mm的石料质量百分率表示。

按《公路工程集料试验规程》(JTG E42—2005)的规定,取 9.5~13.2mm 的集料试样3000g装入压碎值测定仪的钢质筒内,放在压力机上,在10min左右的时间内均匀加荷至400kN,稳压5s后卸载,称取通过2.36mm筛孔的全部细集料的质量,则集料的压碎值按式(1-23)计算:

$$Q'_a = \frac{m_1}{m_0} \times 100 \tag{1-23}$$

式中:Q'_a——集料的压碎值,%;

m_0——试验前试样的质量,g;
m_1——试验后通过2.36mm筛孔的细料质量,g。

2. 磨耗值

磨耗值反映按规定的方法测得的石料抵抗磨耗作用的能力,其测定方法有洛杉矶法、道瑞法和狄法尔法。磨耗性是岩石抵抗撞击、剪切和摩擦等综合作用的性能。

①洛杉矶法磨耗试验。

洛杉矶法磨耗试验(又称搁板式磨耗试验)是测定标准条件下粗集料抵抗摩擦、撞击的能力。其试验机由一个内径为710mm、内侧长510mm的圆筒和筒中的一个搁板组成。试验用的试样是按一定规格组成的级配碎石,试样加入磨耗筒的同时,加入若干个钢球,磨耗筒以30~33r/min的转速旋转,在旋转时,由于搁板的作用,可将碎石和钢球带到高处落下。经500次旋转后,将碎石试样取出,用边长1.7mm的方孔筛筛去试样中的细屑,再用水洗净留在筛上的试样,烘至恒重并称其质量。粗集料的洛杉矶磨耗损失按式(1-24)计算:

$$Q = \frac{m_1 - m_2}{m_1} \times 100 \quad (1\text{-}24)$$

式中:Q——粗集料的洛杉矶磨耗损失,%;
m_1——装入圆筒中的试样质量,g;
m_2——试验后在1.7mm筛上洗净烘干的试样质量,g。

②道瑞法磨耗试验。

道瑞法磨耗试验用于评定公路路面表面层所用粗集料抵抗车轮撞击及磨耗的能力。集料磨耗值越高,表示集料耐磨性越差。

道瑞法磨耗试验是将9.5~13.2mm的集料颗粒以单层紧密排列在试模中,集料颗粒不得少于24粒。用环氧树脂砂浆填模成型,经养护后脱模制成试件。同种集料两个试件为一组。试件用金属托盘固定于道瑞磨耗试验机的圆平板上,按28~30r/min转速旋转100圈,旋转的同时连续不断地向磨盘上均匀地撒布规定细度的石英砂。停机后取下试件,观察有无异常现象,然后按相同方法再磨400圈,可分为每次100圈重复4次磨完,也可连续1次磨完。停机后,称取试件质量。每块试件的集料道瑞磨耗值按式(1-25)计算:

$$AAV = \frac{3(m_1 - m_2)}{\rho_s} \quad (1\text{-}25)$$

式中:AAV——集料的道瑞磨耗值;
m_1——磨耗前试样的质量,g;
m_2——磨耗后试样的质量,g;
ρ_s——集料的表干密度,g/cm³。

③狄法尔法磨耗试验。

狄法尔法磨耗试验(也称双筒式磨耗试验)是将岩石加工为一定块数(100块)的单粒级(50~70mm)试样2份,分别放在磨耗机的两个筒中,以30~33r/min转速旋转10000次,由于岩石相互摩擦冲击,使岩石试样产生磨耗。计算方法同前述洛杉矶法磨耗试验。

3. 磨光值

磨光值反映按规定试验方法测得的集料抵抗轮胎磨光作用的能力，即集料被磨光后用摆式摩擦系数测定仪测得的摩擦系数，用 PSV 表示。

磨光值的基本测定方法是将 9.5～13.2mm 干净、干燥粗集料颗粒单层紧密地排列在试模之中，并用环氧树脂砂浆固定，制成试件，经养护后拆模；每种集料制备 6～10 块试件，从中挑出 4 个试件供 2 次平行试验用；将试件安装在加速磨光试验机上，先用 30 号金刚砂（粗砂）按规定方法用道路轮对试件磨蚀 3h，再用 280 号金刚砂（细砂）磨蚀 3h 后停机；取出试件后，用摆式摩擦系数测定仪在一块试件上重复测定 5 次读数的平均值，即为集料的磨光值。

集料的磨光值越高，表示其抗滑性越好。用高磨光值的岩石来铺筑道路路面表层，可以提高路表的抗滑能力，保障车辆的安全行驶。

4. 冲击值

粗集料冲击值反映按规定试验方法测得的石料抵抗冲击荷载的能力，以冲击试验后小于 2.36mm 粒径的集料质量百分率表示。由于路表集料直接承受车轮荷载的冲击作用，这一指标对道路表面层用集料非常重要。

集料的冲击试验采用粒径为 9.5～13.2mm 的干燥集料颗粒，按标准方法分三层装入量筒中，每层用捣实杆按规定方法捣实 25 次；称取量筒中集料试样的质量 m；将称好质量的集料装入圆形钢筒中后置于冲击试验仪上，调整冲击锤（锤质量 13.75kg）高度，让冲击锤从 380mm±5mm 处自由落下，连续锤击集料 15 次，每次间隔不少于 1s。将冲击试验后的集料用 2.36mm 筛筛分，分别称取留存在 2.36mm 筛上集料的质量 m_1 和通过 2.36mm 筛的石屑质量 m_2。集料冲击值按式(1-26)计算：

$$\text{AIV} = \frac{m_2}{m} \times 100 \tag{1-26}$$

式中：AIV——集料的冲击值，%。

> **任务实施**

一、检验粗集料密度与吸水率

1. 目的与适用范围

本方法适用于测定各种粗集料的表观相对密度、表干相对密度、毛体积相对密度、表观密度、表干密度、毛体积密度以及吸水率。

2. 仪具与材料

（1）天平或浸水天平：可悬挂吊篮测定集料的水中质量，称量应满足试样数量称量要求，感量不大于最大称量的 0.05%。

（2）吊篮：由耐锈蚀材料制成，直径和高度为 150mm 左右，四周及底部用 1～2mm 的筛网编制或具有密集的孔眼。

(3)溢流水槽:在称量水中质量时能保持水面高度一定。

(4)烘箱:能控温在105℃±5℃。

(5)毛巾:纯棉制,洁净,也可用纯棉的汗衫布代替。

(6)温度计。

(7)标准筛。

(8)盛水容器(如搪瓷盘)。

(9)其他:刷子等。

3. 试验准备

(1)将试样用标准筛过筛除去其中的细集料,对较粗的粗集料可用4.75mm筛过筛,对2.36~4.75mm集料,或者混在4.75mm以下石屑中的粗集料,则用2.36mm标准筛过筛,用四分法或分料器法将试样缩分至要求的质量,取两份备用。对沥青路面用粗集料,应对不同规格的集料分别测定,不得混杂,所取的每一份集料试样应基本上保持原有的级配。在测定2.36~4.75mm的粗集料时,试验过程中应特别小心,不得丢失集料。

(2)经缩分后供测定密度和吸水率的粗集料质量应符合表1-9的规定。

T 0304-1 测定密度所需试样最小质量　　　　表1-9

公称最大粒径(mm)	4.75	9.5	16	19	26.5	31.5	37.5	63	75
每一份试样的最小质量(kg)	0.8	1	1	1	1.5	1.5	2	3	3

(3)将每一份集料试样浸泡在水中,并适当搅动,仔细洗去附在集料表面的尘土和石粉,经多次漂洗至水完全清澈为止。注意清洗过程中不得散失集料颗粒。

4. 试验步骤

(1)取一份试样装入干净的搪瓷盘中,注入洁净的水,水面至少应高出试样20mm,轻轻搅动集料,使附着在集料上的气泡完全逸出。在室温下保持浸水24h。

(2)将吊篮挂在天平的吊钩上,浸入溢流水槽中,向溢流水槽中注水,使水面高度至水槽的溢流孔,将天平调零。吊篮的筛网应保证集料不会通过筛孔流失,对2.36~4.75mm的粗集料应更换小孔筛网,或在网篮中加放一个浅盘。

(3)调节水温在15~25℃范围内。将试样移入吊篮中。溢流水槽中的水面高度由水槽的溢流孔控制,维持不变。称取集料的水中质量(m_w)。

(4)提起吊篮,稍稍滴水后,可将较粗的粗集料直接倒在拧干的湿毛巾上。将较细的粗集料(2.36~4.75mm)连同浅盘一起取出,稍稍倾斜搪瓷盘,仔细倒出余水,然后将粗集料倒在拧干的湿毛巾上,用毛巾吸走从集料中漏出的自由水。此步骤需特别注意不得有颗粒丢失,或有小颗粒附在吊篮上。之后再用拧干的湿毛巾轻轻擦干集料颗粒的表面水,至表面看不到发亮的水迹,即为饱和面干状态。当粗集料尺寸较大时,宜逐颗擦干。注意对较粗的粗集料,拧湿毛巾时不要太用劲,防止拧得太干,对较细的含水较多的粗集料,毛巾可拧得稍干些。擦颗粒的表面水时,既要将表面水擦掉,又要防止将颗粒内部的水吸出。整个过程中不得有集料丢失,且已擦干的集料不得继续在空气中放置,以防止集料干燥。

(5)在保持集料表干状态下,立即称取集料的表干质量(m_f)。

(6)将集料置于浅盘中,放入105℃±5℃的烘箱中烘干至恒重。取出浅盘,放在带盖的容器中冷却至室温,称取集料的烘干质量(m_a)。

注:恒重是指相邻两次称量间隔时间大于3h的情况下,其前后两次称量之差小于该项试验要求的精确度,即0.1%。一般在烘箱中烘烤的时间不得少于4~6h。

5. 结果计算

(1)表观相对密度 γ_a、表干相对密度 γ_s、毛体积相对密度 γ_b 按式(1-16)~式(1-18)计算至小数点后3位。

(2)集料的吸水率以烘干试样为基准,按下式(1-27)计算,精确至0.01%。

$$w_x = \frac{m_f - m_a}{m_a} \times 100 \tag{1-27}$$

式中:w_x——粗集料的吸水率,%。

(3)粗集料的表观密度(视密度)ρ_a、表干密度 ρ_s、毛体积密度 ρ_b 按下式计算,准确至小数点后3位。不同水温条件下测量的粗集料表观密度需进行水温修正,不同试验温度下水的密度 ρ_T 及水的温度修正系数 α_T 按表1-4选用。

$$\rho_a = \gamma_a \times \rho_T \text{ 或 } \rho_a = (\gamma_a - \alpha_T) \times \rho_w \tag{1-28}$$

$$\rho_s = \gamma_s \times \rho_T \text{ 或 } \rho_s = (\gamma_s - \alpha_T) \times \rho_w \tag{1-29}$$

$$\rho_b = \gamma_b \times \rho_T \text{ 或 } \rho_b = (\gamma_b - \alpha_T) \times \rho_w \tag{1-30}$$

式中:ρ_a——粗集料的表观密度,g/cm³;

ρ_s——粗集料的表干密度,g/cm³;

ρ_b——粗集料的毛体积密度,g/cm³;

α_T——试验温度 T 时的水温修正系数;

ρ_T——试验温度 T 时水的密度,g/cm³,按表1-4取用;

ρ_w——水在4℃时的密度,取1.000g/cm³。

对同一规格的集料应进行两次平行试验,取平均值作为试验结果。两次结果密度相差不得超过0.02,吸水率不得超过0.2%。试验记录格式见表1-10。

粗集料密度试验记录表　　　　表1-10

试样规格	试样的质量(g)			水温(℃)	相对密度			相对密度平均值			密度(g/cm³)			平均密度(g/cm³)		
	烘干	表干	在水中		表观	表干	毛体积	表观	表干	毛体积	表观	表干	毛体积	表观	表干	毛体积

试验者_____　　　计算者_____　　　校核者_____　　　试验日期_____

二、检验粗集料级配

1. 目的与适用范围

（1）本试验用于测定粗集料（碎石、砾石、矿渣等）的颗粒组成。对于水泥混凝土用粗集料可采用干筛法筛分；对于沥青混合料及基层用粗集料必须采用水洗法筛分。

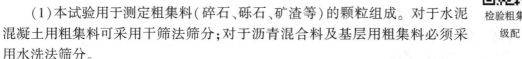

检验粗集料级配

（2）本方法也适用于同时含有粗集料、细集料、矿粉的矿料混合料筛分试验，如未筛碎石、级配碎石、天然砂砾、级配砂砾、无机结合料稳定基层材料、沥青拌和楼的冷料混合料、热料仓材料、沥青混合料经溶剂抽提后的矿料等。

2. 仪具与材料

（1）试验筛：根据需要选用规定的标准筛。
（2）摇筛机。
（3）天平或台秤：感量不大于试样质量的0.1%。
（4）烘箱：能控制温度在105℃±5℃。
（5）其他：水槽、搅棒、盘子、铲子、毛刷等。

3. 试验准备

按规定将试样用分料器或四分法缩分至表1-11要求的试样质量，风干后备用。根据需要可按要求的集料最大粒径的筛孔尺寸过筛，除去超粒径部分颗粒后，再进行筛分。

筛分用的试样质量　　表1-11

公称最大粒径(mm)	75	63	37.5	31.5	26.5	19	16	9.5	4.75
试样质量不少于(kg)	10	8	5	4	2.5	2	1	1	0.5

注：1. 集料最大粒径是指集料100%都要求通过的最小的标准筛筛孔尺寸；
　　2. 集料的公称最大粒径是指集料可能全部通过或允许有少量不通过（一般容许筛余不超过10%）的最小的标准筛筛孔尺寸，通常比集料最大粒径小一个粒级。

4. 试验步骤

1）干筛法试验步骤

（1）取一份试样置于105℃±5℃烘箱中烘干至恒重，称取干燥集料试样的总质量（m_0），精确至0.1%。

（2）用搪瓷盘作筛分容器，按筛孔大小排列顺序逐个将集料过筛。

人工筛分时，需使集料在筛面上同时做水平方向及上下方向的不停顿的运动，使小于筛孔的集料通过筛孔，直至1min内通过筛孔的质量小于筛上残余量的0.1%为止。

当采用摇筛机筛分时，应在摇筛机筛分后再逐个由人工补筛。将筛出通过的颗粒并入下一号筛，和下一号筛中的试样一起过筛，顺序进行，直至各号筛全部筛完为止。应确认1min内通过筛孔的质量确实小于筛上残余量的0.1%。

注：由于用0.075mm的筛干筛几乎不能把沾在粗集料表面的小于0.075mm部分的石粉筛过去，而且对水泥混凝土用粗集料而言，0.075mm通过率的意义不大，所以也可以不筛，且把通过0.15mm筛的筛下部分全部作为0.075mm的分计筛余，将粗集料的0.075mm筛通过率假设为0。

(3)如果某个筛上的集料过多,影响筛分作业时,可以分两次筛分。当筛余颗粒的粒径大于19mm时,筛分过程中允许用手指轻轻拨动颗粒,但不得逐颗塞过筛孔。

(4)称取每个筛上的筛余量,精确至总质量的0.1%。各筛分计筛余量及筛底存量的总和与筛分前试样的干燥总质量m_0相比,相差不得超过m_0的0.5%。

(5)干筛法筛分结果的计算:

①计算筛分时的损耗。

按式(1-31)计算各筛分计筛余量及筛底存量的总和与筛分前试样的干燥总质量m_0之差,作为筛分时的损耗,并计算损耗率,若损耗率大于0.3%,应重新进行试验。

$$m_5 = m_0 - (\sum m_i + m_d) \tag{1-31}$$

式中:m_5——由于筛分造成的损耗质量,g;

m_0——用于干筛的干燥集料总质量,g;

m_i——各号筛上的分计筛余质量,g,i依次为0.075mm、0.15mm……至集料最大粒径的排序;

m_d——筛底(0.075mm以下的部分)集料质量,g。

②计算分计筛余百分率。

干筛后各号筛上的分计筛余百分率a_i'按式(1-32)计算,精确至0.1%。

$$a_i' = \frac{m_i}{m_0 - m_5} \times 100 \tag{1-32}$$

③计算累计筛余百分率。

各号筛的累计筛余百分率A_i为该号筛及以上各号筛的分计筛余百分率之和,精确至0.1%。

④计算质量通过百分率。

各号筛的质量通过百分率P_i等于100减去该号筛累计筛余百分率,精确至0.1%。

⑤计算0.075mm筛的通过率。

由筛底存量除以扣除损耗后的干燥集料总质量得出,精确至0.1%。

⑥试验结果以两次试验的平均值表示,精确至0.1%。当两次试验结果$P_{0.075}$的差值超过1%时,应重新进行试验。干筛法筛分记录格式见表1-12。

粗集料及集料混合料筛分记录表(干筛法)   表1-12

干燥试样总质量m_0(g)	第1组				第2组				平均
筛孔尺寸(mm)	筛余质量m_i(g)	分计筛余(%)	累计筛余(%)	通过百分率(%)	筛余质量m_i(g)	分计筛余(%)	累计筛余(%)	通过百分率(%)	累计筛余百分率(%)
	(1)	(2)	(3)	(4)	(1)	(2)	(3)	(4)	(5)

续上表

干燥试样总质量 $m_0(g)$	第1组				第2组				平均
筛孔尺寸（mm）	筛余质量 $m_i(g)$	分计筛余（%）	累计筛余（%）	通过百分率（%）	筛余质量 $m_i(g)$	分计筛余（%）	累计筛余（%）	通过百分率（%）	累计筛余百分率（%）
	(1)	(2)	(3)	(4)	(1)	(2)	(3)	(4)	(5)
筛底 m_d									
筛分后总量 $\sum m_i(g)$									
损耗 $m_5(g)$									
损耗率（%）									
备注：									

试验者_____   计算者_____   校核者_____   试验日期_____

2）水洗法试验步骤

(1)取一份试样，将试样置于 105℃ ±5℃ 烘箱中烘干至恒重，称取干燥集料试样的总质量（m_3），精确至 0.1%。

(2)将试样置于一洁净容器中，加入足够数量的洁净水，将集料全部淹没，但不得使用任何洗涤剂、分散剂或表面活性剂。

(3)用搅棒充分搅动集料，使集料表面洗涤干净，使细粉悬浮在水中，但不得破碎集料或使集料从水中溅出。

(4)根据集料粒径大小选择一组套筛，其底部为 0.075mm 标准筛，上部为 2.36mm 或 4.75mm 筛。仔细将容器中混有细粉的悬浮液倒出，经过套筛流入另一容器中，尽量不将粗集料倒出，以免损坏标准筛筛面。

注：无须将容器中的全部集料都倒出，只倒出悬浮液。且不可直接将集料倒至 0.075mm 筛上，以免集料掉出损坏筛面。

(5)重复(2)~(4)步，直至倒出的水洁净为止，必要时可采用水流缓慢冲洗。

(6)将套筛每个筛子上的集料及容器中的集料全部回收在一个搪瓷盘中，容器上不得有沾附的集料颗粒。

注：沾在 0.075mm 筛面上的细粉很难回收扣入搪瓷盘中，此时需将筛子倒扣在搪瓷盘上，用少量的水并助以毛刷将细粉刷落入搪瓷盘中，并注意不要散失。

(7)在确保细粉不散失的前提下，小心泌去搪瓷盘中的积水，将搪瓷盘连同集料一起置于 105℃ ±5℃ 烘箱中烘干至恒重，称取干燥集料试样的总质量（m_4），精确至 0.1%。以 m_3 与 m_4 之差作为 0.075mm 的筛下部分。

(8)将回收的干燥集料按干筛法筛分出 0.075mm 筛以上各筛的筛余量，此时 0.075mm 的筛下部分应为 0，如果尚能筛出，则应将其并入水洗得到的 0.075mm 的筛下部分，且表示水洗得不干净。

(9)水筛法筛分结果的计算。

①计算0.075mm筛的通过百分率。

粗集料中0.075mm筛下部分的质量$m_{0.075}$为：

$$m_{0.075} = m_3 - m_4 \tag{1-33}$$

则粗集料中0.075mm筛的通过百分率(小于0.075mm的颗粒含量)为：

$$P_{0.075} = \frac{m_{0.075}}{m_3} \times 100 = \frac{m_3 - m_4}{m_3} \times 100 \tag{1-34}$$

式中：$P_{0.075}$——粗集料中小于0.075mm的颗粒含量(通过率),%；

$m_{0.075}$——粗集料中水洗得到的小于0.075mm部分的质量,g；

m_3——用于水洗的干燥粗集料总质量,g；

m_4——水洗后的干燥粗集料总质量,g。

计算结果精确至0.1%。当两次试验结果的$P_{0.075}$差值超过1%时,应重新进行试验。

②计算筛分时的损耗。

按式(1-35)计算各筛分计筛余量及筛底存量的总和与筛分前试样的干燥总质量m_3之差,作为筛分时的损耗,并计算损耗率,若损耗率大于0.3%,应重新进行试验。

$$m_5 = m_3 - (\sum m_i + m_{0.075}) \tag{1-35}$$

式中：m_5——由于筛分造成的损耗,g；

m_i——各号筛上的分计筛余,g, i 依次为 0.075mm、0.15mm……至集料最大粒径的排序。

③计算其他各筛的分计筛余百分率、累计筛余百分率、质量通过百分率。

计算方法与干筛法相同。当干筛筛分有损耗时,应按干筛法筛分的计算方法从总质量中扣除损耗部分。

④试验结果取两次试验的平均值。

水洗法筛分记录格式见表1-13。

粗集料及集料混合料筛分记录表(水洗法) 表1-13

	第1组				第2组				平均
干燥试样总质量m_3(g)									
水洗后筛上总质量m_4(g)									
水洗后0.075mm筛下质量$m_{0.075}$(g)									
0.075mm通过率$P_{0.05}$(%)									
筛孔尺寸(mm)	筛上质量m_i(g)	分计筛余(%)	累计筛余(%)	通过百分率(%)	筛上质量m_i(g)	分计筛余(%)	累计筛余(%)	通过百分率(%)	通过百分率(%)
	(1)	(2)	(3)	(4)	(1)	(2)	(3)	(4)	(5)
水洗后干筛法筛分									

续上表

筛孔尺寸(mm)	筛上质量 m_i(g)	分计筛余(%)	累计筛余(%)	通过百分率(%)	筛上质量 m_i(g)	分计筛余(%)	累计筛余(%)	通过百分率(%)	通过百分率(%)
	(1)	(2)	(3)	(4)	(1)	(2)	(3)	(4)	(5)
水洗后干筛法筛分									
	筛底 m_d								
	干筛后总质量 $\sum m_i$(g)								
损耗 m_5(g)									
损耗率(%)									
扣除损耗后总质量(g)									

试验者_____ 计算者_____ 校核者_____ 试验日期_____

注:如筛底 m_d 的值不是0,应将其并入 $m_{0.075}$ 中重新计算 $P_{0.075}$。

5. 报告

(1)筛分结果以各筛孔的质量通过百分率表示,宜记录为表1-12、表1-13的格式。

(2)对用于沥青混合料、基层材料配合比设计用集料,宜绘制集料筛分曲线,其横坐标为筛孔尺寸的0.45次方(表1-14),纵坐标为普通坐标,如图1-5所示。

级配曲线的横坐标(按 $x = d_i^{0.45}$ 计算)　　　　表1-14

筛孔 d_i(mm)	0.075	0.15	0.3	0.6	1.18	2.36	4.75
横坐标 x	0.312	0.426	0.582	0.795	1.077	1.472	2.016
筛孔 d_i(mm)	9.5	13.2	16	19	26.5	31.5	37.5
横坐标 x	2.745	3.193	3.482	3.762	4.370	4.723	5.109

(3)同一种集料至少取两份试样做两次平行试验,取平均值作为每号筛上筛余量的试验结果,报告集料级配组成通过百分率及级配曲线。

三、检验水泥混凝土用粗集料针片状颗粒含量试验(规准仪法)

检验水泥混凝土用粗集料针片状颗粒含量试验(规准仪法)

1. 目的及适用范围

(1)本方法适用于测定水泥混凝土使用的4.75mm以上的粗集料的针状及片状颗粒含量。

(2)本方法测定的针片状颗粒,是指利用专用的规准仪测定的粗集料颗粒的最小厚度(或直径)方向与最大长度(或宽度)方向的尺寸之比小于一定比例的颗粒。

(3)本方法测定的粗集料中针片状颗粒的含量,可用于评价集料的形状及其在工程中的适用性。

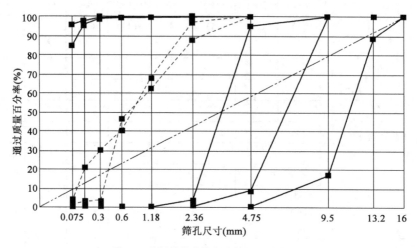

图 1-5　集料筛分曲线与矿料级配设计曲线

2. 仪具与材料

(1)水泥混凝土集料针状规准仪和片状规准仪,如图 1-6 和图 1-7 所示,尺寸应符合表 1-15 的要求。

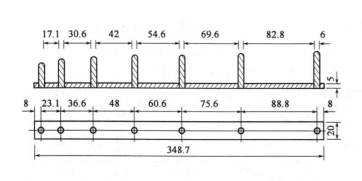

图 1-6　针状规准仪(尺寸单位:mm)

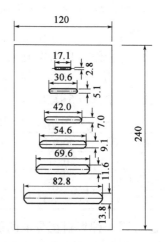

图 1-7　片状规准仪(尺寸单位:mm)

水泥混凝土集料针、片状颗粒试验的粒级划分及其相应的规准仪孔宽或间距　表 1-15

粒级(方孔筛)(mm)	4.75~9.5	9.5~16	16~19	19~26.5	26.5~31.5	31.5~37.5
针状规准仪上相对应的立柱之间的间距(mm)	17.1(B_1)	30.6(B_2)	42.0(B_3)	54.6(B_4)	69.6(B_5)	82.8(B_6)
片状规准仪上相对应的孔宽(mm)	2.8(A_1)	5.1(A_2)	7.0(A_3)	9.1(A_4)	11.6(A_5)	13.8(A_6)

(2)天平或台秤:感量不大于称量值的 0.1%。

(3)标准筛:孔径分别为 4.75mm、9.5mm、16mm、19mm、26.5mm、31.5mm、37.5mm 的

方孔筛,根据需要选用。

3. 试样准备

将试样在室内风干至表面干燥,并用四分法或分料器法缩分至满足表 1-16 规定的质量(m_0),然后筛分成表 1-15 所规定的粒级备用。

针、片状试验所需的试样最小质量　　　　表 1-16

公称最大粒径(mm)	9.5	16	19	26.5	31.5	37.5
试样最小质量(kg)	0.3	1	2	3	5	10

4. 试验步骤

(1)目测挑出接近立方体形状的规则颗粒,将目测有可能属于针片状颗粒的集料按表 1-15 所规定的粒级用规准仪逐粒对试样进行鉴定,挑出颗粒长度大于针状规准仪上相应间距不能通过者,为针状颗粒;厚度小于片状规准仪上相应孔宽能通过者,为片状颗粒。

(2)称量由各粒级挑出的针状和片状颗粒,其总质量为 m_1。

5. 结果计算

(1)碎石或砾石中针片状颗粒含量按式(1-36)计算,精确至 0.1%。

$$Q_e = \frac{m_1}{m_0} \times 100 \qquad (1-36)$$

式中:Q_e——试样的针片状颗粒含量,%;

m_1——试样中所含针片状颗粒的总质量,g;

m_0——试样总质量,g。

(2)试验记录格式见表 1-17。

粗集料针片状颗粒含量试验记录表(规准仪法)　　　　表 1-17

试验次数	公称最大粒径(mm)	试样总质量(g)	各级针状颗粒质量(g)	各级片状颗粒质量(g)	针片状颗粒总质量(g)	针片状颗粒含量(%)	
						个别值	平均值
1							
2							
备注:							

试验者_____　　计算者_____　　校核者_____　　试验日期_____

四、检验沥青混合料中粗集料针片状颗粒含量试验(游标卡尺法)

1. 目的及适用范围

(1)本试验适用于测定粗集料的针状及片状颗粒含量,以百分率表示。

(2)本方法测定的针片状颗粒,是指用游标卡尺测定的粗集料颗粒的最大长度(或宽度)方向与最小厚度(或直径)方向的尺寸之比大于 3 的颗粒。有特殊要求采用其他比例时,应在试验报告中注明。

（3）本方法测定的粗集料中针片状颗粒的含量，可用于评价集料的形状和抗压碎能力，以评定石料生产厂的生产水平及该材料在工程中的适用性。

2. 仪具与材料

（1）标准筛：方孔筛4.75mm。

（2）游标卡尺：精密度为0.1mm，如图1-8所示。

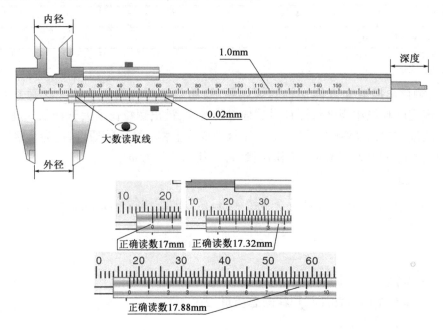

图1-8 游标卡尺不同测量状况及读数方法

（3）天平：感量不大于1g。

3. 试验步骤

（1）按表1-16要求采集粗集料试样。

（2）将集料试样按分料器法或四分法选取1kg左右。对每一种规格的粗集料，应按照不同的公称粒径，分别取样检验。

（3）用4.75mm标准筛将试样过筛，取筛上部分供试验用，称取试样的总质量m_0，精确至1g。试样数量应不少于800g，且不少于100颗。

注：对2.36~4.75mm级粗集料，由于游标卡尺量取有困难，故一般不做测定。

（4）将试样平摊于桌面上，首先目测挑出接近立方体的颗粒，剩下可能属于针状(细长)和片状(扁平)的颗粒。

（5）按图1-9所示的标准将待测量的颗粒放在桌面上呈一稳定的状态。稳定状态是指平放的状态，不是直立状态，侧面厚度的最大尺寸t为图中状态的颗粒顶部至平台的厚度，是在最薄的一个面上测量的，但并非颗粒中最薄部位的厚度。图中颗粒平面方向的最大长度为L，颗粒最大宽度为$w(t<w<L)$，用游标卡尺逐颗测量石料的L及t，将$L/t \geqslant 3$的颗粒（即最大长度方向与最大厚度方向的尺寸之比大于3的颗粒）分别挑出作为针片状颗粒。称取针片状颗粒的质量m_1，准确至1g。

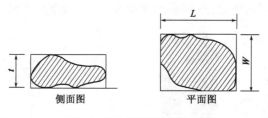

图 1-9 针片状颗粒稳定状态

4. 结果计算

按公式(1-37)计算针片状颗粒含量。

$$Q_e = \frac{m_1}{m_0} \times 100 \tag{1-37}$$

式中：Q_e——针片状颗粒含量,%；

m_0——试验用的集料总质量,g；

m_1——针片状颗粒的质量,g。

5. 报告

试验要平行测定两次,计算两次结果的平均值。如两次结果之差小于平均值的20%,取平均值为试验值；如大于或等于20%,应追加测定一次,取三次试验结果的平均值为测定值。

试验报告应写明集料的种类、产地、岩石名称、用途。试验记录格式见表1-18。

粗集料针片状颗粒含量试验记录表(游标卡尺法)　　　　表 1-18

集料种类		产地		
岩石名称		集料用途		
筛孔直径（mm）	试验次数	试样总质量（g）	针片状颗粒的总质量(g)	针片状颗粒含量(%)
				个别 / 平均值
备注：				

试验者_____　　计算者_____　　校核者_____　　试验日期_____

五、检验粗集料压碎值

检验粗集料压碎值

1. 试验目的及适用范围

集料压碎值用于衡量石料在逐渐增加的荷载下抵抗压碎的能力,它是衡量石料力学性质的指标之一,用以评定其在公路工程中的适用性。

2. 仪具与材料

(1)集料压碎值试验仪(图1-10)：由内径150mm、两端开口的钢制圆形试筒,压柱和底板组成,其形状如图1-11所示。试筒内壁、压柱的底面及底板的上表面等与石料接触的表面都应进行热处理,使表面硬化,达到维氏硬度65,并保持光滑状态。

图1-10 粗集料压碎值试验仪

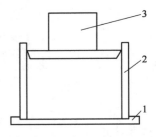

图1-11 压碎值试验仪
1-底板;2-试筒;3-压柱

(2)金属棒:直径10mm,长450~600mm,一端加工为半球形。

(3)天平:称量2~3kg,感量不大于1g。

(4)方孔筛:筛孔尺寸13.2mm、9.5mm、2.36mm的筛各一个。

(5)压力机:500kN,应能在10min内加荷到400kN。

(6)金属筒:圆柱形,内径为112.0mm,高179.4mm,容积1767cm^3。

3.试样准备

(1)采用风干石料,用13.2mm和9.5mm标准筛过筛,取9.5~13.2mm的试样3组各3000g,供试验用。如试样过于潮湿需加热烘干时,烘箱温度不得超过100℃,烘干时间不超过4h,试验前,石料应冷却至室温。

(2)每次试验用石料数量,应满足按下述方法夯击后石料在试筒内的深度为100mm。

在金属筒中确定石料数量的方法如下:将石料分3次均匀装入金属筒中,每次数量大致相同,并将试样表面整平;每次都用金属棒的半球面端在石料表面上均匀捣击25次(约从50mm的高度处自由下落);最后用金属棒作为直刮刀将表面仔细整平;称取量筒中试样质量(m_0)。以相同质量的试样进行压碎值的平行试验。

4.试验步骤

(1)将试筒安放在底板上。

(2)将要求质量(m_0)的试样分3次(每次数量大体相同)均匀装入试模中,每次均将试样表面整平,并用金属棒的半球面端在石料表面上均匀捣击25次,最后用金属棒作为直刮刀将表面仔细整平。

(3)将装有试样的试模放到压力机上,同时将压柱放入试筒内石料面上,注意使压柱摆平,勿楔挤试筒侧壁。

(4)开动压力机,均匀地施加荷载,在10min左右的时间内达到总荷载400kN,稳压5s,然后卸荷。

(5)将试模从压力机上取下,取出试样。

(6)用2.36mm标准筛筛分经压碎的全部试样,可分几次筛分,均需筛到在1min内没有明显筛出物为止。

(7)称取通过2.36mm筛的全部细料质量(m_1)。

5. 结果整理

石料的压碎值按式(1-38)计算,精确至 0.1%。

$$Q'_a = \frac{m_1}{m_0} \times 100 \tag{1-38}$$

式中:Q'_a——石料压碎值,%;

m_0——试验前试样的质量,g;

m_1——试验后通过 2.36mm 筛的细料质量,g。

以 3 次平行试验结果的算术平均值作为压碎值的测定值。试验记录格式见表 1-19。

粗集料压碎值试验记录　　　　　　　　表 1-19

试验次数	试样质量		压碎值 Q'_a（%）	
	试验前试样质量 m_0(g)	试验后通过 2.36mm 筛的细料质量 m_1(g)	个别	平均
1				
2				
3				
备注:				

试验者_____　　计算者_____　　校核者_____　　试验日期_____

六、检验粗集料磨耗值(洛杉矶法)

检验粗集料磨耗值(洛杉矶法)

1. 试验目的及适用范围

(1)本试验用于测定标准条件下粗集料抵抗摩擦、撞击的能力,以磨耗损失(%)表示。

(2)本方法适用于各种等级规格集料的磨耗试验。

2. 仪具与材料

(1)洛杉矶磨耗试验机:圆筒内径 710mm ± 5mm,内侧长 510mm ± 5mm,两端封闭,投料口的钢盖通过紧固螺栓和橡胶垫与钢筒紧闭密封。钢筒的回转速率为 30 ~ 33r/min。

(2)钢球:直径约 46.8mm,质量为 390 ~ 445g,大小稍有不同,以便按要求组合成符合要求的总质量。

(3)台秤:感量 5g。

(4)标准筛:符合要求的标准筛系列,以及筛孔为 1.7mm 的方孔筛一个。

(5)烘箱:能使温度控制在 105℃ ±5℃ 范围内。

(6)容器:搪瓷盘等。

3. 试验步骤

(1)将不同规格的集料用水冲洗干净,置于烘箱中烘干至恒重。

(2)对所使用的集料,根据实际情况按表 1-20 选择最接近的粒级类别,确定相应的试验条件,按规定的粒级组成备料、筛分。

水泥混凝土用集料宜采用 A 级粒度;对用于沥青路面及各种基层、底基层的粗集料,表

项目一　砂石材料　　41

中16mm筛也可用13.2mm筛代替。对非规格材料,应根据材料的实际粒度,从表1-20中选择最接近的粒级类别及试验条件。

粗集料洛杉矶试验条件 表1-20

粒度类别	粒级组成（方孔筛）（mm）	试样质量（g）	试样总质量（g）	钢球数量（个）	钢球总质量（g）	转动次数（转）	适用的粗集料	
							规格	公称粒径（mm）
A	26.5～37.5 19.0～26.5 16.0～19.0 9.5～16.0	1250±25 1250±25 1250±10 1250±10	5000±10	12	5000±25	500	—	—
B	19.0～26.5 16.0～19.0	2500±10 2500±10	5000±10	11	4850±25	500	S6 S7 S8	15～30 10～30 15～25
C	9.5～16.0 4.75～9.5	2500±10 2500±10	5000±10	8	3330±20	500	S9 S10 S11 S12	10～20 10～15 5～15 5～10
D	2.36～4.75	5000±10	5000±10	6	2500±15	500	S13 S14	3～10 3～5
E	63～75 53～63 37.5～53	2500±50 2500±50 5000±50	10000±100	12	5000±25	1000	S1 S2	40～75 40～60
F	37.5～53 26.5～37.5	5000±50 5000±25	10000±75	12	5000±25	1000	S3 S4	30～60 25～50
G	26.5～37.5 19～26.5	5000±25 5000±25	10000±50	12	5000±25	1000	S5	20～40

注:1. 表中16mm筛也可用13.2mm筛代替。
2. A级适用于未筛碎石混合料。
3. C级中S12可全部采用4.75～9.5mm颗粒5000g;S9及S10可全部采用9.5～16mm颗粒5000g。
4. E级中S2中缺63～75mm颗粒时可用53～63mm颗粒代替。

(3)分级称量(准确至5g)集料,称取总质量(m_1),将其装入磨耗机的圆筒中。

(4)选择钢球,使钢球的数量及总质量符合表1-20中的规定。将钢球加入钢筒中,盖好筒盖,紧固密封。

(5)将计数器调整到零位,设定要求的回转次数。

对水泥混凝土用集料,回转次数为500转,对沥青混合料用集料,回转次数应符合表1-20的要求。开动磨耗机,以30～33r/min的转速转动至要求的回转次数为止。

(6)取出钢球,将经过磨耗后的试样从投料口倒入接收容器(搪瓷盘)中。

(7)将试样用1.7mm方孔筛过筛,筛去试样中被撞击磨碎的细屑。

(8)用水将留在筛上的碎石冲干净,置于105℃±5℃烘箱中烘干至恒重(通常不少于4h),准确称量其质量(m_2)。

4. 结果整理

按式(1-39)计算粗集料洛杉矶磨耗损失,精确至0.1%。

$$Q = \frac{m_1 - m_2}{m_1} \times 100 \qquad (1-39)$$

式中：Q——洛杉矶磨耗损失,%；

m_1——装入圆筒中的试样质量,g；

m_2——试验后在1.7mm筛上的洗净烘干的试样质量,g。

5. 报告

(1)试验报告应记录所使用的粒级类别和试验条件。

(2)粗集料的磨耗损失取两次平行试验结果的算术平均值为测定值,两次试验的差值应不大于2%,否则须重做试验。试验记录格式见表1-21。

磨耗试验记录表(洛杉矶法)　　　　　　　　　　　　　　表1-21

试样编号		石料产地			
岩石名称		用途			
试验次数	装入圆筒中试样质量 m_1(g)	试验后在1.7mm(方孔筛)或2mm(圆孔筛)筛上的洗净烘干试样质量 m_2(g)	磨耗率(%) 个别值	磨耗率(%) 平均值	备注
1					
2					

试验者_____　计算者_____　校核者_____　试验日期_____

任务评价

评价项目	评价标准	参考分值	得分
粗集料密度试验	试验操作步骤正确,试验误差满足规范要求	10	
粗集料密度试验	数据诚信度高,不造假数据	10	
粗集料筛分试验	试验操作正确,数据处理正确	10	
粗集料筛分试验	有规范操作的意识,正确取样,分级筛分严谨细致	10	
粗集料针片状颗粒含量试验	试验步骤正确	10	
粗集料针片状颗粒含量试验	严谨细心,具有分析、解决问题的能力	10	
粗集料压碎值试验	试验操作步骤正确,数据处理正确	10	
粗集料压碎值试验	具有安全意识,能正确使用压力机	10	
粗集料磨耗值试验	试验操作步骤正确	10	
粗集料磨耗值试验	不怕脏,不怕累,有劳动意识	10	
总评			

任务四　进行矿质混合料组成设计

进行矿质混合料组成设计

学习目标	● 知识目标	❶了解矿质混合料的级配范围确定原理、级配曲线绘制方法、组成设计方法、组成设计原理。 ❷掌握试算法设计步骤。 ❸掌握图解法设计步骤
	● 能力目标	能对道路用矿质混合料进行组成设计
	● 素质目标	通过完成道路用矿质混合料组成设计,树立学生耐心专注、勇于创新的工作态度,培养学生辩证统一的哲学思维

任务描述

某路面工程,现有9.5~16mm碎石、4.75~9.5mm碎石、石屑、矿粉四种规格矿料,通过筛分试验确定各筛孔通过百分率,根据《公路沥青路面施工技术规范》(JTG F40—2004)中粒式沥青混凝土AC-16要求,可以确定该混合料的级配范围,用图解法设计这四种矿料的配合比。

任务引导

要完成矿质混合料组成设计,需要掌握试算法和图解法的设计步骤,并按照《公路沥青路面施工技术规范》(JTG F40—2004)、《公路水泥混凝土路面施工技术细则》(JTG/T F30—2014)的相关要求进行校核。矿质混合料设计是学习的重难点,学生课下可登录在线开放课程,根据微课"图解法""试算法"进行预习和复习。

相关知识

为了使矿质混合料能满足最小空隙率(即最大密实度)和最大内摩擦力(各级集料紧密排列)的基本要求,必须对矿质混合料进行组成设计,使其级配符合级配要求。

一、矿质混合料的级配范围确定原理

1. 级配曲线类型

以矿料各级粒径(筛孔尺寸)为横坐标,以级配参数(通过百分率或分计筛余或累计筛余)为纵坐标绘制的曲(折)线图称为级配曲线。各种不同粒径的集料,按照一定的比例搭配起来,以达到较高的密实度和(或)较大的摩擦力。一般可以采用下列两种级配组成。

(1)连续级配。连续级配是某种矿质混合料在标准筛配成的套筛(筛孔孔径按1/2递减)中筛分后,所得的级配曲线平顺圆滑,具有连续的性质。矿料颗粒由大到小,各级粒径均有,并按比例互相搭配组成的矿质混合料,称为连续级配矿质混合料。

(2)间断级配。在矿质混合料中剔除其一个或几个分级的颗粒,形成一种级配不连续的混合料,称为间断级配矿质混合料。连续级配和间断级配曲线如图 1-12 所示。

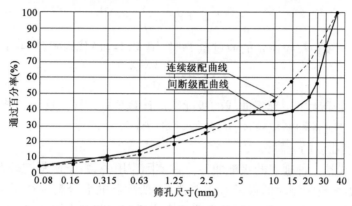

图 1-12　连续级配和间断级配曲线

2. 级配理论

目前常用的级配理论有最大密度曲线理论和粒子干涉理论。最大密度曲线理论的研究者认为,固体颗粒按粒度大小进行有规则的组合排列、粗细搭配,可以得到密度最大、空隙最小的矿质混合料。该理论主要描述了连续级配的粒径分布。粒子干涉理论的研究者认为,为使矿质混合料达到最大密度,前一级颗粒之间的空隙,应由次一级颗粒填充,次一级颗粒之间的空隙又由再次级的小颗粒填充,为避免大小颗粒粒子之间发生干涉现象,填隙的颗粒粒径不得大于其间隙的距离,大小颗粒应按一定数量分配。

下面主要介绍最大密度曲线理论公式。

(1) 最大密度曲线公式。

最大密度曲线是通过试验提出的一种理想曲线,如图 1-13 所示。该理论认为"矿质混合料的颗粒级配曲线越接近抛物线,则其密度越大"。最大密度理想曲线可用颗粒粒径(d)与通过量(P)表示如下:

$$P^2 = kd \tag{1-40}$$

式中:P——各级颗粒粒径集料的通过量,%;
d——矿质混合料各级颗粒粒径,mm;
k——常数。

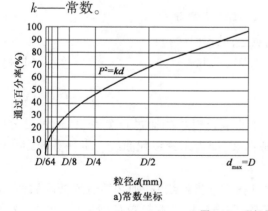
a) 常数坐标

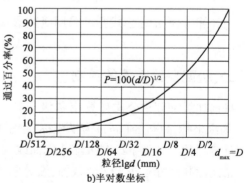
b) 半对数坐标

图 1-13　理想最大密度曲线

当颗粒粒径 d 等于最大粒径 D 时，则通过量等于100%，即 $d=D$ 时，$P=100$。即：

$$k = 100^2 \times \frac{1}{D} \tag{1-41}$$

当希望求任一级颗粒粒径 d 的通过量 P 时，用式(1-41)代入式(1-40)得：

$$P = 100 \left(\frac{d}{D}\right)^{0.5} \tag{1-42}$$

式(1-42)就是最大密度理想曲线的级配组成计算公式。根据这个公式，可以计算出矿质混合料最大密度时各种颗粒粒径(d)的通过量(P)。

(2)最大密度曲线的 n 幂公式。

最大密度曲线是一种理想的级配曲线。在实际应用中，由于矿料在轧制过程中的不均匀性，以及矿质混合料配制时的误差等因素影响，所配制的混合料往往不可能与理论级配完全相符合。因此，必须允许配料时的合成级配在适当的范围内波动，这就是"级配范围"。通常使用的矿质混合料的级配范围(包括密级配和开级配) n 幂为 $0.3 \sim 0.7$，目前多采用 n 次幂的通式表达，见式(1-43)。不同 n 幂的最大密度曲线和级配范围如图1-14所示。

$$P = 100 \left(\frac{d}{D}\right)^n \tag{1-43}$$

式中：n——试验指数；

其余符号意义同前。

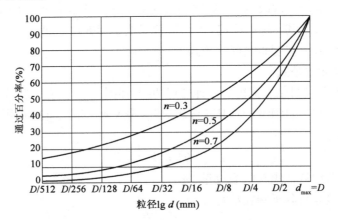

图1-14 不同 n 幂的最大密度曲线和级配范围

为计算方便，n 幂公式亦可采用对数形式表达，见式(1-44)：

$$\lg P = (2 - n\lg D) + n\lg d \tag{1-44}$$

二、级配曲线范围的绘制

按前述级配理论公式计算出各级集料在矿质混合料中的通过百分率，以通过百分率(%)为纵坐标，以粒径(mm)为横坐标，绘制成曲线，即为理论级配曲线。本任务介绍在已确定计算参数的条件下绘制级配范围曲线的方法。

常用筛孔尺寸是按 1/2 递减的，筛分曲线如按常数坐标绘制，则必然造成前疏后密，不便于绘制和查阅。为此，通常用半对数坐标代替，即横坐标轴颗粒粒径(即筛孔尺寸)采用对数坐标,而纵坐标轴通过(或存留)百分率采用常数坐标。

我国沿用半对数坐标系绘制级配范围曲线的方法,首先要按对数计算出各种颗粒粒径(即筛孔尺寸)在横坐标轴上的位置,而表示通过(或存留)百分率的纵坐标则按普通算术坐标绘制。绘制好纵、横坐标后,最后将计算所得的各颗粒粒径(d_i)的通过百分率(P_i)绘制在坐标图上,再将确定的各点连接为光滑的曲线,在两个指数(n_1和n_2)级配曲线之间所包络的范围即为级配范围(通常用加绘阴影表示)。$n_1=0.3$和$n_2=0.7$绘制的级配范围曲线如图1-15所示。

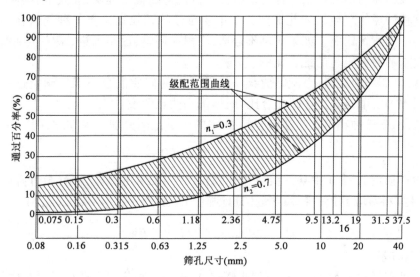

图1-15 级配范围曲线

三、矿质混合料的组成设计方法

天然或人工轧制的一种集料的级配往往很难完全符合某一级配范围的要求,因此必须采用两种或两种以上的集料配合起来才能符合级配范围要求。这就需要对矿质混合料进行配合组成设计,即确定组成矿质混合料各集料的比例。确定矿质混合料配合比的方法很多,一般采用正规方程法、试算法与图解法。

1. 正规方程法

正规方程法可表述如下:

设有k种集料,各种集料在n级筛孔筛分的通过百分率为$p_{i(j)}$(i为集料种类,$i=1,2,\cdots,k$;j为筛孔序号,$j=1,2,\cdots,n$),矿质混合料的级配范围(通过百分率)中值为$p_{(j)}$。

再设k种集料在矿质混合料中的用量(配合比)分别为:x、y、$z\cdots$则建立正规方程:

$$\begin{aligned} p_{1(1)}x + p_{2(1)}y + p_{3(1)}z + \cdots &= p_{(1)} \\ p_{1(2)}x + p_{2(2)}y + p_{3(2)}z + \cdots &= p_{(2)} \\ &\cdots \\ p_{1(n)}x + p_{2(n)}y + p_{3(n)}z + \cdots &= p_{(n)} \end{aligned} \quad (1\text{-}45)$$

由此可求解x、y、$z\cdots$可利用电算程序计算。

需要说明的是,按式(1-45)将每个筛号的式子列出,就成为"正规方程法"。

2. 试算法

(1)基本原理。

试算法适用于 2~3 种矿料组成的混合料,是最简单的一种确定矿料配合比的方法。试算法的基本原理是,设有几种矿质集料,欲配制某一种一定级配要求的矿质混合料。在决定各组成集料在矿质混合料中的比例时,先假定矿质混合料中某级粒径的颗粒由某一种对该级粒径占优势的集料提供,而其他各种集料不含这种粒径的颗粒。如此根据各个主要粒径的颗粒去试算各种集料在矿质混合料中的大致比例。如果比例不合适,则稍加调整,逐步渐进,最终达到符合矿质混合料级配要求的各种集料的配合比例。

矿质混合料的组成设计方法之试算法

现有 A、B、C 三种集料,欲配制成某一级配要求的矿质混合料 M。确定这三种集料在矿质混合料 M 中的配合比例(即配合比)时做下列两点假设:

①设 A、B、C 三种集料在矿质混合料 M 中的用量比例分别为 X、Y、Z,则:

$$X + Y + Z = 100 \tag{1-46}$$

②又设矿质混合料 M 中某一级粒径 i(筛孔尺寸)要求的颗粒含量(分计筛余)为 $a_{M(i)}$,A、B、C 三种集料对应粒径的颗粒含量(分计筛余)分别为 $a_{A(i)}$、$a_{B(i)}$、$a_{C(i)}$,则:

$$a_{A(i)}X + a_{B(i)}Y + a_{C(i)}Z = a_{M(i)} \tag{1-47}$$

(2)计算步骤。

在上述两点假设的前提下,按下列步骤求 A、B、C 三种集料在矿质混合料中的配合比。

①计算 A 料在矿质混合料中的用量。

在计算 A 料在矿质混合料中的用量时,按 A 料占优势含量(分计筛余较大)的某一粒径计算,而忽略其他集料在此粒径的含量。

设 A 料中筛孔尺寸为 i(mm)的颗粒含量占优势,则认为 B 料和 C 料在 i(mm)筛上的颗粒的含量 $a_{B(i)}$ 和 $a_{C(i)}$ 均等于零。由式(1-48)可得 A 料在矿质混合料中的用量比例:

$$X = \frac{a_{M(i)}}{a_{A(i)}} \times 100 \tag{1-48}$$

②计算 C 料在矿质混合料中的用量。

同理,在计算 C 料在矿质混合料中的用量时,按 C 料占优势含量的某一粒径计算,而忽略其他集料在此粒级的含量。

设 C 料中筛孔尺寸为 j(mm)的颗粒含量占优势,则认为 A 料和 B 料在 j(mm)筛上的颗粒含量 $a_{A(j)}$ 和 $a_{B(j)}$ 均等于零。由式(1-49)可得 C 料在矿质混合料中的用量比例:

$$Z = \frac{a_{M(j)}}{a_{C(j)}} \times 100 \tag{1-49}$$

③计算 B 料在矿质混合料中的用量。

由式(1-48)和式(1-49)求得 A 料和 C 料在矿质混合料中的含量 X 和 Z 后,由式(1-50)可得 B 料在矿质混合料中的含量 Y:

$$Y = 100 - (X + Z) \tag{1-50}$$

④校核与调整。

由初步计算的 A、B、C 三种集料组成矿质混合料的配合比 X、Y、Z，列表计算每种集料在某一号筛上提供的颗粒含量，累加起来即为矿质混合料在该号筛上对应的颗粒含量。逐号筛查其颗粒含量是否在要求的级配范围内，如全部在要求的级配范围内，则初步计算的配合比即为设计配合比；如不在要求的级配范围内，应调整配合比重新计算和复核，经过几次调整，逐步渐进，直至达到要求为止。

【例题 1-2】 现有 A、B、C 三种集料，经筛分试验，各集料的分计筛余百分率列于表 1-22，现用这三种集料设计符合某路面水泥混凝土合成级配要求的矿质混合料，试求 A、B、C 三种集料的掺配比例。

集料筛分试验结果　　　　　　　　　　表 1-22

筛孔尺寸（mm）	A 集料分计筛余（%）	B 集料分计筛余（%）	C 集料分计筛余（%）	规范要求累计筛余范围（%）	规范要求累计筛余范围中值（%）	规范要求分计筛余范围中值（%）
26.5	2	—	—	0~5	2.5	2.5
19	38	3	—	25~40	32.5	30
16	28	52	—	50~70	60	27.5
9.5	28	35	3	70~90	80	20
4.75	4	10	93	90~100	95	15
2.36	—	—	4	95~100	97.5	2.5

解：(1) 从表 1-22 可以看出，A 集料中 19mm 粒径颗粒含量占优势，设矿质混合料中 19mm 粒径全部由 A 集料提供，其他集料均等于零，则：

$$X = \frac{a_{M(i)}}{a_{A(i)}} \times 100 = \frac{30}{38} \times 100 = 79(\%)$$

(2) 从表 1-22 可以看出，C 集料中 4.75mm 粒径颗粒含量占优势，设矿质混合料中 4.75mm 粒径全部由 C 集料提供，则：

$$Z = \frac{a_{M(j)}}{a_{C(j)}} \times 100 = \frac{15}{93} \times 100 = 16(\%)$$

(3) 由式(1-50)可得 B 集料在矿质混合料中的用量比例：

$$Y = 100 - 79 - 16 = 5(\%)$$

(4) 校核。

以试算所得配合比 $X = 79$、$Y = 5$、$Z = 16$，按表 1-23 进行校核符合要求。

矿质混合料配合组成计算校核　　　　　　　　表1-23

筛孔尺寸(mm)	A集料分计筛余(%)	用量比例X(%)	B集料分计筛余(%)	用量比例Y(%)	C集料分计筛余(%)	用量比例Z(%)	矿质混合料分计筛余(%)	矿质混合料累计筛余(%)	规范要求累计筛余范围(%)
26.5	2	79	—	5	—	16	1.6	1.6	0~5
19	38		3		—		30.2	31.8	25~40
16	28		52		—		24.7	56.5	50~70
9.5	28		35		3		24.4	80.9	70~90
4.75	4		10		93		18.5	99.4	90~100
2.36	—		—		4		0.6	100	95~100

【例题1-3】 现有碎石、砂和矿粉三种集料,经筛分试验各集料的分计筛余百分率列于表1-24,欲用现有的三种集料设计出符合某沥青混合料级配要求的矿质混合料,试求碎石、砂和矿粉三种集料在要求级配混合料中的用量比例。

原有集料的分计筛余和混合料要求的级配范围　　　　　　　　表1-24

筛孔尺寸(mm)	碎石分计筛余 $a_{A(i)}$(%)	砂分计筛余 $a_{B(i)}$(%)	矿粉分计筛余 $a_{C(i)}$(%)	矿质混合料要求级配范围通过百分率(%)
9.5	0.8	—	—	100
4.75	60.0	—	—	63~78
2.36	23.5	10.5	—	40~63
1.18	14.4	22.1	—	30~53
0.6	1.3	19.4	4.0	22~45
0.3	—	36.0	4.0	15~35
0.15	—	7.0	5.5	12~30
0.075	—	3.0	3.2	10~25
<0.075	—	2.0	83.3	—

解:(1)先将矿质混合料要求级配范围的通过百分率换算为分计筛余百分率,计算结果列入表1-25,并设碎石、砂、矿粉的用量比例为 X、Y、Z。

(2)由表1-25可知,碎石中4.75mm粒径颗粒含量占优势,假设混合料中4.75mm的粒径全部由碎石提供,则 $a_{B(4.75)} = a_{C(4.75)} = 0$,由式(1-48)可得碎石在矿质混合料中的用量比例:

$$X = \frac{a_{M(4.75)}}{a_{A(4.75)}} \times 100 = \frac{29.5}{60} \times 100 = 49(\%)$$

原有集料和要求级配范围的分计筛余　　　　　　　　　　　　表1-25

筛孔尺寸(mm)	碎石分计筛余 $a_{A(i)}(\%)$	砂分计筛余 $a_{B(i)}(\%)$	矿粉分计筛余 $a_{C(i)}(\%)$	要求级配范围通过率的中值 $P_i(\%)$	要求级配范围累计筛余中值 $A_i(\%)$	要求级配范围分计筛余中值 $a_{M(i)}(\%)$
9.5	0.8	—	—	100	—	—
4.75	60.0	—	—	70.5	29.5	29.5
2.36	23.5	10.5	—	51.5	48.5	19.0
1.18	14.4	22.1	—	41.5	58.5	10.0
0.6	1.3	19.4	4.0	33.5	66.5	8.0
0.3	—	36.0	4.0	25.0	75.0	8.5
0.15	—	7.0	5.5	21.0	79.0	4.0
0.075	—	3.0	3.2	17.5	82.5	3.5
<0.075	—	2.0	83.3	—	100.0	17.5

(3)由表1-25可知,矿粉中<0.075mm粒径颗粒含量占优势,忽略碎石和砂中此粒径颗粒的含量,即 $a_{A(<0.075)} = a_{B(<0.075)} = 0$,则由式(1-49)可得矿粉在矿质混合料中的用量比例:

$$Z = \frac{a_{M(<0.075)}}{a_{C(<0.075)}} \times 100 = \frac{17.5}{83.3} \times 100 = 21(\%)$$

(4)由式(1-50)可得砂在矿质混合料中的用量比例:

$$Y = 100 - (49 + 21) = 30(\%)$$

(5)校核。

校核结果符合级配范围要求。如经计算确实不符合级配要求,应调整或增加集料品种。以试算所得配合比 $X = 49$、$Y = 30$、$Z = 21$,按表1-26进行校核。

矿质混合料配合组成计算校核　　　　　　　　　　　　表1-26

筛孔尺寸 d_i (mm)	碎石 原来级配分计筛余 $a_{A(i)}(\%)$	碎石 用量比例 $X(\%)$	碎石 占混合料百分率 $a_{A(i)} \times X(\%)$	砂 原来级配分计筛余 $a_{B(i)}(\%)$	砂 用量比例 $Y(\%)$	砂 占混合料百分率 $a_{B(i)} \times Y(\%)$	矿粉 原来级配分计筛余 $a_{C(i)}(\%)$	矿粉 用量比例 $Z(\%)$	矿粉 占混合料百分率 $a_{C(i)} \times Z(\%)$	矿质混合料 分计筛余 $a_{(i)}(\%)$	矿质混合料 累计筛余 $A_{(i)}(\%)$	矿质混合料 通过率 $P_{(i)}(\%)$	级配范围通过率(%)
9.5	0.8		0.4	—		—	—		—	0.4	0.4	99.6	100
4.75	60		29.4	—		—	—		—	29.4	29.8	70.2	63~78
2.36	23.5		11.5	10.5		3.2	—		—	14.7	44.5	55.5	40~63
1.18	14.4		7.1	22.1		6.6	—		—	13.7	58.2	41.8	30~53
0.6	1.3	49	0.6	19.4	30	5.8	4.0	21	0.8	7.2	65.4	34.6	22~45
0.3	—		—	36.0		10.8	4.0		0.8	11.6	77.0	23.0	15~35
0.15	—		—	7.0		2.1	5.5		1.2	3.3	80.3	19.7	12~30
0.075	—		—	3.0		0.9	3.2		0.7	1.6	81.9	18.1	10~25
<0.075	—		—	2.0		0.6	83.3		17.5	18.1	100	—	—
校核		=100	=49		=100	=30		=100	=21	=100			

3. 图解法

采用图解法确定矿质混合料的合成级配可分为适用于两种矿质混合料组成设计的"矩形法"、适用于三种矿质混合料组成设计的"三角形法"和适用于多种矿质混合料组成设计的"修正平衡面积法"。目前常采用的图解法为"修正平衡面积法"。在"修正平衡面积法"中，将设计要求的级配中值曲线绘制成一条直线，纵坐标和横坐标分别代表通过百分率和筛孔尺寸，这样，当纵坐标仍为算术坐标时，横坐标的位置将由设计级配中值所确定。

矿质混合料的组成设计方法之图解法

"修正平衡面积法"的计算步骤如下：

(1) 绘制级配曲线坐标图。

按照一定的尺寸绘制矩形图框，通常纵坐标通过量取 10cm，横坐标筛孔尺寸(或粒径)取 15cm。连接对角线 OO' 作为设计级配中值曲线，如图 1-16 所示。按常数(算术)标尺在纵坐标上标出通过量百分率(0~100%)位置，然后将设计要求的级配范围中值(各筛孔通过百分率，举例见表 1-27 中数据)标于纵坐标上，并从纵坐标引水平线与对角线相交，再从交点作垂线与横坐标相交，该交点即为各相应筛孔尺寸的位置。

某混合料用矿料级配范围　　表 1-27

筛孔尺寸(mm)	16.0	13.2	9.5	4.75	2.36	1.18	0.6	0.3	0.15	0.075
级配范围(mm)	100	95~100	70~88	48~68	36~53	24~41	18~30	12~22	8~16	4~8
级配中值(mm)	100	98	79	58	45	33	24	17	12	6

应当注意的是，作图过程中的虚线条在坐标图绘制完成后要擦去。

(2) 确定各种集料用量。

以图 1-16 为基础，将各种集料通过百分率级配曲线绘制于图上，结果如图 1-17 所示，然后根据相邻两条级配曲线之间的关系确定各种集料的用量。

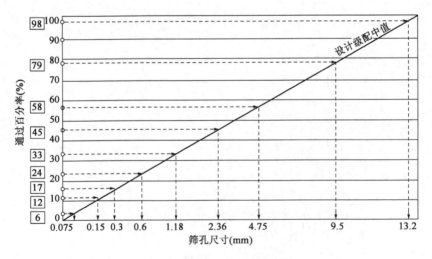

图 1-16　设计级配范围中值曲线

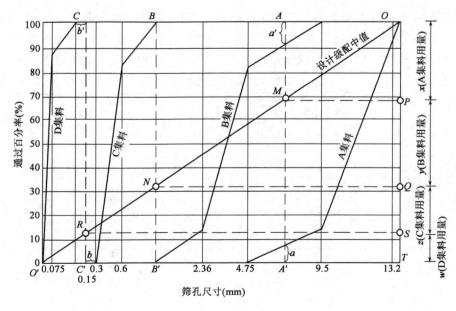

图1-17 图解法用图

由图1-17可知,任意两条相邻的集料级配曲线之间的关系只可能是下列三种情况之一。

①两相邻级配曲线重叠。

在图1-17中,集料A的级配曲线下部与集料B的级配曲线上部搭接。此时,在两级配曲线之间引一根垂线AA',使其与集料A、B的级配曲线截距相等,即$a=a'$。垂线AA'与对角线OO'交于点M,通过M作一水平线与纵坐标交于P点,OP即为集料A的用量。

②两相邻级配曲线相接。

在图1-17中,集料B的级配曲线末端与集料C的级配曲线首端正好在同一垂直线上。对于这种情况仅需将集料B的级配曲线末端与集料C的级配曲线首端直接相连,得垂线BB'。BB'与对角线OO'交于点N,过点N作一水平线与纵坐标交于Q点,PQ即为集料B的用量。

③两相邻级配曲线相离。

在图1-17中,集料C的级配曲线末端与集料D的级配曲线首端在水平方向彼此分离。此时,作一条垂线CC'平分这段水平距离,使$b=b'$,垂线CC'与对角线OO'交于点R,通过R作一水平线与纵坐标交于S点,QS即为集料C的用量。剩余ST即为集料D的用量。

(3)合成级配的计算与校核。

与试算法相同,在图解法求解过程中,各种集料用量比例也是根据部分筛孔确定的,所以需要对矿料的合成级配进行校核,当超出级配范围时,应调整各集料的用量。合成级配的计算与校核方法与试算法相同。

【例题1-4】 现有碎石、石屑、砂和矿粉四种集料,筛分试验各筛孔通过百分率列于表1-28。《公路沥青路面施工技术规范》(JTG F40—2004)中细粒式沥青混凝土混合料(AC-13C)要求的矿质混合料的级配组成见表1-29,试用图解法设计四种集料的配合比。

矿质集料筛分试验结果　　　　　　　　　　　　　　　　表1-28

材料名称	通过以下筛孔尺寸(mm)的百分率(%)								
	16.0	13.2	9.5	4.75	2.36	1.18	0.6	0.3	0.15	0.075
碎石	100	93	17	0	—	—	—	—	—	—
石屑	100	100	100	84	14	8	4	0	—	—
砂	100	100	100	100	92	82	42	21	11	4
矿粉	100	100	100	100	100	100	100	100	96	87

矿质混合料要求的级配范围和中值　　　　　　　　　　　　表1-29

级配组成		通过以下筛孔尺寸(mm)的百分率(%)								
		16.0	13.2	9.5	4.75	2.36	1.18	0.6	0.3	0.15	0.075
细粒式 (AC-13C)	级配范围	100	90~100	68~85	38~68	24~50	15~38	10~28	7~20	5~15	4~8
	级配中值	100	95	77	53	37	27	19	14	10	6

解:(1)绘制级配曲线图,如图1-18所示,从图中可以看出,两相邻级配曲线均为重叠关系。

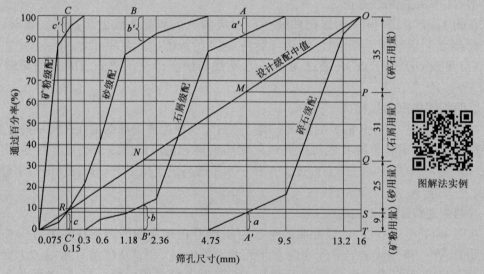

图1-18　各组成材料和要求混合料级配图

(2)在碎石和石屑级配曲线重叠部分作一垂线AA',使垂线截取两级配曲线的纵坐标值相等(即$a=a'$)。自垂线AA'与对角线交点M引一水平线,与纵坐标交于P点,OP的长度$X=35$,35%即为碎石的用量。

同理,求出石屑的用量$Y=31\%$,砂的用量$Z=25\%$,则矿粉用量$W=9\%$。

(3)根据图解法求得的各集料用量百分率,列表进行校核计算,见表1-30。

矿质混合料组合计算表　　　　　　　　　　　　表1-30

材料名称		通过以下筛孔尺寸(mm)的百分率(%)								
		16.0	13.2	9.5	4.75	2.36	1.18	0.6	0.3	0.15	0.075
原材料级配	碎石100%	100	93	17	0						
	石屑100%	100	100	100	84	14	8	4	0		
	砂100%	100	100	100	100	92	82	42	21	11	4
	矿粉100%	100	100	100	100	100	100	100	100	96	87
各种矿料在混合料中的级配	碎石35%(35%)	35.0(35.0)	32.6(32.6)	6.0(6.0)	0(0)	—	—	—	—	—	—
	石屑31%(31%)	31.0(31.0)	31.0(31.0)	31.0(31.0)	26.0(26.0)	4.3(4.3)	2.5(2.5)	1.2(1.2)	0(0)	—	—
	砂25%(28%)	25.0(28.0)	25.0(28.0)	25.0(28.0)	25.0(28.0)	23.0(25.8)	20.5(23.0)	10.5(11.8)	5.3(5.9)	2.8(3.1)	1.0(1.1)
	矿粉9%(6%)	9.0(6.0)	9.0(6.0)	9.0(6.0)	9.0(6.0)	9.0(6.0)	9.0(6.0)	9.0(6.0)	9.0(6.0)	8.6(5.8)	7.8(5.2)
合成级配		100(100)	97.6(97.5)	71.0(71.0)	60.0(60.0)	36.3(36.1)	32.0(31.5)	20.7(19.0)	14.3(11.9)	11.4(8.9)	8.8(6.3)
规范(JTG F40—2004)要求 AC-13C 的级配范围		100	90~100	68~85	38~68	24~50	15~38	10~28	7~20	5~15	4~8

从表1-30可以看出,按碎石∶石屑∶砂∶矿粉=35∶31∶25∶9计算结果,合成级配中筛孔0.075mm的通过量偏高,为此,必须进行调整。

由于图解法的各种材料用量比例是根据部分筛孔确定的,所以不能控制所有筛孔。通常需要调整修正,才能达到满意的结果。

(4)通过试算,现采用增加碎石和石屑的用量和减小砂和矿粉用量的方法来调整配合比。经调整后的配合比为:碎石用量 $X=35(\%)$;石屑用量 $Y=31(\%)$;砂的用量 $Z=28(\%)$;则矿粉用量 $W=6(\%)$。按此配比计算如表1-30中括号内数值。

(5)将表1-30计算得到的合成级配通过百分率,绘于规范要求级配曲线中,如图1-19所示。从图中可以看出,合成级配曲线完全在规范要求的级配范围之内,并且接近中值,呈一光滑平顺的曲线。因此确定矿质混合料配合比为碎石∶石屑∶砂∶矿粉=35∶31∶28∶6。

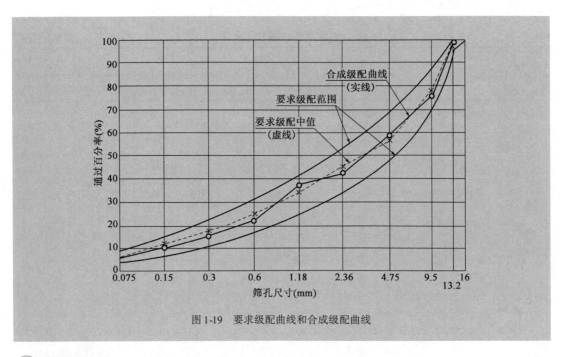

图1-19 要求级配曲线和合成级配曲线

任务实施

1. 某路面工程选用的碎石、石屑和矿粉的筛分试验结果(表1-31)

原有集料的筛分结果和混合料要求的级配范围　　　　表1-31

筛孔尺寸 (mm)	通过百分率(%)			设计级配范围 通过百分率(%)
	碎石	石屑	矿粉	
26.5	100.0	100	100	100
19.0	97.0	100	100	95~100
16.0	61.5	100	100	75~90
13.2	34.5	100	100	62~80
9.5	19.8	93.8	100	52~72
4.75	4.6	77.9	100	38~58
2.36	—	58.7	100	28~46
1.18	—	36.0	100	20~34

设计要求：
(1)用试算法确定碎石、石屑和矿粉在混合料中的用量。
(2)计算混合料的合成级配。
(3)校核该合成级配是否在要求的级配范围内,若有超出应进行调整。

2.某路面工程选用的碎石、石屑和矿粉的筛分试验结果和中粒式沥青混凝土采用 AC-16 型矿质混合料级配范围(表 1-32)

原有矿料的筛分结果和混合料要求的级配范围　　　　表 1-32

矿料	通过以下筛孔(mm)的百分率(%)								
	16	13.2	9.5	4.75	2.36	1.18	0.6	0.3	0.15	0.075
9.5~16mm 碎石	100	67.3	17.5	0.1	0.1	0.1	0.1	0.1	0.1	0.1
4.75~9.5mm 碎石	100	100	98.8	14.8	1.0	0.7	0.7	0.7	0.7	0.7
石屑	100	100	100	99.7	70.0	41.6	27.0	17.5	8.9	1.4
矿粉	100	100	100	100	100	100	100	100	99.6	96.2
级配范围（AC-16）	90	76	60	34	20	13	9	7	5	4
	100	92	80	62	48	36	26	18	14	8

设计要求：

(1)用图解法确定 9.5~16mm 碎石、4.75~9.5mm 碎石、石屑和矿粉在混合料中的用量。
(2)计算混合料的合成级配。
(3)校核该合成级配是否在要求的级配范围内，若有超出应进行调整。
(4)绘制合成级配曲线。

任务评价

评价项目	评价标准	参考分值	得分
试算法	设计步骤正确,合成配合比设计满足级配范围要求,级配曲线绘制正确	40	
	在某一粒径超出级配范围,有矛盾对立统一的哲学思维	10	
图解法	设计步骤正确,合成级配设计满足级配范围要求,级配曲线绘制正确	40	
	配合比设计要想满足级配范围要求,需要反复调整合成级配,体现了学生的耐心专注、锲而不舍、精益求精的精神	10	
总评			

习题

一、单选题

1.集料颗粒的各种密度存在(　　)关系。
　A.真实密度＞表干密度＞表观密度(视密度)＞毛体积密度＞堆积密度

B. 真实密度＞表观密度(视密度)＞毛体积密度＞表干密度＞堆积密度

C. 真实密度＞表观密度(视密度)＞表干密度＞毛体积密度＞堆积密度

D. 真实密度＞毛体积密度＞表干密度＞表观密度(视密度)＞堆积密度

2. 粗集料的各项试验所需试样最小质量与(　　)粒径有关。

　　A. 最大粒径　　　　B. 公称最大粒径　　　C. 4.75mm　　　　D. 2.36mm

3. 粗集料在混合料中起(　　)作用。

　　A. 骨架　　　　　　B. 填充　　　　　　　C. 堆积　　　　　　D. 分散

4. 细集料表观密度试验用容量瓶法测定,本方法适用于含有少量大于(　　)部分的细集料。

　　A. 1.18mm　　　　B. 2.36mm　　　　　C. 4.75mm　　　　D. 9.5mm

5. 细度模数是用细集料的(　　)参数计算的。

　　A. 筛余质量　　　　B. 分计筛余　　　　　C. 累计筛余　　　　D. 通过率

6. 某粗集料经筛分试验,53mm、37.5mm 筛上通过率均为 100%,31.5mm 筛上的筛余量为5%,则该粗集料的最大粒径和公称最大粒径分别为(　　)。

　　A. 37.5mm;37.5mm　　　　　　　　　　B. 53mm;37.5mm

　　C. 37.5mm;31.5mm　　　　　　　　　　D. 31.5mm;31.5mm

7. 细度模数为 3.0～2.3 的砂为(　　)。

　　A. 粗砂　　　　　　B. 中砂　　　　　　　C. 细砂　　　　　　D. 特细砂

8. 细集料的筛分试验应进行两次平行试验,以平均值作为测定值。如两次试验所得的细度模数之差大于(　　),应重新进行试验。

　　A. 0.02　　　　　　B. 0.01　　　　　　　C. 0.2　　　　　　　D. 0.3

9. 现称量 500g 砂样进行筛分试验,要求所有各筛的分计筛余质量和筛底的总质量与 500g 砂样之差不得超过(　　),否则应重新进行试验。

　　A. 0.5g　　　　　　B. 1g　　　　　　　　C. 2g　　　　　　　D. 5g

10. 细集料的水洗法筛分试验,通过水洗的 0.075mm 筛余质量应为(　　)。

　　A. 试验前砂样烘干质量 - 水洗后砂样烘干质量

　　B. 水洗后砂样烘干质量

　　C. 水洗后砂样烘干质量 - 筛底试样质量

　　D. 筛底试样质量

11. 级配是集料大小颗粒的搭配情况,它是影响集料(　　)的重要指标。

　　A. 粒径　　　　　　B. 压碎性　　　　　　C. 粒级　　　　　　D. 空隙率

12. 集料含泥量中的泥是指集料中粒径小于或等于(　　)的尘屑、淤泥、黏土的总含量。

　　A. 0.3mm　　　　　B. 0.15mm　　　　　C. 0.08mm　　　　D. 0.075mm

13. 粗集料压碎值试验应做平行试验(　　)次。

　　A. 2　　　　　　　　B. 3　　　　　　　　C. 4　　　　　　　　D. 5

14. 粗集料的堆积密度是单位体积物质颗粒的质量,其中单位体积包括(　　)。

　　A. 物质颗粒固体、开口及闭口孔隙、颗粒间空隙体

　　B. 物质颗粒固体、开口孔隙、颗粒间空隙体积

C. 颗粒间空隙、开口及闭口孔隙
D. 材料实体、开口及闭口孔隙

15. 游标卡尺法测定的针片状颗粒,是指粗集料颗粒的最大长度(或宽度)方向与最小厚度(或直径)方向的尺寸之比大于(　　)的颗粒。
　　A. 1　　　　　B. 2　　　　　C. 3　　　　　D. 4

16. 为设计方便,绘制矿质混合料的级配曲线通常采用(　　)坐标系。
　　A. 对数　　　B. 半对数　　　C. 常数　　　D. 指数

17. 细集料表观密度试验中,干燥砂质量为 m_0,容量瓶+水质量为 m_1,容量瓶+水+砂质量为 m_2,则该砂的表观相对密度为(　　)。

A. $\dfrac{m_0}{m_0+m_2-m_1}$ B. $\dfrac{m_0}{m_0+m_1-m_2}$

C. $\dfrac{m_0}{m_1+m_2-m_0}$ D. $\dfrac{m_2}{m_0+m_1-m_2}$

18. 将 1100g 含水率为 5% 的砂烘干后,干砂质量为(　　)g。
　　A. 1045.0　　B. 1047.6　　C. 1000.0　　D. 55.0

19. 反映石料抵抗压碎能力的指标是(　　)。
　　A. 磨耗值　　B. 磨光值　　C. 压碎值　　D. 冲击值

20. (　　)所用的粗集料的筛分试验必须采用水洗法试验。
　　A. 水泥混凝土　　　　　　　B. 沥青混合料和路面基层
　　C. 路基　　　　　　　　　　D. 垫层

二、简答题

1. 简述砂的表观密度试验操作步骤。
2. 简述砂的堆积密度试验操作步骤。
3. 简述砂的筛分试验操作步骤(干筛法和水洗法)。
4. 简述确定粗集料针片状颗粒含量试验方法及其操作步骤。
5. 简述粗集料压碎值试验的操作步骤。

三、计算题

1. 某高速公路桥梁工程进了一批配制水泥混凝土用砂,现取样进行筛分试验,筛前试样质量为526.5g,筛分后各号筛筛余量见表1-33。

筛分试验结果(一)　　　　　表1-33

筛孔尺寸(mm)	9.5	4.75	2.36	1.18	0.6	0.3	0.15	筛底
筛余质量(g)	0.0	41.0	18.0	121.0	120.5	111.0	84.0	28.5

计算:
(1) 级配的三个参数。
(2) 细度模数,评价其粗度。

2. 某高速公路桥梁工程进了一批配制水泥混凝土用砂,现取样进行筛分试验,筛前试样质量为520.5g,筛后试样质量为518.0g。筛分结果见表1-34。

筛分试验结果(二)　　　　　　　　　　　　　　表1-34

筛孔尺寸(mm)	9.5	4.75	2.36	1.18	0.6	0.3	0.15	筛底
筛余质量(g)	0.0	24.0	35.5	140.5	60.5	160.5	75.5	21.5

计算：

(1)级配的三个参数。

(2)细度模数,评价其粗度。

3.有一份残缺的砂筛分试验记录见表1-35,根据现有的信息补全并确定砂的粗细程度。

筛分试验结果(三)　　　　　　　　　　　　　　表1-35

筛孔尺寸(mm)	4.75	2.36	1.18	0.60	0.30	0.15	<0.15
分计筛余(%)				20		20	
累计筛余(%)	5	19					100
通过百分率(%)				45	22	2	

项目二 石灰

任务一 认知石灰

认知石灰

学习目标	● 知识目标	❶ 了解石灰的生产工艺。 ❷ 掌握石灰的消化和硬化。 ❸ 掌握过火石灰的特性
	● 能力目标	❶ 能够根据过火石灰的性质,描述过火石灰在实际工程中的危害;能正确地运用石灰。 ❷ 能说出石灰在公路工程中的应用
	● 素质目标	❶ 通过诗歌《石灰吟》,阐述石灰的生产工艺,培养学生甘于奉献的职业精神,培养学生光明磊落、清正廉洁的高尚品质。 ❷ 培养学生能够把理论知识运用到实际工作中的能力,培养学生分析问题、解决问题的能力

任务描述

某高速公路路基工程,由于土的承载力达不到设计要求,根据设计需要往土里加入6%的石灰进行改良,施工完成以后路基表面平整,但是半个月后路基表面高低起伏严重,平整度不能满足要求,导致该段路基返工处理。

分析该工程事故产生的原因,并提出解决办法。石灰除了进行路基改良,还有哪些工程应用?

任务引导

要分析该工程事故的原因,需要了解石灰的生产工艺,并了解什么是欠火石灰,什么是过火石灰,以及过火石灰的性质。掌握石灰在工程中的应用。

> **相关知识**

在建筑工程中,将能以自身的物理化学作用将松散材料(如砂、碎石)胶结成为具有一定强度的整体结构的材料,统称为胶凝材料。胶凝材料按其化学成分不同分为有机胶凝材料(如各种沥青和树脂)和无机胶凝材料(如石灰、水泥)两大类。

无机胶凝材料根据其硬化条件的不同,又分为水硬性胶凝材料(如水泥)和气硬性胶凝材料(如石灰、石膏、水玻璃)。

气硬性胶凝材料只能在空气中硬化、保持或继续提高强度,水硬性胶凝材料不仅能在空气中硬化,而且能更好地在水中硬化,且可在水中或适宜的环境中保持并继续提高强度。

石灰俗称白灰(图2-1),根据其化学成分的不同分为生石灰和熟石灰。生石灰的主要化学成分是 CaO,熟石灰的主要化学成分是 $Ca(OH)_2$。

图2-1 石灰

一、生石灰的生产工艺概况

生石灰是以富含碳酸钙的岩石(如石灰岩、白垩、白云岩等)为原料,经高温煅烧(加热至900℃以上),逸出 CO_2 气体后得到的白色或灰白色块状材料。其主要化学成分为氧化钙(CaO)和氧化镁(MgO)。化学反应可表示如下:

$$CaCO_3 \xrightarrow{>900℃} CaO + CO_2$$

天然的石灰岩常含有碳酸镁、黏土及其他杂质,因此生石灰中还含有氧化镁。生石灰的品质不仅与原料的纯度有关,生产石灰的窑型、煅烧工艺及煅烧水平等也直接影响其质量。为了使石灰岩能完全分解,通常煅烧温度为1000~1100℃。

优质的生石灰色质洁白或带灰色,质量较轻,块状石灰的堆积密度为800~1000kg/m³。在烧制石灰过程中,往往由于石灰石原料尺寸过大或窑中温度不均匀等原因,石灰中含有未烧透的内核,这种石灰称为"欠火石灰"。欠火石灰的颜色发青且未消化残渣含量高,有效氧化钙和氧化镁含量低,使用时缺乏黏结力。另一种情况是由于煅烧温度过高、时间过长而使石灰表面出现裂缝或玻璃状的外壳,体积收缩明显,颜色呈灰黑色,块体密度大,消化缓慢,这种石灰称为"过火石灰"。过火石灰加水后消解缓慢,用于建筑结构物后仍能继续消化,以致引起成型的结构物体积膨胀,导致结构物表面鼓包、隆起、剥落或产生裂缝等破损现象,故危害很大。

二、生石灰的加工品种

煅烧制成的生石灰一般为块状,根据含水率的不同,块状生石灰可加工成为生石灰粉、消石灰粉、石灰膏、石灰乳。

(1)生石灰粉,由块状生石灰磨细而得到的细粉,其主要成分亦为 CaO;

(2)消石灰粉,若生石灰消解过程的加水量恰好能完成消化反应,可得到粉末状的熟石灰,其主要成分为 $Ca(OH)_2$;

(3)石灰膏,生石灰消解过程加多量的水(约为石灰体积的 3~4 倍)消化得到的可塑性浆体称为石灰膏,主要成分为 $Ca(OH)_2$ 和水;

(4)石灰乳,在石灰膏中加更多水制成的白色悬浮液称为石灰乳。

三、石灰的消化和硬化

1. 生石灰的消化(熟化)

块状生石灰在使用前一般都需加水消解,这一过程称为"消化"或"熟化"。消化后的石灰称为"消石灰"或"熟石灰"。其化学反应式如下:

$$CaO + H_2O \longrightarrow Ca(OH)_2 + 64.9 kJ/mol$$

生石灰消解时放出大量的热量,消解后体积增大 1~2.5 倍。消解石灰的理论加水量为石灰质量的 32%,由于消化过程中放热反应导致水分损失,实际加水量需达 70% 以上。在石灰的消解期间应严格控制加水量和加水速度。对消解速度快、活性大的石灰,消解时加水要快,水量要足,并加速搅拌,避免已消解的石灰颗粒包围未消化颗粒,使内部石灰不易消解。对消解速度慢的石灰,则应采用相反措施,使生石灰充分消解,尽量减少未消化颗粒含量。

石灰在消化时,为了消除"过火石灰"的危害,可在消化后"陈伏"半月左右再使用。石灰浆在陈伏期间,在其表面应有一层水,使之与空气隔绝,以防止碳化。

2. 消石灰的硬化

消石灰的硬化过程包括干燥硬化和碳化两部分。

1)石灰浆的干燥硬化(结晶作用)

石灰浆在干燥过程中游离水逐渐蒸发,或被周围砌体吸收,形成氢氧化钙饱和溶液,氢氧化钙逐渐从饱和溶液中结晶析出,产生网状孔隙。这时滞留在孔隙中的自由水由于表面张力的作用而产生毛细管压力,使石灰颗粒互相靠拢黏紧,强度也随之提高。其化学反应式如下:

$$Ca(OH)_2 + nH_2O \longrightarrow Ca(OH)_2 \cdot nH_2O$$

2)硬化石灰浆的碳化(碳化作用)

氢氧化钙与空气中的二氧化碳作用生成碳酸钙晶体,称为熟石灰的碳化作用。石灰浆经碳化后获得的最终强度称为碳化强度。熟石灰的碳化作用在有水条件下才能进行,其化学反应式如下:

$$Ca(OH)_2 + CO_2 + nH_2O \longrightarrow CaCO_3 + (n+1)H_2O$$

该反应主要发生在与空气接触的表面,当浆体表面生成一层 $CaCO_3$ 薄膜后,碳化进程减慢,同时内部的水分不易蒸发,石灰的硬化速度随时间增长逐渐减慢。

石灰浆体的硬化包括上面两个同时进行的过程,即表层以碳化为主,内部则以干燥硬化为主。纯石灰浆(膏)硬化时会发生收缩开裂,不能单独使用,所以工程上常配制成石灰砂浆使用,不及时使用的消石灰要防止碳化。

四、石灰的应用和储存

1. 石灰在公路工程中的应用

(1)消石灰粉在路面工程中用作石灰稳定土、石灰粉煤灰稳定土、石灰水泥稳定土等结构层的主要材料。

(2)利用生石灰(粉)的吸水膨胀作用及与土的物理化学作用加固软土地基、处理湿软路基。

(3)石灰膏调制成的石灰砂浆、石灰水泥砂浆、石灰粉煤灰砂浆广泛用于圬工砌体的砌筑,并可用于抹面等装饰工程。石灰砂浆主要用于地面以上部分圬工砌体的砌筑。

2. 石灰的储存

(1)磨细的生石灰粉应储存于干燥仓库内,采取严格防水措施。

(2)需较长时间储存生石灰时,最好将其消解成石灰浆,并使表面隔绝空气,以防碳化。

(3)石灰能侵蚀呼吸器官和皮肤,在装卸和放置石灰时,应佩戴必要的防护用具。

📅 任务实施

根据任务描述,分析工程事故发生的原因,并提出解决办法。石灰除了用在路基改良上,还有哪些其他工程应用?

任务评价

评价项目	评价标准	参考分值	得分
原因分析	根据石灰的性质,能够分析产生事故的原因	40	
解决办法	根据石灰的性质,能够提出正确的解决方案	30	
工程应用	能够说出至少三项石灰的工程应用	30	
总评			

任务二　检验石灰的技术性质

检验石灰的技术性质

学习目标	● 知识目标	❶掌握石灰的化学性质。 ❷掌握石灰的物理性质。 ❸了解石灰的技术标准
	● 能力目标	能够进行石灰有效氧化钙含量检验
	● 素质目标	通过学生对石灰有效氧化钙含量的检验,培养学生在试验过程中的安全意识,培养学生认真严谨、精益求精的职业素养

任务描述

某土质路基,由于上路床土的承载力不能满足设计要求,现加入消石灰粉进行土质改良,要求石灰为Ⅲ级灰及以上,石灰进场后,完成石灰有效氧化钙含量检测,判定石灰的等级。

任务引导

要完成本次检测任务,需要对石灰的化学性质有一定的了解,了解石灰的技术标准,掌握石灰等级的划分。能够按照现行试验规程,对石灰的氧化钙含量进行检验。在任务实施之前,可以到在线开放课程学习试验操作。

相关知识

一、石灰的化学性质

石灰中产生黏结性的有效成分是活性氧化钙 f-CaO 和活性氧化镁 f-MgO,它们的含量是评价石灰质量的主要指标。氧化钙和氧化镁的含量越多,石灰的活性越高,质量也越好。生石灰在空气中存放时间过长,会吸收水分而消化成消石灰粉,再与空气中的 CO_2 作用形成失去胶凝作用的 $CaCO_3$ 粉末,将降低石灰的使用质量。

石灰中的CO_2含量反映了石灰中"欠火石灰"数量,CO_2含量越高,表示石灰中未完全分解的碳酸钙比例越高,将影响石灰的胶结性能。

二、石灰的物理性质

对建筑石灰或路用石灰的质量要求主要有以下几项:

1. 未消化残渣含量

未消化残渣含量综合反映生石灰中的"过火石灰"和"欠火石灰"数量。将生石灰按标准方法消化后,用过筛后存留在5mm圆孔筛上残渣占试样的百分率表示。

2. 细度

细度与消石灰的活性有关,消石灰粉越细,石灰的活性越大。消石灰粉中较大的颗粒包括:未消化的"过烧"石灰颗粒,含有大量钙盐的石灰颗粒以及"欠火石灰"或未燃尽的煤渣等。现行标准以0.6mm和0.15mm筛余百分率控制消石灰粉的细度。

3. 游离水含率

游离水含率指消石灰粉中化学结合水以外的含水率。理论上,石灰中氧化钙消化用水量为氧化钙质量的32%左右。而实际消化加水量一般为理论值的两倍左右,多加的水残留于氢氧化钙中。在石灰硬化过程中,这些水分的蒸发将引起体积显著收缩,易出现干缩裂缝,从而影响其使用质量。

三、石灰的技术标准

对高速公路或一级公路的基层,宜采用磨细消石灰。石灰的技术标准见表2-1。

高速公路和一级公路用石灰应不低于表2-1规定的Ⅱ级技术要求,二级公路用石灰应不低于Ⅲ级技术要求,二级以下公路宜不低于Ⅲ级技术要求。二级以下公路使用等外石灰时,有效氧化钙含量应在20%以上,且混合料强度满足要求。

石灰的技术标准 表2-1

指标		钙质生石灰			镁质生石灰			钙质消石灰			镁质消石灰		
		等级											
		Ⅰ	Ⅱ	Ⅲ	Ⅰ	Ⅱ	Ⅲ	Ⅰ	Ⅱ	Ⅲ	Ⅰ	Ⅱ	Ⅲ
有效氧化钙加氧化镁含量(%)		≥85	≥80	≥70	≥80	≥75	≥65	≥65	≥60	≥55	≥60	≥55	≥50
未消化残渣含量(5mm圆孔筛的筛余,%)		≤7	≤11	≤17	≤10	≤14	≤20						
含水率(%)								≤4	≤4	≤4	≤4	≤4	≤4
细度	0.6mm方孔筛的筛余(%)							0	≤1	≤1	0	≤1	≤1
	0.15mm方孔筛的累计筛余(%)							≤13	≤20	—	≤13	≤20	—
钙镁石灰的分类界限,氧化镁含量(%)		≤5			>5			≤4			>4		

注:①硅、铝、镁氧化物含量之和大于5%的生石灰,有效氧化钙加氧化镁含量指标,Ⅰ等≥75%,Ⅱ等≥70%,Ⅲ等≥60%;

②未消化残渣含量指标与镁质生石灰指标相同。

任务实施

检验石灰有效 CaO 含量

检验石灰有效
CaO 含量

1. 目的及适用范围

本方法适用于测定各种石灰的有效氧化钙含量。

2. 仪器设备

(1)方孔筛:0.15mm,1 个。

(2)烘箱:50~250℃,1 台。

(3)干燥器:ϕ25cm,1 个。

(4)称量瓶:ϕ30mm×50mm,10 个。

(5)瓷研钵:ϕ12~13cm,1 个。

(6)分析天平:量程不小于 50g,感量 0.0001g,1 台。

(7)电子天平:量程不小于 500g,感量 0.01g,1 台。

(8)电炉:1500W,1 个。

(9)石棉网:20cm×20cm,1 块。

(10)玻璃球:ϕ3mm,1 袋(0.25kg)。

(11)具塞三角瓶:250mL,20 个。

(12)漏斗:短颈,3 个。

(13)塑料洗瓶:1 个。

(14)塑料桶:20L,1 个。

(15)下口蒸馏水瓶:5000mL,1 个。

(16)三角瓶:300mL,10 个。

(17)容量瓶:250mL、1000mL,各 1 个。

(18)量筒:200mL、100mL、50mL、5mL,各 1 个。

(19)试剂瓶:250mL、1000mL,各 5 个。

(20)塑料试剂瓶:1L,1 个。

(21)烧杯:50mL,5 个;250mL(或 300mL),10 个。

(22)棕色广口瓶:60mL,4 个;250mL,5 个。

(23)滴瓶:60mL,3 个。

(24)酸滴定管:50mL,2 支。

(25)滴定台及滴定管夹,各 1 套。

(26)大肚移液管:25mL、50mL,各 1 支。

(27)表面皿:7cm,10 块。

(28)玻璃棒:8mm×250mm 及 4mm×180mm,各 10 支。

(29)试剂勺:5 个。

(30)吸水管:8mm×150mm,5 支。

(31)洗耳球:大、小各 1 个。

项目二 石灰 67

3. 试剂

(1) 蔗糖(分析纯)。

(2) 酚酞指示剂:称取0.5g酚酞溶于50mL95%乙醇中。

(3) 0.1%甲基橙水溶液:称取0.05g甲基橙溶于50mL蒸馏水(40~50℃)中。

(4) 盐酸标准溶液(相当于0.5mol/L):将42mL浓盐酸(相对密度1.19)稀释至1L,按下述方法标定其摩尔浓度后备用。

称取约0.8~1.0g(精确至0.0001g)已在180℃烘干2h的碳酸钠(优级纯或基准级)记录为m,置于250mL三角瓶中,加100mL水使其完全溶解;然后加入2~3滴0.1%甲基橙指示剂,记录滴定管中待标定盐酸标准溶液的体积V_1,用待标定的盐酸标准溶液滴定至碳酸钠溶液由黄色变为橙红色;将溶液加热至微沸,并保持微沸3min,然后放在冷水中冷却至室温,如此时橙红色变为黄色,再用盐酸标准溶液滴定,至溶液出现稳定橙红色时为止,记录滴定管中盐酸标准溶液的体积V_2。V_1、V_2的差值即为盐酸标准溶液的消耗量V。

盐酸标准溶液的摩尔浓度按式(2-1)计算:

$$M = m/(V \times 0.053) \tag{2-1}$$

式中:M——盐酸标准溶液的摩尔浓度,mol/L;

m——称取碳酸钠的质量,g;

V——滴定时盐酸标准溶液的消耗量,mL;

0.053——与1.00mL盐酸标准溶液[$C(HCl) = 1.000$mol/L]相当的以克表示的无水碳酸钠的质量。

4. 试验准备

(1) 生石灰试样:将生石灰样品打碎,使颗粒不大1.18mm。拌和均匀后用四分法缩减至200g左右,放入瓷研钵中研细;再经四分法缩减至20g左右。研磨所得石灰样品,通过0.15mm(方孔筛)的筛。从此细样中均匀挑取10余克,置于称量瓶中在105℃烘箱内烘至恒重,储于干燥器中,供试验用。

(2) 消石灰试样:将消石灰样品用四分法缩减至10余克,如有大颗粒存在,须在瓷研钵中磨细至无不均匀颗粒存在为止。置于称量瓶中在105℃烘箱内烘至恒重,储于干燥器中,供试验用。

5. 试验步骤

(1) 称取约0.5g(用减量法称量,精确至0.0001g)试样,记录为m_1,放入干燥的250mL具塞三角瓶中,取5g蔗糖覆盖在试样表面,投入干玻璃珠15粒,迅速加入新煮沸并已冷却的蒸馏水50mL,立即加塞振荡15min(如有试样结块或黏于瓶壁现象,则应重新取样)。

(2) 打开瓶塞,用水冲洗瓶塞及瓶壁,加入2~3滴酚酞指示剂,记录滴定管中盐酸标准溶液体积V_3,用已标定的约0.5mol/L盐酸标准溶液滴定(滴定速度以2~3滴/s为宜),至溶液的粉红色显著消失并在30s内不再复现即为终点,记录滴定管中盐酸标准溶液的体积V_4,V_3、V_4的差值即为盐酸标准溶液的消耗量V_5。

6. 计算

有效氧化钙的含量按下式计算:

$$X = \frac{V_5 \times M \times 0.028}{m_1} \times 100 \tag{2-2}$$

式中：X——有效氧化钙的含量，%；

V_5——滴定时消耗盐酸标准溶液的体积，mL；

0.028——氧化钙毫克当量；

m_1——试样质量，g；

M——盐酸标准溶液的摩尔浓度，mol/L。

7. 结果整理

对同一石灰样品至少应做两个试样和进行两次测定，并取两次测定结果的平均值代表最终结果。石灰中氧化钙和有效钙含量在30%以下的允许重复性误差为0.40，30%～50%的为0.50，大于50%的为0.60。

试验记录格式见表2-2。

石灰有效氧化钙测定记录表　　　　　　　　　　表2-2

工程名称＿＿＿＿＿＿＿＿＿＿＿＿＿＿　　试验方法＿＿＿＿＿＿＿＿＿＿＿＿＿

路段范围＿＿＿＿＿＿＿＿＿＿＿＿＿＿　　试验者＿＿＿＿＿＿＿＿＿＿＿＿＿＿

石灰来源＿＿＿＿＿＿＿＿＿＿＿＿＿＿　　校核者＿＿＿＿＿＿＿＿＿＿＿＿＿＿

试样编号＿＿＿＿＿＿＿＿＿＿＿＿＿＿　　试验日期＿＿＿＿＿＿＿＿＿＿＿＿＿

盐酸标准溶液的摩尔浓度滴定					
碳酸钠质量（g）	滴定管中盐酸量		盐酸标准溶液消耗量 V（mL）	摩尔浓度 M（mol/L）	平均摩尔浓度（mol/L）
	V_1（mL）	V_2（mL）			
石灰的有效氧化钙滴定					
试验编号	石灰质量（g）	滴定管中盐酸量		盐酸标准溶液消耗量 V_5（mL）	有效氧化钙含量 X（%）	石灰等级
		V_3（mL）	V_4（mL）			

任务评价

评价项目	评价标准	参考分值	得分
试验操作	石灰取样规范、试验步骤正确、试验操作正确	30	
	在试验过程中有较强的安全意识，能够按照要求正确处理化学试剂废料	20	
试验结果	平行试验满足误差要求，试验结果接近真实值	20	
等级判定	石灰等级判定正确	20	
打扫卫生	打扫卫生干净，仪器擦洗干净、摆放整齐	10	
总评			

 习题

单选题

1. 对石灰进行化学分析时,主要是测定( )的含量。
   A. 有效氧化钙 B. 有效氧化镁
   C. 有效氧化钙和氧化镁 D. 碳酸钙

2. 测定石灰有效氧化钙,用盐酸标定有效钙离子时颜色变化为( )。
   A. 由粉红变无色 B. 由粉红变蓝色
   C. 由蓝色变粉红 D. 由玫瑰红变蓝色

3. 为消除( )的危害,石灰须陈伏半月左右后再使用。
   A. 过火石灰 B. 石膏 C. 正火石灰 D. 欠火石灰

4. 在进行石灰有效氧化钙测定中,应将研磨所得的生石灰样品通过( )的筛。
   A. 0.25mm(方孔筛) B. 0.25mm(圆孔筛)
   C. 0.15mm(方孔筛) D. 0.15mm(圆孔筛)

5. 进行石灰有效氧化钙测定时,应采用四分法将生石灰或消石灰缩减至( ),然后烘干,储存于干燥器中备用。
   A. 生石灰20g左右,消石灰10余克 B. 生石灰10余克,消石灰20g左右
   C. 生石灰和熟石灰均为20g左右 D. 均为10余克

6. 单独测定石灰中的有效氧化钙含量和氧化镁含量时,进行滴定所采用的溶液是( )。
   A. 测定氧化钙含量采用盐酸标准液,测定氧化镁含量采用EDTA二钠标准液
   B. 测定氧化钙含量采用EDTA二钠标准液,测定氧化镁含量采用盐酸标准液
   C. 测定氧化钙含量采用EDTA二钠标准液+盐酸标准液
   D. 测定氧化镁含量采用EDTA二钠标准液+盐酸标准液

7. 测定石灰中的有效氧化钙含量及有效氧化镁含量时,滴定停止的标志是( )。
   A. 测定氧化钙含量时为粉红色显著消失,测定氧化镁含量时为酒红色变为蓝色
   B. 测定氧化钙含量时为粉红色变为蓝色,测定氧化镁含量时为酒红色变为紫色
   C. 测定氧化钙含量时为粉红色变为紫色,测定氧化镁含量时为粉红色变为蓝色
   D. 测定氧化钙含量时为紫色显著消失,测定氧化镁含量时为酒红色显著消失

8. 石灰有效氧化钙和氧化镁简易测定方法适用于( )。
   A. 氧化钙含量低于5%的低钙石灰 B. 氧化镁含量低于5%的低镁石灰
   C. 氧化钙含量低于10%的低钙石灰 D. 氧化镁含量低于10%的低镁石灰

9. 石灰稳定类半刚性基层材料,选用的石灰可按照技术指标分为(　　)。
   A. Ⅰ、Ⅱ、Ⅲ三级　　　　　　　　　　B. 合格、不合格两级
   C. 优等、合格、不合格三级　　　　　D. 优等、合格两级
10. 测定各种石灰的有效氧化钙含量,需要使用(　　)试剂。
    A. 蔗糖(分析纯)　　　　　　　　　　B. 酚酞指示剂
    C. 0.1%甲基橙水溶液　　　　　　　　D. 0.5mol/L 盐酸标准溶液

项目三 PROJECT THREE
水泥

任务一 认知水泥

认知水泥

学习目标	● 知识目标	了解硅酸盐水泥的生产工艺、分类
	● 能力目标	能够阐述普通硅酸盐水泥的性质
	● 素质目标	培养学生活学活用的能力,培养学生分析问题和解决问题的能力

任务描述

某跨江大桥,梁板为 30m 混凝土 T 梁,当地气候夏季多雨、冬季寒冷,所以工期紧张。梁板为预制梁,需要进行混凝土浇筑、预应力张拉、孔道压浆、梁板架设等施工工艺,由于要赶工期,所以对混凝土的早期强度要求较高。

请为该桥的 T 梁混凝土选择适宜品种的水泥。

任务引导

要完成该任务,需要知道常见的水泥品种,并且熟悉每种水泥的特性。

相关知识

水泥(图 3-1)是路桥工程中用量较大的建筑材料之一。按水泥的化学成分可分为硅酸盐类水泥、铝酸盐类水泥、硫铝酸盐类水泥、铁铝酸盐类水泥、氟铝酸盐类水泥等。按水泥的用途和性能又可分为通用水泥、专用水泥、特性水泥等。通用水泥是指土木建筑工程中大量使用的具有一般用途的水泥,即硅酸盐水泥、普通硅酸盐水泥、矿渣硅酸盐水泥、火山灰质硅酸盐水泥、粉煤灰硅酸盐水泥和复合硅酸盐水泥六大品种水泥;专用水泥则是指具有专门用途的水泥,如道路硅酸盐水泥、油井水泥、大坝水泥等;特性水泥是某种性能比较突出的水泥,如快硬硅酸盐水泥、膨胀水泥、抗硫酸盐硅酸盐水泥等。在公路工程中使用的水泥以硅酸盐类通用水泥和道路硅酸盐水泥为主。

图 3-1 水泥

《通用硅酸盐水泥》(GB 175—2007)中通用硅酸盐水泥的定义为:以硅酸盐水泥熟料和适量的石膏及规定的混合材料制成的水硬性胶凝材料。通用硅酸盐水泥的组分见表 3-1。

通用硅酸盐水泥的组分(单位:%)　　　　　　表 3-1

品种	代号	组分				
		熟料+石膏	粒化高炉矿渣	火山灰质混合材料	粉煤灰	石灰石
硅酸盐水泥	P·Ⅰ	100	—	—	—	—
	P·Ⅱ	≥95	≤5	—	—	—
		≥95	—	—	—	≤5
普通硅酸盐水泥	P·O	≥80且<95	>5且≤20			—
矿渣硅酸盐水泥	P·S·A	≥50且<80	>20且≤50	—	—	—
	P·S·B	≥30且<50	>50且≤70	—	—	—
火山灰质硅酸盐水泥	P·P	≥60且<80	—	>20且≤40	—	—
粉煤灰硅酸盐水泥	P·F	≥60且<80	—	—	>20且≤40	—
复合硅酸盐水泥	P·C	≥50且<80	>20且≤50			

在常温条件下能与 $Ca(OH)_2$ 或水泥发生水化反应的混合材料称为活性混合材料,常用的活性混合材料有粒化高炉矿渣、火山灰质混合材料和粉煤灰。在常温条件下不能与 $Ca(OH)_2$ 或水泥发生水化反应的混合材料,仅起提高产量、调节水泥强度等级、节约水泥熟料的作用,称为非活性混合材料,如磨细的石英砂、石灰石、黏土,以及不符合技术要求的粒化高炉矿渣、粉煤灰及火山灰质混合材料等。

一、硅酸盐水泥

硅酸盐水泥分两种类型,不掺加混合材料的称Ⅰ型硅酸盐水泥,代号 P·Ⅰ。在硅酸盐水泥熟料粉磨时掺加不超过水泥质量5%的石灰石或粒化高炉矿渣混合材料的称Ⅱ型硅酸盐水泥,代号 P·Ⅱ。

1. 硅酸盐水泥生产工艺概述

(1) 生料制备与磨细。生产硅酸盐水泥的原料主要有石灰质原料、黏土质原料和铁质材料等。石灰质原料(如石灰石、白垩、石灰质凝灰岩等)主要提供 CaO，黏土质原料(如黏土、黏土质页岩、黄土等)主要提供 SiO_2、Al_2O_3，铁质材料主要提供 Fe_2O_3。

各种原材料按适当比例配合，经磨细后混合均匀，制成生料。

(2) 生料煅烧。将制备好的生料装入立窑或回转窑内，经 1450℃ 高温煅烧至部分熔融，生成以硅酸钙为主要成分的硅酸盐水泥熟料。

(3) 熟料磨细。熟料的细度直接影响水泥的水化反应速度。为调节水泥的凝结速度，避免发生急凝现象，在熟料中加入适量的石膏(3% 左右)和 0~5% 石灰石或粒化高炉矿渣共同磨细，即得到硅酸盐水泥。

综上所述，硅酸盐水泥生产工艺概括起来为"两磨一烧"。

2. 硅酸盐水泥的矿物组成和特性

1) 硅酸盐水泥的矿物组成

生产硅酸盐水泥所用原料经过高温煅烧后，CaO、SiO_2、Al_2O_3、Fe_2O_3 四种成分化合为熟料中的主要矿物组成：硅酸三钙($3CaO \cdot SiO_2$)，简写式或缩写为 C_3S；硅酸二钙($2CaO \cdot SiO_2$)，简写式或缩写为 C_2S；铝酸三钙($3CaO \cdot Al_2O_3$)，简写式或缩写为 C_3A；铁铝酸四钙($4CaO \cdot Al_2O_3 \cdot Fe_2O_3$)，简写式或缩写为 C_4AF。

2) 水泥熟料主要矿物组成的特性

硅酸盐水泥熟料四种主要矿物的含量和特性见表 3-2。

硅酸盐水泥熟料矿物的含量和特性　　　　表 3-2

矿物组成	硅酸三钙	硅酸二钙	铝酸三钙	铁铝酸四钙
大致含量(%)	35~65	10~40	0~15	5~15
与水反应速度	中	慢	快	中
水化放热量	中	低	高	中
对早期强度的影响	良	差	良	良
对后期强度的影响	良	优	中	中
耐化学腐蚀	中	良	差	优
干缩性	中	小	大	小

水泥是由多种矿物组分组成的，改变各矿物组分的含量比例，水泥的性能就会发生相应的变化。例如，提高 C_3S 的相对含量可获得高强度水泥和早强水泥；适当降低 C_3S、C_3A 含量，提高 C_2S 的含量则可获得低热大坝水泥；提高 C_4AF 和 C_3S 的含量，则可获得具有较高抗弯拉强度的道路硅酸盐水泥。

3. 硅酸盐水泥的凝结和硬化

水泥加水拌和后，水泥颗粒立即分散在水中并与水发生化学反应，生成各种水化生成物。水泥与水的拌合物在初始时间为具有流动性和可塑性的水泥浆。水泥浆逐渐变稠失去流动性和可塑性而尚未具有强度的过程，称为水泥的"凝结"；水泥浆产生强度并逐渐发展成为坚硬的人造石的过程,称为水泥的"硬化"。凝结和硬化是人为划分的两个阶段,实际上是一个连续而复杂的物理化学变化过程。

1) 硅酸盐水泥的水化作用

水泥遇水后,各种矿物成分与水发生下列水化反应:

硅酸三钙: $3CaO \cdot SiO_2 + nH_2O \longrightarrow xCaO \cdot SiO_2 \cdot yH_2O + (3-x)Ca(OH)_2$
（水化硅酸钙）　　（氢氧化钙）

硅酸二钙: $2CaO \cdot SiO_2 + mH_2O \longrightarrow xCaO \cdot SiO_2 \cdot yH_2O + (2-x)Ca(OH)_2$
（水化硅酸钙）　　（氢氧化钙）

铝酸三钙: $3CaO \cdot Al_2O_3 + 6H_2O \longrightarrow 3CaO \cdot Al_2O_3 \cdot 6H_2O$
（水化铝酸钙）

$3CaO \cdot Al_2O_3$ 在纯水中才能发生上述水化反应,生成的水化铝酸钙也是不稳定的。由于硅酸盐水泥熟料中有石膏($CaSO_4 \cdot 2H_2O$)存在,实际发生的水化反应为:

$3CaO \cdot Al_2O_3 + 3CaSO_4 \cdot 2H_2O + 26H_2O \longrightarrow 3CaO \cdot Al_2O_3 \cdot 3CaSO_4 \cdot 32H_2O$
（三硫型水化硫铝酸钙,或称钙矾石）

当石膏消耗完毕后,水泥中尚未水化的 $3CaO \cdot Al_2O_3$ 与钙矾石生成单硫型水化硫铝酸钙 AFm($3CaO \cdot Al_2O_3 \cdot CaSO_4 \cdot 12H_2O$)。

铁铝酸四钙: $4CaO \cdot Al_2O_3 \cdot Fe_2O_3 + 7H_2O \longrightarrow 3CaO \cdot Al_2O_3 \cdot 6H_2O + CaO \cdot Fe_2O_3 \cdot H_2O$
（水化铝酸钙）　　（水化铁酸钙）

掺入石膏的目的是延缓水泥的凝结硬化速度,防止出现"瞬凝"现象,给水泥的施工应用造成不便。掺入适量石膏后,石膏与 C_3A 反应生成难溶的钙矾石晶体,减少了溶液中铝离子的含量,而且形成的钙矾石覆盖在水泥颗粒的表面,可以延缓水化的进一步进行,从而延缓了水泥浆体的凝结速度。此外,生成的钙矾石难溶晶体对水化产物结构起加固作用,有利于提高水泥的早期强度。需要注意的是,石膏的掺量不宜过多,过量的石膏不仅对缓凝作用帮助不大,在硬化后期还会继续生成钙矾石,由于体积膨胀引起水泥的体积安定性不良。

2) 硅酸盐水泥的凝结和硬化

水泥与水拌和后,随着时间的延续,水泥浆体由可塑状态逐渐失去塑性,进而硬化产生强度,这个物理化学过程可以分为初始反应期、诱导期、凝结期和硬化期四个阶段来简单描述。

4. 硅酸盐水泥石的腐蚀与防止

1) 水泥石的腐蚀

硅酸盐水泥硬化后形成的水泥石,在正常环境条件下将继续硬化,强度不断增长。但在某些腐蚀性液体或气体的长期作用下,水泥石会受到不同程度的腐蚀,严重时会使水泥石强度明显降低,甚至完全破坏。水泥石被腐蚀的类型有:

(1) 淡水的腐蚀。

淡水的腐蚀又称为溶析性侵蚀,是指硬化后的水泥水化产物溶于周围的淡水,造成水泥混凝土中孔隙率增大、强度降低的现象。

水泥石在一定浓度的 $Ca(OH)_2$ 溶液中才能稳定存在。对于硅酸盐水泥的水化产物，$Ca(OH)_2$ 在水中的溶解度最大，首先被溶出。在静水或无水压的情况下，由于 $Ca(OH)_2$ 的迅速溶出，周围的水很快饱和，溶出作用很快终止，对整体水泥石的影响不大。在流水或压力水的情况下，溶出的 $Ca(OH)_2$ 不断被水流带走，水泥石中的 $Ca(OH)_2$ 会不断溶析，不仅导致水泥混凝土的密度和强度降低，还会导致水化硅酸钙、水化铝酸钙的分解，最终可能引起水泥石内部结构的破坏。

(2) 硫酸盐的侵蚀。

水泥混凝土结构物位于海水、沼泽水和工业污水中时，会受到海水、沼泽水和工业污水中易溶的硫酸盐类的侵蚀。硫酸盐类与水泥石中的 $Ca(OH)_2$ 反应生成石膏，石膏在水泥石孔隙中结晶时体积膨胀，且石膏与水泥水化物中的水化铝酸钙作用，生成水化硫铝酸钙，其体积可增大 1.5 倍。水泥石中产生很大的内应力，使水泥混凝土结构的强度降低和破坏。

(3) 镁盐的侵蚀。

在海水、地下水或矿泉水中常含有较多的镁盐，如氯化镁、硫酸镁等。镁盐与水泥石中的 $Ca(OH)_2$ 反应生成无胶结能力、极易溶于水的氯化钙，或生成二水石膏导致水泥石内部结构的破坏。

(4) 碳酸侵蚀。

工业污水或地下水中常溶解有二氧化碳，CO_2 与水泥石中的 $Ca(OH)_2$ 反应生成不溶于水的碳酸钙，碳酸钙再与水中的碳酸作用生成易溶于水的碳酸氢钙，其可溶性使水泥石的强度下降。

2) 防止水泥石腐蚀的措施

(1) 根据环境腐蚀特点合理选用水泥品种。

选用硅酸三钙含量低的水泥，水泥水化产物中的 $Ca(OH)_2$ 含量少，可提高其抗腐蚀能力。

(2) 提高水泥石的密实度。

在施工过程中，采用合理选择水泥混凝土的配合比、降低水泥的用水量、改善集料级配、掺外加剂等措施，均可以使水泥石的密实度提高，从而减少腐蚀介质进入水泥石的内部，起到防腐的作用。

(3) 设置耐腐蚀保护层。

在水泥混凝土表面敷设一层耐腐蚀性强且不透水的保护层，如耐酸岩石、耐酸陶瓷、塑料或沥青等与腐蚀介质隔离。

5. 硅酸盐水泥的特性

(1) 硅酸盐水泥凝结硬化速度较快，早期强度和后期强度均较高；
(2) 抗冻性好，但水化放热量较大；
(3) 耐腐蚀性差和耐热性差；
(4) 抗炭化性能好、耐磨性好、干缩量小。

二、普通硅酸盐水泥（代号 P·O）

由于混合材料的掺量较少，普通硅酸盐水泥的性质与硅酸盐水泥基本相同，略有差别之处体现在以下几个方面：①早期强度略低；②耐腐蚀性能略有提高；③耐热性稍好；④水化热略低；⑤抗冻性、耐磨性、抗碳化性略有降低。

为了改善硅酸盐水泥的某些性能，同时达到增加产量、降低成本的目的，在硅酸盐水泥熟料中掺加适量（掺量超过水泥质量的15%）的各种混合材料与石膏共同磨细可制得掺混合材料的硅酸盐水泥。

三、矿渣硅酸盐水泥（代号 P·S）

矿渣硅酸盐水泥与硅酸盐水泥相比，具有以下特点：

(1) 凝结硬化缓慢、早期强度低、后期强度高。

矿渣掺入量越多，早期强度越低，后期强度增长率越大。此外，矿渣硅酸盐水泥的水化反应对温度敏感，提高养护温度、湿度，有利于强度发展。若采用蒸汽养护，强度增长较普通水泥快，且后期强度仍能很好地增长。

(2) 抗淡水及硫酸盐腐蚀的能力较强。

矿渣水泥中水泥熟料相对减少，C_3S 和 C_3A 的含量也随之减少，其水化所析出的 $Ca(OH)_2$ 比硅酸盐水泥的更少，而且矿渣中活性 SiO_2、Al_2O_3 与 $Ca(OH)_2$ 作用又消耗了大量的 $Ca(OH)_2$，这样水泥石中 $Ca(OH)_2$ 就更少了，因此提高了抗淡水及硫酸盐腐蚀的能力。但因起缓冲作用的 $Ca(OH)_2$ 较少，抵抗酸性水和镁盐腐蚀的能力不如普通水泥。

(3) 水化放热量低。

由于水泥熟料含量减少，水化放热量大幅度降低。

(4) 保水性差、干缩性较大。

矿渣水泥中混合材料掺量较大，且磨细粒化高炉矿渣有尖锐棱角，其保持水分能力较差，泌水性较大，因而干缩性较大。如养护不当，则易产生裂缝。因此，矿渣水泥的抗冻性、抗渗性和抵抗干湿交替的性能均不及普通水泥，且碱度低，抗碳化能力差。

(5) 耐热性较强。

矿渣水泥水化物中的 $Ca(OH)_2$ 含量较低，且矿渣本身又是水泥的耐热掺料，故具有较好的耐热性，适用于受热（200℃以下）混凝土工程。还可掺入耐火砖粉等配制成耐热混凝土。

矿渣水泥能应用于任何地上工程的各种混凝土及钢筋混凝土构件，但不宜用在温度太低、养护条件差的工程。矿渣水泥适用于要求耐淡水腐蚀和耐硫酸盐侵蚀的水工或海港工程，宜用于大体积混凝土工程。

四、火山灰质硅酸盐水泥（代号 P·P）

与硅酸盐水泥相比，火山灰质硅酸盐水泥的性能及应用具有以下特点：

(1) 凝结硬化缓慢、早期强度低、后期强度高。

火山灰质硅酸盐水泥的凝结硬化过程对环境温度、湿度变化较为敏感，故火山灰质硅酸盐水泥宜用蒸汽或压蒸养护，不宜用于有早强要求及低温工程中。

(2) 具有良好的抗渗性、耐水性及一定的抗腐蚀能力。

火山灰质硅酸盐水泥在硬化过程中形成了大量的水化硅酸钙凝胶,提高了水泥石的致密程度,从而提高了抗渗性、耐水性及抗硫酸盐的性能,而且由于氢氧化钙含量低,有良好的抗淡水侵蚀的性能。但是,当混合料中活性氧化铝含量较多时,则抗硫酸盐腐蚀能力较差。火山灰质硅酸盐水泥适用于抗渗性要求较高的工程。

(3)保水性差、干缩性较大。

火山灰质硅酸盐水泥在干燥环境中将由于失水而使水化反应停止,强度不再增长,且水化硅酸钙凝胶的干燥将产生收缩和内应力,使水泥石产生很多细小的裂缝。在表面则由于水化硅酸钙抗碳化能力差,水泥石表面易产生"起粉"现象。

火山灰质硅酸盐水泥不宜用于干燥环境中的地上工程。

(4)具有较低的水化热,适用于大体积工程。

此外,这种水泥需水量大、收缩大、抗冻性差,使用时需要注意。

五、粉煤灰硅酸盐水泥(代号 P·F)

与硅酸盐水泥相比,粉煤灰硅酸盐水泥的性能及应用具有以下特点:

(1)凝结硬化慢、早期强度低、后期强度高。

粉煤灰活性越高,细度越细,则强度增长速度越快。粉煤灰水泥的后期强度甚至可以赶上或明显超过硅酸盐水泥。粉煤灰水泥宜用于承受荷载较迟的工程。

(2)干缩性小、抗裂性较强。

粉煤灰不仅结构致密、比表面积较小,而且吸附水的能力小、需水量较小,因而这种水泥干缩性小,抗裂性较强。

(3)泌水较快、易引起失水裂缝,因此应在硬化早期加强养护并采取一定的工艺措施。

此外,粉煤灰硅酸盐水泥还有一些与矿渣硅酸盐水泥类似的特性,如水化放热量小,抗硫酸盐腐蚀能力强及抗冻性差等特点。因此,粉煤灰硅酸盐水泥除同样能用于工业与民用建筑外,还非常适用于大体积水工混凝土、水中结构、海港工程等。

六、其他品种水泥

1. 道路硅酸盐水泥

以适当成分的生料烧至部分熔融,所得以硅酸钙为主要成分和较多量的铁铝酸四钙的硅酸盐水泥熟料,掺加 0~10% 的活性混合材料和适量石膏磨细制成的水硬性胶凝材料,称为道路硅酸盐水泥。简称道路水泥。

道路水泥是供道路水泥混凝土路面和机场跑道道面专用的一种水泥。道路水泥要求具有较高的抗折强度、耐磨性、抗冲击性、抗冻性,抗硫酸盐腐蚀性能好和收缩变形较小。

(1)道路水泥的矿物组成。

通过煅烧使水泥熟料中的铁铝酸四钙(C_4AF)含量提高,熟料中铁铝酸四钙的含量不得小于 16.0%,铝酸三钙的含量不得大于 5.0%。

(2)道路水泥的有害化学成分。

道路水泥熟料中氧化镁的含量不得超过5.0%,三氧化硫的含量不得超过3.5%,游离氧化钙的含量不得超过1.0%(立窑为1.8%),烧失量不得大于3.0%,碱含量不得大于0.6%。

2. 快硬硅酸盐水泥

以硅酸盐水泥熟料和适量石膏磨细制成,以3天抗压强度表示强度等级的水硬性胶凝材料称为快硬硅酸盐水泥,简称快硬水泥。

快硬硅酸盐水泥中的主要矿物成分为硅酸三钙、铝酸三钙。为加快硬化速度,可适量增加石膏的掺量和提高水泥的粉磨细度。

快硬水泥凝结硬化快,早期强度高,后期强度也高,抗冻性及抗渗性强,水化放热量大,耐腐蚀性差。因此适用于紧急抢修工程、冬季施工的混凝土工程。用于制造预应力钢筋混凝土或混凝土预制构件,可提高早期强度,缩短养护期,加快周转。不宜用于大体积混凝土工程和耐腐蚀要求高的工程。另外,快硬水泥干缩率较大,容易吸湿降低强度,储存期超过一个月时,须重新检验其技术性质。

3. 铝酸盐水泥

以铝酸钙为主的铝酸盐水泥熟料,磨细制成的水硬性胶凝材料称为铝酸盐水泥,又称矾土水泥,代号CA。高铝水泥是铝酸盐水泥的一个主要品种。

铝酸盐水泥的特点是早期强度增长快、强度高,主要用于紧急抢修和早期强度要求高的工程、冬季施工的工程。铝酸盐水泥还具有较强的抵抗矿物水和硫酸盐侵蚀的性能,具有较高耐热性,适用于处于海水或其他侵蚀介质作用的重要工程,以及制作耐热混凝土、制造膨胀水泥等。高铝水泥的主要缺点是后期强度倒缩。

在使用铝酸盐水泥时,应避免与硅酸盐水泥混合使用,否则会造成水泥石的强度降低。

4. 膨胀水泥

膨胀水泥是硬化过程中不产生收缩,而具有一定膨胀性的水泥。膨胀水泥通常由胶凝材料和膨胀剂混合而成。膨胀剂使水泥在水化过程中形成膨胀性物质(如水化硫铝酸钙),导致体积稍有膨胀。由于这一过程在未硬化浆体中进行,所以不致引起破坏和有害的应力。

按胶结材料的不同,膨胀水泥可分为硅酸盐型膨胀水泥、铝酸盐型膨胀水泥、硫铝酸盐型膨胀水泥。按膨胀值的大小,膨胀水泥可分为收缩补偿水泥和自应力水泥。

收缩补偿水泥膨胀率较小,膨胀时所产生的压应力大致能抵消干缩所引起的应力,可防止混凝土产生干缩裂缝。自应力水泥具有较强的膨胀性,当它用于钢筋混凝土中时,由于它的膨胀性能,使钢筋受到较大的拉应力,而混凝土则受到相应的压应力。当外界因素使混凝土结构产生拉应力时,就可被预先具有的压应力抵消或降低。这种靠水泥自身水化产生膨胀来张拉钢筋达到预应力的力称为自应力。混凝土中所产生的压应力数值即为自应力值。

在道路桥梁工程中,膨胀水泥常用于水泥混凝土路面、机场道面或桥梁结构中修补混凝土。此外,在越江隧道或山区隧道用于配制防水混凝土、自应力混凝土以及堵漏工程、修补工程等。

5. 白色和彩色硅酸盐水泥

(1) 白色硅酸盐水泥。

白色硅酸盐水泥的主要矿物组成仍是硅酸盐，水泥中着色物质（氧化铁、氧化锰、氧化钛、氧化铬等）的含量极少。白色水泥的性能与硅酸盐水泥基本相同。

(2) 彩色硅酸盐水泥。

生产彩色硅酸盐水泥有三种方法：一是在水泥生料中混入着色物质，烧成彩色熟料再粉磨成彩色水泥；二是将白水泥熟料或硅酸盐水泥熟料、适量石膏和碱性着色物质共同磨细制成彩色水泥；三是将干燥状态的着色物质掺入白水泥或硅酸盐水泥中。

常用的颜料有：氧化铬绿、氧化铁红、碳黑、氧化铁黑、氧化铁黄、酞菁蓝等。

白色和彩色硅酸盐水泥在装饰工程中，常用于配制各类彩色水泥浆、砂浆和混凝土，用以制造各种水磨石、水刷石等饰面及雕塑和装饰部件等制品。

七、水泥的应用管理

硅酸盐水泥适用于地上、地下及水中重要结构的高强混凝土、钢筋混凝土、预应力钢筋混凝土工程和水泥混凝土路面等。水泥的包装按运输方式大致分为袋装水泥、筒装水泥和散装水泥。

水泥在储存和运输过程中应按不同品种、不同强度等级及出厂日期分别储运，不得混杂，同时要注意防潮、防水，如采取搭设防雨棚、地面设置支撑等措施。

任务实施

根据任务描述，为该桥梁的 T 梁混凝土选择适宜品种的水泥，并说明原因。

任务评价

评价项目	评价标准	参考分值	得分
水泥品种选择	水泥品种选择正确	50	
原因分析	分析正确	50	
总评			

任务二　检验水泥的技术性质

检验水泥的技术性质

学习目标	● 知识目标	了解水泥细度、标准稠度用水量、凝结时间、安定性、强度等技术指标的含义
	● 能力目标	能够对水泥的细度、标准稠度用水量、凝结时间、安定性、强度指标进行检测
	● 素质目标	❶检验水泥的标准稠度用水量和强度需要用到搅拌机,所以一定要强化试验安全意识。 ❷水泥标准稠度用水量的确定需要反复进行试验,所以在试验过程中要建立耐心、信心、恒心

任务描述

某跨江大桥,梁板为 C50 混凝土 T 梁,混凝土用的水泥为 52.5 级硅酸盐水泥,水泥进场后,对水泥的细度、标准稠度用水量、凝结时间、安定性、胶砂强度等技术性质进行检验,判定其技术指标是否合格,该水泥可否应用于该桥梁上。

任务引导

要完成该任务,首先要知道水泥的技术性质有哪些?都反映水泥的什么特性?其次是能够按照现行试验规程进行检验,并对合格与否做出判定。可结合在线开放课程进行实操学习。

相关知识

工程上对水泥的技术性质评价主要包括水泥细度、标准稠度用水量、凝结时间、体积安定性、强度及强度等级、碱含量几个方面。

一、水泥细度

细度是描述水泥颗粒粗细程度的参数。细度越大,颗粒粒径越小,比表面积增加,水泥与水的反应接触面积增加,水化反应速度越快,水泥水化程度越高,强度发展越快。但水泥越细,需水量越多,收缩越大;早期水化越快,水化放热速度越快,对大体积混凝土生产不利;水泥细度增加,能耗增加。所以说水泥细度对水泥的凝结时间、强度、需水量和安定性有较大影响,是鉴定水泥品质的主要项目之一。

《公路工程水泥及水泥混凝土试验规程》(JTG 3420—2020)规定,用规定筛网上所得筛余物的质量占试样原始质量的百分数或用比表面积来表示水泥样品的细度。水泥细度的检测方法分为筛析法和勃氏法(透气式比表面积仪测定水泥比表面积)。筛析法又可分为负压筛法和水筛法两种,当结果有争议时以负压筛试验结果为准。

水泥的比表面积是指单位质量的水泥粉末所具有的总面积,用 m^2/kg 表示。勃氏法的基本原理是根据一定量的空气通过具有一定空隙率和固定厚度的水泥层时,所受阻力不

项目三　水泥　81

同而引起流速的变化来测定水泥的比表面积。通常水泥的比表面积不小于300m²/kg。

二、标准稠度用水量

在测定水泥凝结时间和安定性时,为使测试结果具有可比性,测试该两项水泥性质指标时必须采用标准稠度的水泥净浆。标准稠度用水量是指水泥净浆达到规定稠度时的加水量,以占水泥质量的百分率表示,简称稠度。也就是用于测定水泥凝结时间和安定性的用水量。

《公路工程水泥及水泥混凝土试验规程》(JTG 3420—2020)规定,水泥净浆稠度采用标准法维卡仪测定,以规定质量(滑动部分的总质量为300g)、规定直径(10mm)和长度(50mm)的圆柱形标准稠度试杆沉入净浆并距底板(6±1)mm时的水泥净浆为标准稠度净浆,其拌和用水量为该水泥的标准稠度用水量。标准稠度用水量需通过多次重复拌制水泥净浆试验才能确定。

水泥标准稠度用水量也可采用代用法(试锥法)测定。代用法测定又分为调整水量法和不变水量法两种。调整水量法在500g水泥试样中的拌和水用量根据经验确定;不变水量法在500g水泥试样中的拌和水用量为142.5mL。以调整水量法测定时,将水泥净浆装入锥形试模中刮平,以规定质量和形状的试锥停止下沉或释放30s时自由沉入水泥净浆深度为(30±1)mm时的净浆稠度为标准稠度。其拌和用水量为该水泥的标准稠度用水量。

三、凝结时间

拌制水泥净浆,从加水开始到水泥浆失去可塑性所需时间称为水泥的凝结时间。凝结时间又分为初凝时间和终凝时间,用"min"表示。水泥的凝结时间在施工中具有重要意义。若初凝时间太短,会影响混凝土的搅拌、运输和浇筑;若终凝时间太长,则对混凝土早期强度的发展、施工进度、模板周转等不利。因此,水泥的初凝时间不宜太短,而终凝时间不宜太长。水泥的凝结时间与其矿物组成、细度、水泥浆稠度等有关,也与环境的温度、湿度等有关。

《公路工程水泥及水泥混凝土试验规程》(JTG 3420—2020)规定,水泥凝结时间采用维卡仪测定。初凝时间用规定质量(滑动部分的总质量为300g)、规定直径(1.13mm)和长度(50mm)的圆柱体试针,从加水时起至试针沉入净浆中,当试针距底板4mm±1mm时所经历的时间为初凝时间;终凝时间用规定质量(滑动部分的总质量为300g)、规定直径(1.13mm)和长度(30mm)的圆柱体试针,从加水时起至试针沉入试样0.5mm时,即环形附件开始不能在试件上留下痕迹时所经历的时间为终凝时间。

国家标准规定:六大通用硅酸盐水泥的初凝时间均不小于45min;硅酸盐水泥的终凝时间不大于390min,其他五类水泥的终凝时间不大于600min。由于拌和水泥浆时的用水量多少对凝结时间有影响,因此,测试水泥凝结时间时必须采用标准稠度。

四、体积安定性

水泥的体积安定性是指水泥在凝结硬化过程中,体积变化的均匀性,简称安定性。如果水泥硬化后产生不均匀的体积变化,会使水泥混凝土构造物出现膨胀性裂缝,降低工程质量,甚至引起严重事故,即体积安定性不良。引起水泥体积安定性不良的原因主要是水泥熟料矿物组成中含有过多游离氧化钙(f-CaO)、游离氧化镁(f-MgO),或者水泥粉磨时石膏掺量过多。f-CaO 和 f-MgO 是在高温下生成的,处于过烧状态,水化很慢,它们在水泥凝结硬化后还在慢慢水化并产生体积膨胀,从而导致硬化水泥石开裂,而过量的石膏会与已固化的水化铝酸钙作用,生成水化硫铝酸钙,产生体积膨胀,造成硬化水泥石开裂。

《公路工程水泥及水泥混凝土试验规程》(JTG 3420—2020)规定,水泥体积安定性测定的标准方法为雷氏夹法,也可采用代用法,即试饼法。

雷氏夹法试验是将标准稠度的水泥净浆按规定的方法装入雷氏夹的环形试模中,再将装有试样的雷氏夹在湿气中养护24h后,测量雷氏夹指针尖端间的距离A,然后将装有试样的雷氏夹放入沸煮箱中,30min 内加热至水沸腾,恒沸 3h 后取出,待试样冷却后测量雷氏夹指针尖端间的距离C(水泥沸煮硬化后膨胀)。当两个试件煮后增加距离$(C-A)$的平均值不大于 5.0mm 时,认为水泥安定性合格;当两个试件煮后增加距离$(C-A)$的平均值超过 5.0mm 时,应立即重做一次。再如此,则认为水泥安定性不合格。

试饼法是将标准稠度的水泥净浆在玻璃板上做成直径 70~80mm、中心厚约 10 mm、边缘渐薄、表面光滑的试饼,在湿气中养护24h后,将试样脱去玻璃板检查完整性后放入沸煮箱中,30min 内加热至水沸腾,恒沸 3h 后取出。待试样冷却后,若目测试饼未发现裂缝,用钢直尺检查也没有弯曲,则称为安定性合格。

当试饼法和雷氏夹法两者结论矛盾时,以雷氏夹法为准。

由于氧化镁和石膏所导致的体积安定性不良不便于快速检验,因此,通常在水泥生产中要严格控制氧化镁和石膏的含量。国家标准规定:硅酸盐水泥中游离氧化镁含量不得超过 5.0%,其他通用硅酸盐水泥中游离氧化镁含量不得超过 6.0%;矿渣水泥中三氧化硫含量不得超过 4.0%,其他水泥中三氧化硫含量不得超过 3.5%。

五、强度及强度等级

水泥强度是选用水泥时的主要技术指标,也是划分水泥强度等级(标号)的依据。水泥强度主要评价水泥胶砂时的抗压强度和抗折强度。

《公路工程水泥及水泥混凝土试验规程》(JTG 3420—2020)规定,水泥胶砂强度的标准检验方法为 ISO 法。该法是将水泥和 ISO 标准砂(厦门产的级配砂)按 1:3 的质量比混合,水灰比(水与水泥的质量比)为 0.5,按规定方法同时制成 3 条 $40mm \times 40mm \times 160mm$ 的棱柱形试件,待试模在湿气中养护24h后,再脱模将试件放在标准温度($20℃ \pm 1℃$)的水中养护,分别测定 3d 和 28d 抗折强度和抗压强度。根据测定结果可确定该水泥的强度等级。

国家标准规定:硅酸盐水泥分为 42.5、42.5R、52.5、52.5R、62.5、62.5R 六个强度等级;普通硅酸盐水泥分为 42.5、42.5R、52.5、52.5R 四个强度等级;其他四种水泥分为 32.5、32.5R、42.5、42.5R、52.5、52.5R 六个强度等级。其中有代号 R 者为早强型水泥。各强度等级的六大常用水泥的 3d、28d 强度均不得低于表 3-3 中的规定值。

常用水泥技术性质标准　　　　　　　　　　　　　　　表3-3

项目		硅酸盐水泥 P·Ⅰ	硅酸盐水泥 P·Ⅱ	普通硅酸盐水泥		矿渣硅酸盐水泥 火山灰硅酸盐水泥 粉煤灰硅酸盐水泥		复合硅酸盐水泥	
细度		比表面积 ≥300m²/kg				80μm方孔筛筛余量≤10% 或 45μm方孔筛筛余量≤30%			
凝结时间	初凝	≥45min							
	终凝	≤6.5h		≤600min					
体积安定性	安定性	沸煮法必须合格（若试饼法和雷氏夹法两者有争议，以雷氏夹法为准）							
	MgO	含量≤6.0%（硅酸盐水泥中含量≤5.0%）							
	SO₃	含量≤3.5%（矿渣水泥中含量≤4.0%）							
强度等级	龄期	抗压强度(MPa)	抗折强度(MPa)	抗压强度(MPa)	抗折强度(MPa)	抗压强度(MPa)	抗折强度(MPa)	抗压强度(MPa)	抗折强度(MPa)
32.5	3d	—	—	—	—	10.0	2.5	10.0	2.5
	28d					32.5	5.5	32.5	5.5
32.5R	3d	—	—	—	—	15.0	3.5	15.0	3.5
	28d					32.5	5.5	32.5	5.5
42.5	3d	17.0	3.5	17.0	3.5	15.0	3.5	15.0	3.5
	28d	42.5	6.5	42.5	6.5	42.5	6.5	42.5	6.5
42.5R	3d	22.0	4.0	22.0	4.0	19.0	4.0	19.0	4.0
	28d	42.5	6.5	42.5	6.5	42.5	6.5	42.5	6.5
52.5	3d	23.0	4.0	23.0	4.0	21.0	4.0	21.0	4.0
	28d	52.5	7.0	52.5	7.0	52.5	7.0	52.5	7.0
52.5R	3d	27.0	5.0	27.0	5.0	23.0	4.5	23.0	4.5
	28d	52.5	7.0	52.5	7.0	52.5	7.0	52.5	7.0
62.5	3d	28.0	5.0	—	—	—	—	—	—
	28d	62.5	8.0						
62.5R	3d	32.0	5.5						
	28d	62.5	8.0						
碱含量		用户要求低碱水泥时，按 $Na_2O + 0.658K_2O$ 计算的碱含应不大于0.60%或由供需双方商定							

六、碱含量

碱含量是指水泥中 Na_2O 和 K_2O 的含量。若水泥中碱含量过高，遇到有活性的集料，易发生碱-集料反应，对工程造成危害。

国家标准规定：水泥中碱含量按 $Na_2O + 0.658K_2O$ 计算值来表示。若使用活性集料，用户要求提供低碱水泥时，水泥中碱含量不得大于0.60%或由买卖双方协商确定。

对于表3-3中的技术质量要求,国家标准规定:凡化学指标、凝结时间、安定性、强度均符合标准规定的为合格品,其中任一项不符合标准规定时,则为不合格品。

> 📅 **任务实施**

一、检验水泥细度(负压筛法)

检验水泥细度
(负压筛法)

1.目的及适用范围

(1)本方法规定了80μm方孔标准筛的水泥细度负压筛析试验方法。

(2)本方法适用于通用硅酸盐水泥、道路硅酸盐水泥及指定采用本方法的其他品种水泥。

2.仪器设备

(1)负压筛。

负压筛由圆形筛框和筛网组成,负压筛应附有透明筛盖,筛盖与筛上口应有良好的密封性。筛网应紧绷在筛框上,筛网和筛框接触处,应用防水胶密封,防止水泥嵌入,如图3-2所示。

(2)负压筛析仪。

负压筛析仪由筛座、负压筛、负压源及收尘器组成,其中筛座由转速为30r/min±2r/min的喷气嘴、负压表、控制板、微电机及壳体等部分构成。负压源和收尘器由功率≥600W的工业吸尘器和小型旋风收尘筒或由其他具有相当功能的设备组成。筛座尺寸如图3-3所示。

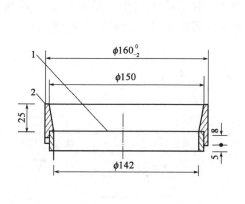

图3-2 负压筛(尺寸单位:mm)
1-筛网;2-筛框

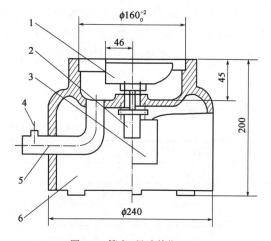

图3-3 筛座(尺寸单位:mm)
1-喷气嘴;2-微电机;3-控制板开口;4-负压表接口;
5-负压源及收尘器接口;6-壳体

(3)天平。

最小分度值不大于0.01g。

3.试验步骤

(1)水泥样品应充分拌匀,通过0.9mm方孔筛,记录筛余物情况,要防止过筛时混进其他水泥。

（2）试验前所用试验筛应保持清洁，负压筛应保持干燥。试验时称取试样25g。

（3）筛析试验前应把负压筛放在筛座上，盖上筛盖，接通电源，检查控制系统，调节负压至4000~6000Pa范围内。

（4）称取试样精确至0.01g，置于洁净的负压筛中，放在筛座上，盖上筛盖，开动筛析仪连续筛析2min，在此期间如有试样附着在筛盖上，可轻轻地敲击筛盖使试样落下。筛毕，用天平称量全部筛余物。

4. 结果计算及处理

（1）计算。

水泥试样筛余百分数F按式(3-1)计算：

$$F = \frac{R_s}{m} \times 100 \tag{3-1}$$

式中：F——水泥试样的筛余百分数，%；

R_s——水泥筛余物的质量，g；

m——水泥试样的质量，g。

计算结果精确至0.1%。

（2）筛余结果的修正。

试验筛的筛网会在试验中磨损，因此筛析结果应进行修正。修正的方法是将计算的结果乘以该试验筛的有效修正系数，即为最终结果。

结果评定时，每个样品应称取两个试样分别筛析，取筛余平均值为筛析结果。若两次筛余结果绝对误差大于0.5%时（筛余值大于5.0%时可放宽至1.0%），应再做一次试验，取两次相近结果的算术平均值作为最终结果。

5. 试验报告

试验记录格式见表3-4。

水泥细度测定记录表（负压筛法）　　　　　　　　　　　　　表3-4

试验次数	筛析用试样质量 m(g)	80μm筛上筛余物质量 R_s(g)	筛余百分数 F(%)	筛析结果(%)
①	②	③	④=③/②	⑤
备注				

试验者＿＿＿＿　　计算者＿＿＿＿　　校核者＿＿＿＿　　试验日期＿＿＿＿

二、检验水泥标准稠度用水量（标准法）、凝结时间、体积安定性指标

1. 目的及适用范围

本方法用于确定水泥标准稠度用水量、检验水泥的凝结时间。

本方法适用于通用硅酸盐水泥、道路硅酸盐水泥及指定采用本方法的其他品种水泥。

2.仪器设备

(1)标准法维卡仪:如图3-4所示,标准稠度测定用试杆(图3-4)有效长度为50mm±1mm,由直径为10mm±0.05mm圆柱形耐腐蚀金属制成。

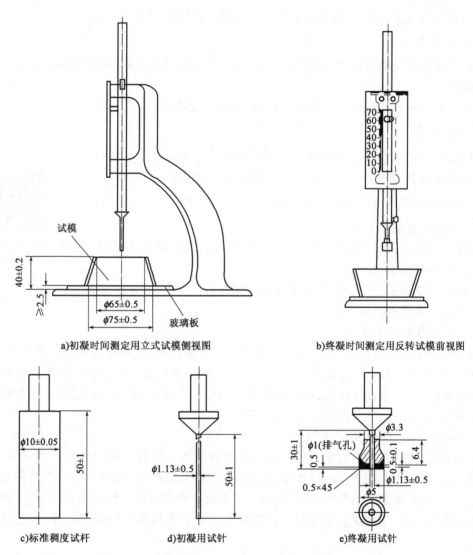

图3-4 测定水泥标准稠度用水量和凝结时间用的维卡仪(尺寸单位:mm)

测定凝结时间用试针由钢制成,其有效长度:初凝针为50mm±1mm、终凝针为30mm±1mm、圆柱体直径为1.13mm±0.05mm。滑动部分的总质量为300g±1g。与试杆、试针联结的滑动杆表面应光滑,能靠自重自由下落,不得有紧涩和旷动现象。

盛装水泥净浆的试模[图3-4a)]由耐腐蚀的、有足够硬度的金属制成。试模为深40mm±0.2mm、圆锥台顶内径65mm±0.5mm、圆锥台底内径75mm±0.5mm的截顶圆锥体。每只试模应配备一个边长或直径约100mm、厚度4～5mm的平板玻璃底板或金属底板。

(2)水泥净浆搅拌机。

(3)天平:最大称量不小于1000g,感量不大于1g。

(4)量水器:分度值为0.5mL。

(5)秒表:分度值为1s;

(6)水泥标准养护箱:温度控制在20℃±1℃,相对湿度不低于90%。

3. 试验准备

(1)水泥试样应充分拌匀,通过0.9mm方孔筛,并记录筛余物情况,但要防止过筛时混进其他粉料。

(2)试验用水宜为洁净的饮用水,有争议时可用蒸馏水。

4. 试验环境

(1)试验室环境温度为20℃±2℃,相对湿度大于50%。

(2)水泥试样、拌和水、仪器和用具的温度应与试验室内室温一致。

5. 水泥标准稠度用水量测定(标准法)

(1)试验前必须做到以下几点。

①维卡仪的金属棒能够自由滑动。试模和玻璃板用湿布擦拭(但不允许有明水),将试模放在底板上。

②调整至试杆接触玻璃板时将指针对准零点。

③水泥净浆搅拌机运行正常。

检验水泥标准
稠度用水量
(标准法)

(2)水泥净浆的拌制。

用水泥净浆搅拌机搅拌,搅拌锅和搅拌叶片先用湿布擦过,将拌和水倒入搅拌锅内,然后在5～10s内小心将称好的500g水泥加入水中,防止水和水泥溅出;拌和时,先将锅放在搅拌机的锅座上,升至搅拌位置,启动搅拌机,低速搅拌120s,停15s,同时将叶片和锅壁上的水泥浆刮入锅中间,接着高速搅拌120s停机。

(3)标准稠度用水量测定步骤。

①拌和结束后,立即取适量水泥净浆一次性将其装入已置于玻璃底板上的试模中,浆体超过试模上端,用宽约25mm的直边刀轻轻拍打超出试模部分的浆体5次以排除浆体中的孔隙,然后在试摸上表面约1/3处,略倾斜于试模分别向外轻轻锯掉多余净浆,再从试模边缘轻抹顶部一次,使净浆表面光滑。在锯掉多余净浆和抹平的操作过程中,注意不要压实净浆。

②抹平后迅速将试模和底板移到维卡仪上,并将其中心定在试杆下,降低试杆直到与水泥净浆表面接触,拧紧螺钉1～2s后,突然放松,使试杆垂直自由地沉入水泥净浆中。在试杆停止沉入或释放试杆30s时记录试杆距底板之间的距离,升起试杆后,立即擦净。

③整个操作应在搅拌后90s内完成。以试杆沉入净浆并距底板6mm±1mm的水泥净浆为标准稠度净浆。其拌和水量为该水泥的标准稠度用水量(P),按水泥质量的百分比计,结果精确至1%。

④当试杆距玻璃板距离小于 5mm 时，应适当减水，重复水泥浆的拌制和上述过程；若距离大于 7mm，则应适当加水，并重复水泥浆的拌制和上述过程。

6. 凝结时间的测定（图 3-5）

（1）测定前准备工作：调整凝结时间测定仪的试针，接触玻璃板时指针对准零点。

检验水泥凝结时间

（2）水泥净浆试件制备：以标准稠度用水量按上述方法制成标准稠度净浆（记录水泥全部加入水中的时间作为凝结时间的起始时间），一次装满试模，振动数次刮平，立即放入养护箱中。

（3）初凝时间的测定。

①记录水泥全部加入水中至初凝状态的时间作为初凝时间，以"min"计。

②试件在湿气养护箱中养护至加水后 30 min 时进行第一次测定。测定时，从湿气养护箱中取出试模放到试针下，降低试针使其与水泥净浆表面接触。拧紧螺钉 1～2s 后，突然放松，使试针垂直自由地沉入水泥净浆中。观察试针停止沉入或释放试针 30s 时指针的读数。

③临近初凝时每隔 5min（或更短时间）测定一次，当试针沉至底板 4mm±1mm 时，为水泥达到初凝状态。

图 3-5　水泥凝结时间检验示意

（4）终凝时间的测定。

①由水泥全部加入水中至终凝状态的时间为水泥的终凝时间，以"min"计。

②为了准确观测试针沉入的状况，在终凝针上安装了一个环形附件。在完成初凝时间测定后，立即将试模连同浆体以平移的方式从玻璃板取下，翻转 180°，直径大端向上，小端向下放在玻璃板上，再放入湿气养护箱中继续养护。

③临近终凝时间时每隔 15min（或更短时间）测定一次，当试针沉入试件 0.5mm 时，即环形附件开始不能在试体上留下痕迹时，为水泥达到终凝状态。

④达到终凝时需要在试体另外两个不同点测试，结论相同时才能确定达到终凝状态。

（5）检验注意事项。

①在最初测定的操作时应轻轻扶持金属柱，使其徐徐下降，以防止试针撞弯，但结果以自由下落为准；

②在整个测试过程中，试针沉入的位置至少要距试模内壁 10mm；

③每次测试不能让试针落入原针孔，每次测试完毕须将试针擦净并将试模放回湿气养护箱内，整个测试过程要防止试模振动。

7. 安定性测定方法（标准法）

（1）试验前准备工作。

每个试样需成型两个试件，每个雷氏夹（图 3-6）需配备两个边长或直径约 80mm、厚度 4～5mm 的玻璃板，凡是和水泥净浆接触的玻璃板或雷氏夹内表面都要稍稍涂上一层油。

项目三　水泥

图 3-6 雷氏夹

(2) 雷氏夹试件的成型。

将预先准备好的雷氏夹放在已稍擦油的玻璃板上,并立即将已制好的标准稠度净浆一次装满雷氏夹,装浆时一只手轻轻扶持雷氏夹,另一只手用宽约 25mm 的直边刀在浆体表面轻轻插捣 3 次,然后抹平,盖上稍涂油的玻璃板,接着立即将试件移至湿气养护箱内养护 24h±2h。

(3) 沸煮。

调整好沸煮箱内的水位,使水能保证在整个沸煮过程中都超过试件,不许中途填补试验用水,同时又能保证在 30min±5min 内升温至沸腾。

图 3-7 雷氏夹膨胀测定仪

脱去玻璃板取下试件,先测量雷氏夹指针尖端间的距离(A),精确至 0.5mm,接着将试件放入沸煮箱水中的试件架上,指针朝上,然后在 30min±5min 内加热至沸腾并恒沸 180min±5min。

(4) 结果判别。

沸煮结束后,立即放掉沸煮箱中的热水,打开箱盖,待箱体冷却至室温,取出试件用雷氏夹膨胀测定仪进行判别(图 3-7),测量雷氏夹指针尖端的距离(C),精确至 0.5mm,当两个试件煮后增加距离($C-A$)的平均值不大于 0.5mm 时,即认为该水泥安定性合格,当两个试件煮后增加距离($C-A$)的平均值大于 5.0mm 时,应用同一样品立即重做一次试验。以复检结果为准。

8. 计算结果

试验记录格式见表 3-5。

水泥标准稠度用水量、凝结时间、安定性记录表(标准法) 表 3-5

标准稠度用水量	测定方法	标准法		
	试样质量(g)	加水量(mL)	试杆下沉距底部距离(mm)	用水量(%)

凝结时间	开始加水时间 (h:min)	试针距底板 4±1mm 时间 (h:min)	试针沉入净浆中 0.5mm 时间 (h:min)	初凝时间 (min)	终凝时间 (min)

续上表

	试件编号	A 值(mm)	C 值(mm)	C-A 值(mm) 单值	C-A 值(mm) 平均值	测定结果
安定性	1					
	2					
	3					

试验者_____　　计算者_____　　校核者_____　　试验日期_____

三、检验水泥胶砂强度(ISO 法)

检验水泥胶砂强度(ISO 法)

1. 目的及适用范围

本方法用于测定水泥胶砂的抗折强度和抗压强度,从而确定水泥的强度等级。

本方法适用于通用硅酸盐水泥、道路硅酸盐水泥及指定采用本方法的其他品种水泥。

2. 仪器设备

(1)胶砂搅拌机:胶砂搅拌机属行星式(图3-8),其搅拌叶片和搅拌锅做相反方向的转动。叶片和锅由耐磨的金属材料制成,叶片与锅底、锅壁之间的间隙为叶片与锅壁最近的距离。制造质量应符合《行星式水泥胶砂搅拌机》(JC/T 681—2022)的规定。

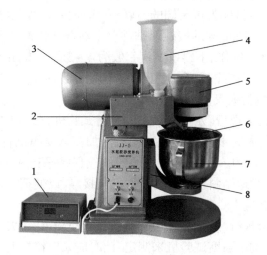

图 3-8　水泥胶砂搅拌机

1-控制器;2-加砂漏斗;3-电机;4-标准砂容器;5-减速器;6-搅拌叶片;7-搅拌锅;8-升降底座

(2)振实台:胶砂试件成型振实台如图3-9 所示,应符合现行《水泥胶砂试体成型振实台》(JC/T 682—2022)的规定。由装有两个对称偏心轮的电动机产生振动,使用时固定于混凝土基座上。座高约400mm,混凝土的体积约 0.25m³,质量约600kg。为防止外部振动影响振实效果,可在整个混凝土基座下放一层厚约5mm 的天然橡胶弹性衬垫。

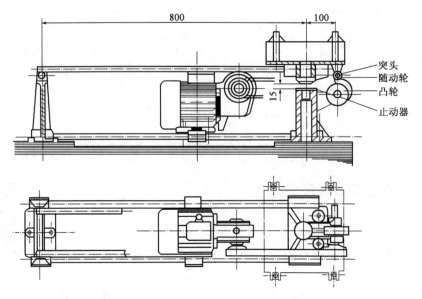

图 3-9 典型的振实台(尺寸单位:mm)

将仪器用地脚螺钉固定在基座上,安装后设备呈水平状态,仪器底座与基座之间要铺一层砂浆以确保他们的完全接触。

(3)代用振动台:代用振动台振动频率为 2800~3000 次/min,振动台全波振幅为 0.75 + 0.02mm。代用胶砂振动台应符合现行《水泥胶砂振动台》(JC/T 723)的规定。

(4)试模及下料漏斗:试模为可装卸的三联模,由隔板、端板、底座等部分组成。可同时成型三条 40mm×40mm×160mm 的棱柱形试件。下料漏斗由漏斗和模套两部分组成。漏斗用厚为 0.5mm 的白铁皮制作,下料口宽度一般为 4~5mm。模套高度为 20mm,用金属材料制作。模套壁与模型内壁应该重叠,超出内壁不应大于 1mm。

(5)抗折试验机和抗折夹具。

①抗折试验机:应符合现行《水泥胶砂电动抗折试验机》(JC/T 724)的规定。一般采用双杠杆式,也可采用性能符合要求的其他试验机。加荷与支撑圆柱必须用硬质钢材制造。三根圆柱轴的三个竖向平面应平行,并在试验时继续保持平行和等距离垂直试件的方向,其中一根支撑圆柱能轻微地倾斜使圆柱与试件完全接触,以便荷载沿试件宽度方向均匀分布,同时不产生任何扭转应力。

②抗折夹具:应符合现行《水泥胶砂电动抗折试验机》(JC/T 724)的规定。

③抗折强度也可用抗压强度试验机来测定,此时应采用符合上述规定的夹具。

(6)抗压试验机和抗压夹具。

①抗压试验机:量程以 200~300kN 为宜,在较大的五分之四量程范围内使用时,记录的荷载应有 ±1.0% 的精度,并具有按 2400N/s±200N/s 速率加荷的能力,还应具有一个能指示试件破坏时荷载的指示器。

压力机的活塞竖向轴应与压力机的竖向轴重合,而且活塞作用的合力要通过试件中心。压力机的下压板表面应与该机的轴线垂直并在加荷过程中一直保持不变。

②抗压夹具:应由硬质钢材制成,受压面积为 40mm×40mm,并应符合《40mm×40mm 水泥抗压夹具》(JC/T 683—2005)的规定。

(7)天平:量程不小于 2000g,感量不大于 1g。

(8)水泥:水泥试样从取样到试验要保持 24h 以上时,应将其储存在基本装满和气密的容器中,这个容器不能和水泥反应。

(9)试验用砂:ISO 标准砂。

(10)试验用水:饮用水。仲裁试验时用蒸馏水。

3. 试验环境

(1)试件成型试验室应保持温度为 20℃±2℃(包括强度试验室),相对湿度大于 50%。水泥试样、ISO 标准砂、拌和水及试模等的温度应与室温相同。

(2)养护箱或雾室温度为 20℃±1℃,相对湿度大于 90%;养护水的温度为 20℃±1℃。

(3)试件成型试验室空气温度和相对湿度应在工作期间早晚至少各记录一次。养护箱或雾室温度和相对湿度至少每 4h 记录一次。

4. 试件制备

(1)成型前将试模擦净,四周的模板与底座的接触面上应涂黄油,紧密装配,防止漏浆,内壁均匀地刷一薄层机油。

(2)水泥与 ISO 标准砂的质量比为 1:3,水灰比为 0.5。火山灰质硅酸盐水泥、粉煤灰硅酸盐水泥、复合硅酸盐水泥和掺火山灰质混合材料的胶沙流动度小于 180mm 时,应以 0.01 整倍数递增的方法将水灰比调整至胶砂流动度不小于 180mm 为止。

(3)每成型三条试件需要的材料及用量为:水泥 450g±2g,ISO 砂 1350g±5g,水 225mL±1mL。

(4)将水加入锅内,再加入水泥,把锅放在固定架上。然后立即开动机器,低速搅拌 30s 后,在第二个 30s 开始的同时均匀将砂加入,机器再高速搅拌 30s。

停拌 90s,在第一个 15s 内用胶皮刮具将叶片和锅壁上的胶砂刮入锅中。在高速下继续搅拌 60s。在各个阶段时间误差应在 ±1s 以内。

(5)用振动台时,将空试模和模套固定在振动台上,用适当的勺子直接从搅拌锅中将胶砂分为两层装入试模。装第一层时,每个槽里约放 300g 砂浆,用大播料器垂直架在模套顶部,沿每个模槽来回一次,将料层播平,接着振实 60 次。再装入第二层胶砂,用小播料器播平,再振实 60 次。移走模套,并用刮尺以 90°的角度架在试模顶的一端,沿试模长度方向以横向锯割动作慢慢向另一端移动,一次将超过试模的胶砂刮去。并用同一直尺将试件表面抹平。

(6)用代用振动台成型时,同时将试模及下料漏斗卡紧在振动台台面中心。将搅拌好的全部胶砂均匀地装于下料漏斗中,开动振动台 120s±5s。振动完毕,取下试模,用刮平尺按上述方法刮去多余胶砂并抹平试件。

(7)在试模上做标记或加字条表明试件的编号和试件相对于振动台的位置。两个龄期以上的试件,编号时应将同一试模中的三条试件分在两个以上的龄期内。

(8)试验前或更换水泥品种时,搅拌锅、叶片和下料漏斗等必须抹擦干净。

5.养护

(1)编号后,将试模放入养护箱养护,养护箱内算板必须水平。水平放置时刮平面应朝上。对于24h龄期的,应在破型试验前20min内脱模。对于24h以上龄期的,应在成型后20~24h内脱模。脱模时要非常小心,应防止试件损伤。硬化较慢的水泥允许延期脱模,但须记录脱模时间。

(2)试件脱模后即放入水槽中养护,试件之间间隙或试件上表面的水深不得小于5mm。每个养护池中只能养护同类水泥试件,并应保持恒定水位,不允许养护期间全部换水。

(3)除24h龄期或延迟48h脱模的试件外,任何到龄期的试件应在试验(破型)前15min从水中取出。抹去试件表面沉淀物,并用湿布覆盖。

6.强度测定

(1)试件龄期从水泥加水搅拌开始算起,各龄期的试件必须在表3-6中所列时间内进行强度试验。

强度试验龄期与试验时间　　　　表3-6

龄期	24h	48h	72h	7d	28d
试验时间	24h±15min	48h±30min	72h±45min	7d±2h	28d±8h

(2)抗折强度试验。

以中心加荷法测定抗折强度。采用杠杆式抗折试验机试验时,试件放入前,应使杠杆呈水平状态。试件放入后调整夹具,使杠杆在试件折断时尽可能地接近水平位置(图3-10)。

抗折试验加荷速度为50N/s±10N/s,直至折断。并保持两个半截棱柱处于潮湿状态直至抗压试验。

(3)抗压强度测定。

①抗折试验后的两个断块应立即进行抗压试验。抗压试验须用抗压夹具进行,试件受压面为试件成型时的两个侧面,面积为40mm×40mm。试验前应清除试件受压面与加压板间的砂粒或杂物。试验时以试件的侧面作为受压面,试件的底面靠紧夹具定位销,并使夹具对准压力机压板中心。

图3-10　水泥胶砂强度检验

②压力机加荷速度应控制在2400N/s±200N/s范围内,在接近破坏时更应严格控制加荷速度。

7.结果计算

(1)抗折强度按式(3-2)计算。

$$R_f = \frac{1.5F_f \cdot L}{b^3} \qquad (3-2)$$

水泥胶砂强度试验数据处理

式中:R_f——抗折强度,MPa;
　　F_f——破坏荷载,N;
　　L——支撑圆柱中心距,为100mm;
　　b——试件断面正方形的边长,为40mm。
结果计算精确至0.1MPa。

(2)抗压强度按式(3-3)计算。

$$R_c = \frac{F_c}{A} \tag{3-3}$$

式中:R_c——抗压强度,MPa;
　　F_c——破坏荷载,N;
　　A——受压面积,mm^2,$40mm \times 40mm = 1600mm^2$。
结果计算精确至0.1MPa。

(3)数据处理。

①取三块试件抗折强度测定值的算术平均值,结果精确至0.1 MPa。当三个强度值中有超过平均值±10%的值时,应剔除后再平均,以平均值作为抗折强度试验结果。

②取六个抗压强度测定值的算术平均值,结果精确至0.1 MPa。如果六个强度值中有一个值超过平均值±10%,应剔除后再以剩下的五个结果平均。如果五个值中再有超过平均值±10%的,则此组试件作废。

(4)水泥胶砂强度试验记录格式见表3-7。

水泥胶砂强度试验记录表　　　　　　　　　　表3-7

试件编号	试件龄期(d)	抗折强度					抗压强度					水泥强度等级(MPa)
		破坏荷载(N)	支点间距L(mm)	试件尺寸(mm)	抗折强度R_f(MPa)		试件编号	破坏荷载F_c(N)	受压面积A(mm^2)	抗压强度R_c(MPa)		
				正方形截面边长b	单值	均值				单值	均值	
1							1					
							2					
2							3					
							4					
3							5					
							6					

备注:

试验者＿＿＿＿　　计算者＿＿＿＿　　校核者＿＿＿＿　　试验日期＿＿＿＿

项目三　水泥

任务评价

评价项目	评价标准	参考分值	得分
试验操作	步骤正确、操作规范	40	
试验过程中的安全意识	有较强的安全意识,没有发生安全事故	20	
试验操作过程中的耐心、信心、恒心	对于反复操作的试验,不烦躁;试验失败时不气馁;不做出试验结果不放弃	20	
合格判定	判定正确	10	
打扫卫生	试验结束后打扫卫生干净、仪器擦洗干净、摆放整齐	10	
总评			

习题

一、单选题

1. 目前主要采用（　　）筛析试验方法检测水泥的细度。
   A. 手筛　　　　　B. 水筛　　　　　C. 干筛　　　　　D. 负压筛

2. 采用负压筛析法检测水泥细度试验前,首先应调节负压至（　　）范围内。
   A. 1 000～2 000 Pa　　　　　　　　B. 2 000～4 000 Pa
   C. 4 000～6 000 Pa　　　　　　　　D. 6 000～8 000 Pa

3. 现行规程规定,采用维卡仪测定水泥标准稠度用水量,以试杆距底板的距离为（　　）作为水泥净浆达到标准稠度的判定标准。
   A. 3 mm±1 mm　B. 4 mm±1 mm　C. 5 mm±1 mm　D. 6 mm±1 mm

4. 测定水泥标准稠度用水量,要求整个试验在水泥净浆搅拌后（　　）内完成。
   A. 1.5 min　　　B. 2 min　　　　C. 2.5 min　　　D. 5 min

5. 采用维卡仪测定水泥初凝时间,试针下沉距底板的距离为 4 mm±1 mm 停止,此时即为（　　）。
   A. 初凝时间　　B. 终凝时间　　C. 初凝状态　　D. 终凝状态

6. 水泥现行技术标准规定硅酸盐水泥的初凝时间不得早于（　　）。
   A. 30 min　　　B. 45 min　　　C. 1 h　　　　　D. 1.5 h

7. 采用雷氏法试验测定水泥体积安定性,当两个试件煮后增加距离 (C - A) 平均值不超过 5.0 mm 时,安定性合格;当两个试件煮后增加距离 (C - A) 平均值超过（　　）时,应重做一次试验。以复检结果为准。
   A. 3.0 mm　　　B. 4.0 mm　　　C. 5.0 mm　　　D. 4.5 mm

8. 以水泥检测报告为验收依据时,水泥封存样应密封保管的时间为(　　)个月。
   A. 1　　　　　　B. 2　　　　　　C. 3　　　　　　D. 4
9. 水泥试验,要求试验室温度为20℃±2℃,相对湿度大于(　　);湿气养护箱的温度为20℃±1℃,相对湿度大于(　　)。
   A. 60%;90%　　B. 50%;90%　　C. 60%;95%　　D. 55%;95%
10. ISO法检验水泥的胶砂强度,水泥与标准砂的比为1:3,水灰比为(　　)。
    A. 0.5　　　　B. 0.45　　　　C. 0.44　　　　D. 0.33
11. 生产水泥要将水泥熟料、部分混合材料(或不加入混合材料)和适量的石膏共同磨细,加入石膏主要是为了起(　　)作用。
    A. 降低成本　　　　　　　　　B. 提高强度
    C. 改善化学性质　　　　　　　D. 缓凝
12. 现行试验规程采用(　　)法进行水泥胶砂强度试验。
    A. 雷氏法　　　B. 维卡仪　　　C. 沸煮　　　　D. ISO
13. 水泥胶砂抗压强度试验夹具的受压面积为(　　)。
    A. 40mm×60mm　　　　　　　B. 30mm×50mm
    C. 40mm×40mm　　　　　　　D. 60mm×60mm
14. 水泥抗折强度以一组3个试件抗折结果的平均值为试验结果。当3个强度中有超出平均值(　　)的,应剔除后再取平均值作为抗折强度试验结果。
    A. ±5%　　　　B. ±10%　　　　C. ±15%　　　　D. ±20%
15. 水泥抗压强度以一组6个断块试件抗压强度结果的平均值为试验结果。当6个强度中有一个超出平均值(　　)时,应剔除后取剩余5个值的平均值作为试验结果。如果5个值中再有超出平均值(　　)的,则该组试件无效。
    A. ±5%;±5%　　　　　　　　B. ±10%;±5%
    C. ±10%;±10%　　　　　　　D. ±15%;±10%
16. 按标准法进行水泥安定性试验,调整好沸煮箱内的水位,沸煮试件应保证在30min±5min内加热水至沸腾,并恒沸(　　)。
    A. 3h±5min　　B. 3h±15min　　C. 5h±5min　　D. 5h±15min
17. 国家标准规定:袋装水泥检验时,每批应不超过(　　)。
    A. 100t　　　　B. 200t　　　　C. 400t　　　　D. 500t
18. 用沸煮法检验水泥体积安定性,只能检测出(　　)的影响。
    A. 游离CaO　　B. MgO　　　　C. 石膏　　　　D. SO_3
19. 确定水泥终凝时间是为了保证(　　)。
    A. 混凝土搅拌　B. 混凝土运输　C. 混凝土浇捣　D. 施工进度
20. 水泥胶砂强度试件在抗压试验时,规定以(　　)的速率均匀加载直至破坏。
    A. 2400N/s±20N/s　　　　　　B. 2400N/s±200N/s
    C. 500N/s±100N/s　　　　　　D. 50N/s±5N/s
21. 根据硅酸盐水泥的(　　)强度,将其分为早强型和普通型两种水泥。
    A. 3d　　　　　B. 7d　　　　　C. 14d　　　　　D. 28d

22. 水泥胶砂强度试验的标准试件尺寸为(　　)。
　　A. 150mm×150mm×150mm　　　　B. 40mm×40mm×160mm
　　C. 70.7mm×70.7mm×70.7mm　　　D. 100mm×100mm×100mm
23. 水泥密度采用(　　)测定。
　　A. 比重瓶　　　B. 容量瓶　　　C. 短颈瓶　　　D. 李氏瓶
24. 某水泥三个棱柱体试件28d抗折强度分别为6.8MPa、6.5MPa、5.4MPa,则该水泥的抗折强度取用值为(　　)MPa。
　　A. 6.2　　　B. 6.5　　　C. 6.6　　　D. 6.7
25. 用维卡仪法测定水泥标准稠度用水量时,要求整个操作应在(　　)内完成。
　　A. 1.5min　　B. 2.5min　　C. 3.5min　　D. 4.5min
26. 用维卡仪法测定水泥标准稠度用水量时,规定当试杆距离玻璃板小于(　　)时应适量减水。
　　A. 5mm　　　B. 6mm　　　C. 7mm　　　D. 8mm
27. 下列关于水泥凝结时间的说法正确的是(　　)。
　　A. 水泥的凝结时间是指水泥浆从不可塑状态逐渐成为可塑状态所需要的时间,以标准杆沉入标准稠度水泥净浆达到一定深度所需的时间来表示
　　B. 水泥的凝结时间是指从水泥全部加入水中到水泥浆开始失去塑性所需的时间
　　C. 水泥的凝结时间是指从水泥全部加入水中到水泥浆完全失去塑性所需的时间
　　D. 水泥的凝结时间分为初凝时间和终凝时间
28. 为满足施工要求,水泥的初凝时间不宜太(　　),终凝时间不宜太(　　)。
　　A. 长;短　　B. 长;长　　C. 短;短　　D. 短;长
29. 水泥的安定性是一项表示水泥浆体硬化后是否发生不均匀性(　　)变化的指标。
　　A. 质量　　　B. 体积　　　C. 高度　　　D. 长度
30. 进行水泥强度检验时,水泥胶砂组成中水泥和标准砂的比例是(　　)。
　　A. 1:3　　　B. 1:4　　　C. 1:5　　　D. 1:6

二、判断题

1. 大体积混凝土工程不能选用水化热大的水泥,如硅酸盐水泥。　　　　　　　(　　)
2. ISO标准砂质量应为各级标准砂预配合质量,共计1350g/组±5g/组。　　　(　　)
3. 现行标准采用0.08mm方孔筛筛余百分率表示硅酸盐水泥的细度。　　　　(　　)
4. 负压筛析法测定水泥的细度,已知水泥筛余质量为1.05g,则水泥的细度筛余百分率为4.2%。　　　　　　　　　　　　　　　　　　　　　　　　　　　　(　　)
5. 测定水泥的终凝时间,是以当试针沉入试体0.5mm时,即环形附件不能在试体上留下痕迹时作为终凝状态。　　　　　　　　　　　　　　　　　　　　　(　　)
6. 普通水泥的终凝时间不得迟于10h。　　　　　　　　　　　　　　　　　　(　　)
7. 当水泥安定性测定结果有争议时,以试饼法为准。　　　　　　　　　　　　(　　)
8. 水泥试件应在湿气养护箱中养护至加水后30min时进行第一次初凝时间的测定。
　　　　　　　　　　　　　　　　　　　　　　　　　　　　　　　　　　　(　　)

9. 完成初凝时间测定后,立即将试样放回湿气养护箱中继续养护,临近终凝时间时再测定。（   ）

10. 水泥抗折强度试验的加荷速率为50N/s±10N/s。（   ）

11. 进行水泥抗折强度试验,试件折断的荷载为2.08kN,计算其抗折强度应为3.25MPa。（   ）

12. 进行水泥安定性试验,沸煮试件过程中应随时补满沸煮箱中的水。（   ）

13. 用300g砝码检验雷氏夹,应保证两根指针针尖的距离应在17.5mm±2.5mm范围内,雷氏夹合格。（   ）

14. 按水泥胶砂试验配合比,搅拌一锅胶砂成3条试体,每锅材料需要水泥(450±2)g,标准砂(1350±5)g,水(225±1)g。（   ）

15. 水泥胶砂强度试验要求在标准养护7d、28d时,分别测定试件的抗折强度和抗压强度。（   ）

16. 水泥试验初凝时间不符合标准要求的水泥可在不重要的桥梁构件中使用。（   ）

17. 评价水泥质量时,水泥中凡不溶物、烧失量、氧化镁、氧化硫、氯离子、凝结时间、安定性和强度中的任一项指标不符合国家标准要求时,则该水泥为废品。（   ）

18. 水泥细度试验中,如果负压筛法与水筛法测定结果产生争议时,以负压筛法为准。（   ）

19. 采用比表面积方法比筛析法能够更好地反映水泥颗粒的粗细程度。（   ）

20. 水泥胶砂强度试件应在脱模前进行编号。对于2个龄期以上的试件,在编号时应将同一试模中的3条试件放在一个龄期内。（   ）

21. 水泥是一种水硬性胶凝材料,与水拌和后成为塑性胶体,既能在空气中硬化,又能在水中硬化。（   ）

22. 水泥胶砂强度检验方法(ISO法)不适用于需水量较大的水泥。（   ）

23. 进行水泥28d抗压强度试验,一组3个试件得到的6个抗压破坏荷载为6.0kN、6.4kN、6.0kN、7.1kN、6.2kN、6.1kN,则该组水泥的抗压强度为3.8MPa。（   ）

24. 若水泥储存超过三个月,应重新检测其技术性质。（   ）

25. 若水泥体积安定性不合格,应降低等级使用。（   ）

三、多选题

1. 测定水泥标准稠度用水量,当试杆（   ）时,记录试杆距底板的距离。
   A. 下沉　　　　　　　　　　　B. 停止下沉
   C. 释放试杆30s　　　　　　　D. 释放试杆1.5min

2. 水泥胶砂试件养护期间,关于加水养护下列说法正确的是（   ）。
   A. 水槽随时加水保持适当的恒定水位
   B. 水槽中试件的间隙及试件上表面的水深不得小于5mm
   C. 水槽中可以更换一半的水
   D. 可以全部更换水槽的水

3. 关于雷氏夹试件成型,下列说法正确的是( )。
   A. 在玻璃板表面和雷氏夹内表面稍涂上一层矿物油,并立刻将标准稠度净浆一次装满雷氏夹
   B. 装浆时一只手轻轻扶持雷氏夹,另一只手用直边刀在浆体表面轻轻插捣3次并抹平
   C. 插捣用的直边刀宽约25mm
   D. 在试件表面盖上稍涂油的玻璃板,立刻将其移至湿气养护箱内养护24h±2h
4. 水泥安定性试验有( )。
   A. 雷氏夹法　　　B. 试饼法　　　C. 沸煮法　　　D. 试锥法
5. 影响水泥体积安定性的因素有( )。
   A. 游离 MgO　　B. SO_3　　　C. 游离 CaO　　D. SiO_2
6. 现行规范对硅酸盐水泥的( )指标做出了技术要求。
   A. 细度　　　　B. 凝结时间　　C. 体积安定性　　D. 胶砂强度
7. 硅酸盐水泥的强度等级是根据水泥胶砂强度试验( )龄期强度确定的。
   A. 3d　　　　　B. 7d　　　　　C. 14d　　　　　D. 28d
8. 水泥细度试验方法可采用( )。
   A. 负压筛法　　B. 水筛法　　　C. 勃氏法　　　D. 比表面积法

四、计算题

1. 某工地要使用强度等级为42.5的普通硅酸盐水泥,试验室取样对该水泥进行了强度检测,3d抗压强度破坏荷载分别为:23.2kN、28.9kN、29.0kN、28.4kN、26.5kN 27.4 kN,国标规定42.5级普通硅酸盐水泥3d抗压强度不低于16.0MPa,通过计算评定该水泥3d抗压强度是否合格。

2. 表3-8是某水泥28d胶砂强度试验数据,请计算出水泥的抗折强度和抗压强度,评定水泥强度是否合格。

水泥28d胶砂强度试验记录表　　　　　　　　　　　　表3-8

试体编号	试件龄期(d)	抗折强度					抗压强度				水泥强度等级
		破坏荷载(kN)	支点间距(mm)	试件尺寸		抗折强度(MPa)	破坏荷载(kN)	受压面积(mm^2)	抗压强度(MPa)		
				宽度(mm)	高度(mm)	单值	取用值			单值	取用值	
1-1	28	3.42	100	40	40			88.7				
								91.6				
1-2		3.76	100	40	40			88.5	1600			
								89.7				
1-3		3.94	100	40	40			90.7				
								87.3				

项目四 PROJECT FOUR

沥青

任务一　认知沥青

认知沥青

学习目标	● 知识目标	❶描述沥青的组成和分类。 ❷掌握石油沥青的元素组成、化学组分和胶体结构类型。 ❸描述其他沥青及其应用
	● 能力目标	能够根据沥青的来源对沥青进行分类
	● 素质目标	结合在线开放课程,了解沥青的基本知识,培养学生扎实的专业理论基础;结合工作任务,了解我国石油的勘探过程,鼓励学生追求精深的专业知识,培养学生的爱国敬业精神和家国情怀

任务描述

在中华人民共和国成立之前,一些西方地质工作者来到中国调查地质,得出了"中国贫油"的结论。而冲破重重阻挠回到祖国怀抱的李四光在进行了大量的地质研究和勘探工作后,结合自己对地质构造的研究,认为中国地下的石油储量是很大的。根据李四光的地质力学理论,1958年,规模大、产量高的大庆油田被成功探明。此后,大港油田、胜利油田也相继建成,我国"贫油国"的帽子终于被摘掉了。

石油沥青是重要的沥青路面用材料,你知道沥青和石油之间有什么关系?沥青的特性和它的内部组成又有什么关系呢?

任务引导

要完成此任务,可以结合在线开放课程进行相关知识的学习,掌握沥青的来源与分类,以及石油沥青的组成和结构。可以登录在线开放课程,通过微课进行相关知识的预习和复习。

相关知识

沥青是一种有机胶凝材料(图4-1),它是由十分复杂的高分子碳氢化合物和这些碳氢化合物的非金属(氧、氮、硫)的衍生物所组成的混合物。

图4-1 沥青

沥青材料的品种很多,按其在自然界中获得方式的不同,可分为地沥青和焦油沥青两大类。

1. 地沥青

地沥青是指由地下原油演变或加工而得到的沥青,又可分为天然沥青和石油沥青。

天然沥青是石油在自然界长期受地壳挤压、变化,并与空气、水接触逐渐变化而形成的,以天然状态存在的石油沥青,其中常混有一定比例的矿物质。天然沥青按形成的环境可分为湖沥青、岩沥青、海底沥青等。

石油沥青是由石油原料经蒸馏提炼出各种轻质油品(汽油、煤油、柴油、润滑油等)后的残留物,再经加工(吹氧、调和等)得到的产品。主要为可溶于二硫化碳的碳氢化合物的半固态黏稠状物质。

我国天然沥青很少,但石油资源较为丰富,故在我国石油沥青是使用量最大的一种沥青材料。

2. 焦油沥青

焦油沥青是干馏有机燃料(煤、页岩、木材等)所收集的焦油再经加工而得到的一种沥青材料。按干馏原料的不同,焦油沥青可分为煤沥青、页岩沥青、木沥青和泥岩沥青。工程上常用的焦油沥青为煤沥青。

沥青具有良好的憎水性、黏结性和塑性,因而广泛用于防水、防潮、道路和水利工程。通常所讲的沥青是石油沥青,其他沥青都要在"沥青"前加上名称以示区别,如煤沥青等。在道路工程中最常用的是石油沥青,以及在石油沥青基础上加工得到的液体稀释沥青、乳化沥青和改性沥青等。

一、石油沥青

1. 石油沥青生产工艺概述

从油井开采出来的石油,一般简称为原油,它是由多种分子量大小不等的烃类(烷烃、环烷烃和芳香烃等)组成的复杂混合物。炼油厂将原油分馏而提取汽油、煤油、柴油和润滑油等石油产品后所剩残渣,再进行加工可制得各种不同的石油沥青。

石油在常压塔中提取汽油、煤油、柴油后剩余的残渣为常压渣油;常压渣油在减压塔中提取重柴油、润滑油原料等以后剩余的残渣为减压渣油。减压渣油被称为慢凝液体沥青。

减压渣油再进入深拔装置或氧化装置,经过进一步加工分别得到直馏沥青、氧化沥青;润滑油原料进入溶剂脱沥青装置生产出溶剂沥青。

石油沥青在常温下一般呈固体或半固体,也有少数品种的沥青呈黏性液体状态,可溶于二硫化碳、四氯化碳、三氯甲烷和苯等有机溶剂,颜色为黑褐色或褐色。

2. 石油沥青的分类

石油沥青可根据不同情况进行分类,各种分类方法都有各自的特点和使用价值。

1)按原油的成分分类

原油是生产石油沥青的原料。石油沥青的性质与石油沥青的基属密切相关。

原油的分类一般根据"关键馏分特性"和"含硫量",可分为石蜡基原油、环烷基原油和中间基原油,以及高硫原油(含硫量>2%)、含硫原油(含硫量0.5%~2%)和低硫原油(含硫量<0.5%)。由不同基属原油炼制的石油沥青分别为:

(1)石蜡基沥青,也称多蜡沥青,它是由含大量烷属烃成分的石蜡基原油提炼而得。这种沥青因原油中含有大量烷烃,沥青中含蜡量一般大于5%,有的高达10%以上。蜡在常温下往往以结晶体存在,降低了沥青的黏结性、塑性和温度稳定性。

(2)环烷基沥青,也称沥青基沥青,它含有较多的环烷烃和芳香烃,所以此种沥青的芳香性高,含蜡量一般小于2%,沥青的黏结性和塑性均较高。

(3)中间基沥青,也称混合基沥青,含蜡量、所含烃类成分和沥青的性质一般均介于石蜡基和环烷基沥青之间。

我国石油油田分布较广,国产石油大部分为石蜡基原油和中间基原油,从国外进口的原油多为环烷基原油。

2)按加工方法分类

(1)直馏沥青。用直馏方法将石油在不同沸点温度的馏分(汽油、煤油、柴油)提取后,残留的黑色液体状产品,符合沥青标准的残渣称为直馏沥青,不符合沥青标准、含蜡量大的称为渣油。在一般情况下,低稠度原油生产的直馏沥青,其温度稳定性不足,还需要进行氧化处理才能达到黏稠石油沥青的性质指标。

(2)氧化沥青。将常压或减压重油,或低稠度直馏沥青在250~300℃的高温下吹入空气,经数小时氧化后获得的常温下为半固体或固体状的沥青称为氧化沥青。氧化沥青具有良好的温度稳定性。在道路工程中使用的沥青,氧化程度不能太高,有时也称为半氧化沥青。

(3)溶剂沥青。这种沥青是对含蜡量较高的重油采用溶剂萃取工艺,提炼出润滑油原料后所余残渣。在溶剂萃取过程中,一些石蜡成分溶解在萃取溶剂中随之被拔出,因此,溶剂沥青中石蜡成分相对减少,其性质较由石蜡基原油生产的渣油或氧化沥青有很大的改善。

3)按用途分类

(1)道路石油沥青,用作道路路面的黏结材料,应具有良好的黏结性、塑性和温度稳定性,是石油蒸馏后的残留物或残留物氧化得到的产品。

(2)建筑石油沥青,用作建筑工程防水、防锈、防腐的石油沥青,是原油蒸馏后的重油经氧化得到的产品。

3. 石油沥青的组成和结构

1)石油沥青的元素组成

石油沥青是由多种碳氢化合物及其非金属(氧、硫、氮)的衍生物组成的混合物,它的分子表达通式为 $C_nH_{2n+a}O_bS_cN_d$。化学组成元素主要是碳(80%~87%)、氢(10%~15%),其次是非烃元素,如氧、硫、氮等(<3%)。此外,还含有一些微量的金属元素,如镍、钒、铁、锰、钙、镁、钠等,但含量都很少,约为几个至几十个 ppm(百万分之一)。

由于石油沥青化学组成结构的复杂性,许多元素分析结果非常近似的石油沥青,它们的性质却相差很大。这主要是因为沥青中所含烃类基属的化学结构不同。

2)石油沥青的化学组分

目前的分析技术尚难将沥青分离为纯粹的化合物单体。为了研究石油沥青化学组成与使用性能之间的联系,从工程角度出发,常将沥青所含烃类化合物中化学性质相近的成分归类分析,从而划分为若干组,称为"沥青化学组分",简称"组分"。

将沥青分为不同组分的化学分析方法称为组分分析法。该方法是利用沥青中的各组分在不同有机溶剂中的选择性溶解或在不同吸附剂上的选择性吸附等性质进行组分分析。经过许多研究者的改进,美国的 L.R.哈巴尔德和 K.E.斯坦费尔德将其完善为三组分分析法。再后来美国的 L.W.科尔贝特又提出四组分分析法。

(1)三组分分析法。

石油沥青的三组分分析法是将石油沥青分离为油分、树脂和沥青质三个组分。因我国富产石蜡基或中间基沥青,油分中往往含有蜡,故在分析时还应将油蜡分离。这种分析方法称为溶解-吸附法。按三组分分析法所得各组分的性状见表4-1。

石油沥青三组分分析法   表4-1

组分	外观特征	平均分子量 M_w	碳氢比 C/H	物化特征
油分	淡黄色透明液体	200~700	0.5~0.7	几乎可溶解于大部分有机溶剂,具有光学活性,常发现有荧光,相对密度0.910~0.925
树脂	红褐色黏稠半固体	800~3000	0.7~0.8	温度敏感性高,熔点低于100℃,相对密度大于1.00
沥青质	深褐色固体粉末微粒	1000~5000	0.8~1.0	加热不溶化,分解为硬焦炭,使沥青呈黑色

(2)四组分分析法。

由科尔贝特(L. W. Corbete)首先提出,该法可将沥青分离为如下四种成分:

①沥青质,沥青中不溶于正庚烷而溶于甲苯的物质。

②饱和分,亦称饱和烃,沥青中溶于正庚烷,吸附于 Al_2O_3 谱柱下,能为正庚烷或石油醚溶解脱附的物质。

③芳香分,亦称芳香烃,沥青经上一步骤处理后,为甲苯所溶解脱附的物质。

④胶质,沥青经上一步骤处理后能为苯-乙醇或苯-甲醇所溶解脱附的物质。

对于多蜡沥青,还可将饱和分和芳香分用于丁酮-苯混合溶液冷冻分离出蜡。按四组分分析法所得各组分的性状见表4-2。

石油沥青四组分分析法的各组分性状　　　　表4-2

组分	外观特征	平均分子量 M_w	碳氢比 C/H	物化特征
沥青质	深褐色固体粉末微粒	1000～5000	<1.0	提高热稳定性和黏滞性
饱和分	无色黏稠液体	300～1000	<1.0	赋予沥青流动性(相当于油分)
芳香分	茶色黏稠液体			
胶质	红褐色至黑褐色黏稠半固体	500～1000	≈1.0	赋予胶体稳定性,提高黏附性及可塑性
蜡	白色晶体	300～1000	<1.0	破坏沥青结构的均匀性,降低塑性

沥青的化学组分与沥青的物理力学性质有着密切的关系,主要表现为沥青组分及其含量的不同将引起沥青性质趋向性的变化。一般认为,油分使沥青具有流动性;树脂使沥青具有塑性,树脂中含有少量的酸性树脂(即地沥青酸和地沥青酸酐),是一种表面活性物质,能增强沥青与矿质材料表面的黏附性;沥青质能提高沥青的黏结性和热稳定性。

(3)沥青的含蜡量。

现有研究认为:由于沥青中蜡的存在,在高温时沥青容易发软,导致沥青路面的高温稳定性降低,出现车辙;在低温时沥青变得脆硬,导致路面低温抗裂性降低,出现裂缝。此外,蜡会使沥青与石料黏附性降低,在水分的作用下,会使路面集料与沥青产生剥落现象,造成路面破坏;更严重的是,含蜡量大的沥青会使沥青路面的抗滑性能降低,影响路面的行车安全。

对于沥青含蜡量的限制,由于世界各国测定方法不同,所以限值也不一致,《公路沥青路面施工技术规范》(JTG F40—2004)对沥青含蜡量有明确规定。

3)石油沥青的结构

(1)胶体理论简介。

现代胶体学说认为,沥青中的沥青质是分散相,饱和分和芳香分是分散介质,但沥青质不能直接分散在饱和分和芳香分中。而胶质作为一种"胶溶剂",沥青质吸附了胶质形成胶团后分散于芳香分和饱和分中。所以沥青的胶体结构是以沥青质为胶核,胶质被吸附于其表面,并逐渐向外扩散形成胶团,胶团再分散于饱和分和芳香分中。

(2)胶体的结构类型。

根据沥青中各组分的化学组成和相对含量的不同,可以形成不同的胶体结构。沥青的胶体结构可分为下列三种类型:

①溶胶型结构。沥青质含量较少(<10%),饱和分和芳香分、胶质足够多时,则沥青质形成的胶团外膜较厚,胶团全部分散,胶团在分散介质中的运动相对较自由。这种结构的沥青黏滞性小、流动性大、塑性好,开裂后自行愈合的能力强,但温度稳定性较差。

②凝胶型结构。沥青质含量较多(>30%),并有相应数量的胶质来形成胶团,胶团外膜较薄,胶团靠近团聚,相互吸引力增大,相互移动困难。这种结构的特点是弹性和黏性较高,温度敏感性较小,流动性和塑性较低。

③溶-凝胶型结构。沥青质含量适当(15%~25%),有较多的胶质存在,胶团的浓度介于溶胶型结构和凝胶型结构之间,胶团之间有一定的吸引力。在常温下,这种结构的沥青性质介于上述两者之间。这种沥青在高温时稳定性好,低温时又具有较好的形变能力。优质道路沥青为溶-凝胶结构。

二、道路液体石油沥青

道路液体石油沥青是由较软的黏稠道路石油沥青经加热后掺配适量的煤油或轻柴油,经适当的搅拌、稀释制成的。掺配煤油或轻柴油的比例根据使用要求由试验确定。

根据道路液体石油沥青洒布或与集料拌和后凝聚速度的快慢,将液体石油沥青分为快凝、中凝、慢凝三种类型。道路液体石油沥青适用于路面结构层的透层、黏层及拌制冷拌沥青混合料。液体石油沥青在制作、储存、使用过程中必须通风良好,并有专人负责,确保安全。基质沥青的加热温度严禁超过140℃,道路液体石油沥青的储存温度不得高于50℃。

三、乳化沥青

1. 乳化沥青的特点

乳化沥青是将黏稠石油沥青加热至流动状态,经高速离心、搅拌及剪切等机械作用,使沥青形成细小的微粒(粒径约为2~5μm),再使沥青微粒均匀地溶于有乳化剂和稳定剂的水溶液之中,所形成的水包油型(O/W)乳浊液。

由于乳化剂和稳定剂的作用,沥青乳液形成均匀稳定的分散系,其外观为茶褐色,在常温下具有较好的流动性。乳化沥青的特点如下:

(1)可冷态施工,节约能源。

黏稠沥青通常要加热至160~180℃才能用于施工。乳化沥青可以在常温下进行喷洒、贯入或拌和摊铺,现场无须加热,简化了施工程序,操作简便,节省了能源。

(2)可在潮湿的环境下使用。

其他品种的沥青必须与干燥的矿料拌和形成混合料,而且所形成的混合料只能铺筑在干燥的基层上,只有这样才能保证沥青与矿料、沥青混合料与基层具有足够的黏结力。乳化沥青可以直接与湿集料拌和,可以在潮湿的基层上铺筑,具有足够的黏结力。

(3)可改善施工环境。

乳化沥青无毒、无臭、不燃,施工安全,可保护环境,减少污染。

(4)稳定性差。

储存期不能超过半年,储存期过长容易引起凝聚分层,储存温度在0℃以上。

(5)乳化沥青修筑路面成型期较长。

乳化沥青修筑的路面要待乳化沥青破乳且水分蒸发后才能发挥沥青的黏结作用,故路面成型期较长。初期应控制车辆的行驶速度。

基于乳化沥青以上的特点,乳化沥青不仅适用于铺筑路面,而且可在路堤的边坡保护、层面防水、金属材料表面防腐等工程中广泛应用。

2.乳化沥青的形成机理

根据乳状液理论,由于沥青与水这两种物质的表面张力相差较大,将沥青分散于水中,则会因表面张力的作用使已分散的沥青颗粒重新聚集结成团块。欲使已分散的沥青能稳定均匀地存在(实际上是悬浮)于水中,必须使用乳化剂,以降低沥青与水之间的表面张力差。沥青能够均匀稳定地分散在乳化剂水溶液中的原因主要是:

(1)乳化剂降低界面能的作用。

由于沥青与水的表面张力相差较大,在一般情况下是不能互溶的。当加入一定量的乳化剂后,乳化剂能规律地定向排列在沥青和水的界面上,由于乳化剂属表面活性物质,具有不对称的分子结构,分子一端是极性基团,是亲水的;另一端是非极性基团,是疏水的,所以当乳化剂加入沥青与水组成的溶液中,乳化剂分子吸附在沥青-水界面上,形成吸附层,从而降低了沥青和水之间的表面张力差。

(2)界面膜的保护作用。

乳化剂分子的亲油基吸附在沥青微滴的表面,在沥青-水界面上形成界面膜,此界面膜具有一定的强度,对沥青微滴起保护作用,使其在相互碰撞时不易聚结。

(3)界面电荷稳定作用。

乳化剂溶于水后发生离解,当亲油基吸附于沥青时,沥青微滴带有电荷(阳离子乳化沥青带正电荷),此时在沥青-水界面上形成扩散双电层。由于每个沥青微滴都带有相同电荷,且有扩散双电层的作用,故沥青-水体系成为稳定体系。

3.乳化沥青在集料表面的分裂机理

分裂是指从乳液中分裂出来的沥青微滴在集料表面聚结成一层连续的沥青薄膜,这一过程俗称破乳。乳液产生分裂的外观特征是它的颜色由棕褐色变成黑色,此时乳液中还含有水分,需待水分完全蒸发后才能产生黏结力。

(1)水分的蒸发作用。

洒布在路上的乳化沥青,随即产生水分蒸发,水分蒸发速度的快慢与温度、湿度、风速等条件有关。在温度较高、有风的环境中,水分蒸发较快,反之则较慢。通常当沥青乳液中水分蒸发到沥青乳液的80%~90%时,乳化沥青即开始凝结。碾压应力也促使沥青的凝结。

(2)乳液与集料表面的吸附作用。

在水分蒸发、乳液分裂凝聚的同时,沥青与集料表面还有吸附作用。沥青与集料的吸附除依靠分子间产生的物理吸附外,还有二者之间的电性吸附。

①阴离子乳液(沥青微滴带负电荷)与带正电荷的碱性集料(石灰石、玄武岩等)具有较好的黏结性。

②阳离子乳液(沥青微滴带正电荷)与带负电荷的酸性集料(花岗岩、石英岩等)具有较好的黏结性。同时对碱性集料也具有较好的亲和力。

4. 乳化沥青的应用

乳化沥青用于修筑路面可采用以下两种施工方法:

(1)洒布法施工。用于喷洒透层、黏层与封层等,或修筑沥青表面处治路面、沥青贯入式路面。

(2)拌和法施工。用于修筑冷拌沥青混合料路面、修补裂缝等。

四、改性沥青

改性沥青是指在普通沥青中加入橡胶、树脂、高分子聚合物、磨细的橡胶粉或其他填料等外掺剂(改性剂),或采取对沥青轻度氧化加工等措施,使沥青的路用性能得以改善而制成的沥青结合料。

1. 改性沥青的分类及特性

国际上还没有关于改性沥青分类的统一标准。目前,通常所说的改性沥青是指聚合物改性沥青。按照改性剂的不同,一般分为以下几类:

1)热塑性橡胶类改性沥青

其改性剂主要是苯乙烯共聚物,如苯乙烯-丁二烯-苯乙烯(代号 SBS)、苯乙烯-异戊二烯-苯乙烯(代号 SIS)、苯乙烯-聚乙烯/丁基-聚乙烯(代号 SE/BS)等。

SBS 具有良好的弹性(变形的自恢复性及裂缝的自愈好性),被广泛用于路面沥青混合料;SIS 主要用于热熔黏结料;SE/BS 则应用于抗氧化、抗高温变形要求高的道路。

SBS 类改性沥青最大的特点是高温稳定性和低温抗裂性都好,且有良好的弹性恢复性能,抗老化性能良好。SBS 使沥青软化点提高最大,使 5℃ 的延度大幅度增大,且薄膜加热后的针入度比保留 90% 以上。

2)橡胶类改性沥青

通常称之为橡胶沥青,其中使用最多的是丁苯橡胶(SBR)和氯丁橡胶(CR)等。其中 SBR 是世界上应用最广泛的改性剂之一,尤其是胶乳形式的 SBR 使用越来越广泛。CR 具有极性,常掺入煤沥青中使用,已成为煤沥青的改性剂。

SBR 改性沥青最大的特点是低温性能得到改善,以 5℃ 的低温延度作为主要指标。但其在老化试验后,延度严重降低,所以主要适宜在寒冷气候条件下使用。

3)热塑性树脂类改性沥青

聚乙烯(PE)、聚丙烯(PP)、聚氯乙烯(PVC)、聚苯乙烯(PS)和乙烯-乙酸乙烯共聚物(EVA)等在道路沥青的改性中均被使用过。热塑性树脂的共同特点是加热后软化,冷却时变硬。此类改性剂的最大特点是使沥青结合料在常温下黏度增大,从而使高温稳定性增加,不足的是不能使沥青混合料的弹性增加,且加热后易离析,再次冷却时产生众多的弥散体。不过这些局限性一定程度上已被接受。

4)掺加天然沥青的改性沥青

在沥青中通常可掺加天然沥青进行改性,天然沥青有湖沥青、岩石沥青和海底沥青等。掺加TLA(特立尼达天然湖沥青)的混合沥青有良好的高温稳定性及低温抗裂性能,耐久性好;掺加岩石沥青的混合沥青有抗剥离、耐久、高温抗车辙和抗老化好的特点;BMA(布敦天然岩沥青)沥青适用于重交通道路、飞机场跑道、抗磨耗层等,最小铺筑厚度可减薄到2cm,由此降低工程造价。

5)其他改性沥青

(1)多价金属皂化物改性沥青。多价金属与一元羧酸所形成的盐类称为金属皂。将一定的金属皂溶解在沥青中,可使沥青延度增加、脆点降低,明显提高与集料的黏附性能,增加沥青混合料的强度,提高沥青路面的柔性和疲劳强度。

(2)碳黑改性沥青。碳黑是由石油、天然气等碳氢化合物经高温不完全燃烧而生成的高含碳量粉状物质,在改性好的SBS改性沥青中混入碳黑综合改性,可使改性沥青的黏度增大,回弹性能提高。

(3)玻纤格栅改性沥青。将一种自黏结型的玻璃纤维格栅,用一种专门的摊铺机铺设,铺在沥青混合料层中,提高沥青混合料的耐热、黏结性。这些格栅对提高高温抗车辙能力及低温抗裂性能都有良好效果,同时还可防治沥青路面的反射性裂缝。

2.改性沥青的应用

改性沥青可用于做排水或吸音磨耗层及其下面的防水层;在老路面上做应力吸收膜中间层,以减少反射裂缝;在重载交通道路的老路面上加铺薄和超薄的沥青面层,以提高耐久性;在老路面上或新建公路上做表面层结合料,以恢复路面使用性能或减少养护工作量;在重载交通道路上做沥青混凝土的结合料。

使用改性沥青时,应当特别注意路基、路面的施工质量,以避免产生路基沉降和其他早期损坏。否则,使用改性沥青达不到应有的效果。SBS改性沥青无论在高温、低温、弹性等方面都优于其他改性沥青,SBS的价格也比较适宜,应用较为广泛。

任务实施

根据任务描述,结合所学内容,写出沥青的来源与分类,以及石油沥青的组成和结构;查阅相关资料,阐述我国石油沥青的发展历程,及其在路面结构变化中发挥的作用。

任务评价

评价项目	评价标准	参考分值	得分
沥青的来源与分类	沥青的来源与分类阐述正确	40	
石油沥青的组成和结构	石油沥青的组成和结构阐述正确	40	
我国石油沥青的发展历程，及其在路面结构变化中发挥的作用	能够从经济、技术等不同角度进行阐述	20	
总评			

任务二　检验石油沥青的技术性质

检验石油沥青的
技术性质

学习目标	● 知识目标	❶掌握石油沥青的技术性质。 ❷熟悉石油沥青的技术要求。 ❸掌握石油沥青三大指标的检测方法
	● 能力目标	❶能对石油沥青的针入度进行测定。 ❷能对石油沥青的软化点进行测定。 ❸能对石油沥青的延度进行测定
	● 素质目标	在室内通过对沥青的加热以及沥青试样的浇筑成型，培养学生耐心细致的工作态度；通过对沥青三大指标的检验，树立对工程负责、对社会负责的专业理念

任务描述

对某工地沥青路面所用的石油沥青进行三大指标(针入度、软化点和延度)的检验。根据本节所学内容，在试验室内将沥青试样加热熔化，浇筑好试样，完成对沥青针入度、软化点和延度的检验。

任务引导

要完成此任务，需要熟悉石油沥青的技术性质，掌握其主要技术性质的检验方法，并对相应的规范要求有一定的了解。可以结合在线开放课程进行相关知识的学习，掌握沥青三大指标的检测要点。

相关知识

一、石油沥青的技术性质

1. 密度与相对密度

沥青密度是指沥青试样在规定温度条件下单位体积所具有的质量,用 ρ_b 表示,单位为 g/cm^3 或 t/m^3。沥青的相对密度是指在同一温度条件下沥青质量与同体积的水质量之比值,用 γ_b 表示,无量纲。

《公路工程沥青及沥青混合料试验规程》(JTG E20—2011)规定:沥青的密度与相对密度用比重瓶法测定,非特殊要求,本方法宜在试验温度为25℃及15℃下测定沥青密度与相对密度。

沥青的密度与其化学组成有密切的关系,通过沥青的密度测定,可以大概了解沥青的化学组成。沥青中含硫量大、芳香族含量高、沥青质含量高则相对密度较大;蜡含量较多则相对密度较小。

2. 黏滞性

沥青的黏滞性(简称黏性)是指沥青材料在外力作用下沥青粒子产生相互位移时抵抗剪切变形的能力,通常用黏度表示。沥青路面是以沥青作为胶结料,将松散的砂石材料黏结起来形成具有一定强度的结构物,故沥青的黏结性能是非常重要的。

各种石油沥青的黏滞性与沥青的组分和温度有关,当沥青质含量较高,又含有适量的树脂、少量的油分时,则沥青的黏滞性较大;在一定的温度范围内,当温度升高时,沥青的黏滞性随之降低,反之则增大。

沥青黏性的表示方法有绝对黏度和条件黏度两种,其中绝对黏度的测定方法精密度要求高,操作复杂,不适用于作为工程试验,因此,工程中通常采用条件黏度反映沥青的黏性。半固体或固体石油沥青的黏滞性用针入度试验测定,液体石油沥青的黏滞性用标准黏度试验测定。

(1)沥青针入度试验。

针入度试验是国际上经常用来测定黏稠沥青(固体、半固体)稠度的一种方法(图4-2)。针入度是指沥青材料在规定温度条件下,附加一定质量的标准针经过规定时间垂直贯入沥青试样的深度,以0.1mm计。

试验条件以 $P_{T,m,t}$ 表示,其中 P 表示针入度,T 表示试验温度(℃),m 表示标准针(包括连杆及砝码)的质量(g),t 表示贯入时间(s)。我国《公路沥青路面施工技术规范》(JTG F40—2004)规定,标准的试验条件为:温度25℃,荷重100g,贯入时间5s。

为了描述沥青的温度敏感性(确定针入度指数PI),针入度试验宜在15℃、25℃和30℃等3个或3个以上温度条件下分别测定,但标准针质量和贯入时间均为100g和5s。

图4-2 沥青针入度试验

按上述方法测定的针入度值越大,表示沥青越软(稠度越小)。我国现行使用的黏稠沥青技术标准中,针入度是划分沥青技术等级的主要指标。

(2)沥青标准黏度试验。

我国现行试验法规定,测定液体石油沥青、煤沥青和乳化沥青等流动状态的沥青的黏度,采用道路沥青标准黏度计法。试验示意图见图4-3。该试验方法是:将液体状态的沥青材料放在标准黏度计中,于规定的温度(20℃、25℃、30℃或60℃)条件下,通过规定的流孔直径,流出50mL体积所需的时间(s),以 $C_{t,d}$ 表示。其中 C 为黏度, t 为试验温度, d 为流孔直径。试验温度和流孔直径根据液体沥青的黏度选择,常用的流孔有3mm、4mm、5mm和10mm 4种。

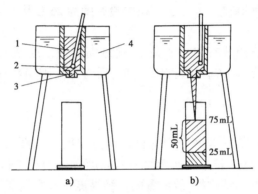

图4-3 沥青标准黏度试验示意图
1-试样;2-球塞;3-流孔;4-恒温浴

按上述方法,在相同温度和相同流孔条件下,流出时间越长,表示沥青黏度越大。我国液体沥青采用黏度划分技术等级。

3. 高温稳定性

沥青材料的高温稳定性用软化点表示。软化点是指沥青试样在规定尺寸的金属环内,上置规定尺寸和质量的钢球,放于水或甘油中,以规定的速度加热,至钢球下沉达规定距离时的温度,用 $T_{R\&B}$ 表示,以℃计。

我国现行的测定沥青软化点的试验法为环球法(图4-4)。该法是将沥青试样注于内径为19.8 mm 的铜环中,环上置一直径9.53mm、重3.5g的钢球,在规定的加热速度(5℃/min)下进行加热,沥青试样逐渐软化,直至在钢球荷重作用下,沥青产生25.4mm 挠度时的温度,即为软化点。

图4-4 沥青软化点试验

4. 塑性

塑性是指沥青在外力作用下发生变形而不破坏的能力,通常用延度指标来表征(图4-5)。延度是指规定形态的沥青试样,在规定温度下以一定的速率拉伸至断开时的长度,以 cm 计。

图 4-5　沥青延度试验

沥青延度越大,塑性越好,柔韧性也越好。沥青延度与其黏度和组分有密切关系。一般来说,延度大的沥青含蜡量低,黏结性和耐久性都好;反之,含蜡量大,延度小,黏结性和耐久性也差。

延度的试验温度和拉伸速率可根据要求选用,通常采用的试验温度为 25℃、15℃、10℃ 或 5℃,拉伸速度为 5cm/min ± 0.25cm/min。《公路沥青路面施工技术规范》(JTG F40—2004)对道路石油沥青延度试验规定的温度分别采用 10℃ 和 15℃。

针入度、延度、软化点是评价黏稠石油沥青路用性能常用的经验指标,通常称为"三大技术指标"。

5. 沥青的黏附性

黏附性是沥青材料的主要性能之一。沥青在沥青混合料中以薄膜的形式涂覆在集料颗粒表面,并将松散的矿质集料黏结为一个整体,除了沥青自身的黏结能力外,还需要评价沥青与石料之间的黏附能力,二者有一定的相关性。

我国《公路工程沥青及沥青混合料试验规程》(JTG E20—2011)中,沥青与粗集料的黏附性试验方法规定,沥青的黏附性测定方法根据沥青混合料的矿料最大粒径决定:矿料最大粒径 > 13.2mm 者采用水煮法;矿料最大粒径 ≤ 13.2mm 者采用水浸法。

水煮法是选取粒径为 13.2～19mm 形态接近正方体的规则集料 5 个,经沥青裹覆后,在蒸馏水中沸煮 3min,按沥青膜剥落的情况分为五个等级来评价沥青与集料的黏附性。

水浸法是选取粒径为 9.5～13.2mm 的集料 100g 与 5.5g 沥青在规定温度条件下拌和均匀,冷却后浸入 80℃ 的恒温水槽中保持 30min,然后按剥落面积百分率来评价沥青与集料的黏附性。

实践证明,石油沥青与碱性石料的黏附性较好,与酸性石料的黏附性不良,应用酸性石料时,宜掺加抗剥落剂。

6. 沥青的耐久性

沥青路面应具有良好的使用性能和较长的使用年限,要求沥青材料具有较好的抗老化性能,即耐久性。

1)沥青的老化及其原因

路用沥青在使用过程中受到储运、加热、拌和、摊铺、碾压、交通荷载以及自然因素的作用,使沥青发生一系列的物理化学变化。沥青材料在自然因素作用下逐渐改变其原有的性能而变硬变脆的特性称为沥青的老化。

沥青的老化过程一般分为两个阶段,即施工过程中的热致老化和路面在长期使用过程中的长期老化(氧化)。

在沥青路面的施工过程中,沥青的运输与储存、沥青混合料的拌和以及拌和后的施工期间,沥青始终处于高温状态,特别是沥青与矿料的拌和阶段,沥青在薄膜状态暴露于170~190℃的空气中,在此短暂时间内由于沥青在空气中氧化以及沥青中挥发成分的丧失,沥青的性质发生实质性变化,是沥青老化最主要的阶段。沥青在施工阶段的老化称为短期老化。

沥青路面在长期使用过程中,由于空气、辐射与光等作用,特别是路面空隙率较大的情况下,沥青胶结料同样也会发生老化。沥青在使用过程中发生的老化称为长期老化。

影响沥青耐久性的自然因素有很多,如温度、光、水等对沥青的氧化以及沥青的自然硬化等,在各因素的综合作用下,沥青的氧化硬化是一个不可逆的物理化学过程,从而导致了沥青性能的劣化。

沥青发生老化后,常规指标上表现为沥青的针入度降低,黏度增大;组分上表现为由轻组分向重组分转化,沥青的分子量不断增加;物理特性上表现为沥青变得硬、脆,黏性和弹性降低。有研究表明,沥青的老化主要发生在路面使用期的前18个月。老化严重的沥青混合料的水稳定性和低温抗裂性差。所以沥青的老化特性是沥青的一个重要品质,采用合适的试验方法评价沥青的老化特性就显得特别重要。

2)耐久性评价方法

(1)热致老化。

对由于路面施工加热导致沥青性能变化的评价,可以进行"蒸发损失试验""薄膜加热试验"和"旋转薄膜加热试验"。

①沥青蒸发损失试验。

该试验方法需将50g沥青试样放在163℃的烘箱中加热5h,然后测定其质量损失以及残留物的针入度占原试样针入度的百分率。这种方法由于沥青试样与空气接触面积太小,试样太厚,所以试验效果较差。

②沥青薄膜加热试验。

沥青薄膜加热试验简称TFOT,主要是模拟沥青混合料在加热拌和等施工过程中的热致老化现象。该试验是将50g沥青试样放入盛样皿中,形成厚度均匀的沥青薄膜,在163℃通风烘箱中以5.5r/min的速率水平旋转,经过5h取出试件。用加热前后沥青试样的质量损失、针入度比(加热后沥青试样残留物的针入度与原试样针入度的百分比)、残留物软化点增值等指标来表示沥青的抗老化性能。

沥青试样的质量损失越小,针入度比越大,残留物软化点增值越小,表明沥青的抗老化性能越好。

③沥青旋转薄膜加热试验。

沥青旋转薄膜烘箱加热试验简称 RTFOT。烘箱式样如图 4-6 所示。该方法与沥青薄膜加热试验一样,是模拟沥青在加热拌和等施工阶段的热老化现象,两种方法可以互相代替。

试验时,在 8 个高 139.7mm、外径 64mm、壁厚 2.4mm 的开口耐热玻璃盛样瓶中分别注入沥青试样 35g±0.5g,将盛样瓶置于旋转烘箱的环形架中各个瓶位,以 15r/min 的速度旋转,同时以 4000mL/min 流量吹入热空气,持续 85min;烘箱的温度应在 10min 内回升到 163℃,在 163℃ 温度下受热时间不少于 75min。称量沥青试样老化前后的质量,计算质量损失,并用其老化残留物测试针入度、软化点、延度等。根据老化后各测试参数的变化评价老化特性。

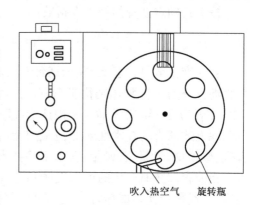

图 4-6 沥青旋转薄膜加热烘箱

(2)长期老化。

沥青在长期使用过程中由于气候因素以及交通等的作用而引起的长期老化,可以采用压力老化容器加速沥青老化试验。

压力老化试验在压力老化容器中进行。在试验盘中放入规定用量的沥青,放入压力老化容器中老化 20h,之后可对压力老化残留物进行性能测定。该试验条件模拟沥青在道路使用过程中发生的氧化老化。

7. 沥青的感温性

沥青是复杂的胶体结构,黏度随温度的不同而产生明显的变化,这种黏度随温度变化的感应性称为感温性。沥青材料的感温性与沥青路面的施工(如拌和、摊铺、碾压)和使用性能(如高温稳定性和低温抗裂性)都有密切的关系,它是评价沥青技术性质的一个重要指标。

由于沥青胶体结构的差异,沥青的黏度-温度曲线变化是很复杂的。常用针入度指数表示沥青感温性。在沥青的常规试验方法中,软化点试验也可以作为反映沥青温度敏感性的方法。

针入度指数用 PI 表示,它是一种评价沥青感温性的指标,应用针入度和软化点的试验结果来表征。

(1)针入度-温度感应性系数。

沥青针入度值的对数 $\lg P$ 与温度具有线性关系,即:

$$\lg P = A_{\lg Pen} \cdot T + K \tag{4-1}$$

式中:P——沥青的针入度,0.1mm;

$A_{\lg Pen}$——线性回归方程的系数,即针入度温度指数;

K——回归方程的常数项。

线性回归方程的系数 $A_{\lg Pen}$ 应根据不同温度的针入度值确定,常采用的温度为 15℃、

25℃、30℃。

(2)针入度指数的确定。

按下式确定沥青的针入度指数：

$$PI = \frac{20 - 500A_{\lg Pen}}{1 + 50A_{\lg Pen}} \tag{4-2}$$

针入度指数(PI)越大,表示沥青的感温性越低,温度稳定性越好。按针入度指数(PI)可将沥青分为三种胶体结构类型：PI < -2 者为溶胶型沥青；PI > 2 者为凝胶型沥青；PI = -2~2 者为溶-凝胶型沥青。一般认为选用 PI = -1~1 的溶-凝胶型沥青适宜铺筑沥青路面。

除上述沥青的技术性质外,公路工程中有时还要评价沥青的加热安全性、有害物质(沥青碳、似碳物)含量、含蜡量、含水率等技术性能。沥青的加热安全性用闪点、燃点表示；闪点是指沥青加热时产生的可燃气体和空气组成的混合气体与火接触初次发生闪火的沥青温度；燃点是指沥青加热时产生的可燃气体和空气组成的混合气体与火接触持续燃烧 5s 以上的沥青温度。有害物质的含量用沥青在三氯乙烯中溶解的百分率(溶解度)表示,溶解度越大,表明沥青中有害物质的含量越低。

二、我国道路石油沥青的技术要求

沥青路面所用沥青等级应根据气候条件和沥青混合料类型、道路等级、交通性质、路面类型、施工方法以及当地使用经验等,经技术论证后确定。

在使用条件相同的情况下,黏度较大的黏稠沥青配制的沥青混合料具有较高的力学强度和稳定性,但如黏度过高,则沥青混合料的低温变形能力较差,沥青路面容易产生裂缝。反之,采用黏度较低的沥青配制的沥青混合料在低温时具有较好的变形能力,但在夏季高温时往往会由于稳定性不足使沥青路面产生较大的变形。为此,在选择沥青等级时,必须考虑环境温度对沥青混合料的影响。在夏季温度高或高温持续时间长的地区,应采用黏度高的沥青；而在冬季寒冷的地区,则宜采用稠度低、低温劲度较小的沥青。对于日温差较大的地区还应选择针入度指数较大、感温性较低的沥青。

对于重载交通路段、高速公路等实行渠化交通的路段、山区及丘陵区上坡路段、服务区、停车场等行车速度慢的路段,为了提高沥青混合料的强度和承载能力,应选用稠度大的沥青。对于交通量小、公路等级低的路段可选用稠度略小的沥青。

我国《公路沥青路面施工技术规范》(JTG F40—2004)规定：各个沥青等级的适用范围应符合表 4-3 的规定。道路石油沥青的质量应符合表 4-4 规定的技术要求。经建设单位同意,沥青的 PI 值、60℃动力黏度、10℃延度可作为选择性指标。

道路石油沥青的适用范围 表 4-3

沥青等级	适用范围
A 级沥青	各个等级的公路,适用于任何场合和层次
B 级沥青	1. 高速公路、一级公路沥青下面层及以下的层次,二级及二级以下公路的各个层次； 2. 用作改性沥青、乳化沥青、改性乳化沥青、稀释沥青的基质沥青
C 级沥青	三级及三级以下公路的各个层次

道路石油沥青技术要求

表 4-4

指标	单位	等级	沥青标号								试验方法[1]
			160号[4]	130号[4]	110号	90号	70号[3]	50号	30号[4]		
针入度(25℃,5s,100g)	0.1mm		140~200	120~140	100~120	80~100	60~80	40~60	20~40		T 0604
适用的气候分区[6]			注[4]	注[4]	2-1 2-2	1-1 1-2 1-3 2-2 2-3	1-3 1-4 2-2 2-3 2-4	1-4	注[4]		附录A[5]
针入度指数 PI[2]		A	-1.5 ~ +1.0								T 0604
		B	-1.8 ~ +1.0								
软化点(R&B),不小于	℃	A	38	40	43	45	46	49	55		T 0606
		B	36	39	42	43	44	46	53		
		C	35	37	41	42	43	45	50		
60℃动力黏度[2],不小于	Pa·s	A	—	60	120	160	140	160	180	200	260	T 0620
10℃延度[2],不小于	cm	A	50	50	40	45	30	20	20	15	10	
		B	30	30	30	30	20	20	20	15	10	8	
15℃延度,不小于	cm	A,B	80	80	60	50	40	80	50		T 0605
		C	80	80	60	50	40	30	20		
蜡含量(蒸馏法),不大于	%	A	2.2								T 0615
		B	3.0								
		C	4.5								

项目四 沥青 117

续上表

指标	单位	等级	沥青标号							试验方法①
			160号④	130号④	110号	90号	70号③	50号	30号④	
闪点,不小于	℃		230			245		260		T 0611
溶解度,不小于	%					99.5				T 0607
密度(15℃)	g/cm³		实测记录							T 0603
TFOT(或RTFOT)后⑤										T 0610 或 T 0609
质量变化,不大于	%		±0.8							
残留针入度比,不小于	%	A	48	54	55	57	61	63	65	T 0604
		B	45	50	52	54	58	60	62	
		C	40	45	48	50	54	58	60	
残留延度(10℃),不小于	cm	A	12	12	10	8	6	4	—	T 0605
		B	10	10	8	6	4	2	—	
残留延度(15℃),不小于	cm	C	40	35	30	20	15	10	—	T 0605

注:①试验方法按照《公路工程沥青及沥青混合料试验规程》(JTG E20—2011)规定的方法执行;表中 PI 值、60℃动力黏度、10℃延度可作为选择性指标,也可不作为施工质量检验指标;用于仲裁试验求取 PI 时的 5 个温度的针入度关系的相关系数不得小于 0.997。

②经建设单位同意,可根据需要供应商提供针入度范围为 40~50 或 50~60 的沥青。

③对于 70 号沥青,可根据需要供应商提供针入度范围为 60~70 或 70~80 的沥青;对于 50 号沥青,可要求提供针入度范围为 40~50 或 50~60 的沥青。

④30 号沥青仅适用于沥青稳定基层;130 号和 160 号沥青除寒冷地区可直接在中低级公路上应用外,通常用作乳化沥青、稀释沥青、改性沥青的基质沥青。

⑤老化试验以 TFOT 为准,也可以 RTFOT 代替。

⑥气候分区见《公路沥青路面施工技术规范》(JTG F40—2004)附录 A。

📅 任务实施

一、检验沥青的针入度

1. 目的与适用范围

(1)本方法适用于测定道路石油沥青、聚合物改性沥青针入度以及液体石油沥青蒸馏或乳化沥青蒸发后残留物的针入度,以 0.1mm 计。其标准试验条件为温度 25℃,荷重 100g,贯入时间 5s。

(2)针入度指数 PI 用以描述沥青的温度敏感性,宜在 15℃、25℃、30℃ 等 3 个或 3 个以上温度条件下测定针入度后按规定的方法计算得到,若 30℃ 时的针入度值过大,可采用 5℃ 代替。

2. 仪具与材料

(1)针入度仪:针入度试验宜采用能够自动计时的针入度仪进行测定,要求针和针连杆必须在无明显摩擦条件下垂直运动,针的贯入深度必须精确至 0.1mm。针和针连杆组合件总质量为 50g ± 0.05g,另附 50g ± 0.05g 砝码一只,试验时总质量为 100g ± 0.05g。仪器应有放置平底玻璃保温皿的平台,并有调节水平的装置,针连杆应与平台相垂直。应有针连杆制动按钮,使针连杆可自由下落。针连杆应易于装拆,以便检查其质量。仪器还设有可自由转动与调节距离的悬臂,其端部有一面小镜或聚光灯泡,借以观察针尖与试样表面接触情况。应经常校核装置的准确性。当采用其他试验条件时,应在试验结果中注明。针入度仪如图 4-7 所示。

(2)标准针:由硬化回火的不锈钢制成,洛氏硬度 HRC54~60,表面粗糙度 Ra0.2~0.3μm,针及针杆总质量 2.5g ± 0.05g,针杆上应打印有号码标志。针应设有固定用装置盒(筒),以免碰撞针尖。每根针必须附有计量部门的检验单,并定期进行检验。其尺寸及形状如图 4-8 所示。

图 4-7 自动式针入度仪

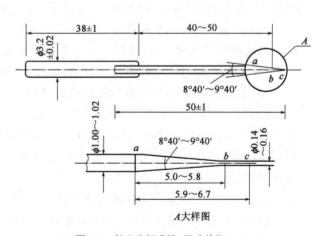

图 4-8 针入度标准针(尺寸单位:mm)

(3)盛样皿:金属制,圆柱形平底。小盛样皿的内径55mm,深35mm(适用于针入度小于200的试样);大盛样皿内径70mm,深45mm[适用于针入度200~350(0.1mm)的试样];对针入度大于350的试样需使用特殊盛样皿,其深度不小于60mm,试样体积不小于125mL。

(4)恒温水槽:容量不少于10L,控温的精度为0.1℃。水槽中应设有一带孔的搁架,位于水面下不得小于100mm、距水槽底不得小于50mm处。

(5)平底玻璃皿:容量不少于1L,深度不小于80mm,内设有一不锈钢三脚支架,能使盛样皿稳定。

(6)温度计或温度传感器:精度为0.1℃。

(7)计时器:精度为0.1s。

(8)盛样皿盖:平板玻璃,直径不小于盛样皿开口尺寸。

(9)溶剂:三氯乙烯等。

(10)其他:电炉或沙浴、石棉网、金属锅或瓷把坩埚等。

3. 试验准备

(1)按试验要求将恒温水槽调节到要求的试验温度25℃,或15℃、30℃(或5℃),保持稳定。

(2)按规定的方法制备试样。

(3)将试样注入盛样皿中,试样高度应超过预计针入度值10mm,并盖上盛样皿盖,以防落入灰尘。盛有试样的盛样皿在15~30℃室温中冷却不少于1.5h(小盛样皿)、2h(大盛样皿)或3h(特殊盛样皿)后,应移入保持规定试验温度±0.1℃的恒温水槽中,并应保温不少于1.5h(小盛样皿)、2h(大盛样皿)或2.5h(特殊盛样皿)。

(4)调整针入度仪使之水平。检查针连杆和导轨,以确认无水和其他外来物,无明显摩擦。用三氯乙烯或其他溶剂清洗标准针,并擦干。将标准针插入针连杆,用螺钉固紧。按试验条件,加上附加砝码。

4. 试验步骤

(1)取出达到恒温的盛样皿,并移入水温控制在试验温度±0.1℃(可用恒温水槽里的水)的平底玻璃皿中的三脚支架上,试样表面以上的水层深度不少于10mm。

(2)将盛有试样的平底玻璃皿置于针入度仪的平台上。慢慢放下针连杆,用适当位置的反光镜或灯光反射观察,使针尖恰好与试样表面接触,将位移计或刻度盘指针复位为零。

(3)开始试验,按下释放键,计时与标准针落下贯入试样同时开始,至5s时自动停止。

(4)读取位移计或刻度盘指针的读数,精确至0.1mm。

(5)同一试样平行试验至少进行3次,各测试点之间及与盛样皿边缘的距离不应少于10mm。每次试验后应将盛有盛样皿的平底玻璃皿放入恒温水槽,使平底玻璃皿中水温保持试验温度。每次试验应换一根干净标准针或将标准针取下用蘸有三氯乙烯溶剂的棉花或布揩净,再用干棉花或布擦干。

(6)测定针入度大于200的沥青试样时,至少用3支标准针,每次试验后将针留在试样中,直到3次平行试验完成后,才能将标准针取出。

(7)测定针入度指数PI时,按同样的方法在15℃、25℃、30℃(或5℃)3个或3个以上

(必要时增加10℃、20℃等)温度条件下分别测定沥青的针入度,但用于仲裁试验的温度条件应为5个。

5. 结果整理

(1)同一试样3次平行试验结果的最大值和最小值之差在表4-5允许偏差范围内时,计算3次试验结果的平均值,取整数作为针入度试验结果,以0.1mm计。

沥青针入度试验精度要求　　　　　　　　　　　　　　　　表4-5

针入度(0.1mm)	0~49	50~149	150~249	250~500
允许差值(0.1mm)	2	4	12	20

当试验值不符合此要求时,应重新进行试验。

(2)允许误差。

①当试验结果小于50(0.1mm)时,重复性试验的允许误差为2(0.1mm),再现性试验的允许误差为4(0.1mm)。

②当试验结果大于或等于50(0.1mm)时,重复性试验的允许误差为平均值的4%,再现性试验的允许误差为平均值的8%。

(3)试验记录表见表4-6。

沥青针入度试验记录表　　　　　　　　　　　　　　　　表4-6

建设项目				合同号		
施工单位				取样地点		
样品名称				试验规程		
试件编号	试验次数	试验温度(℃)	试验时间(s)	试验荷载(g)	针入度(0.1mm)	
					测定值	平均值
	1					
	2					
	3					
	1					
	2					
	3					
	1					
	2					
	3					
备注:						

试验者_____　　计算者_____　　复核者_____　　试验日期_____

二、检验沥青的软化点

检验沥青的软化点

1. 目的与适用范围

本方法适用于测定道路石油沥青、聚合物改性沥青的软化点,也适用于测定液体石油沥青、煤沥青蒸馏残留物或乳化沥青蒸发残留物的软化点。

2. 仪具与材料

(1) 软化点试验仪:如图 4-9 所示,由下列部件组成:

①钢球:直径 9.53mm,质量 3.5g±0.05g。

②试样环:由黄铜或不锈钢等制成,形状和尺寸符合标准要求。

③钢球定位环:由黄铜或不锈钢制成,形状和尺寸符合标准要求。

④金属支架:由两根主杆和三层平行的金属板组成。上层为一圆盘,直径略大于烧杯直径,中间有一圆孔,用以插放温度计。中层板上有两个孔,各放置金属环,中间有一小孔可支持温度计的测温端部。一侧立杆距环上面 51mm 处刻有水高标记。环下面距下层底板为 25.4mm,而下底板距烧杯底不小于 12.7mm,也不得大于 19mm。三层金属板和两根主杆由两个螺母固定在一起。

⑤耐热玻璃烧杯:容量 800~1000mL,直径不小于 86mm,高不小于 120mm。

⑥温度计:量程 0~100℃,分度值 0.5℃。

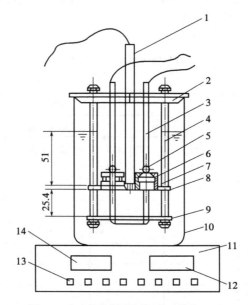

图 4-9 自动软化点试验仪(尺寸单位:mm)

1-温度传感器;2-上盖板;3-热器装置;4-立杆;5-钢球;6-钢球定位环;7-金属环;8-中层板;9-下底板;10-烧杯;11-带磁力搅拌的控制器;12-温度显示窗;13-各种控制按钮;14-时间显示窗

(2) 装有温度调节器的电炉或其他加热炉具(液化石油气、天然气等):应采用带有振荡搅拌器的加热电炉,振荡搅拌器置于烧杯底部。

(3) 当采用自动软化点仪时,各项要求应与以上(1)和(2)相同,温度采用温度传感器测定,并能自动显示或记录,且应经常校验自动装置的准确性。

(4) 试样底板:金属板(表面粗糙度 Ra 应达 0.8μm)或玻璃板。

(5) 恒温水槽:控温精度为 ±0.5℃。

(6) 平直刮刀。

(7)甘油滑石粉隔离剂(甘油与滑石粉的质量比为2∶1)。
(8)蒸馏水或纯净水。
(9)其他:石棉网。

3. 试验准备

(1)将试样环置于涂有甘油滑石粉隔离剂的试样底板上。按规定方法将准备好的沥青试样徐徐注入试样环内至略高出环面为止。如估计试样软化点高于120℃,则试样环和试样底板(不用玻璃板)均应预热至80~100℃。

(2)试样在室温冷却30min后,用热刮刀刮除环面上的试样,应使其与环面齐平。

4. 试验步骤

(1)试样软化点在80℃以下者:

①将装有试样的试样环连同试样底板置于装有5℃±0.5℃水的恒温水槽中至少15min;同时将金属支架、钢球、钢球定位环等亦置于相同水槽中。

②在烧杯内注入新煮沸并冷却至5℃的蒸馏水或纯净水,水面略低于立杆上的深度标记。

③从恒温水槽中取出盛有试样的试样环放置在支架中层板的圆孔中,套上定位环;然后将整个环架放入烧杯中,调整水面至深度标记,并保持水温为5℃±0.5℃。环架上任何部分不得附有气泡。将0~100℃的温度计由上层板中心孔垂直插入,使端部测温头底部与试样环下面齐平。

④将盛有水和环架的烧杯移至放有石棉网的加热炉具上,然后将钢球放在定位环中间的试样中央,立即开动电磁振荡搅拌器,使水微微振荡,并开始加热,使杯中水温在3min内调节至维持每分钟上升5℃±0.5℃。在加热过程中,应记录每分钟上升的温度值,如温度上升速度超出此范围时,则应重做试验。

⑤试样受热软化逐渐下坠,至与下层底板表面接触时,立即读取温度,精确到0.5℃。

(2)试样软化点在80℃以上者:

①将装有试样的试样环连同试样底板置于装有32℃±1℃甘油的恒温槽中至少15min;同时将金属支架、钢球、钢球定位环等亦置于甘油中。

②在烧杯内注入预先加热至32℃的甘油,其液面略低于立杆上的深度标记。

③从恒温槽中取出装有试样的试样环,按上述方法进行测定,精确至1℃。

5. 结果整理

同一试样平行试验两次,当两次测定值的差值符合重复性试验允许误差要求时,取其平均值作为软化点试验结果,精确至0.5℃。

(1)当试样软化点小于80℃时,重复性试验的允许误差为1℃,再现性试验的允许误差为4℃。

(2)当试样软化点大于或等于80℃时,重复性试验的允许误差为2℃,再现性试验的允许误差为8℃。

(3)试验记录格式见表4-7。

沥青软化点试验记录表　　　　　　　　　　　　　　　　表 4-7

建设项目			合同号		
施工单位			取样地点		
样品名称			试验规程		
试验次数	室内温度（℃）	烧杯内液体种类	开始加热液体温度（℃）	软化点(℃)	
				个别值	平均值
1					
2					
备注：					

试验者＿＿＿＿＿　　计算者＿＿＿＿＿　　校核者＿＿＿＿＿　　试验日期＿＿＿＿＿

三、检验沥青的延度

1. 目的与适用范围

（1）本方法适用于测定道路石油沥青、聚合物改性沥青、液体石油沥青蒸馏残留物和乳化沥青蒸发残留物等材料的延度。

检验沥青的延度

（2）沥青延度的试验温度与拉伸速率可根据要求采用，通常采用的试验温度为 25℃、15℃、10℃ 或 5℃，拉伸速度为 5cm/min ± 0.25cm/min。当低温采用 1cm/min ± 0.5cm/min 拉伸速度时，应在报告中注明。

2. 仪具与材料

（1）延度仪：延度仪的测量长度不宜大于 150cm，仪器应有自动控温、控速系统。应满足试件浸没于水中，能保持规定的试验温度及规定的拉伸速度拉伸试件，且试验时应无明显振动。其组成如图 4-10 所示。

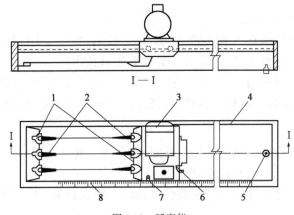

图 4-10　延度仪
1-试模；2-试样；3-电机；4-水槽；5-泄水孔；6-开关；7-指针；8-标尺

（2）试模：黄铜制，由两个端模和两个侧模组成，其形状及尺寸如图 4-11 所示。试模内侧表面粗糙度 Ra = 0.2μm。

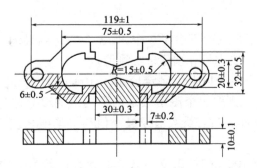

图 4-11 延度试模(尺寸单位:mm)

(3)试模底板:玻璃板或磨光的铜板、不锈钢板(表面粗糙度 Ra=0.2μm)。

(4)恒温水槽:容量不小于 10L,控制温度的精度为 0.1℃,水槽中应设有带孔搁架,搁架距水槽底不得小于 50mm。试件浸入水中深度不小于 100mm。

(5)温度计:量程 0~50℃,分度值 0.1℃。

(6)沙浴或其他加热炉具。

(7)甘油滑石粉隔离剂(甘油与滑石粉的质量比 2:1)。

(8)其他:平刮刀、石棉网、酒精、食盐等。

3．试验准备

(1)将隔离剂拌和均匀,涂于清洁干燥的试模底板和两个侧模的内侧表面,并将试模在试模底板上装妥。

(2)按规定的方法准备试样,然后将试样仔细从试模的一端至另一端往返数次缓缓注入模中,最后略高出试模,灌模时不得使气泡混入。

(3)试件在室温中冷却不少于 1.5h,然后用热刮刀刮除高出试模的沥青,使沥青面与试模面齐平。沥青的刮法应自试模的中间刮向两端,且表面应刮得平滑。将试模连同底板再放入规定试验温度的水槽中保温 1.5h。

(4)检查延度仪延伸速度是否符合规定要求,然后移动滑板使其指针正对标尺的零点。将延度仪注水,并保温达到试验温度 ±0.1℃。

4．试验步骤

(1)将保温后的试件连同底板移入延度仪的水槽中,然后将盛有试样的试模自玻璃板或不锈钢板上取下,将试模两端的孔分别套在滑板及槽端固定板的金属柱上,并取下侧模。水面距试件表面应不小于 25mm。

(2)开动延度仪,并注意观察试样的延伸情况。此时应注意,在试验过程中,水温应始终保持在试验温度规定范围内,且仪器不得有振动,水面不得有晃动,当水槽采用循环水时,应暂时中断循环,停止水流。

在试验中,当发现沥青细丝浮于水面或沉入槽底时,应在水中加入酒精或食盐,调整水的密度至与试样相近后,重新试验。

(3)试件拉断时,读取指针所指标尺上的读数,以 cm 计,在正常情况下,试件延伸时应成锥尖状,拉断时实际断面接近于零。如不能得到这种结果,则应在报告中注明。

项目四 沥青

5. 结果整理

(1)同一样品,每次平行试验不少于3个,如3个测定结果均大于100cm,试验结果记作">100cm";如有特殊需要也可分别记录实测值。

3个测定结果中,当有一个以上的测定值小于100cm时,若最大值或最小值与平均值之差满足重复性试验要求,则取3个测定结果的平均值的整数作为延度试验结果,若平均值大于100cm,记作">100cm";若最大值或最小值与平均值之差不符合重复性试验要求,应重新进行试验。

(2)当试验结果小于100cm时,重复性试验的允许误差为平均值的20%,再现性试验的允许误差为平均值的30%。

(3)试验记录格式见表4-8。

沥青延度试验记录表　　　　　　表4-8

建设项目						合同号		
施工单位						取样地点		
样品名称						试验规程		
试样编号	试验温度(℃)	延伸速度(cm/min)	延度(cm)				拉伸情况描述	
			试件1	试件2	试件3	平均值		
备注:								

试验者_____　　计算者_____　　校核者_____　　试验日期_____

任务评价

评价项目	评价标准	参考分值	得分
沥青试样的浇筑成型	浇筑规范,刮模正确	10	
	具有安全意识	10	
沥青针入度检验	试验步骤正确	15	
	操作认真、细致	10	
沥青软化点检验	仪器操作规范,数据读取准确	15	
	组内团结协作,工作不推诿	10	
沥青延度检验	仪器操作规范,试件放置正确	15	
	有耐心、观察仔细	5	
打扫卫生	打扫卫生干净,仪器清洗干净,配件齐全无缺失	10	
总评			

 习题

一、单选题

1. 我国道路石油沥青标号是按( )指标划分的。
   A. 针入度   B. 软化点   C. 延度   D. 密度
2. 沥青25℃条件下针入度试验,要求标准针及附件总质量为( )。
   A. 50g   B. 100g   C. 150g   D. 200g
3. 沥青环球法软化点试验,试样软化点在80℃以下的加热起始温度为( )。
   A. 0℃   B. 5℃   C. 10℃   D. 15℃
4. 测定沥青10℃条件下的延度,应选择( )的拉伸速度。
   A. 1cm/min   B. 2cm/min   C. 4cm/min   D. 5cm/min
5. 某沥青软化点测得结果为55.4℃,试验结果应记作( )。
   A. 55.4℃   B. 55.5℃   C. 55.0℃   D. 56.0℃
6. 下列指标中,( )既可以反映沥青的热稳定性,又可以表征沥青的条件黏度。
   A. 针入度   B. 延度   C. 软化点   D. 针入度指数
7. ( )指标既可以反映沥青的感温性,又可以划分沥青的胶体结构。
   A. 针入度   B. 延度   C. 软化点   D. 针入度指数
8. 我国道路石油沥青的标号是按针入度划分的,90号沥青的针入度要求范围为( )(0.1mm)。
   A. 80~100   B. 70~110   C. 60~120   D. 100~120
9. 针入度范围在50~149之间的沥青,同一试样三次针入度平行试验结果极差的允许差值为( )(0.1mm)。
   A. 1   B. 2   C. 3   D. 4
10. 同一沥青试样针入度试验要求进行( )次平行试验。
    A. 1   B. 2   C. 3   D. 4

二、判断题

1. 石油沥青的化学组分中,蜡的存在会降低沥青路面的抗滑性。( )
2. 沥青的针入度越大,表示沥青的黏度越大。( )
3. 测定沥青软化点应进行两次平行试验,并要求两次测定值的差值应符合重复性试验精度要求。( )
4. 刮平沥青延度8字形试样的方法,应用热刮刀自试模的一端刮向另一端,且表面平滑。( )
5. 在沥青延度试验中,如发现沥青细丝浮于水面或沉入槽底,可以向水中加入酒精。( )

三、简答题

1. 简述沥青针入度试验的操作方法。
2. 简述沥青软化点试验的操作方法。
3. 简述沥青延度试验的操作方法。

项目五 PROJECT FIVE
工程用土

任务一　认知工程用土

认知工程用土

学习目标	●知识目标	❶描述工程用土的概念。 ❷掌握工程用土的三相组成。 ❸掌握工程用土的粒组划分和工程分类
	●能力目标	❶能够区分土的三相。 ❷能识别工程用土的名称。 ❸能说出工程用土的分类方法
	●素质目标	对工程用土的概念形成基本专业认知，通过判断工程用土的分类，培养严谨、细致的工作态度和脚踏实地的敬业精神

任务描述

已知土的颗粒级配曲线，试按照《公路土工试验规程》(JTG 3430—2020)中土的分类方法确定土的名称。

任务引导

要完成此任务，需要对工程用土的概念有一定的了解，掌握工程用土的分类方法。可以登录线上开放课程，通过微课"认知工程用土"进行相关知识的预习和复习。

相关知识

土是一种天然的地质材料，广泛分布于地壳表面。在自然界中，土的物理风化和化学风化时刻都在进行，由于土的形成过程和自然环境不同，其成分、结构和性质千变万化，工程性质也千差万别。同一场地，不同深度处土的性质也不相同，甚至同一位置的土，其性质往往随方向而有差异。因此,土是自然界在漫长的地质年代内所形成的性质复杂、不均匀、各向异性,且随时间不断变化的材料。

一、土的三相组成

土体由固体土粒、液体水和气体三部分组成。土中的固体矿物颗粒构成土的主体部分,它是土的"骨架",也称为"土粒"。骨架之间贯穿着大量孔隙,孔隙中充填着液体水和气体。随着环境的变化,土的三相比例也发生相应的变化,土体三相比例不同,土的状态和工程性质也随之各异。

当土体骨架之间的孔隙全部被气体所充斥(土体由固相和气相组成,液相为0)称为干土,此时黏土呈干硬状态,砂土呈松散状态。当土体骨架之间的孔隙全部被水体所充满(即土体由固相和液相组成,气相为0)称为饱和土,此时黏土多为流塑状态,砂土仍呈松散状态,但遇强烈地震时可能产生液化,使工程结构物遭到破坏。当土体骨架之间的孔隙中既有液态相的水,又有气态相的空气(即土体由固相、液相、气相组成)称为湿土,此时黏土多为可塑状态,砂土具有一定的黏结性。

由此可见,分析土的各项工程性质,首先需从组成土的三相(固相、液相、气相)开始分析。

1. 土中固体颗粒

土是地壳母岩经强烈风化作用的产物,因此土是由矿物组成的。土中矿物的特性不同,土的物理力学性质也不同。组成土的矿物质主要有原生矿物和次生矿物。

(1)原生矿物。

原生矿物是指直接由岩石经物理风化作用而来的、性质未发生改变的矿物,最主要的是石英,其次是长石、云母等。这类矿物的化学性质稳定,具有较强的抗水性和抗风化能力,亲水性差。由这类矿物组成的土粒一般较粗大。

(2)次生矿物。

次生矿物主要是在通常温度和压力条件下,矿物经受风化变异,或被分解而形成的新矿物。这类矿物比较复杂,对土的物理力学性质影响较大。

除上述矿物外,土中还常含有生物形成的腐殖质、泥炭和生物残骸,统称为有机质。其颗粒很细小,具有很大的比表面积,对土的工程性质影响也很大。

2. 土中的水

土颗粒孔隙中的水以不同的形式和不同的状态存在,它们对土的工程性质起着不同的作用和影响。土中的水按其工程地质性质可分为结构水、自由水、气态水和固态水四种形式。

(1)结构水。

土粒表面的结构水分为强结合水和弱结合水。

强结合水紧靠土粒表面,受到约1000MPa(1万个大气压)的静电引力,使水分子紧密而整齐地排列在土粒表面不能自由移动。强结合水的性质与普通水不同,其性质接近于固体,不传递静水压力,100℃不蒸发,-78℃才冻结成冰,具有很高的黏滞性、弹性和抗剪强度。

当黏土只含强结合水时呈固体坚硬状态;砂土只含强结合水时呈散粒状态。

弱结合水在强结合水外侧,呈薄膜状,也是由黏土表面的电分子力吸引的水分子,水分子排列也较紧密,密度大于普通水。弱结合水也不传递静水压力,呈黏滞体状态,也具有较高的黏滞性和抗剪强度,冰点在 $-30 \sim -20$ ℃。其厚度变化较大,水分子有从厚膜处向较薄处缓慢移动的能力,在其最外围有成为普通液态水的趋势。此部分水对黏性土的影响最大。

(2)自由水。

自由水离土粒较远,在土粒表面的电场作用以外,水分子自由散乱地排列,主要受重力作用的控制。自由水包括下列两种:

①毛细水。这种水位于地下水位以上土粒细小孔隙中,是介于结合水与重力水之间的一种过渡型水,受毛细作用而上升。粉土中孔隙小,毛细水上升高,在寒冷地区要注意由于毛细水而引起的路基冻胀问题,尤其要注意毛细水源源不断地从地下水上升产生的严重冻胀。

②重力水。这种水位于地下水位以下较粗颗粒的孔隙中,只受重力控制,是水分子不受土粒表面吸引力影响的普通液态水。受重力作用由高处向低处流动,具有浮力的作用。在重力水中能传递静水压力,并具有溶解土中可溶盐的能力。

(3)气态水。

气态水以水汽状态存在于土孔隙中。它能从气压高的空间向气压低的空间移动,并可在土粒表面凝聚转化为其他各种类型的水。气态水的迁移和聚集使土中水和气体的分布状态发生变化,可使土的性质改变。

(4)固态水。

固态水是当气温降至0℃以下时,由液态的自由水冻结而成。由于水的密度在4℃时为最大,低于0℃的冰,不发生冷缩,反而膨胀,使结构发生冻胀。寒冷地区基础的埋置深度要考虑冻胀问题。土质学与土力学中将含有固态水的土列为四相体系的特殊土——冻土。

3. 土中气体

土中气体指在土的固体矿物之间的孔隙中,没有被水充填的部分。一般土中气体含有较多的 CO_2,较少的 O_2,较多的 N_2。

土中气体可分为自由气体和封闭气泡两类。自由气体与大气相连通,通常在土层受力压缩时即逸出,对土的工程性质影响不大;封闭气泡与大气隔绝,对土的工程性质影响较大,在受外力作用时,随着压力的增大,这种气泡可被压缩或溶解于水中,压力减小时,气泡会恢复原状或重新游离出来。若土中封闭气泡很多,将使土的压缩性增大,渗透性降低。土质学与土力学中将这种含气体的土称为非饱和土。

土的总体特征是颗粒与颗粒之间的连接强度较土粒本身强度低,甚至没有连接性。根据土粒之间有无连接性,大致可将土分为砂类土(砾石、砂)和黏质土两大类。

二、土颗粒的形状与粒径

土颗粒的形状对土体的密度和稳定性有着显著的影响。岩石遭到风化剥蚀可裂成碎屑,有些矿物无论粗细,都仍然保持各自晶体形状,有块状、球状、片状、柱状等形状。大部分粉砂粒及砂粒是浑圆的或棱角状的;云母颗粒往往是片状的;黏土颗粒则往往是薄片状的。土颗粒的形状取决于土的矿物成分,它反映土的来源和地质历史。

为了便于分析土的粗细程度,通常把土颗粒视为球体,以其直径尺寸表示土颗粒的大小,通常称为粒径。工程上以 mm 作为土颗粒粒径的计量单位。

土颗粒大小相差很大,为便于分析,工程上把大小相近的土粒合并为组,称为粒组。粒组间的分界线是人为划定的,主要考虑粒组界线应与粒组性质的变化相适应,并按一定的比例递减关系划分粒组的界限值。每个粒组的区间内,常以其粒径的上、下限给粒组命名,如砾粒、砂粒、粉粒、黏粒等。各粒组内还可以细分为若干亚组。我国《土的工程分类标准》(GB/T 50145—2007)和《公路土工试验规程》(JTG 3430—2020)中的粒组划分类型见表 5-1。

粒组划分表　　　　　表 5-1

粒组统称	《公路土工试验规程》(JTG 3430—2020)		《土的工程分类标准》(GB/T 50145—2007)	
	粒组名称	粒组粒径范围(mm)	粒组名称	粒组粒径范围(mm)
巨粒	漂石(块石)	>200	漂石(块石)	$d>200$
	卵石(小块石)	60~200	卵石(碎石)	$60<d\leq200$
粗粒	砾(角砾) 粗砾	20~60	砾粒 粗砾	$20<d\leq60$
	中砾	5~20	中砾	$5<d\leq20$
	细砾	2~5	细砾	$2<d\leq5$
	砂 粗砂	0.5~2	砂粒 粗砂	$0.5<d\leq2$
	中砂	0.25~0.5	中砂	$0.25<d\leq0.5$
	细砂	0.075~0.25	细砂	$0.075<d\leq0.25$
细粒	粉粒	0.002~0.075	粉粒	$0.005<d\leq0.075$
	黏粒	<0.002	黏粒	$d\leq0.005$

在土质学中,对于细粒土,也常以比表面积来表示土的粗细程度。比表面积可以用两种方法表征:其一是单位质量的土体中土颗粒的总表面积;其二是单位体积的土体中土颗粒的总表面积。比表面积越大表明土中颗粒越细。

三、土的工程分类

为了能大致地判断土的基本性质,合理地选择研究的内容及方法,以及便于科学交流,有必要对土进行科学的分类。工程上按土的主要工程特性进行分类。由于工程用途不同,目前已经提出了许多土的工程分类体系。

1. 土的分类原则和分类方法

1)分类原则

分类的一般原则是:①粗粒土按粒度成分及级配特征;②细粒土按塑性指数和液限,即塑性图法;③有机土和特殊土则分别单独各列为一类;④对定出的土名给以明确含义的文字符号,既一目了然,又便于查找,还可为计算机检索土质试验资料提供条件。

国内外通用的表示土类名称的文字代号见表5-2。

（1）土类名称可用一个基本符号表示。

（2）当由两个基本符号组合表示土类时，第一个符号表示土的主成分，第二个符号表示土的副成分（土的液限或土的级配）。例如：GM——粉土质砾石，GP——不良级配砾石，ML——低液限粉土。

（3）当由3个基本符号组合表示土类时，第一个符号表示土的主成分，第二个符号表示液限的高低或级配的好坏，第三个符号表示土中所含次要成分。例如：MHG——含砾高液限粉土，CLG——含砾低液限黏土。

工程土的分类符号表 表5-2

土类及符号特征	巨粒土（石）	粗粒土	细粒土	特殊土
	符号			
成分	B——漂石 C_b——卵石	G——砾石 S——砂	F——细粒土 C——黏土 M——粉土 O——有机质土	黄土——Y 膨胀土——E 红黏土——R 盐渍土——St 冻土——Ft （JTG 3430—2020）
级配或土性		W——良好级配 P——级配不良	H——高液限 L——低液限	

2）分类方法

道路与桥梁工程中，工程土的分类方法有《公路桥涵地基与基础设计规范》（JTG 3363—2019）法和《公路土工试验规程》（JTG 3430—2020）法两种。本节仅介绍《公路土工试验规程》中土的分类。

2.《公路土工试验规程》中土的分类

根据土类、土组和土名的次序区分，首先按相应的粒级含量超过50%来划分土类。对于混合土类，其中粒级含量小于5%为不含，5%~15%（含15%）为微含，15%~50%（含50%）为含量界限。对于细粒土类，按液限划分为低、中、高、很高4级。对已知土样应在试验室进行分类试验。

用土的颗粒大小分析试验，确定各粒组的含量；用液、塑限测定仪测定土的液限、塑限，并计算塑性指数。

对土的野外鉴别，可用眼看、手摸、鼻嗅对土进行概略区分，最后将土分类、命名。按照《公路土工试验规程》中的分类方法，将公路工程土的分类体系汇总于表5-3。

公路工程土分类体系汇总表 表5-3

总体分类	二级分类	土名及颗粒含量
巨粒土	漂石土	漂（卵）石：巨粒含量>75%；漂（卵）石夹土：巨粒含量50%<F≤75%；漂（卵）石质土：巨粒含量15%<F≤50%
	卵石土	

续上表

总体分类	二级分类	土名及颗粒含量
粗粒土	砾类土	砾:$F≤5\%$;含细粒土砾 $5\%<F≤15\%$;细粒土质砾 $15\%<F≤50\%$
	砂类土	砂:$F≤5\%$;含细粒土砂 $5\%<F≤15\%$;细粒土质砂 $15\%<F≤50\%$
细粒土	粉质土	高(低)液限粉土:粗粒组≤25%;含砾(砂)高(低)液限粉土:25% < 粗粒组≤50%
	黏质土	高(低)液限黏土:粗粒组≤25%;含砾(砂)高(低)液限黏土:25% < 粗粒组≤50%
	有机质土	A线以上有机质高(低)液限黏土;A线以下有机质高(低)液限黏土
特殊土	黄土	低液限黏土(CLY)分布范围大部分在A线以上,$w_L<40\%$
	膨胀土	高液限黏土(CHE)分布范围大部分在A线以上,$w_L>50\%$
	红黏土	高液限粉土(MHR)分布范围大部分在A线以下,$w_L>55\%$
	盐渍土	弱盐渍土、中盐渍土、强盐渍土、过盐渍土:以氯盐和硫酸盐的含量划分

注:在以塑性指数为纵坐标、以液限为横坐标的塑性图上,A线的方程为 $I_P=0.73(w_L-20)$,B线的方程为 $w_L=50\%$。

任务实施

已知三种土 A、B、C 的颗粒级配曲线(图5-1),结合所学的内容,试按照《公路土工试验规程》(JTG 3430—2020)中土的分类方法确定三种土的名称。

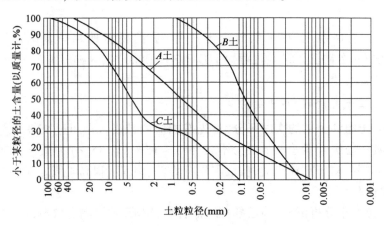

图 5-1 土的颗粒级配曲线

任务评价

评价项目	评价标准	参考分值	得分
土的三项组成	正确区分土的三相	30	
土的定名	正确识别土的名称	30	
土的分类	正确判断土的分类	40	
总评			

任务二 检验工程用土的技术性质

检验工程用土的
技术性质

学习目标	●知识目标	❶掌握工程用土的物理性质。 ❷掌握黏质土的工程性质指标。 ❸掌握工程用土的压实特性
	●能力目标	❶会测定土的含水率。 ❷会测定黏质土的液限和塑限。 ❸掌握土的室内标准击实试验方法
	●素质目标	能够将工程用土的技术性质融会贯通,通过土的一系列技术性质试验,培养学生严谨、细致的工作作风和锲而不舍的探究精神

任务描述

某道路工程基层用土,在施工前需要对土的各项技术性质进行检验。请根据本节学习内容,取样检验土的含水率、液限和塑限、最大干密度和最佳含水率,对土样进行颗粒分析并测定土的承载比。

任务引导

要完成此项工作任务,需要对土的含水率、液塑限的含义有一定的了解,掌握含水率和液塑限的检测方法,能够按照规范要求对土样进行颗粒分析、击实和承载比的检测。可以登录线上开放课程,通过微课"工程用土的技术性质"进行相关知识的预习和复习。

相关知识

道路工程用土包括结构物地基土、路基土和无机结合料稳定土等。

一、土的基本物理性质及其指标

土体的三相组成如图 5-2 所示。土的物理性质是指土的各组成部分(固相、液相和气相)的数量比例、性质和排列方式等所表现的物理状态,如轻重、干湿、松密程度等。在道路材料中,不仅要结合土的成分、结构、含水、含气情况来了解其物理性质的特点和变化规律,而且还要通过试验取得其物理性质各项指标的数据,以作为工程设计的依据。

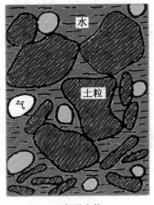
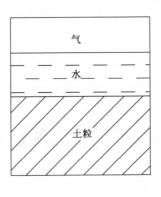

a)实际土体　　　　　　　　b)土的三相图

图 5-2　土的三相图

土体中的三相各自的质量、体积与总质量、总体积可表示为:

m、V 分别代表土体的总质量(g)和总体积(cm^3);m_s、V_s 分别代表土体中固体颗粒所占的质量(g)和体积(cm^3);m_w、V_w 分别代表土体中水分所占的质量(g)和体积(cm^3);m_a、V_a 分别代表土体中气体所占的质量(g)和体积(cm^3),气体的质量很小可忽略不计,即 $m_a = 0$;V_n 代表土体中孔隙的体积(cm^3),$V_n = V_a + V_w$。

土体的基本物理性质指标可以用各相之间的比例关系表示,通常测试的指标包括土的质量、密度、相对密度和与水有关的指标等。

1. 土体的体积与质量

土体的总体积可用式(5-1)表示:

$$V = V_a + V_w + V_s \tag{5-1}$$

土体的总质量可用式(5-2)表示:

$$m = m_a + m_w + m_s \text{ 或 } m = m_w + m_s \tag{5-2}$$

式中符号意义同前。

2. 土体的密度

土体的密度是指土体试样的总质量与其总体积的比值。根据土体孔隙中水分的情况可将土体的密度分为天然密度(ρ)、干密度(ρ_d)、饱和密度(ρ_f)和水下密度(ρ')。

(1)天然密度。

土体的天然密度也称湿密度,是指天然状态下土体试样单位体积的质量。

从三相图可知:

$$\rho = \frac{m}{V} = \frac{m_s + m_w}{V} \tag{5-3}$$

式中:ρ——土体的天然密度(湿密度),g/cm^3;

其余符号意义同前。

土体的天然密度通常采用环刀法、灌砂法测定。土体的天然密度一般为$1.6 \sim 2.2 \text{g/cm}^3$，砂土约为$1.4 \text{g/cm}^3$，亚砂土和亚黏土约为$1.6 \text{g/cm}^3$，黏土可达$2.0 \sim 2.2 \text{g/cm}^3$。

（2）干密度。

干燥状态下土体试样单位体积的质量称为干密度。即土体中固体土粒的质量与土样总体积的比值，按式(5-4)计算：

$$\rho_d = \frac{m_s}{V} \tag{5-4}$$

式中：ρ_d——土体的干密度，g/cm^3；

其余符号意义同前。

土体的干密度实际上是土体中完全没有天然水分的密度，它是土体密度的最小值。土体的干密度直接与土中所含固体土粒质量的多少有关，也就是与土体结构的紧密程度有关，间接地与土粒的矿物成分有关。某一土样的干密度值的大小主要取决于土体的结构，因为它在这一状态下与含水情况无关。因此，土体的结构影响着干密度的值，干密度值越大，土体越密实。干密度在一定程度上反映了土粒排列的紧密程度，在工程中常用它作为压实质量(效果)的控制指标。

（3）饱和密度。

土体的饱和密度是指土体的孔隙全部被水充满的情况下，土体试样单位体积的质量。即土粒的质量及孔隙中满水的质量之和与土样的总体积的比值：

$$\rho_f = \frac{m_s + m'_w}{V} \tag{5-5}$$

或

$$\rho_f = \frac{m_s + V_n \cdot \rho_w}{V} \tag{5-6}$$

式中：ρ_f——土体的饱和密度，g/cm^3；

m'_w——土体的孔隙中满水时水的质量，g；

ρ_w——水的密度，g/cm^3，$\rho_w \approx 1 \text{g/cm}^3$；

其余符号意义同前。

（4）水下密度。

土体的水下密度也称浮密度或浸水密度，是指土体在地下水面以下单位体积的质量。因土体处于水面以下，孔隙全被水充满，同时又受到水的浮力作用，所以土粒所受重力减小。这时土体的质量为土粒质量(m_s)加上孔隙中满水的质量($V_n \cdot \rho_w$)再减去土的体积在水下产生的浮重($V \cdot \rho_w$)，所得质量与土的总体积的比值即为水下密度，按式(5-7)计算：

$$\rho' = \frac{m_s + V_n \cdot \rho_w - V \cdot \rho_w}{V} = \frac{m_s + V_n \cdot \rho_w - V_n \cdot \rho_w - V_s \cdot \rho_w}{V} = \frac{m_s - V_s \cdot \rho_w}{V} \tag{5-7}$$

式中：ρ'——土体的水下密度，g/m^3；

其余符号意义同前。

因 $\rho_w \approx 1 \text{g/cm}^3$，式(5-7)可写成 $\rho' = \rho_f - 1$。

在工程计算中，地下水位以下土层的密度，都要采用浮密度指标。砂性土和卵石土在自由水作用下，便受到同体积水重的浮力；而黏性土的孔隙中有结合水，由于结合水有黏滞性，具有固体特征，它对黏土颗粒就没有浮力作用，因水下黏土所承受的浮力并非同体积水重的浮力，计算时应视紧密程度折减。

3. 土粒的相对密度

土粒的相对密度是指土体固体颗粒本身的密度与水的密度之比。即土在 105～110℃下烘至恒重时的质量与同体积 4℃时蒸馏水质量的比值。土粒的相对密度可用下式表达：

$$G_s = \frac{m_s}{m_w} = \frac{m_s}{V_s \rho_w} \tag{5-8}$$

式中：G_s——土粒的相对密度，无量纲；
m_w——4℃时同体积蒸馏水的质量，g；
其余符号意义同前。

土粒相对密度只与组成土粒的矿物成分有关，而与土的孔隙大小及其中所含水分多少无关。由于土颗粒的矿物成分不同，其土粒相对密度也不同。砂土的颗粒相对密度较小，一般为 2.65～2.75，黏土的颗粒相对密度较大，约为 2.75～2.80，当土中含有有机质较多时，土粒相对密度下降，约为 2.60。

4. 与水有关的物理性质指标

土体与水有关的物理性质指标包括含水率、饱和含水率和饱和度等。

(1)含水率。

土体的含水率是指土中水的质量与土颗粒质量的比值，以百分率表示。

$$w = \frac{m_w}{m_s} \tag{5-9}$$

式中：w——土体的含水率，%；
其余符号意义同前。

土体的含水率越大，表明土中的水分也越多。土体的含水率测定方法常用烘干法或酒精燃烧法直接测定。

(2)饱和含水率。

土体的饱和含水率是假定土体中的孔隙全部被水充满，达到饱和状态时的含水率。即土体的孔隙中充满水分时水的质量与干土颗粒质量的百分比。

$$w_{max} = \frac{V_n \cdot \rho_w}{m_s} \times 100 \tag{5-10}$$

式中：w_{max}——土体的饱和含水率，%；
其余符号意义同前。

饱和含水率实质上就是用水的数量来表示土的孔隙体积的大小。土体的饱和含水率不用实测，可利用有关的物理性质指标导出。

(3)饱和度。

土体的饱和度是指天然土体中所含水分的体积与土体的全部孔隙体积的百分比,用来表示孔隙被水充满的程度。

$$S_r = \frac{V_w}{V_n} \times 100 \text{ 或 } S_r = \frac{w}{w_{max}} \times 100 \tag{5-11}$$

式中:S_r——土体的饱和度,%;

其余符号意义同前。

饱和度对砂性土有一定的实际意义,它是反映砂性土干湿状态的物理指标。当 $V_w = 0$(孔隙中无水),$S_r = 0$ 时,为干燥土,属二相系(固、气);当 $V_w = V_n$(孔隙中充满水),$S_r = 1$ 时,为饱和土,属二相系(固、液);S_r 介于 0 到 1 之间时,按照天然砂性土所含水分的多少,可将砂性土划分为三个状态:

稍湿的 $0 \leq S_r \leq 50\%$;很湿的 $50\% < S_r \leq 80\%$;饱和的 $80\% < S_r \leq 100\%$。

颗粒较粗的砂性土,对含水率的变化不敏感,当含水率发生某种改变时,它的物理力学性质变化不大,所以对砂性土的物理状态可以用饱和度 S_r 来表示。但黏性土对含水率的变化十分敏感,随着含水率的增加体积膨胀,结构也会发生改变。当黏性土处于饱和状态时,其力学性质显著降低,同时还因黏粒间多是结合水,而不是普通液态水,这种水的密度大于 1,则 S_r 值也偏大,故对黏性土一般不用饱和度这一指标。

二、土体的孔隙性结构指标

土体不是致密无隙的固体,在土粒间存在着较多的孔隙。土体的孔隙性是指孔隙的大小、形状、数量及连通情况等特征。土体的孔隙性取决于土的粒度成分和土体的结构,即土颗粒排列的松紧程度。

土体的孔隙性结构指标是土的孔隙比、孔隙度(孔隙率)及相对密实度等,反映土的结构而与土中含水多少无关,它不仅是状态指标,而且还是结构指标。

下面分别介绍孔隙性的结构指标。

1. 孔隙比

孔隙比是指土体中孔隙的体积(V_n)与土粒的体积(V_s)的比值,用小数表示。

$$e = \frac{V_n}{V_s} \tag{5-12}$$

式中:e——土体的孔隙比。

土体的孔隙比是反映土体结构状态的一个指标,它可用来比较土体内孔隙总体的大小,但不能反映土体中单个孔隙的大小。e 越大,土体越松,反之紧密。土体的松密是决定土体强度的主要指标,一般在天然状态下的土体,若 $e < 0.6$,可认为是工程性质良好的土体;若 $e > 1$,表明土体中 $V_n > V_s$,是工程性质不良的土体。

2. 孔隙率

在天然状态下,土体中的孔隙体积与整个土体体积的百分比,称为孔隙率。用 n 表示:

$$n = \frac{V_n}{V} \times 100\% \tag{5-13}$$

孔隙率与孔隙比之间的换算关系为：

$$n = \frac{e}{1+e} \tag{5-14}$$

当土体的结构因受外力而改变时，V 和 V_n 都在改变。

n 与 e 都是反映孔隙性的指标，但在应用上有所不同。凡是用于与整个土体的体积有关的测试时，一般用 n 较为方便；但若要对比一种土体的变化状态时，则用 e 较为准确。由于 V_s 是不变的，可视为定值，土在荷载作用下引起变化的是 V_n，而 e 的变化直接与 n 的变化成正比，所以 e 能更明显地反映孔隙体积的变化。在工程设计和计算中常用 e 这一指标。

3. 砂类土的相对密实度

相对密实度是反映砂类土在天然状态下松密程度的指标。数值上它等于砂类土在最疏松状态和天然状态下孔隙比之差与最疏松状态和最密实状态下孔隙比之差的比值。即：

$$D_r = \frac{e_{\max} - e}{e_{\max} - e_{\min}} \tag{5-15}$$

式中：D_r——相对密实度；
$\quad\quad e$——砂类土的天然孔隙比；
$\quad\quad e_{\max}$——砂类土最疏松状态的孔隙比；
$\quad\quad e_{\min}$——砂类土最密实状态的孔隙比。

相对密实度可以用来判断砂类土的密实状态及其是否有压密的可能性。当 $D_r = 1$ 时，土体为密实的；$D_r = 0$ 时，土体为最疏松状态，在外力作用下，土体的压缩性很大。按 D_r 的大小，砂类土可分为 4 种状态，见表5-4。

砂类土密实度划分　　　　　　　　　　表5-4

分级		相对密实度 D_r	标准贯入平均击数 N(63.5kg)
密实		$D_r \geq 0.67$	30~50
中密		$0.33 < D_r < 0.67$	10~29
松散	稍松	$0.20 \leq D_r \leq 0.33$	5~9
	极松	$D_r < 0.20$	<5

在实际工程中，常利用标准贯入试验法或静力触探试验法，在现场测定其近似值，以作为 D_r 分级的参考。标准贯入试验法是用 63.5kg 的铁锤，悬高 76cm 自由下落，使之锤击内径 35mm、外径 51mm、长 500mm 的标准贯入器，向砂类土层中贯入 15cm 后开始记数，以贯入 30cm 深处所需的锤击数 N 来划分砂类土的密实程度，按标准贯入次数对砂类土密实程度分级可参照表5-4。

三、黏质土的工程性质指标

黏质土颗粒很细（颗粒粒径 <0.002mm），黏质土颗粒带负电荷，周围形成电场，吸引水分子及 Na^+、K^+ 等正电荷离子定向排列，形成强、弱结合水膜。黏质土颗粒与水的相互作用十分显著。

1. 黏质土的稠度

黏质土的含水率不同,它的物理性质和物理状态都不同。稠度是指黏质土随含水率多少而表现出的稀稠程度。黏质土随着含水率的不断增加,土体的状态变化情况依次为固态、半固态、塑态、液态,相应的地基承载能力逐渐下降,甚至失去承载能力。黏质土在不同稠度时所呈现的固态(干硬状态)、半固态(半干硬状态)、塑态(可分为硬塑状态和软塑状态)、液态(可分为滞流态和液流态)称为稠度状态。处于固态下的黏质土具有固体性质,力学强度最高;处于塑态下的黏质土具有可塑性,在硬塑态时有较好的力学性质,在软塑状态下的黏质土力学性质较差;处于流态的黏质土,力学性质完全遭到破坏,不能选作地基。

由于含水率的变化,黏质土从一种稠度状态转变为另一种稠度状态的界限,称为稠度界限。稠度界限通常用含水率表示。因此,黏质土的稠度界限称为界限含水率。

2. 黏质土的界限含水率

黏质土由半固态转变为塑态时的分界含水率称为塑限含水率,简称塑限,用 w_P 表示。塑限又称塑性下限。

黏质土由塑态转变为液态时的分界含水率称为液限含水率,简称液限,用 w_L 表示。液限又称塑性上限或液性下限。

液限和塑限采用液塑限联合测定仪法测定,也可采用替代法——滚搓法(搓土条法)测定。

3. 黏质土的塑性指数及液性指数

黏质土自可塑状态起,逐渐增加含水率到滞流状态出现时止,若增加的含水率幅度大,说明该黏质土的吸水能力很强,有较强的保持塑性状态的能力,通常称这样的黏质土具有高塑性;如果由可塑状态转变到滞流状态所增加的含水率很小,则称这一类黏质土为低塑性。黏质土的塑性高低,通常用塑性指数 I_P 表示。塑性指数是指液限与塑限之差:

$$I_P = W_L - W_P \tag{5-16}$$

塑性指数大的黏质土具有高塑性,塑性指数小的黏质土具有低塑性。塑性指数是反映黏质土中黏粒和胶粒含量的一个重要指标,塑性指数大的黏质土,表明土中黏粒和胶粒多。在工程地质实践中常用 I_P 值对黏质土进行分类和命名,见表5-5。

土按塑性指数 I_P 分类　　　表5-5

土的名称	砂土 (无塑性土)	亚黏土		黏土 (高塑性土)
		低塑性土	中塑性土	
塑性指数	$I_P < 1$	$1 < I_P \leq 7$	$7 < I_P \leq 17$	$I_P > 17$

黏质土的液限、塑限和塑性指数,都不是测定天然土物理性质的指标,而是评定黏质土物理性质的稠度指标。对于任何状态的黏质土应该用试验方法,先找出稠度状态变化时的含水率液限或塑性,再与它的天然含水率比较,借以判定土的稠度状态。若土的天然含水率大于液限小于塑限,可以判断此土处于塑性状态。

为了反映黏质土在天然情况下的稠度状态,可以用液性指数(I_L)来表示,即土的天然含水率和塑限之差与塑性指数的比值:

$$I_{L} = \frac{w - w_{P}}{I_{P}} = \frac{w - w_{P}}{w_{L} - w_{P}} \tag{5-17}$$

式中：I_L——土的液性指数；
w——土的天然含水率，%；
w_L——土的液限，%；
w_P——土的塑限，%。

对于某种黏质土，认为其液限 w_L 和塑限 w_P 都是定值，土的天然含水率越大，液性指数越大，土越稀软。在工程中，为了更好地掌握天然土的稠度状态，将液性指数划分为 5 级，见表 5-6。

黏性土相对稠度状态　　　　　　　　　　　表 5-6

液性指数值	$I_L \leq 0$	$0 < I_L \leq 0.25$	$0.25 < I_L \leq 0.75$	$0.75 < I_L \leq 1$	$I_L > 1$
稠度状态	坚硬	硬塑	可塑	软塑	流塑

用液性指数判断黏质土的干、湿程度或软、硬程度，有助于了解天然土的物理性能。

4. 黏质土的亲水性、收缩与膨胀特性

(1) 黏质土的亲水性。

从现象上看，黏土矿物与水作用的能力表现为吸水能力和持水能力。黏质土的这一特性通常称为亲水性。土颗粒的比表面积的大小是反映黏质土亲水能力的一个方面。黏质土与水作用，使黏质土的物理性质发生许多重要的变化，假若选择黏质土做土工结构物或做天然地基，如不考虑水的影响，就会给工程带来麻烦。

(2) 黏质土的收缩与膨胀性。

黏质土的含水率降低，体积随之减小的现象称为收缩。土中水分减少，可使土粒周围水膜变薄，土粒间的距离变小，孔隙度降低，凝聚力增强，土的力学强度增大。土中含水率降低，致使稠度状态发生改变，可由塑态进入固态。

黏质土因含水率增大而发生体积增大的现象称为膨胀。土的膨胀与收缩相反，因土中含水率增加致使黏土矿物与水的相互作用加强，土粒表面结合水膜变厚，水分子压力迫使土粒间的距离拉开，孔隙度增大，土体出现膨胀现象。土体发生膨胀后，土粒分子引力减弱，凝聚力下降，土的力学强度降低。

四、土的压实特性

在土木工程建设中，如道路路基（路堤）、土坝、基础垫层以及挡土墙回填土等，大多以土作为材料，按一定要求和范围进行堆填而成，常常会遇到填土夯实问题。填土不同于天然土层，土体经过挖掘、搬运、堆填，原结构已被破坏，土的含水率也会发生变化，堆填时必然在土团之间留下许多大的孔隙。

未经压实的填土强度低，压缩性大而且不均匀，遇水易发生坍陷、崩解等现象。特别是像道路路堤这样的土工构筑物，在车辆频繁运行和反复动荷载作用下，可能出现不均匀或过大的沉陷或坍落甚至失稳滑动，从而恶化运营条件及增加维修工作量。此外，压实路基土体，提高路基的密实度和强度，也是减少其上面的路面厚度、延长路面使用寿命、降低工程造价的技术措施。所以，道路路堤、机场跑道等填土工程必须按一定的技术标准压实，使之具有足够的密实度和强度,以确保行车安全、快速和舒适。

压实的实质是通过外力作用(人工夯击、机械夯击或机械碾压等方式)克服疏松材料之间的内摩擦力和黏结力,使材料颗粒产生位移并互相靠近,从而提高其密度和强度。土的压实过程既不是静荷载作用下排水固结过程,也不同于一般压缩过程,而是在不排水条件下迫使土的颗粒重新排列,其固相密度增加,气相体积减少的过程。

1. 土的室内标准击实试验

为了摸索土或其他筑路材料的压实特性,通常采用室内标准击实试验的方法模拟施工现场对土或其他疏松材料的压实情况。工程实践发现,含水率的变化对土或无机结合料稳定土的性质影响较大,对材料所能达到的密实度起着非常重要的作用。

室内标准击实试验就是用标准击实试验方法,在一定夯击功作用下测定各种细粒土、含碎石(砾石)土等筑路材料的含水率与干密度的关系,从而确定土或无机结合料稳定土的最佳含水率与相应的最大干密度,借以了解土或无机结合料稳定土的压实性能,作为工地施工压实控制的依据。

室内标准击实试验的基本方法是,对于同一种土或无机结合料稳定土,配置成不同含水率的试样(通常不少于5个含水率),试样分层装入标准击实仪的击实筒内,在相同的击实功(击实锤质量、落高、击实次数相同)作用下击实试样,分别测定每种含水率试样对应的干密度,绘制干密度-含水率关系曲线,在干密度-含水率关系曲线上确定其最佳含水率与最大干密度。

室内标准击实试验根据击实锤质量、落高和击实筒内径大小等分轻型击实和重型击实两种,击实试验的方法种类见表5-7。

击实试验方法种类 表5-7

试验方法	类别	锤底直径(cm)	锤的质量(kg)	落高(cm)	试筒尺寸 内径(cm)	试筒尺寸 高度(cm)	试样尺寸 高度(cm)	试样尺寸 体积(cm³)	层数	每层击数	最大粒径(mm)
轻型	Ⅰ-1	5	2.5	30	10	12.7	12.7	997	3	27	20
	Ⅰ-2	5	2.5	30	15.2	17	12	2177	3	59	40
重型	Ⅱ-1	5	4.5	45	10	12.7	12.7	997	5	27	20
	Ⅱ-2	5	4.5	45	15.2	17	12	2177	3	98	40

以含水率为横坐标,干密度为纵坐标,绘制的干密度-含水率关系曲线如图5-3所示,曲线上峰值点的纵、横坐标分别为最大干密度和最佳含水率,分别用ρ_0、w_0表示。如曲线不能绘出明显的峰值点,应进行补点或重做。从图5-3上可以看出,土或无机结合料稳定土等筑路材料只有在最佳含水率的情况下才能达到最大的干密度。需要说明的是:①不同类型的土或无机结合料稳定土,其最佳含水率、最大干密度是不相同的;②对于同一种土或无机结合料稳定土,施加的击实功不同,其最佳含水率、最大干密度也不同;③实际工程中,土或无机结合料稳定土在小于最佳含水率的情况下,通过增加压实功的办法也能够达到较高的干密度,但这样做是不经济的;④土或无机结合料稳定土在大于最佳含水率(较多)的情况下,通过增加压实功的办法达到较高的干密度比较困难,而且是不经济的。

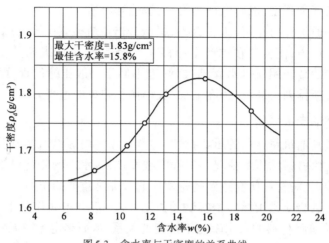

图 5-3　含水率与干密度的关系曲线

2. 土或无机结合料稳定土的压实度

压实是指对土或无机结合料稳定土等筑路材料施加动或静的外力,以提高其密实度的作业。公路工程施工中,为了评价土或无机结合料稳定土等筑路材料的压实质量,通常采用压实度作为压实质量的评价指标。

压实度是指土或无机结合料稳定土等筑路材料压实后的干密度与标准最大干密度的百分比,用 K 表示,按下式计算:

$$K = \frac{\rho_d}{\rho_0} \times 100 \qquad (5\text{-}18)$$

式中: K——压实度,%;

ρ_d——施工现场(土或无机结合料稳定土等)筑路材料压实后实测的干密度,g/cm^3;

ρ_0——室内标准击实试验测得的最大干密度,g/cm^3。

五、土的物理性质指标间的相互关系

前面介绍的土体的物理性质指标,除土粒比重 G_s 外,一部分与土体的结构有关,如孔隙比 e、孔隙度 n、干密度 ρ_d、相对密实度 D_r;另一部分与土体的结构、含水率同时有关,如饱和含水率 w_{max}、含水率 w、饱和密度 ρ_f、水下密度 ρ'、最佳含水率 w_0、饱和度 S_r 等。这些物理性质指标实质上就是土的固相、液相和气相在质量和体积方面不同组合上所构成的不同比值,即三者之间的质量与质量、质量与体积、体积与体积相互组成不同性质的指标。在工程地质的测设中,只有准确地掌握了这些概念、才能正确地评价土的工程性质。

为了进一步了解各指标的内容及其相互关系,现将上述各项指标的定义、指标来源以及对指标的实际应用等方面,归纳为"土的物理性质主要指标一览表",供对照参考,见表 5-8。

土的物理性质主要指标一览表　　表 5-8

指标名称	表达式	参考数值	指标来源	实际应用
比重 G_s	$G_s = \dfrac{m_s}{V_s \cdot \rho_w}$	2.65～2.75	由试验确定	1. 换算 n、e、ρ_d; 2. 工程计算

续上表

指标名称	表达式	参考数值	指标来源	实际应用
密度 ρ（g/cm³）	$\rho = \dfrac{m}{V}$	1.60~2.20	由试验确定	1. 换算 n、e； 2. 说明土的密度
干密度 ρ_d（g/cm³）	$\rho_d = \dfrac{m_s}{V}$	1.30~2.00	$\rho_d = \dfrac{\rho}{1+w}$	1. 换算 n、e； 2. 粒度分析、压缩试验资料整理
饱和密度 ρ_f（g/cm³）	$\rho_f = \dfrac{m_s + V_n \rho_w}{V}$	1.80~2.30	$\rho_f = \dfrac{\rho(G_s-1)}{G_s(1+w)} + 1$	—
水下密度 ρ'（g/cm³）	$\rho' = \dfrac{m_s + V_s \rho_w}{V}$	0.8~1.30	$\rho' = \dfrac{\rho(G_s-1)}{G_s(1+w)}$	1. 计算潜水面以下地基土自重应力； 2. 分析人工边坡稳定
天然含水率 w	$w = \dfrac{m_w}{m_s}$	$0 < w < 1$	由试验确定	1. 换算 S_r、ρ_d、n、e； 2. 计算土的稠度指标
饱和含水率 $w_{\max}$	$w_{\max} = \dfrac{V_n \rho_w}{m_s}$	—	$w_{\max} = \dfrac{G_s(1+w) - \rho}{G_s \cdot \rho}$	
饱和度 S_r	$S_r = \dfrac{V_w}{V_n}$	0~1	$S_r = \dfrac{G_s \cdot \rho \cdot w}{G_s(1+w) - \rho}$	1. 说明土的饱水状态； 2. 砂土、黄土计算地基承载力
天然孔隙度 n	$n = \dfrac{V_n}{V}$	—	$n = 1 - \dfrac{\rho}{G_s(1+w)}$	1. 计算地基承载力； 2. 估计砂土密度和渗透系数； 3. 压缩试验整理资料
天然孔隙比 e	$e = \dfrac{V_n}{V_s}$	—	$e = \dfrac{G_s(1+w)}{\rho} - 1$	1. 说明土中孔隙体积； 2. 换算 e 和 ρ'

任务实施

一、检验土的含水率（酒精燃烧法）

检验土的含水率（酒精燃烧法）

1. 目的及适用范围

本试验适用于快速简易测定土（含有机质的土和盐渍土除外）的含水率。

2. 仪器设备

（1）天平，感量 0.01g。

（2）酒精，纯度 95% 以上。

（3）其他：滴管、调土刀、称量盒（可定期调整为恒定质量）等。

3. 试验步骤

（1）称取空盒的质量，精确至 0.01g。

(2)取代表性试样不少于10g,放入称量盒内,称盒与湿土的总质量,精确至0.01g。

(3)用滴管将酒精注入放有试样的称量盒中,直到盒中出现自由液面为止。为使酒精在试样中充分混合均匀,可将盒底在桌面上轻轻敲击。

(4)如图5-4所示,点燃盒中酒精,燃至火焰熄灭。

图5-4 土的含水率试验

(5)火焰熄灭并冷却数分钟,再次用滴管滴入酒精,不得用瓶直接往盒里倒酒精,以防意外。如此再燃烧两次。

(6)待第三次火焰熄灭后,盖好盒盖,称干土和盒的质量,精确至0.01g。

4.结果计算

(1)按式(5-19)计算含水率,精确至0.1%。

$$w = \frac{m - m_s}{m_s} \times 100 \tag{5-19}$$

式中:w——含水率,%;
m——湿土质量,g;
m_s——干土质量,g。

试验记录表见表5-9。

含水率试验记录表(酒精燃烧法) 表5-9

工程编号_____ 试验者_____
土样说明_____ 计算者_____
试验日期_____ 校核者_____

盒号					
盒质量(g)	(1)				
盒+湿土质量(g)	(2)				
盒+干土质量(g)	(3)				
水分质量(g)	(4)=(2)-(3)				
干土质量(g)	(5)=(3)-(1)				
含水率(%)	(6)=(4)/(5)				
平均含水率(%)	(7)				

(2)精度和允许差。

本试验须进行二次平行测定,取其算术平均值,允许平行差值应符合表5-10规定。

含水率测定的允许平行差值 表5-10

含水率(%)	允许平行差值(%)
$w \leq 5.0$	0.3
$5.0 < w \leq 40.0$	≤1.0
$w > 40.0$	≤2.0
对层状和网状结构的冻土	<3.0

二、检验土的含水率(烘干法)

1. 目的及适用范围

本方法适用于测定黏质土、粉质土、砂类土、砾类土、有机质土和冻土等土类的含水率。

2. 仪器设备

(1)烘箱。

(2)天平:称量200g,感量0.01g;称量5000g,感量1g。

(3)其他:干燥器、称量盒等。

3. 试验步骤

(1)取具有代表性试样,细粒土不小于50g,砂类土、有机质土不小于100g,砾类土不小于1kg,放入称量盒内,立即盖好盒盖,称质量。

(2)揭开盒盖,将试样和盒放入烘箱内,在温度105~110℃恒温下烘干[①]。烘干时间对细粒土不得小于8h;对砂类土和砾类土不得小于6h;对含有机质超过5%的土或含石膏的土,应将温度控制在60~70℃的范围内,烘干时间不宜小于24h。

(3)将烘干后的试样和盒取出,放入干燥器内冷却(一般为0.5~1h)[②]。冷却后盖好盒盖,称质量,细粒土、砂类土和有机质土精确至0.01g;砾类土精确至1g。

注:①一般土样烘干16~24h就足够。但是,有些土或试样数量过多或试样很潮湿,可能需要烘更长的时间。烘干的时间也与烘箱内试样的总质量、烘箱的尺寸及其通风系统的效率有关。

②如铝盒的盖密闭,而且试样在称量前放置时间较短,可以不放在干燥器中冷却。

4. 结果计算

(1)按式(5-20)计算含水率:

$$w = \frac{m - m_s}{m_s} \times 100 \quad (5\text{-}20)$$

式中:w——含水率,计算至0.1,%;

m——湿土质量,g;

m_s——干土质量,g。

(2)试验记录格式见表5-11。

含水率试验记录表　　　　表5-11

工程编号_____　　　试验者_____
土样说明_____　　　计算者_____
试验日期_____　　　校核者_____

盒号		1	2	3	4
盒质量(g)	(1)	20.00	20.00	20.00	20.00
盒+湿土质量(g)	(2)	71.65	70.54	70.65	70.45
盒+干土质量(g)	(3)	62.30	61.23	59.63	59.32

续上表

盒号		1	2	3	4
水分质量(g)	(4)=(2)-(3)	9.35	9.31	11.02	11.13
干土质量(g)	(5)=(3)-(1)	42.30	41.23	39.63	39.32
含水率(%)	(6)=(4)/(5)	22.1	22.6	27.8	28.3
平均含水率(%)	(7)	22.4		28.1	

（3）精度和允许差。

本试验应进行两次平行测定,取其算术平均值,精确至0.1%,允许平行差值应符合表5-12规定,否则应重做试验。

含水率测定的允许平行差值　　　　　表5-12

含水率(%)	允许平行差值(%)
$w \leqslant 5.0$	$\leqslant 0.3$
$5.0 < w \leqslant 40.0$	$\leqslant 1.0$
$w > 40.0$	$\leqslant 2.0$

5. 报告

（1）土的状态描述。

（2）土的含水率 w 值。

三、检验土的颗粒级配(筛分法)

检验土的颗粒级配(筛分法)

1. 目的及适用范围

本试验的目的是获得粗粒土的颗粒级配。本试验适用于分析土粒粒径范围0.075~60mm的土粒粒组含量和级配组成。

2. 仪器设备

（1）标准筛(图5-5)：粗筛(圆孔)孔径(mm)为60、40、20、10、5、2；细筛孔径(mm)为2.0、1.0、0.5、0.25、0.075。

（2）天平：称量5000g,感量1g；称量1000g,感量0.01g。

（3）摇筛机。

（4）其他：烘箱、筛刷、烧杯、木碾、研钵及杵等。

3. 试样

从风干、松散的土样中,用四分法按照下列规定取出具有代表性的试样：

（1）小于2mm颗粒的土100~300g。

（2）最大粒径小于10mm的土300~900g。

（3）最大粒径小于20mm的土1000~2000g。

（4）最大粒径小于40mm的土2000~4000g。

（5）最大粒径大于40mm的土4000g以上。

图 5-5　土的颗粒分析试验标准筛

4. 试验步骤

对于无黏聚性的土：

(1)按规定称取试样,将试样分批过 2mm 筛。

(2)将大于 2mm 的试样按从大到小的次序,通过大于 2mm 的各级粗筛。将留在筛上的土分别称量。

(3)2mm 筛下的土如数量过多,可用四分法缩分至 100～800g。将试样按从大到小的次序通过小于 2mm 的各级细筛。可用摇筛机进行振摇。振摇时间一般为 10～15min。

(4)由最大孔径的筛开始,顺序将各筛取下,在白纸上用手轻叩摇晃,至每分钟筛下数量不大于该级筛余质量的 1% 为止。漏下的土粒应全部放入下一级筛内,并将留在各筛上的土样用软毛刷刷净,分别称量。

(5)筛后各级留筛和筛下土总质量与筛前试样总质量之差,不应大于筛前试样总质量的 1%。

(6)如 2mm 筛下的土不超过试样总质量的 10%,可省略细筛分析;如 2mm 筛上的土不超过试样总质量的 10%,可省略粗筛分析。

对于含有黏土粒的砂砾土：

(1)将土样放在橡皮板上,用木碾将黏结的土团充分碾散,拌匀、烘干、称量。如土样过多时,用四分法称取代表性土样。

(2)将试样置于盛有清水的瓷盆中,浸泡并搅拌,使粗细颗粒分散。

(3)将浸润后的混合液过 2mm 筛,边冲边洗过筛,直至筛上仅留大于 2mm 以上的土粒为止。然后,将筛上洗净的砂砾烘干称量。按以上方法进行粗筛分析。

(4)通过 2mm 筛下的混合液存放在盆中,待稍沉淀,将上部悬液过 0.075mm 洗筛,用带橡皮头的玻璃棒研磨盆内浆液,再加清水,搅拌、研磨、静置、过筛,反复进行,直至盆内悬液澄清。最后,将全部土粒倒在 0.075mm 筛上,用水冲洗,直到筛上仅留大于 0.075mm 净砂为止。

(5)将大于 0.075mm 的净砂烘干称量,并进行细筛分析。

(6)将大于 2mm 颗粒及 0.075～2mm 的颗粒质量从原称量的总质量中减去,即为小于 0.075mm 颗粒质量。

(7)如果小于0.075mm颗粒质量超过总土质量的10%,有必要时,将这部分土烘干、取样,另做密度计或移液管分析。

5. 结果整理

(1)按式(5-21)计算小于某粒径颗粒的质量百分数:

$$X = \frac{A}{B} \times 100 \qquad (5\text{-}21)$$

式中:X——小于某粒径颗粒的质量百分数,计算至0.1%;
　　　A——小于某粒径的颗粒质量,g;
　　　B——试样的总质量,g。

(2)小于2mm的颗粒如用四分法缩分取样时,按式(5-22)计算试样中小于某粒径的颗粒质量占总土质量的百分数:

$$X = \frac{a}{b} \times p \times 100 \qquad (5\text{-}22)$$

式中:X——小于某粒径颗粒的质量百分数,计算至0.1%;
　　　a——通过2mm筛的试样中小于某粒径的颗粒质量,g;
　　　b——通过2mm筛的土样中所取试样的质量,g;
　　　p——粒径小于2mm的颗粒质量百分数,%。

(3)在半对数坐标纸上,以小于某粒径的颗粒质量百分数为纵坐标,以粒径(mm)为横坐标,绘制颗粒大小级配曲经,求出各粒组的颗粒质量百分数,以整数(%)表示。

(4)必要时按下式计算不均匀系数:

$$C_u = \frac{d_{60}}{d_{10}} \qquad (5\text{-}23)$$

式中:C_u——不均匀系数,计算至0.1,且含两位以上有效数字;
　　　d_{60}——限制粒径,即土中小于该粒径的颗粒质量为60%的粒径,mm;
　　　d_{10}——有效粒径,即土中小于该粒径的颗粒质量为10%的粒径,mm。

(5)试验记录格式见表5-13。

颗粒分析试验记录(筛分法)　　　　　　　　　表5-13

工程名称_____　　试验者_____
土样编号_____　　计算者_____
土样说明_____　　校核者_____
　　　　　　　　　　　　　　　　试验日期_____

| 筛前总土质量_____g | 小于2mm取样质量_____g |
| 小于2mm土质量_____g | 小于2mm土占总土质量_____% |

粗筛分析				细筛分析				
孔径(mm)	累积留筛土质量(g)	小于该孔径的土质量(g)	小于该孔径的土质量百分比(%)	孔径(mm)	累积留筛土质量(g)	小于该孔径的土质量(g)	小于该孔径的土质量百分比(%)	占总土质量百分比(%)
60				2.0				

续上表

粗筛分析				细筛分析				
孔径(mm)	累积留筛土质量(g)	小于该孔径的土质量(g)	小于该孔径的土质量百分比(%)	孔径(mm)	累积留筛土质量(g)	小于该孔径的土质量(g)	小于该孔径的土质量百分比(%)	占总土质量百分比(%)
40				1.0				
20				0.5				
10				0.25				
5				0.075				
2								

(6)精度和允许差。

筛后各级筛上和筛底土总质量与筛前试样总质量之差,不应大于筛前试样总质量的1%,否则应重新试验。

6.报告

(1)土的状态描述。

(2)颗粒级配曲线。

(3)不均匀系数 C_u。

四、检验土的界限含水率(液塑限联合测定仪法)

检验土的界限含水率(液塑限联合测定仪法)

1.目的及适用范围

(1)本试验的目的是联合测定土的液限和塑限,用于划分土类、计算天然稠度和塑性指数,供公路工程设计和施工使用。

(2)本试验适用于粒径不大于0.5mm、有机质含量不大于试样总质量5%的土。

2.仪器设备

(1)液塑限联合测定仪(图5-6):应包括带标尺的圆锥仪、电磁铁、显示屏、控制开关和试验样杯。圆锥质量为100g或76g,锥角为30°。

(2)盛土杯:直径50mm,深度40~50mm。

(3)天平:感量0.01g。

(4)其他:筛(孔径0.5mm)、调土刀、调土皿、称量盒、研钵(附带橡皮头的研杵或橡皮板、木棒)、干燥器、吸管、凡士林等。

图5-6 液塑限联合测定仪

3.试验步骤

(1)取有代表性天然含水率的土样或风干土样进行试验。如土中含大于0.5mm的土粒或杂物时,应将风干土样用带橡皮头的研杵研碎或用木棒在橡皮板上压碎,过0.5mm的筛。

取 0.5mm 筛下的代表性土样至少 600g,分别放入三个盛土皿中,加不同数量的纯水,土样的含水率分别控制在液限(a 点)、略大于塑限(c 点)和二者的中间状态(b 点)。用调土刀调匀,盖上湿布,放置 18h 以上。测定 a 点的锥入深度,对于 100g 锥应为 20mm ± 0.2mm,对于 76g 锥应为 17mm ± 0.2mm。测定 c 点的锥入深度,对于 100g 锥应控制在 5mm 以下,对于 76g 锥应控制在 2mm 以下。对于砂类土,用 100g 锥测定 c 点的锥入深度可大于 5mm,用 76g 锥测定 c 点的锥入深度可大于 2mm。

(2)将制备的土样充分搅拌均匀,分层装入盛土杯,用力压密,使空气逸出。对于较干的土样,应先充分搓揉,用调土刀反复压实。试杯装满后,用调土刀刮成与杯边齐平。

(3)用游标式或百分表式液塑限联合测定仪测定时,调平仪器,提起锥杆(此时游标或百分表读数为零),在锥头上涂少许凡士林。

(4)将装好土样的试杯放在联合测定仪的升降座上,转动升降旋钮,待锥尖与土样表面刚好接触时停止升降,扭动锥下降按钮,经 5s 时,锥体停止下落,此时游标读数即为锥入深度 h_1。

(5)改变锥尖与土接触位置(锥尖两次锥入位置距离不小于 1cm),重复步骤(3)和(4),得锥入深度 h_2,h_1、h_2 允许平行误差为 0.5mm,否则应重做。取 h_1、h_2 平均值作为该点的锥入深度 h。

(6)去掉锥尖入土处的凡士林,取 10g 以上的土样两份,分别装入称量盒内,称质量(精确至 0.01g),测定其含水率 w_1、w_2(计算到 0.1%)。计算含水率平均值 w。

(7)重复本试验(2)~(6)步骤,对其他两份含水率土样进行试验,测其锥入深度和含水率。

4.结果整理

(1)在双对数坐标上,以含水率 w 为横坐标,锥入深度 h 为纵坐标,点绘 a、b、c 三点含水率的 h-w 图(图 5-7)。连此三点,应呈一条直线。如三点不在同一直线上,要通过 a 点与 b、c 两点连成两条直线,根据液限(a 点含水率)在 h_P-w_L 图上查得 h_P,以此 h_P 再在 h-w 图的 ab 及 ac 两直线上求出相应的两个含水率。当两个含水率的差值小于 2% 时,以该两点含水率的平均值与 a 点连成一直线。当两个含水率的差值不小于 2% 时,应重做试验。

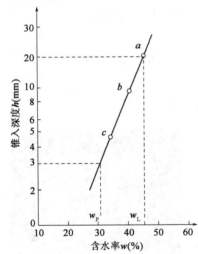

图 5-7 锥入深度与含水率(h-w)关系图

(2)液限的确定方法。

①若采用 76g 锥做液限试验,则在 h-w 图上查得纵坐标入土深度 h = 17mm 所对应的横坐标的含水率 w,即为该土样的液限 w_L。

②若采用 100g 锥做液限试验,则在 h-w 图上查得纵坐标入土深度 h = 20mm 所对应的横坐标的含水率 w,即为该土样的液限 w_L。

(3)塑限的确定方法。

①根据上面(2)①求出的液限,通过 76g 锥入土深度 h 与含水率 w 的关系曲线(图 5-7),查得锥入土深度为 2mm 所对应的含水率即为该土样的塑限 w_P。

②采用100g锥时，根据上面(2)②求出的液限，通过液限 w_L 与塑限时入土深度 h_P 的关系曲线(图5-8)，查得 h_P，再由图5-7求出入土深度为 h_P 时所对应的含水率，即为该土样的塑限 w_P。查 h_P-w_L 关系图时，须先通过简易鉴别法及筛分法，把砂类土与细粒土区别开来，再按这两种土分别采用相应的 h_P-w_L 关系曲线；对于细粒土，用双曲线确定 h_P 值；对于砂类土，则用多项式曲线确定 h_P 值。

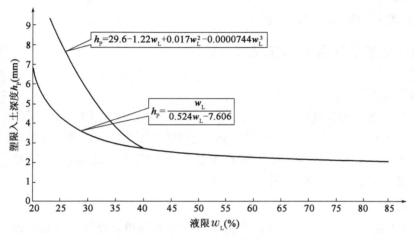

图5-8 h_P-w_L 关系曲线

若根据上面(2)②求出的液限，当 a 点的锥入深度在20mm±0.2mm范围内时，应在 ad 线上查得入土深度为20mm处相对应的含水率，此为液限 w_L。再用此液限在"h_P-w_L 关系曲线"上找出与之相对应的塑限入土深度 h'_P，然后到 h-w 图上 ad 直线上查得 h'_P 相对应的含水率，此为塑限 w_P。

(4)计算塑性指数。

(5)试验记录格式见表5-14。

液限塑限联合试验记录　　　　　　　　　　　　　　　　　表5-14

工程名称_____　　　　试验者_____
土样编号_____　　　　计算者_____
取土深度_____　　　　校核者_____
土样制备_____　　　　试验日期_____

	试验项目	1	2	3	
入土深度(mm)	h_1				
	h_2				
	$\frac{1}{2}(h_1+h_2)$				液限 w_L =
含水率(%)	盒号				塑限 w_P =
	盒质量(g)				塑性指数 I_P =
	盒+湿土质量(g)				
	盒+干土质量(g)				
	水质量(g)				
	干土质量(g)				
	含水率(%)				
	平均含水率(%)				

(6)精度和允许差。

本试验应进行两次平行测定,其允许差值为:高液限土≤2%,低液限土≤1%。若不满足要求,则应重新试验。取其算术平均值,保留至小数点后一位。

5. 报告

(1)土的状态描述。

(2)土的液限、塑限和塑性指数。

五、检验土的最佳含水率和最大干密度

1. 目的及适用范围

本试验分轻型击实和重型击实。应根据工程要求和试样最大粒径选用击实试验方法。当粒径大于40mm的颗粒含量大于5%且不大于30%时,应对试验结果进行校正。粒径大于40mm的颗粒含量大于30%时,按粗粒土和巨粒土最大干密度试验(表面振动压实仪法)进行。

2. 仪器设备

(1)标准击实仪(图5-9~图5-11)。击实试验方法和相应设备的主要参数应符合表5-7的规定。

图5-9 土的击实试验

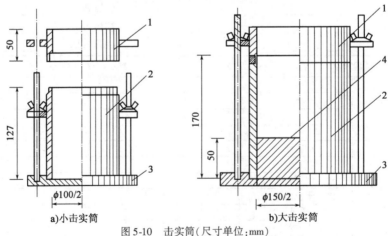

图5-10 击实筒(尺寸单位:mm)
1-套筒;2-击实筒;3-底板;4-垫块

(2)烘箱及干燥器。
(3)天平:称量2000g,感量0.01g;称量10kg,感量1g。
(4)圆孔筛:孔径40mm、20mm和5mm各1个。
(5)拌和工具:400mm×600mm、深70mm的金属盘,土铲。
(6)其他:喷水设备、碾土器、盛土盘、量筒、推土器、铝盒、修土刀、平直尺等。

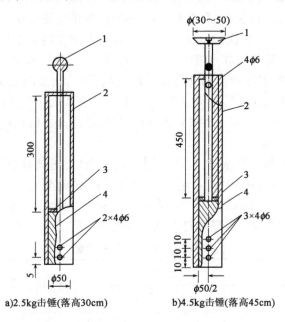

a)2.5kg击锤(落高30cm)　　b)4.5kg击锤(落高45cm)

图5-11　击实锤和导杆(尺寸单位:mm)
1-提手;2-导筒;3-硬橡皮垫;4-击锤

3. 试样准备

本试验可分别采用不同的方法准备试样,各方法可按表5-15准备试样。击实试验后的试样不宜重复使用。

试料用量　　　　　　　　　　　　　　　表5-15

使用方法	试筒内径(cm)	最大粒径(mm)	试料用量
干土法	10 15.2	20 40	至少5个试样,每个3kg 至少5个试样,每个6kg
湿土法	10 15.2	20 40	至少5个试样,每个3kg 至少5个试样,每个6kg

(1)干土法。过40mm筛后,按四分法至少准备5个试样,分别加入不同水量(按1%~3%含水率递增),将土样拌和均匀,然后闷料一夜备用。

(2)湿土法。对于高含水率土,可省略过筛步骤,拣除大于40mm的石子。保持天然含水率的第一个土样,可立即用于击实试验。其余几个试样,将土分成小土块,分别风干,使含水率按2%~4%递减。

项目五　工程用土　155

4. 试验步骤

(1)根据土的性质和工程要求,按表 5-7 规定选择轻型或重型试验方法,选用干土法或湿土法。

(2)称取试筒质量 m_1,精确至 1g。将击实筒放在坚硬的地面上,在筒壁上抹一薄层凡士林,并在筒底(小试筒)或垫块(大试筒)上放置蜡纸或塑料薄膜。取制备好的土样分 3~5 次倒入筒内。小筒按三层法时,每次约 800~900g(其量应使击实后的土样等于或略高于筒高的 1/3);按五层法时,每次约 400~500g(其量应使击实后的土样等于或略高于筒高的 1/5)。对于大试筒,先将垫块放入筒内底板上,按三层法,每层需试样 1700g 左右。整平表面,并稍加压紧,然后按规定的击数进行第一层土的击实,击实时击锤应自由垂直落下,锤迹必须均匀分布于土样表面,第一层击实后,将试样层面"拉毛",然后再装入套筒,重复上述方法进行其余各层土的击实。小试筒击实后,试样不应高出筒顶面 5mm;大试筒击实后,试样不应高出筒顶面 6mm。

(3)用削土刀沿套筒内壁削刮,使试样与套筒脱离后,扭动并取下套筒,齐筒顶细心削平试样,拆除底板,擦净筒外壁,称筒与土的总质量 m_2,精确至 1g。

(4)用推土器推出筒内试样,从试样中心处取代表性的土样测其含水率,计算至 0.1%。测定含水率用试样的数量应符合表 5-16 的规定。

测定含水率用试样的数量　　　　　表 5-16

最大粒径(mm)	试样质量(g)	个数
<5	约 100	2
约 5	约 200	1
约 20	约 400	1
约 40	约 800	1

5. 结果整理

(1)按式(5-24)计算击实后各点的干密度。

$$\rho_d = \frac{\rho}{1+0.01w} \tag{5-24}$$

式中:ρ_d——干密度,计算至 0.01g/cm^3;

ρ——湿密度,g/cm^3;

w——含水率,%。

(2)以干密度为纵坐标,含水率为横坐标,绘制干密度与含水率的关系曲线,曲线上峰值点的纵、横坐标分别为最大干密度和最佳含水率。如曲线不能绘出明显的峰值点,应进行补点或重做。

(3)当试样中有大于 40mm 的颗粒时,应先取出大于 40mm 的颗粒,并求得其百分率 ρ,对小于 40mm 部分做击实试验,按下面公式分别对试验所得的最大干密度和最佳含水率进行校正。(适用于大于 40mm 颗粒的含量小于 30% 时)

最大干密度按式(5-25)校正:

$$\rho'_{dmax} = \cfrac{1}{\cfrac{1-0.01\rho}{\rho_{dmax}} + \cfrac{0.01\rho}{\rho_w G_s}} \tag{5-25}$$

式中：ρ'_{dmax}——校正后的最大干密度，计算至 0.01g/cm^3；

ρ_{dmax}——用粒径小于 40mm 的土样试验所得的最大干密度，g/cm^3；

ρ——试料中粒径大于 40mm 颗粒的百分率，%；

G_s——粒径大于 40mm 颗粒的毛体积比重，计算至 0.01。

最佳含水率按式(5-26)校正：

$$w'_0 = w_0(1-0.01\rho) + 0.01\rho w_2 \tag{5-26}$$

式中：w'_0——校正后的最佳含水率，计算至 0.1%；

w_0——用粒径小于 40mm 的土样试验所得的最佳含水率，%；

ρ——同前；

w_2——粒径大于 40mm 颗粒的吸水量，%。

(4)试验记录格式见表 5-17。

击实试验记录　　　　　　　　　　表 5-17

	土样编号		筒号		落距	
	土样来源		筒容积		每层击数	
	试验日期		击锤质量		大于 5mm 颗粒含量	
	试验次数	1	2	3	4	5
干密度	筒+土质量(g)					
	筒质量(g)					
	湿土质量(g)					
	湿密度(g/cm³)					
	干密度(g/cm³)					
含水率	盒号					
	盒+湿土质量(g)					
	盒+干土质量(g)					
	盒质量(g)					
	水质量(g)					
	干土质量(g)					
	含水率(%)					
	平均含水率(%)					
最佳含水率=				最大干密度=		

校核者＿＿＿＿＿＿　　　计算者＿＿＿＿＿＿　　　试验者＿＿＿＿＿＿

(5)精度和允许差。

最大干密度精确至 0.01g/cm^3；最佳含水率精确至 0.1%。

六、检验土的承载比(CBR)

1. 目的及适用范围

(1)本试验适用于在规定的试筒内制件后,对各种土进行承载比试验。

(2)试样的最大粒径宜控制在 20mm 以内,最大粒径不得超过 40mm,且粒径在 20~40mm 的颗粒含量不宜超过 5%。

2. 仪器设备

(1)圆孔筛:孔径 40mm、20mm 及 5mm 筛各 1 个。

(2)试筒:内径 152mm、高 170mm 的金属圆筒;套环,高 50mm;筒内垫块,直径 151mm、高 50mm;夯击底板,同击实仪。试筒的样式和主要尺寸如图 5-12 所示,也可用《公路土工试验规程》(JTG 3430—2020)T 0131 击实试验的大击实筒。

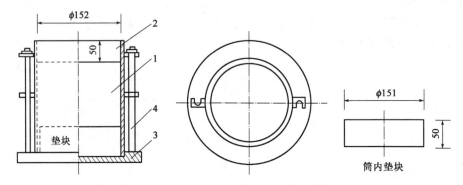

图 5-12 承载比试筒(尺寸单位:mm)
1-试筒;2-套环;3-夯击底板;4-拉杆

(3)夯锤和导管:夯锤的底面直径 50mm,总质量 4.5kg。夯锤在导管内的总行程为 450mm,夯锤的形式和尺寸与重型击实试验法所用的相同。

(4)贯入杆:端面直径 50mm、长约 100mm 的金属柱。

(5)路面材料强度仪或其他载荷装置,如图 5-13 所示。能调节贯入速度为 1mm/min;测力环应包括 7.5kN、15kN、30kN、60kN、100kN 和 150kN 等型号。

(6)百分表:3 个。

(7)试件顶面上的多孔板(测试件吸水时的膨胀量),如图 5-14 所示。

(8)多孔底板(试件放上后浸泡水中)。

(9)测膨胀量时支承百分表的架子,如图 5-15 所示。

(10)荷载板:直径 150mm,中心孔直径 52mm,每块质量 1.25kg,共 4 块,并沿直径分为两个半圆块,如图 5-16 所示。

(11)水槽:浸泡试件用,槽内水面应高出试件顶面 25mm。

(12)天平:称量 2000g,感量 0.01g;称量 50kg,感量 5g。

(13)其他:拌和盘、直尺、滤纸、推土器等与击实试验相同。

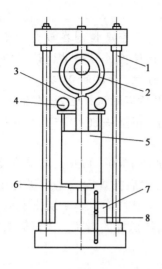
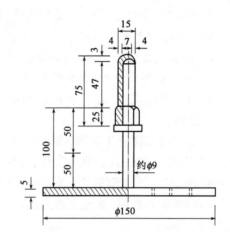

图 5-13 荷载装置示意图
1-框架;2-测力环;3-贯入杆;4-百分表;5-试件;
6-升降台;7-蜗轮蜗杆箱;8-摇把

图 5-14 带调节杆的多孔板(单位:mm)

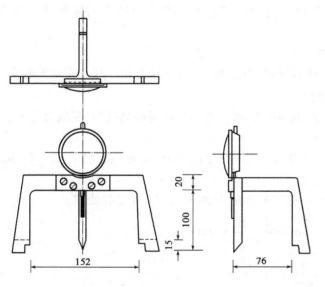
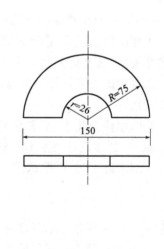

图 5-15 膨胀量测定装置(单位:mm)　　　　图 5-16 荷载板(单位:mm)

3. 试样

(1)将具有代表性的风干试料(必要时可在 50℃ 烘箱内烘干)用木碾捣碎。土团应捣碎到能过 5mm 的筛孔。用 40mm 筛筛除大于 40mm 的颗粒,并记录超尺寸颗粒的百分数。

(2)按《公路土工试验规程》(JTG 3430—2020) T 0131 的击实试验方法确定试料的最大干密度和最佳含水率。

4. 试验步骤

(1)取代表性的试料测定其风干含水率。按最佳含水率制备 3 个试件,掺水将试料充分拌匀后装入密闭容器或塑料口袋内浸润。浸润时间:黏性土不得小于 24h,粉性土可缩短到12h,砂土可缩短到6h,天然砂砾可缩短到2h左右。

注:①需要时,可制备三种干密度试件,使试件的干密度控制在最大干密度的90%~100%之间。如每种干密度试件制3个,则共制9个试件,9个试件共需试样约55kg。

②采用击实成型试件时,每层击数一般分别为30次、50次和98次。

③采用静压成型制件时,根据确定的压实度计算所需的试样量,一次静压成型。

(2)称试筒本身质量(m_1),将试筒固定在底板上,将垫块放入筒内,并在垫块上放一张滤纸,安上套环。

(3)取备好的试样分3次倒入筒内(每层约需试样1500~1750g,其量应使击实后的试样高出1/3筒高1~2mm)。整平表面,并稍加压紧,然后按规定的击数进行第一层试样的击实,击实时锤应自由垂直落下,锤迹必须均匀分布于试样面。第一层击实后,将试样层面"拉毛",然后再装入套筒,重复上述方法进行其余每层试样的击实。大试筒击实后,试样不宜高出筒高10mm。

(4)每击实3筒试件,取代表性试样进行含水率试验。

(5)卸下套环,用直刮刀沿试筒顶修平击实的试件,表面不平整处用细料修补。取出垫块,称试筒和试件的质量(m_2)。

(6)CBR试样采用静压成型制件时,根据确定的压实度计算所需的试样量,一次静压成型。

(7)计算泡水测膨胀量的步骤如下:

①在试件制成后,取下试件顶面的破残滤纸,放一张好滤纸,并在其上安装附有调节杆的多孔板,在多孔板上加4块荷载板。

②将试筒与多孔板一起放入槽内(先不放水),并用拉杆将模具拉紧,安装百分表,并读取初读数。

③向水槽内注水,使水漫过试筒顶部。在泡水期间,槽内水面应保持在试筒顶面以上约25mm。通常试件要泡水4昼夜。

④泡水终了时,读取试件上百分表的终读数,并用式(5-27)计算膨胀率:

$$\delta_e = \frac{H_1 - H_0}{H_0} \times 100 \tag{5-27}$$

式中:δ_e——试件泡水后的膨胀率,计算至0.1%;

H_1——试件泡水终了的高度,mm;

H_0——试件初始高度,mm。

⑤从水槽中取出试件,倒出试件顶面的水,静置15min,让其排水,然后卸去附加荷载、多孔板、底板和滤纸,并称质量(m_3),以计算试件的湿度和密度的变化。

(8)贯入试验。

①应选用合适吨位的测力环,贯入结束时测力环读数宜占其量程的1/3以上。

②将泡水试验终了的试件放到路面材料强度试验仪的升降台上,调整偏球座,对准、整平并使贯入杆与试件顶面全面接触,在贯入杆周围放置4块荷载板。

③先在贯入杆上施加少许荷载,以便试样与土样紧密接触,然后将测力和测变形的百分表的指针均调整至整数,并记录初始读数。

④加荷使贯入杆以 1~1.25mm/min 的速度压入试件,同时测记三个百分表的读数。记录测力计内百分表在某些整读数(如 20、40、60)时的贯入量,并注意使贯入量为 250×10^{-2}mm 时,能有 5 个以上的读数。因此,测力计内贯入量的第一个读数应为 30×10^2mm 左右。

5. 结果整理

(1)以单位压力(p)为横坐标,贯入量(l)为纵坐标,绘制 l-P 关系曲线,如图 5-17 所示。图上曲线 1 是合适的。曲线 2 开始段是凹曲线,需要进行修正。修正时在变曲率点引一切线,与纵坐标交于 O' 点,O' 即为修正后的原点。

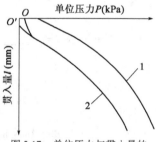

图 5-17 单位压力与贯入量的关系曲线

(2)根据式(5-28)和式(5-29)分别计算贯入量为 2.5mm 和 5mm 时的承载比(CBR),即:

$$CBR = \frac{P}{7000} \times 100 \quad (5\text{-}28)$$

$$CBR = \frac{P}{10500} \times 100 \quad (5\text{-}29)$$

式中:CBR——承载比,%,计算至 0.1;
P——单位压力,kPa。

取两者的较大值作为该材料的承载比(CBR)。

(3)试件的湿密度用下式计算:

$$\rho = \frac{m_2 - m_1}{2177} \quad (5\text{-}30)$$

式中:ρ——试件的湿密度,计算至 0.01g/cm^3;
m_2——试筒和试件的总质量,g;
m_1——试筒的质量,g;
2177——试筒的容积,cm^3。

(4)试件的干密度用下式计算:

$$\rho_d = \frac{\rho}{1 + 0.01w} \quad (5\text{-}31)$$

式中:ρ_d——试件的干密度,计算至 0.01g/cm^3;
w——试件的含水率,g。

(5)泡水后试件的吸水量按下式计算:

$$w_a = m_3 - m_2 \quad (5\text{-}32)$$

式中:w_a——泡水后试件的吸水量,g;
m_3——泡水后试筒和试件的总质量,g;
m_2——试筒和试件的总质量,g。

(6)试验记录格式见表 5-18 和表 5-19。

贯入试验记录

表 5-18

土样编号 _____ 试验者 _____

最大干密度   1.69g/cm³   计算者 _____

最佳含水率   18%   校核者 _____

每层击数   98   试验日期 _____

                                                    试件编号 _____

测力环校正系数 C = _____ kN/0.01mm, 贯入杆面积 $A = 1.9635 \times 10^{-3} \, m^2$

$$P = \frac{C \times R}{A}$$

$l = 2.5$mm 时, $P = 611$kPa $CBR = \dfrac{P}{7000} \times 100\% = 8.7\%$

$l = 5.0$mm 时, $P = 690$kPa $CBR = \dfrac{P}{105000} \times 100\% = 6.6\%$

荷载测力计百分表		单位压力	贯入量百分表读数					贯入量
读数	变形值		左表		右表		平均值	
			读数	位移值	读数	位移值		
R'_i (0.01mm)	$R_i = R'_{i+1} - R'_i$ (0.01mm)	P(kPa)	R_{1i} (0.01mm)	$= R_{1i+1} - R_{1i}$ (0.01mm)	R_{2i} (0.01mm)	$R_{2i} = R_{2i+1} - R_{2i}$ (0.01mm)	$R_1 = \dfrac{1}{2}(R_1 + R_2)$ (0.01mm)	l (mm)
0.0	0.9	110	0.0	60.4	0.0	60.6	60.5	0.61
0.9			60.4		60.6			
1.8	1.8	220	106.5	106.5	106.5	106.5	106.5	1.07
2.9	2.9	354	151.1	151.1	150.9	150.9	151.0	1.51
4.0	4.0	489	193.9	193.9	194.1	194.1	194.0	1.94
4.8	4.8	586	240.4	240.4	240.6	240.6	240.5	2.41
5.1	5.1	623	286.1	286.1	285.9	285.9	286.0	2.86
5.4	5.4	660	335.0	335.0	335.0	335.0	335.0	3.34
5.6	5.6	684	383.0	383.0	383.0	383.0	383.0	3.83
5.6	5.6	684	488.0	488.0	488.0	488.0	488.0	4.88

膨胀量试验记录

表 5-19

	试验次数		1	2	3
膨胀量	筒号	(1)			
	泡水前试件(原试件)高度(mm)	(2)	120	120	120
	泡水后试件高度(mm)	(3)	128.6	136.5	133
	膨胀量(%)	(4)	$\dfrac{(3)-(2)}{(2)} \times 100$	7.167	13.75	10.83
	膨胀量平均值(%)		10.58		

续上表

	试验次数			1	2	3
密度	筒质量 m_1(g)	(5)		6660	4640	5390
	筒+试件质量 m_2(g)	(6)		10900	8937	9790
	筒体积(cm³)	(7)		2177	2177	2177
	湿密度 ρ(g/cm³)	(8)	$\dfrac{(6)-(5)}{(7)}$	1.948	1.974	2.021
	含水率 w(%)	(9)		16.93	18.06	26.01
	干密度 ρ_d(g/cm³)	(10)	$\dfrac{(8)}{1+0.01w}$	1.666	1.672	1.604
	干密度平均值(g/cm³)			1.647		
吸水量	泡水后筒+试件合质量 m_3(g)	(11)		11530	9537	10390
	吸水量 w_a(g)	(12)	(11)(6)	630	600	600
	吸水量平均值(g)			610		

(7)精度和允许差。

计算3个平行试验的承载比变异系数 C_V。如 C_V 小于12%,则取3个结果的平均值;如 C_V 大于12%,则去掉一个偏离大的值,取其余2个结果的平均值。

(8)报告。

①材料的状态描述。

②最佳含水率和最大干密度。

③材料的承载比。

④材料的膨胀率。

任务评价

评价项目	评价标准	参考分值	得分
检验土的含水率(酒精燃烧法)	操作手法规范,操作步骤正确,小组成员配合默契,安全意识强	10	
检验土的含水率(烘干法)	操作步骤正确,小组成员有较强的团队合作精神	10	
检验颗粒级配(筛分法)	试验操作正确,结果计算准确,小组成员工作态度细致、严谨	15	
检验土的界限含水率(液限和塑限联合测定法)	试验操作正确,试验结果完整,小组成员有锲而不舍的研究精神	20	
检验土的最佳含水率和最大干密度	试验操作正确,结果计算准确,小组成员不怕脏不怕累、有团队精神	20	
检验土的承载比(CBR)试验	操作手法规范,结果计算准确,小组成员敢于面对困难、抗压能力强	15	
打扫卫生	场地打扫干净,仪器擦洗干净、摆放整齐	10	
总评			

 习题

一、单选题

1. 在土的划分中,粗粒组和细粒组的区分界限为( )。
   A. 200mm B. 60mm C. 2mm D. 0.075mm
2. 测定土的含水率标准方法是( )。
   A. 酒精燃烧法 B. 微波炉加热法 C. 炒干法 D. 烘干法
3. 击实试验是为了获得路基土的( )。
   A. 最小孔隙率和天然稠度 B. 最大干密度和最佳含水率
   C. 最大干密度和最小孔隙率 D. 天然稠度和最佳含水率
4. 土的液塑限试验备样时,土应先通过( )标准筛。
   A. 5mm B. 2mm C. 0.5mm D. 0.25mm
5. 土的重型击实试验,击实锤的质量为( )。
   A. 2.5kg B. 4.5kg C. 5kg D. 5.5kg
6. 土颗粒分析采用筛分法或沉降分析法取决于土的分界粒径,分界粒径为( )。
   A. 0.075mm B. 0.5mm C. 2mm D. 5mm
7. 土的液塑限试验中,规定试验锥重与锥入时间分别为( )。
   A. 76g,8s B. 76g,10s C. 100g,5s D. 100g,10s
8. 烘干法作为土的含水率标准测定方法,烘箱烘干温度应为( )。
   A. 100~105℃ B. 105~110℃ C. 100~110℃ D. 105℃
9. 同一种土,其密度 ρ、土颗粒密度 ρ_s、干密度 ρ_d 三者之间的关系是( )。
   A. $\rho > \rho_s > \rho_d$ B. $\rho_s > \rho > \rho_d$
   C. $\rho_d > \rho_s > \rho$ D. $\rho > \rho_d > \rho_s$
10. 反映土的可塑性大小的指标是( )。
    A. 液性指数 B. 塑性指数 C. 塑限 D. 液限
11. 土的液限 $w_L = 40\%$,塑限 $w_P = 20\%$,则该土的塑性指数为( )。
    A. 15 B. 20 C. 20% D. 30
12. 土的含水率试验,已知铝盒质量为45g,铝盒与湿土质量为200g,烘干后铝盒与干土质量为150g,该土的含水率为( )。
    A. 32% B. 33.3% C. 47.6% D. 48%
13. 测定土液限的试验方法是( )。
    A. 滚搓法 B. 搓条法
    C. 液塑限联合测定法 D. 缩限试验

14. (　　)指标用于判定黏土所处的稠度状态。
    A. 塑限　　　　　　B. 缩限　　　　　　C. 塑性指数　　　　D. 液性指数
15. 用100g锥测定土的界限含水率,土达液限时的入土深度为(　　)。
    A. 25mm　　　　　 B. 10mm　　　　　 C. 15mm　　　　　 D. 20mm
16. 土的CBR值指试料贯入量达2.5mm时,单位压力与(　　)压入相同贯入量时标准荷载强度的比值。
    A. 标准碎石　　　　B. 标准砂　　　　　C. 标准材料　　　　D. 相同材料
17. 进行土的CBR试验,应先采用(　　)击实试验方法求得土的最大干密度和最佳含水率。
    A. 普通　　　　　　B. 轻型　　　　　　C. 重型　　　　　　D. 重型或轻型
18. 测试某土样时,测得湿土质量为m,含水率为w,则该土样干质量为(　　)。
    A. $m_s = m \times (1+w)$　　　　　　　　B. $m_s = m \times (1-w)$
    C. $m_s = \dfrac{m}{1+w}$　　　　　　　　D. $m_s = \dfrac{m}{1-w}$
19. 从土的粒径分布曲线上查得对应通过率10%、30%、60%的粒径分别为0.0065mm、0.0112mm和0.0250mm,则其曲率系数为(　　)。
    A. 0.77　　　　　　B. 0.15　　　　　　C. 8.58　　　　　　D. 3.92
20. 土体由流动状态向可塑状态过渡的界限含水率称为(　　)。
    A. 液限　　　　　　B. 塑限　　　　　　C. 缩限　　　　　　D. 液性指数
21. 某土样的天然含水率为27%,塑限为16%,液限为39%,则其塑性指数为(　　)。
    A. 11%　　　　　　B. 12%　　　　　　C. 23%　　　　　　D. 48%
22. 土的击实试验中,小试筒击实后,试样不应高出筒顶面(　　)mm。
    A. 3　　　　　　　 B. 4　　　　　　　 C. 5　　　　　　　 D. 6
23. 土的击实试验中,大试筒适用于粒径不大于(　　)mm的土。
    A. 10　　　　　　　B. 20　　　　　　　C. 30　　　　　　　D. 40
24. CBR测试过程中,贯入量达2.5mm时对应的单位压力为490kPa,则CBR值为(　　)。
    A. 6　　　　　　　 B. 7　　　　　　　 C. 8　　　　　　　 D. 9
25. CBR试验中,试样的最大粒径宜控制在(　　)以内。
    A. 10mm　　　　　 B. 20mm　　　　　 C. 30mm　　　　　 D. 40mm

二、判断题

1. 击实试验大筒按三层法击实时,每层击数98次。　　　　　　　　　　　　(　　)
2. 细粒土分类可用塑性图分类。　　　　　　　　　　　　　　　　　　　　(　　)
3. 小击实筒击实后,土样不宜高出筒顶6mm。　　　　　　　　　　　　　　(　　)
4. 土的承载比试验制件应浸水两个昼夜。　　　　　　　　　　　　　　　　(　　)
5. 土的筛分试验取样时,粒径越大取样数量越多。　　　　　　　　　　　　(　　)
6. 烘干法不适用于测定有机质土和含石膏土的含水率。　　　　　　　　　　(　　)
7. 塑限指黏土从液体状态向塑性状态过渡的界限含水率。　　　　　　　　　(　　)

8. 土的塑限是锥重 100g、锥入深度 5mm 时土的含水率。　　　　　　（　　）
9. 土的含水率是指土中水的质量与土颗粒质量之比。　　　　　　　（　　）
10. CBR 是用于评定路基土和路面材料的强度指标。　　　　　　　　（　　）

三、多选题

1. 通过土的击实试验,我们可以得到的技术指标有(　　)。
   A. 液限　　　　　B. 塑限　　　　　C. 最佳含水率　　　D. 最大干密度
2. 土的粒组包括(　　)。
   A. 巨粒组　　　　B. 粗粒组　　　　C. 中粒组　　　　　D. 细粒组
3. 测含水率的试验方法有(　　)。
   A. 烘干法　　　　B. 灌砂法　　　　C. 酒精燃烧法　　　D. 环刀法
4. CBR 试验需制备三组不同干密度的试件,这三组试件每层击数分别为(　　)次。
   A. 30　　　　　　B. 59　　　　　　C. 50　　　　　　　D. 98
5. 用于现场测定细粒土密度的试验方法有(　　)。
   A. 灌砂法　　　　B. 灌水法　　　　C. 环刀法　　　　　D. 蜡封法
6. 关于界限含水率试验土样制备,下列叙述正确的是(　　)。
   A. 将风干土样过 0.5mm 筛
   B. 3 个土样含水率分别控制在液限(a 点),略大于塑限(c 点)和两者中间状态(b 点)
   C. 100g 锥,锥入时间 5s,入土深度 $h=20mm$ 所对应的含水率为液限
   D. 入土深度 $h=2mm$ 所对应的含水率为液限
7. 关于整理土的液塑限试验结果,下列说法正确的是(　　)。
   A. h-w 坐标系为二级双对数坐标
   B. a、b、c 三点应为一条直线,否则,应过 a 点与 b、c 两点分别连成两条直线
   C. a 点的锥入深度应为 $20mm \pm 2mm$
   D. 闷料 18h 以上
8. (　　)土质不宜采用酒精燃烧法测定其含水率。
   A. 含有机质土　　B. 细粒土　　　　C. 巨粒土　　　　　D. 含石膏土
9. 土是由(　　)组成的集合体。
   A. 固相　　　　　B. 液相　　　　　C. 气相　　　　　　D. 有机质
10. 有关烘干法测土的含水率试验,说法正确的是(　　)。
    A. 本法是测定含水率的通用标准方法
    B. 试验时,取具有代表性试样,放入称量盒内,立即盖好盒盖,称质量
    C. 可采用电热烘箱或温度能保持在 105～110℃ 的其他能源烘箱,也可用红外线烘箱
    D. 本试验须进行两次平行测定,取其算术平均值

四、简答题

1. 简述酒精燃烧法测定土的含水率试验的操作步骤和计算公式。
2. 简述土的击实试验的操作步骤。

五、计算题

1. 根据表5-20完成酒精燃烧法测定含水率试验计算,保留2位小数。

酒精燃烧法测定土的含水率　　　　表5-20

盒号	盒质量 （g）	盒+湿土质量 （g）	盒+干土质量 （g）	水质量 （g）	干土质量 （g）	含水率 （%）	平均含水率 （%）
22	11.06	28.04	26.33				
23	11.35	28.36	26.60				

2. 表5-21列出了某土击实试验的其中一份土样的击实数据,请完成相应结果的计算,保留2位小数。

土的击实试验　　　　表5-21

干密度	筒+湿土质量	g	4000	
	筒质量	g	2000	
	湿土质量	g		
	湿密度	g/cm³		
	干密度	g/cm³		
含水率	盒号		11	12
	盒质量	g	23.14	23.37
	盒+湿土质量	g	43.18	43.50
	盒+干土质量	g	40.93	41.19
	水质量	g		
	干土质量	g		
	含水率	%		
	平均含水率	%		

3. 小明在工地试验室做土的击实试验,采用湿土法闷料,其中一份湿土样3000g,含水率为5%。

请计算：

(1) 该3000g土样的干土质量为多少？水分质量为多少？

(2) 为使该湿土样的含水率达到10%,应向其中加多少水？

项目六 PROJECT SIX
建筑钢材

任务一　认知钢材

认知钢材

学习目标	● 知识目标	❶ 了解建筑钢材的分类。 ❷ 掌握路桥结构用钢材品种、牌号和技术要求
	● 能力目标	❶ 能区分桥梁用钢材的品种和牌号。 ❷ 能说出桥梁用钢材的优缺点
	● 素质目标	培养学生具备扎实的专业基础知识,结合工作任务,了解南京长江大桥建设背景,激发学生独立自主、自力更生、百炼成钢、百折不挠的奋斗精神

🔗 任务描述

1963 年,鞍山钢铁公司(鞍钢)带着光荣的国家使命,全体员工日夜兼程,在当时有限的技术装备条件下,攻克难题,研发出"16 锰"桥梁钢。鞍钢人生产出 6.6 万 t 优质桥梁钢,建造了举世瞩目的南京长江大桥。"16 锰"桥梁钢也被国人称为"争气钢"。长江上第一座由中国人自行设计、自主建造的大桥——南京长江大桥,成为一个时代卓然而立的标志。

通过本任务的学习,确定南京长江大桥使用的钢材种类、牌号及其优缺点。

✒ 任务引导

要完成此任务,需要掌握桥梁用钢的品种、牌号和技术要求,可以登录在线开放课,通过微课"认知建筑钢材"进行相关知识的预习和复习。

📖 相关知识

钢桥和钢筋混凝土桥是现代桥梁的主要桥型。在钢结构和钢筋混凝土结构中,钢材是重要的工程建筑材料。建筑钢材泛指在建筑工程中使用的各种钢材,主要包括:钢结构所用的各种型材(也称为型钢)和板材(常称为钢板);钢筋混凝土结构所用的钢筋、钢丝和钢绞线等(俗称线材)。型钢又可分为圆钢、角钢、工字钢、槽钢、钢管等。

一、钢材的分类

钢的分类方法很多,较常用的有下列分类方法:

1)按化学成分分类

(1)碳素钢,按含碳量可分为:低碳钢(含碳量≤0.25%);中碳钢(含碳量0.25% ~ 0.6%);高碳钢(含碳量≥0.60%)。

(2)合金钢,按合金元素含量可分为:低合金钢(合金元素总含量小于5%);中合金钢(合金元素总含量5% ~ 10%);高合金钢(合金元素总含量大于10%)。

2)按质量分类

根据碳素钢中所含有害杂质硫(S)、磷(P)的多少,通常分为四类。

(1)普通碳素钢。钢中S含量≤0.055%,P含量≤0.045%。

(2)优质碳素钢。钢中S含量≤0.035%,P含量≤0.035%。

(3)高级优质碳素钢。钢中含量S≤0.025%,P含量≤0.025%。

(4)特级优质碳素钢。钢中含量S≤0.015%,P含量≤0.025%。

3)按用途分类

(1)结构钢,用于各种建筑工程(如桥梁、房屋等)的构件和机械制造(如机械零件、船舶制造等)。这类钢一般属于低碳钢和中碳钢。

(2)工具钢,用于制造各种刀具、量具、模具。这类钢含碳量较高,一般属于高碳钢。

(3)特殊钢,具有各种特殊物理化学性能的钢材,如不锈钢、磁性钢等。这类钢一般为合金钢。

4)按冶炼时脱氧程度分类

(1)沸腾钢,是脱氧不充分的钢,在浇铸及钢液冷却时,有大量的一氧化碳气体逸出,钢液呈激烈沸腾状态。

(2)镇静钢,脱氧充分,钢水较纯净,浇铸钢锭时钢水平静,镇静钢材质致密均匀,质量高于沸腾钢。

5)按成型方法分类

钢可分为铸造钢、锻造钢、轧压钢、冷拔钢。

二、路桥结构用钢材品种和技术要求

由于桥梁结构需要承受车辆荷载的作用,同时需要经受各种大气因素的考验,对于桥梁用钢材要求具有较高的强度、良好的塑性和韧性及可焊性。因此,桥梁建筑用结构钢、钢筋混凝土用的钢筋,就其用途分类来说,均属于结构钢;就其质量分类来说,都属于普通钢;按其含碳量的分类来说,均属于低碳钢,所以桥梁结构用钢和钢筋混凝土用的钢筋属于碳素结构钢或低合金结构钢。

1. 钢结构用钢

桥梁建筑使用的结构钢主要有碳素结构钢、低合金结构钢和桥梁用结构钢等。

(1)碳素结构钢。

碳素结构钢又称普通碳素结构钢,简称"普通钢"。在供应时其化学成分和力学性能均须有保证。

①碳素结构钢的牌号。碳素结构钢的牌号由四部分组成,依次为:代表钢材屈服点(屈服强度)的汉语拼音Q;表示钢材屈服点的数字,分别为195、215、235和275,以MPa计;表示质量等级的符号,按钢材中硫、磷含量由大到小划分,按A、B、C、D的顺序质量逐级提高;代表钢脱氧程度的符号,沸腾钢F、镇静钢Z、特殊镇静钢TZ。

例如Q235-AF,表示屈服强度为235MPa、质量等级为A级的沸腾钢;Q215-CZ,表示屈服强度为215MPa、质量等级为C级的镇静钢。

②碳素结构钢的性能。碳素结构钢的塑性好,适用于各种加工,在焊接、冲击及超载等不利条件下也能保证安全。它的化学性能稳定,对轧制、加热及骤冷的敏感性较小,但与低合金结构钢相比强度较低。自Q195~Q275,牌号越大,含碳量和含锰量愈高,屈服点和极限抗拉强度随之提高,但伸长率随之降低。

(2)低合金结构钢。

低合金结构钢是在碳素结构钢的基础上,加入少量或微量的合金元素而形成的,用以提高钢材的强度、冲击韧性、耐磨性和耐腐蚀性等技术性能。

按照国家标准《低合金高强度结构钢》(GB/T 1591—2018)的规定,低合金高强度结构钢的牌号由代表屈服强度"屈"字的汉语拼音字母Q、规定的最小上屈服强度数值、交货状态代号、质量等级符号(B、C、D、E、F)四个部分组成。按交货状态分为热轧(AR或WAR可省略)钢材、正火或正火轧制(N)钢材和热机械轧制(TMCP)钢材。热轧钢有Q355、Q390、Q420、Q460四个牌号,正火、正火轧制钢有Q355N、Q390N、Q420N、Q460N四个牌号,热机械轧制钢有Q355M、Q390M、Q420M、Q460M、Q500M、Q550M、Q620M和Q690M八个牌号,例如Q355ND表示规定的最小上屈服强度数值为355MPa的D级低合金高强度结构钢,交货状态为正火或正火压制。

低合金高强度结构钢的强度大大高于碳素结构钢,并具有良好的工艺性能(塑性、韧性),其耐磨性、耐蚀性及耐低温性等均较良好,且质量较轻,可降低结构自重,因而适用于大型结构及桥梁等工程。

(3)桥梁用结构钢。

对于厚度不大于150mm的桥梁用结构钢板、厚度不大于25.4mm的桥梁用结构钢带及剪切钢板,以及厚度不大于40mm的桥梁用结构型钢的使用需满足《桥梁用结构钢》(GB/T 714—2015)的要求,该标准规定了桥梁结构钢的定义、牌号表示方法、尺寸、外形、质量和允许偏差、技术要求、试验方法、检测规则及质量证明书等。桥梁用结构钢的牌号由代表屈服强度的汉语拼音字母Q、规定最小屈服强度值、桥字的汉语拼音首位字母q、质量等级符号四个部分组成。热轧或正火钢分为Q345q和Q370q两个牌号,热机械轧制钢分为Q345q、Q370q、Q420q、Q460q、Q500q五个牌号,调质钢分为Q500q、Q550q、Q620q、Q690q四个牌号,耐大气腐蚀钢分为Q345qNH、Q370qNH、Q420qNH、Q460qNH、Q500qNH、Q550qNH六个牌号。质量等级分为C、D、E、F四级。如Q420qD,表示规定最小屈服强度为420MPa、质量等级为D级的桥梁用结构钢。

2. 钢筋混凝土用钢筋和高强钢丝

桥梁工程中钢筋混凝土结构用的钢筋和高强钢丝,根据工程使用条件和特点,必须具有良好的综合机械性能,除具有较高屈服点与极限抗拉强度外,还应具有良好的塑性冷弯、冲击韧性,良好的焊接性和良好的抗腐蚀性。桥梁钢筋混凝土结构使用的钢材主要选取热轧钢筋、碳素钢丝和钢绞线等三大类。

任务实施

根据任务描述,结合所学的内容,查阅相关资料,确定南京长江大桥所用的钢材的品种、牌号,说明该种钢材的优点;阐述这座"争气桥"的出现对桥梁建筑的发展有什么实际意义。

任务评价

评价项目	评价标准	参考分值	得分
桥梁用钢的品种	品种正确	20	
桥梁用钢的牌号	牌号判断正确	20	
桥梁用钢的技术要求	优缺点阐述正确	40	
南京长江大桥的技术攻关	学生能够从独立自主,自力更生、工匠精神、交通强国等方面阐述	20	
总评			

任务二　检验钢材的技术性质

检验钢材的技术性质

学习目标	● 知识目标	❶掌握钢筋的技术性质和检验方法。 ❷了解化学成分对碳素钢技术性能的影响。 ❸了解钢丝和钢绞线的技术要求
	● 能力目标	❶能对钢筋的塑性、力学性能进行检测。 ❷能对钢筋的冷弯性能进行检测
	● 素质目标	在室内通过观察拉伸试验的四个阶段,培养学生分析和解决问题的能力;通过冷弯试验操作过程,培养学生坚持标准、行为规范的工程检测理念

项目六　建筑钢材

任务描述

某中桥盖梁施工,盖梁尺寸为15.9m×2.1m×1.9m,钢筋型号HRB400,直径分别为12mm和32mm,钢筋进场后要按《金属材料 拉伸试验 第1部分:室温试验方法》(GB/T 228.1—2021)和《金属材料 弯曲试验方法》(GB/T 232—2010)进行钢筋的拉伸、冷弯等试验。

通过本任务的学习,能对钢筋的塑性、力学性能和冷弯性能进行检验。

任务引导

道路桥梁混凝土结构中常用的钢材有钢筋、钢丝和钢绞线。钢筋分为钢筋混凝土用钢材和预应力钢筋混凝土用钢材,其横截面多为圆形,有时也为带有圆角的方形,包括光圆钢筋、带肋钢筋等。

要完成此项工作任务,需要了解化学成分对碳素钢技术性能的影响,掌握钢筋技术性质、检验方法和技术要求,能够按照规范要求进行试件准备、仪器操作、性能测定。可以登录线上开放课程,通过微课"钢筋的技术性质与检验"进行相关知识的预习和复习。

相关知识

道路桥梁混凝土结构中常用的钢材有钢筋、钢丝和钢绞线。钢筋混凝土和预应力混凝土用钢筋的基本技术性质包括屈服强度、抗拉强度、伸长率、冲击韧性、冷弯性能等。

一、钢材的技术性质

1. 强度

对于钢材主要评价其抗拉强度,抗拉强度由拉伸试验测出。以钢筋为例,将钢筋制成标准形状和尺寸的拉伸试件,在拉伸试验机上逐级施加荷载,直至钢筋拉断为止。低碳钢在拉伸试验中表现的应力和变形关系比较典型,它在外力作用下的变形一般可分为四个阶段:弹性阶段、屈服阶段、强化阶段和缩颈阶段。其力-位移关系曲线如图6-1所示。

1)弹性阶段

在图6-1中曲线上的OA段为弹性阶段。该阶段应力与应变成直线关系,随着荷载的增加,应变成比例增加。若卸载,试件可恢复原样,称为弹性变形。OA阶段的应力与应变比值为一常数,称

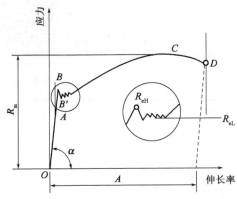

图6-1 钢筋拉伸过程的力-位移关系曲线

为弹性模量,用E表示。弹性模量反映钢材的刚度,即抵抗弹性变形的能力,是钢材在受力条件下计算结构变形的重要指标。

2) 屈服阶段

在图 6-1 中曲线上的 AB 段为屈服阶段。该阶段应变急剧增加,而应力基本保持不变,这种现象称为屈服。当钢筋呈现屈服现象时,在试验期间达到塑性变形发生而力不增加的应力点称为屈服强度,有上屈服强度和下屈服强度之分,用 $B_上$ 和 $B_下$ 表示。在该阶段应力与应变不再成比例变化,应变增加的速度远大于应力增加的速度,若在该阶段卸载,试件的变形将有部分不能恢复,即试件发生了塑性变形。$B_上$ 点处对应应力是试样发生屈服而力首次下降前的最高应力,称为上屈服强度,用 R_{eH} 表示;$B_下$ 点处对应应力为试样在屈服期间,不计初始瞬时效应时的最低应力,称为下屈服强度,用 R_{eL} 表示。

3) 强化阶段

当应力继续增大,因塑性变形使钢筋内部的组织结构发生变化,抵抗变形的能力有所增强,力-位移曲线出现上升,进入强化阶段,如图 6-1 中的 BC 段,此阶段虽然应力能够增加,表现为承载力提高,但变形速率比应力增加速率大。试样在屈服阶段之后能抵抗的最大力所对应的应力,即对应于最高点 C 的应力称为抗拉强度,用 R_m 表示。

4) 缩颈阶段

在图 6-1 中的 CD 段,应变迅速增大,在试件的某一薄弱部位断面开始显著缩小,最后在 D 点断裂,此阶段称为缩颈阶段。

中碳钢和高碳钢(硬钢)与低碳钢(软钢)相比有明显不同,其特点是没有明显的屈服阶段,应力随应变持续增加,直至断裂。试验期间的最大力对应的应力称为中碳钢和高碳钢的抗拉强度。

我国现行的规范中以 R_m 表示抗拉强度。

$$R_m = \frac{F_m}{S_0} \tag{6-1}$$

式中:R_m——抗拉强度,MPa;

F_m——试件拉断前的最大力,N;

S_0——试件的原始横截面面积,mm^2。

2. 塑性

钢材的塑性是指抵抗永久变形的性能。在工程应用中钢材的塑性指标有两个:伸长率和断面收缩率。

1) 伸长率

《金属材料 拉伸试验 第 1 部分:室温试验方法》(GB/T 228.1—2021)中主要的指标是断后伸长率,断后伸长率(A)指断后标距的残余伸长($L_u - L_0$)与原始标距(L_0)之比的百分率,按式(6-2)计算:

$$A = \frac{L_u - L_0}{L_0} \times 100 \tag{6-2}$$

式中:A——断后伸长率,%;

L_0——原始标距,mm;

L_u——断后标距,mm。

2)断面收缩率

断裂后试样横截面面积的最大缩减量($S_0 - S_u$)与原始横截面面积(S_0)之比的百分率称为断面收缩率,按式(6-3)计算:

$$Z = \frac{S_0 - S_u}{S_0} \times 100 \qquad (6-3)$$

式中:Z——断面收缩率,%;

S_0——原始横截面面积,mm²;

S_u——断后最小横截面面积,mm²。

Z 与 A 越大,说明钢材的塑性越好。

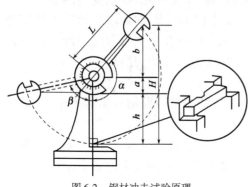

图 6-2　钢材冲击试验原理

3.冲击韧性

钢材抵抗瞬间冲击荷载而不破坏的能力称为冲击韧性。冲击韧性采用摆冲法、横梁式的试验方法来测定。如图 6-2 所示。

按规定制成有槽口的标准试件,以横梁式放在冲击试验机的支座上,然后把冲击试验机的摆锤抬高至规定高度,松开摆锤,摆锤自由下落,使试件承受冲击而弯曲以致断裂。以试件冲断时缺口处单位面积上所消耗的能量作为冲击韧性指标,按式(6-4)计算:

$$a_k = \frac{A_k}{A_0} \qquad (6-4)$$

式中:a_k——钢材的冲击韧性;

A_k——摆锤冲断试件所做的功,kJ,$A_k = mg(H - h)$,m、g 分别为摆锤质量和重力加速度;

A_0——试件槽口处原截面面积,mm²。

冲击韧性 a_k 值越大,钢材的冲击韧性越好。钢材的化学成分、冶炼方式、加工工艺和环境温度对其冲击韧性都有明显影响。如钢筋中的磷、硫元素含量较高,或存在偏析、非金属夹杂物,以及焊接形成的微裂纹,都会导致冲击韧性显著降低。随温度下降,钢材的冲击韧性显著下降而表现出脆性的现象称为钢材的冷脆性。冲击韧性显著降低时的温度为脆性转变温度。脆性转变温度越低说明钢材的低温冲击韧性越好。

4.冷弯性能

冷弯性能是指钢材在常温条件下承受规定弯曲程度的弯曲变形的能力,是钢材的重要工艺性能。

钢材的单轴拉伸试验的伸长率反映钢材的均匀变形性能,而冷弯试验检验钢材在非均匀变形下的性能。因此,冷弯性能能更好地反映钢材内部组织结构的均匀性,如是否存在不均匀内应力、气泡、偏析和夹杂等缺陷。

冷弯试验是以圆形、方形、矩形或多边形横截面试样在弯曲装置上经受弯曲塑性变形,不改变加力方向,直至达到规定的弯曲角度。弯曲试验时,试样两臂的轴线保持在垂直于弯曲轴的平面内。如为弯曲180°角的弯曲试验,将试样弯曲至两臂相距规定距离且相互平行或两臂直接接触,检查在弯曲处外面及侧面有无裂纹、裂缝、断裂等情况。弯曲角度越大,弯心直径与试件厚度的比值越小,则表明冷弯性能越好。

5. 耐疲劳性

钢材在交变荷载反复作用下,在远小于其抗拉强度时发生突然破坏,此现象称为疲劳破坏。试验证明,钢材承受的交变应力越大,则断裂时所经受的交变应力循环次数越少,反之则多。当交变应力下降至一定值时,钢材可以经受交变应力无数次循环而不发生疲劳破坏。

疲劳破坏的危险应力用疲劳强度表示。疲劳强度是指钢材在交变荷载作用下于规定的周期基数内不发生疲劳破坏所能承受的最大拉应力。通常取交变应力循环次数 $N = 10^7$ 时试件不发生破坏的最大拉应力作为疲劳强度。

钢材疲劳强度与其内部组织状态、成分偏析、杂质含量及各种缺陷有关,钢材表面光洁程度和受腐蚀等都会影响疲劳强度。一般钢材的抗拉强度高,耐疲劳强度也较高。

6. 硬度

硬度表示钢筋表面局部体积抵抗变形或破坏的能力,反映钢材的软硬程度。硬度测定是通过将硬物压入钢材表面,根据压力大小及产生的压痕面积或深度来评价的。建筑钢材的硬度常用布氏法和洛氏法测定,相应的指标称为布氏硬度和洛氏硬度。

二、化学成分对碳素钢技术性能的影响

碳素钢的化学成分主要是铁和碳,此外还含有锰、硅元素以及少量硫、磷、氧、氮、氢等杂质。这些元素的含量,是决定钢材质量和性能好坏的重要因素。为了保证钢材质量,国家标准对各种钢的化学成分都作了具体的规定,尤其对有害杂质控制极严。

(1)碳。建筑钢材中含碳量不大于0.8%。在此范围内,随着碳含量的提高,钢材的强度和硬度相应提高,而塑性、韧性和冷弯性能相应降低。碳还可显著降低钢材的可焊性,增加钢材的冷脆性和时效敏感性,降低抵抗大气锈蚀的能力。

(2)锰。锰是炼钢时为脱氧、硫而残留在钢中的元素。它能消减硫和氧引起的热脆性,改善钢材的热加工性能,提高钢材的强度和韧性。锰在一般碳素钢中的含量为0.25%~0.80%。锰也是我国低合金结构钢的主要合金元素。

(3)硅。硅作为脱氧剂存在于钢中。硅的脱氧能力比锰还强,能提高钢材的强度和硬度。硅在一般碳素钢中的含量为0.1%~0.4%。硅也是合金钢的主要合金元素。硅的含量较大时会使钢材的塑性和韧性明显下降,焊接性能变差,并增加钢材的冷脆性。

(4)硫。硫是钢中的有害杂质,大多以FeS形式存在于钢材中。这是一种强度低且脆的杂质,受力容易引起应力集中,降低钢的强度和疲劳强度。此外,硫还对钢材的热加工和焊接不利。应严格控制其含量。

(5)磷。磷也是钢中的有害杂质。它能熔于铁素体中,使钢在室温下产生冷脆现象。这种现象使钢的韧性下降,且随温度的降低而加剧。同时,钢的冷弯性能急剧下降,可焊性变差。

(6)氧。氧多数以FeO形式存在,使钢的塑性、韧性和疲劳强度显著降低,并增大时效

敏感性。

(7)氮。氮对钢性能的影响与磷相近,应控制其含量。

(8)氢。氢以原子状态存在于钢中,能显著降低钢的塑性、韧性,使钢变脆,这种现象称为氢脆。当氢以分子状态存在时,高压将在钢中造成微裂纹,形成所谓白点,引起钢材脆断。因此,应严格控制其含量。

三、线材的技术要求

1.《公路桥涵施工技术规范》(JTG/T 3650—2020)中的一般规定

1)钢筋混凝土用钢筋和预应力混凝土用非预应力钢筋

钢筋混凝土中的钢筋和预应力混凝土中非预应力钢筋必须符合《钢筋混凝土用钢 第1部分:热轧光圆钢筋》(GB/T 1499.1—2017)、《钢筋混凝土用钢 第2部分:热轧带肋钢筋》(GB/T 1499.2—2018)、《冷轧带肋钢筋》(GB 13788—2017)、《低碳钢热轧圆盘条》(GB/T 701—2018)的规定。其力学性能见表6-1~表6-4。

(1)热轧钢筋。

热轧钢筋的力学性能和工艺性能要求见表6-1。

热轧钢筋的力学性能和工艺性能   表6-1

牌号	公称直径 (mm)	下屈服强度 R_{eL} (MPa)	抗拉强度 R_m (MPa)	伸长率 A (%)
		不小于		
HPB300	6~22	300	420	25
HRB400 HRBF400	6~50	400	540	16
HRB400E HRBF400E				—
HRB500 HRBF500		500	630	15
HRB500E HRBF500E				—
HRB600		600	730	14

(2)冷轧带肋钢筋。

冷轧带肋钢筋的力学性能和工艺性能要求见表6-2。

冷轧带肋钢筋的力学性能和工艺性能   表6-2

牌号	公称直径 a (mm)	抗拉强度 R_m (MPa)	伸长率 A (%)	伸长率 A_{100} (%)	180°弯曲试验 (d 为弯心直径, a 为钢筋公称直径)	反复弯曲次数
		不小于				
CRB550	4~12	550	11.0	—	$d=3a$	—
CRB600H	4~12	600	14.0	—	$d=3a$	—

续上表

牌号	公称直径（mm）	抗拉强度 R_m（MPa）	伸长率 A（%）	伸长率 A_{100}（%）	180°弯曲试验（d 为弯心直径，a 为钢筋公称直径）	反复弯曲次数
			不小于			
CRB680H	4～12	680	14.0	—	$d=3a$	4
CRB650	4、5、6	650	—	4.0	—	3
CRB800	4、5、6	800	—	4.0	—	3
CRB800H	4、5、6	800	—	7.0	—	4

注：A_{100} 表示原始标距 l_0 为100mm 钢筋的断后伸长率。

(3)低碳钢热轧圆盘条。

低碳钢热轧圆盘条的力学性能和工艺性能要求见表6-3。

低碳钢热轧圆盘条的力学性能和工艺性能 表6-3

牌号	公称直径（mm）	抗拉强度 R_m（MPa）	伸长率 δ_{10}（%）	180°弯曲试验（d 为弯心直径，a 为钢筋公称直径）
			不小于	
Q215	5.5～30	375	27	$d=0$
Q235		410	23	$d=0.5a$

(4)余热处理钢筋。

余热处理钢筋是热轧后立即穿水，进行表面控制冷却，然后利用芯部余热自身完成回火处理所得的成品钢筋。

余热处理钢筋的力学性能和工艺性能要求见表6-4。

余热处理钢筋的力学性能和工艺性能 表6-4

强度等级代号	公称直径（mm）	抗拉强度 R_m（MPa）	伸长率 δ_5（%）	90°弯曲试验（d 为弯心直径，a 为钢筋公称直径）
			不小于	
KL400	8～25	600	14	$d=3a$
	28～40			$d=4a$

2)预应力混凝土结构用钢丝和钢绞线

预应力混凝土结构所采用的钢丝和钢绞线的质量应符合现行国家标准的规定。

(1)预应力混凝土用钢丝。

预应力混凝土用钢丝的力学性能应满足《预应力混凝土用钢丝》（GB/T 5223—2014）中的要求，其中消除应力光圆钢丝及螺旋肋钢丝（以公称抗拉强度1470MPa 为例）的力学性能要求见表6-5。

(2)预应力混凝土用钢绞线。

钢绞线的力学性能应满足《预应力混凝土用钢绞线》（GB/T 5224—2014）中的要求，部分钢绞线的力学性能要求见表6-6。

预应力光圆钢丝及螺旋肋钢丝的力学性能 表 6-5

公称直径 d_n (mm)	公称抗拉强度 R_m (MPa)	最大力总伸长率 ($L_0=200$mm) $A_{gt}(\%)$ ≥	反复弯曲性能 弯曲次数(次/180°) ≥	反复弯曲性能 弯曲半径 (mm)
4.00	1470	3.5	3	10
4.80			4	15
5.00			4	15
6.00			4	15
6.25			4	20
7.00			4	20
7.50			4	20
8.00			4	20
9.00			4	25
9.50			4	25
10.00			4	25
11.00			—	—
12.00			—	—

部分预应力钢绞线的力学性能 表 6-6

钢绞线结构	钢绞线公称直径 D_n (mm)	公称抗拉强度 R_m (MPa)	整根钢绞线的最大力 F_m (kN) ≥	最大力总伸长率 ($L_0\geq400$) $A_{gt}(\%)$ ≥	应力松弛性能 初始负荷相当于公称最大力的百分数 (%)	应力松弛性能 1000h后应力松弛率 r (%) ≤
1×2	8.00	1470	36.9	3.5	70	2.5
	10.00	1470	57.8			
	12.00	1470	83.1			
	5.00	1570	15.4			
	5.80	1570	20.7			
	8.00	1570	39.4			
	10.00	1570	61.7			
	12.00	1570	88.7			
	5.00	1720	16.9			
	5.80	1720	22.7			
	8.00	1720	43.2		80	4.5
	10.00	1720	67.6			
	12.00	1720	97.2			
	5.00	1860	18.3			
	5.80	1860	24.6			
	8.00	1860	46.7			
	10.00	1860	73.1			
	12.00	1860	105			
	5.00	1960	19.2			
	5.80	1960	25.9			
	8.00	1960	49.2			
	10.00	1960	77.0			

2.《公路钢筋混凝土及预应力混凝土桥涵设计规范》(JTG 3362—2018)中的一般规定

(1)公路混凝土桥涵的钢筋应按下列规定采用:

①钢筋混凝土及预应力混凝土构件中的普通钢筋宜选用 HPB300、HRB400、HRB500、HRBF400 和 RRB400 钢筋,预应力钢筋混凝土构件中的箍筋应选用其中的带肋钢筋;按构造要求配置的钢筋网可采用冷轧带肋钢筋。

②预应力混凝土构件中的预应力钢筋应选用钢绞线、钢丝;中、小型构件或竖、横向用预应力钢筋,可选用预应力螺纹钢筋。

(2)普通钢筋的抗拉强度标准值 f_{sk} 和预应力钢筋的抗拉强度标准值 f_{pk} 应分别按表 6-7 和表 6-8 采用。

普通钢筋抗拉强度标准值 表 6-7

钢筋种类	公称直径 d(mm)	符号	f_{sk}(MPa)
HPB300	6~22	Φ	300
HRB400	6~50	Φ	400
HRBF400		$Φ^F$	
RRB400		$Φ^R$	
HRB500	6~50	Φ	500

预应力钢筋抗拉强度标准值 表 6-8

钢筋种类		公称直径 d(mm)	符号	f_{pk}(MPa)
钢绞线	1×7	9.5、12.7、15.2、17.8	$Φ^S$	1720、1860、1960
		21.6		1860
消除应力钢丝	光面螺旋肋	5	$Φ^P$	1570、1770、1860
		7		1570
		9	$Φ^H$	1470、1570
预应力螺纹钢筋		18、25、32、40、50	$Φ^T$	785、930、1080

注:抗拉强度标准值为1960MPa的钢绞线作为预应力钢筋作用时,应有可靠工程经验或充分试验验证。

(3)普通钢筋的抗拉强度设计值 f_{sd} 和抗压强度设计值 f'_{sd} 应按表 6-9 采用;预应力钢筋的抗拉强度设计值 f_{pd} 和抗压强度设计值 f'_{pd} 应按表 6-10 采用。

普通钢筋抗拉、抗压强度设计值(MPa) 表 6-9

钢筋种类	f_{sd}	f'_{sd}
HPB300	250	250
HRB400、HRBF400、RRB400	330	330
HRB500	415	400

注:①钢筋混凝土轴心受拉和小偏心受拉构件的钢筋抗拉强度设计值大于330MPa时,应按330MPa取用;在斜截面抗剪承载力、受扭承载力和冲切承载力计算中垂直于纵向受力钢筋的箍筋或间接钢筋等横向钢筋的抗拉强度设计值大于330MPa时,应取330MPa。
②构件中配有不同种类的钢筋时,每种钢筋应采用各自的强度设计值。

预应力钢筋抗拉、抗压强度设计值(MPa)　　　　　　　　　　表6-10

钢筋种类	f_{pk}	f_{pd}	f'_{pd}
钢绞线 1×7(七股)	1720	1170	390
	1860	1260	
	1960	1330	
消除应力钢丝	1470	1000	410
	1570	1070	
	1770	1200	
	1860	1260	
预应力螺纹钢筋	785	650	400
	930	770	
	1080	900	

(4)普通钢筋的弹性模量 E_S 和预应力钢筋的弹性模量 E_P 应按表6-11采用;当有可靠试验依据时,E_S 和 E_P 可按实测数据确定。

钢筋的弹性模量　　　　　　　　　　表6-11

钢筋种类	E_S(×10⁵MPa)	钢筋种类	E_P(×10⁵MPa)
HPB300	2.10	消除应力钢丝	2.05
HRB400、HRB500、 HRBF400、RRB400	2.00	预应力螺纹钢筋	2.00
		钢绞线	1.95

📅 任务实施

一、检测钢筋的力学性质指标(钢筋拉伸试验)

1. 目的与适用范围

测定低碳钢的屈服强度、抗拉强度和伸长率,确定应力与应变之间的关系曲线,评定钢筋的强度等级。

2. 仪器设备

(1)钢筋实测面积和直径用钢直尺、电子天平等。

(2)钢筋拉伸试验用钢筋打点机、万能材料试验机、游标卡尺(精度为0.1mm)等。

3. 试验准备

(1)标记原始标距 L_0。在试样自由长度范围内,均匀划分为10mm或5mm的等间距标记。可以用标点机进行打点标距,用于计算断后伸长率,标记要清晰可见且不破坏样品性能,如图6-3所示。计算钢筋强度所用横截面面积采用表6-12所列公称横截面面积。

(2)检查仪器是否异常、油缸油量、检测日期,并将仪器预热5~10min。

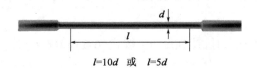

$l=10d$ 或 $l=5d$

图 6-3 原始标距

抗拉强度试验速率的选取　　　　　　　　　　　　　　表 6-12

钢筋直径 D (mm)	公称横截面面积 (mm^2)	抗拉强度取样长度 (mm)($\geq 10d+200$)	抗拉强度试验速率 (kN/s)	标距(mm)$5d$
32	804.2	540	4.8~48.3	160
28	615.8	500	3.7~37.0	140
25	490.9	450	3.0~29.5	125
22	380.1	450	2.3~22.8	110
20	314.2	450	1.9~18.8	100
16	201.1	420	1.2~12.0	80
12	113.1	400	0.7~6.7	60
10	78.5	400	0.5~4.7	50

4. 试验步骤

(1) 将试样在试验机上夹紧后,进行加荷。

(2) 屈服强度的测定:试验机平稳加荷,控制速率为 6~60MPa/s(可参照表 6-12 中力值数据)。拉伸过程中,测力度盘指针停止转动时的恒定荷载,或第一次回转时的最小荷载,即为屈服荷载 F_s(N)。对试件继续加荷直至试件拉断,读出最大荷载 F_b(N)。

(3) 测量试件拉断后的标距长度 L_1。

将已拉断的试件两端在断裂处对齐,尽量使其轴线位于同一条直线上。如拉断处距离邻近标距端点大于 $L_0/3$,可用游标卡尺直接量出 L_1。如拉断处距离邻近标距端点小于或等于 $L_0/3$,可按下述移位法确定 L_1:在长段上自断点起,取等于短段格数得 B 点,再取等于长段所余格数[偶数见图 6-4a)]之半得 C 点;或者取所余格数[奇数见图 6-4b)]减 1 与加 1 之半得 C 与 C_1 点。则移位后的 L_1 分别为 $AB+2BC$ 或 $AB+BC+BC_1$。

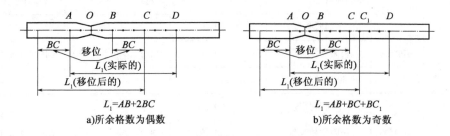

a) 所余格数为偶数　　　　b) 所余格数为奇数

图 6-4 用移位法计算标距

如果直接测量所求得的伸长率能达到技术条件要求的规定值,则可不采用移位法。

5. 结果计算

(1)钢筋的屈服强度 σ_e 和抗拉强度 σ_m 按式(6-5)和(6-6)计算:

$$\sigma_e = \frac{F_s}{A} \tag{6-5}$$

$$\sigma_m = \frac{F_b}{A} \tag{6-6}$$

式中:σ_e、σ_m——钢筋的屈服强度和抗拉强度,MPa;
　　　F_s、F_b——钢筋的屈服荷载和最大荷载,N;
　　　A——试件的公称横截面面积,mm²。

当 σ_e、σ_m 大于 1000MPa 时,应计算至 10MPa,按"四舍六入五单双法"修约;为 200～1000MPa 时,计算至 5MPa,按"二五进位法"修约;小于 200MPa 时,计算至 1MPa,小数点数字按"四舍六入五单双法"处理。

(2)钢筋的伸长率 δ_5 或 δ_{10} 按式(6-7)计算:

$$\delta_5(或\delta_{10}) = \frac{L_1 - L_0}{L_0} \times 100\% \tag{6-7}$$

式中:δ_5、δ_{10}——$L_0 = 5a$ 或 $L_0 = 10a$ 时的伸长率(精确至 1%);
　　　L_0——原标距长度 $5a$ 或 $10a$,mm;
　　　L_1——试件拉断后直接量出或按移位法算出的标距长度,mm(精确至 0.1mm)。

试验出现下列情况之一者,试验结果无效,应补做同样数量试样的试验:①试样断在标距外或在机械刻线的标距标记上,而且断后伸长率小于规定最小值;②试验期间设备发生故障,影响了试验结果,任何检验如有某一项试样结果不符合标准要求,则从同一批中再取双倍数量的试样进行该不合格项目的复验。复验结果(包括该项试验所要求的任一指标)即使有一个指标不合格,则该批视为不合格。钢筋拉伸试验的下屈服强度、极限抗拉强度、断后伸长率应符合表 6-13 要求。

钢筋拉伸试验质量标准　　　　表 6-13

产品		检测项目	质量标准		试验方法操作标准
钢筋原材拉伸	HPB300	下屈服强度	≥300MPa	GB/T 1499.1—2017	GB/T 228.1—2021
		极限抗拉强度	≥420MPa		
		断后伸长率	≥25%		
	HRB400	下屈服强度	≥400MPa	GB/T 1499.2—2018	GB/T 228.1—2021
		极限抗拉强度	≥540MPa		
		断后伸长率	≥16%		

6. 结果记录

试验结果记录格式见表6-14。

钢筋拉伸记录表格　　　表6-14

试样名称								
试样编号								
试样尺寸	公称直径(mm)							
	长度(mm)							
	质量(g)							
	截面面积(mm^2)							
	标距(mm)							
拉伸荷载(kN)	屈服							
	极限							
强度(MPa)	屈服点							
	拉伸强度							
伸长度	断后标距(mm)							
	伸长率(%)							
备注：								

试验者_____　计算者_____　校核者_____　试验日期_____

二、检测钢筋的冷弯性能（弯曲试验）

1. 目的与适用范围

通过冷弯试验,检验钢材适应冷加工的能力和显示钢材内部缺陷(如起层、非金属夹渣等)状况,而且由于冷弯时试件中部受弯部位受到冲头挤压以及弯曲和剪切的复杂作用,也是考察钢材在复杂应力状态下发展塑性变形能力的一项指标。

2. 试验仪器

万能材料试验机、冷弯压头等,如图6-5所示。

3. 试验准备

(1)试样长度根据仪器设备确定,一般为$5d+150$mm,a为公称直径。
(2)选择钢筋冷弯头(表6-15),安装冷弯头。

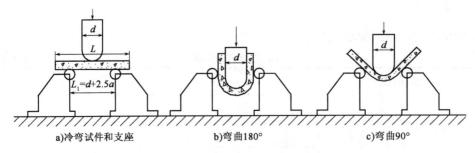

图 6-5 钢筋冷弯试验装置示意图

钢筋冷弯头选择　　　　　　　　表 6-15

牌号	公称直径 a(mm)	弯心直径 d(冷弯试验180°)
HPB300	6~22	a
HRB400	6~25	$4a$
HRBF400	28~40	$5a$
HRB400E	>40~50	$6a$
HRBF400E		
HRB500	6~25	$6a$
HRBF500	28~40	$7a$
HRB500E	>40~50	$8a$
HRBF500E		

(3) 选择支辊间距离。(此间距在试验期间应保持不变)

$$L = (d + 3a) \pm \frac{a}{2} \tag{6-8}$$

式中：a——公称直径；

　　　d——弯心直径。

(4) 室内温度控制为 10~35℃。(对温度要求严格时为 23℃ ±5℃)

(5) 检查试验仪器是否正常运行并预热仪器。

4. 试验步骤

以采用支辊式弯曲装置为例介绍试验步骤与要求。

(1) 试样放置于两个支点上，将一定直径的弯心在试样两个支点中间施加压力，使试样弯曲到规定的角度，或出现裂纹、裂缝、断裂为止。

(2) 试样在两个支点上按一定弯心直径弯曲至两臂平行时，可一次完成试验，也可先按(1) 弯曲至90°，然后放置在试验机平板之间继续施加压力，压至试样两臂平行。

(3) 试验时应在平稳压力作用下，缓慢施加试验力。

(4) 弯心直径必须符合相关产品标准中的规定，弯心宽度必须大于试样的宽度或直径，两支辊间距离为 $(d+3a)$ mm ±0.5a mm，并且在试验过程中不允许有变化。

(5) 卸除试验力以后，按有关规定进行检查并进行结果评定。

5. 结果记录

试验结果记录格式见表 6-16。

钢筋冷弯试验记录 表 6-16

序号	钢筋直径(mm)	弯心直径(mm)	支点间距(mm)	弯曲角度(°)	试验结果
备注：					

试验者_____　　计算者_____　　校核者_____　　试验日期_____

任务评价

评价项目	评价标准	参考分值	得分
钢筋的拉伸试验	试验操作步骤正确，数据处理正确	40	
	通过钢筋拉伸四个阶段分析，评价学生分析问题、解决问题的能力	10	
钢筋的冷弯试验	试验操作步骤正确	40	
	坚持标准、仪器操作行为规范	10	
总评			

习题

一、名词解释

1. 屈服强度。
2. 屈强比。
3. 伸长率。
4. 疲劳破坏。

二、填空题

1. _____和_____是衡量钢材强度的两个重要指标。

2. 按冶炼时脱氧程度分类，钢可以分成：_____、_____、_____和特殊镇静钢。

3. 冷弯检验时，按规定的_____和_____进行弯曲后，检查试件弯曲处外面及侧面不发生断裂、裂缝或起层，即认为冷弯性能合格。

三、简答题

1. 低碳钢从受拉至拉断经历哪几个阶段？各阶段有何特点？可测得钢材的哪些重要指标？

2. 什么是材料的屈强比？其在建筑设计中有何意义？它的大小对钢结构有何实际意义？

3. 碳素结构钢是怎么划分牌号的？碳素结构钢随牌号的增大，其主要技术性质是如何变化的？

4. 普通低合金高强度结构钢是如何划分牌号的？

5. 钢筋混凝土用热轧钢筋有几个牌号？是如何表示的？各牌号钢筋的应用范围如何？

四、计算题

某道路工程需要一批钢筋，供应商送来一批钢筋试件，直径为25mm，原标距为125mm，做拉伸试验，当屈服点荷载为201.0kN，达到最大荷载为250.3kN，拉断后测得标距长为138mm。

求：

（1）该钢筋的屈服点。

（2）该钢筋的抗拉强度。

（3）该钢筋的断后伸长率。

（4）该钢筋的牌号。

项目七 PROJECT SEVEN
水泥混凝土

任务一　认知水泥混凝土

认知水泥混凝土

学习目标	● 知识目标	❶描述水泥混凝土的概念、特点。 ❷掌握水泥混凝土的分类
	● 能力目标	能够按照密度和强度对混凝土(本书介绍的"混凝土"均指"水泥混凝土")进行分类
	● 素质目标	培养学生具备扎实的专业基础知识,结合在线开放课程,了解我国使用水泥混凝土的悠久历史;结合工作任务,了解港珠澳大桥,激发学生对水泥混凝土的学习热情和对路桥行业的认同感,激发爱国主义情怀,增强民族自信心和自豪感

◆任务描述

世界第一跨海大桥——港珠澳大桥,是中国境内一座连接香港、广东珠海和澳门的桥隧工程,桥隧全长55km,桥面为双向六车道高速公路。港珠澳大桥因其超大的建筑规模、空前的施工难度和顶尖的建造技术而闻名世界,港珠澳大桥采用的是高性能混凝土,其中桩基用混凝土主要为C40、C45,沉管用混凝土主要为C50、C55,桥面板用混凝土为C60。以上所用混凝土密度均在2400kg/m³左右。

通过本任务的学习,按照密度和强度对港珠澳大桥所用的混凝土进行分类。

◆任务引导

要完成此任务,可以结合在线开放课程进行相关知识的学习,掌握混凝土按照密度和强度是如何进行分类的。

> 相关知识

水泥混凝土是以水泥和水组成的水泥浆体为黏结介质，将分散其间的不同粒径的粗、细集料胶结起来，在一定的条件下，硬化成为有一定力学性能的一种人工石材。水泥混凝土因具有施工方便、性能可根据需要设计调整、抗压强度高、耐久性好、与钢筋等材料的协调性好等优点，被广泛应用于土木建筑工程中。在现代道路与桥梁工程中，钢筋混凝土桥是最主要的一种桥型，水泥混凝土路面也是一种常用的路面结构。

水泥混凝土可按其密度、强度、功能和特性等从不同角度进行分类。

一、按表观密度分类

（1）普通混凝土，一般干表观密度约为 2400kg/m³（通常波动在 2350~2500kg/m³ 范围），主要以天然砂、碎石或卵石和水泥等配制而成，是道路路面和桥梁结构中最常用的混凝土。

（2）轻混凝土，通常干表观密度可以轻至 1900kg/m³。现代大跨径钢筋混凝土桥梁为减轻结构自重，往往采用各种轻集料配制成轻集料结构混凝土，达到轻质高强效果，以增大桥梁的跨度。

（3）重混凝土，干表观密度可达 3200kg/m³，常由重晶石和铁矿石等高密度材料配制而成，是为了屏蔽各种射线的辐射而配制的混凝土。

二、按抗压强度分类

（1）低强度混凝土，抗压强度小于 30MPa。
（2）中强度混凝土，抗压强度为 30~60MPa。
（3）高强度混凝土，抗压强度大于 60MPa。

三、按使用功能和特性分类

混凝土按使用功能和特性可分为：结构混凝土、道路混凝土、防水混凝土、泵送混凝土、补偿收缩混凝土、纤维混凝土、聚合物混凝土、碾压混凝土、生态混凝土等。

> 任务实施

根据任务描述，结合所学的内容，按照密度和强度，对港珠澳大桥所用的混凝土进行分类；查阅相关资料，阐述港珠澳大桥取得的主要技术成果和价值意义。

任务评价

评价项目	评价标准	参考分值	得分
混凝土按密度分类	按密度分类正确	30	
混凝土按强度分类	按强度分类正确	30	
港珠澳大桥的主要技术成果	能写出5项以上成果	20	
港珠澳大桥的价值意义	能够从政治、经济、技术、文化等不同角度进行阐述	20	
总评			

任务二　检验水泥混凝土的技术性质

检验水泥混凝土的技术性质

学习目标	知识目标	❶描述混凝土拌合物工作性的含义。 ❷掌握混凝土坍落度试验的操作步骤。 ❸掌握混凝土立方体抗压强度的检测过程。 ❹掌握混凝土长方体抗弯拉强度的检测过程
	能力目标	❶能对混凝土拌合物的工作性进行检测。 ❷能对混凝土立方体抗压强度进行检测
	素质目标	在室内通过人工拌和混凝土以及坍落度试验,培养学生热爱劳动、吃苦耐劳、团队协作精神,通过混凝土的抗压强度试验,培养学生坚强、勇敢、抗压、抗打击能力

任务描述

某桥梁工程用水泥混凝土,在施工前需要在试验室内拌和混凝土,对混凝土的工作性和强度进行检验。请根据本节学习内容,到试验室拌和混凝土,检验混凝土的工作性,制作立方体试件,检验混凝土的抗压强度。

任务引导

要完成此次工作任务,需要对混凝土的工作性的含义有一定的了解,掌握工作性的检测方法,能够按照规范要求拌制混凝土、成型试件、检测强度。可以登录线上开放课程,通过微课"检测混凝土的技术性质"进行相关知识的预习和复习。

> 相关知识

普通水泥混凝土的主要技术性质包括:混凝土拌合物的工作性、硬化混凝土的强度、混凝土的变形、混凝土的耐久性。

一、水泥混凝土拌合物的工作性(和易性)

水泥混凝土在尚未凝结硬化以前,称为水泥混凝土拌合物或新拌水泥混凝土。

1. 工作性(和易性)的含义

混凝土拌合物易于各工序施工操作(搅拌、运输、浇筑、振捣等)并能获得质量均匀、成形密实的混凝土的性能称为工作性,又称作和易性。它是一项综合技术性质,通常包括流动性、黏聚性和保水性三方面。

流动性是指新拌混凝土在自重或机械振捣作用下,能产生流动,并均匀密实地填满模板的性能。黏聚性是指新拌混凝土的组成材料之间有一定的黏мости力,在施工过程中不致产生分层和离析现象的性能。保水性是指新拌混凝土具有一定的保水能力,在施工过程中,不致产生严重泌水现象的性能。

2. 工作性的评定方法

目前,国际上还没有一种能够全面表征新拌水泥混凝土工作性的测定方法。《公路工程水泥及水泥混凝土试验规程》(JTG 3420—2020)规定,水泥混凝土拌合物的稠度试验方法有坍落度仪法和维勃仪法等。测定稠度的同时,通过定性评价水泥混凝土拌合物的黏聚性、保水性、含砂(浆)量(见192页砂率)、棍度(见203页棍度)等,综合评价拌合物的工作性能。

1)坍落度仪法

坍落度仪法是测试水泥混凝土拌合物稠度最常用的方法,用坍落度和坍落扩展度两项指标表征其稠度。坍落度是指锥台形状的水泥混凝土拌合物在自重作用下的下沉量;坍落扩展度是指水泥混凝土拌合物的坍落度大于160mm 时,拌合物坍落后扩展的直径。坍落度仪法是最简单的稠度测定方法,适用于集料最大粒径不大于31.5mm、坍落度大于10mm 的水泥混凝土坍落度的测定。

坍落度及坍落扩展度试验是将拌和均匀的水泥混凝土拌合物按规定的方法装入标准坍落筒内,将坍落筒垂直提起,测试水泥混凝土拌合物在自重作用下克服内部阻力坍落的高度,以mm 计,如图7-1 所示。

当拌合物坍落度大于160mm 时,用钢尺测量混凝土扩展后最终的最大直径和最小直径,当两个直径差小于50mm 时,其算术平均值即为水泥混凝土拌合物的坍落扩展度值。

坍落度及坍落扩展度越大表示水泥混凝土

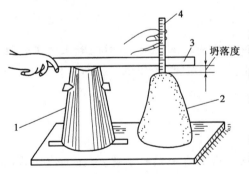

图 7-1 混凝土坍落度测定
1-坍落筒;2-混凝土试样;3-木尺;4-钢尺

拌合物流动性越大。

2) 维勃仪法

维勃仪法适用于集料最大粒径不大于 31.5mm、维勃稠度为 5～30s 的干稠性水泥混凝土拌合物的稠度测定。维勃稠度仪如图 7-2 所示。将坍落筒放在内径为 240mm、高度为 200mm 的金属圆筒内,圆筒安装在专用的振动台上,按坍落度试验的方法将新拌水泥混凝土装满后再拔去坍落筒,并在新拌水泥混凝土顶上置一透明圆盘。开动振动台并记录时间,从开动振动台至透明圆盘底面刚好被水泥浆布满所经历的时间即为维勃稠度,以 s 表示。

图 7-2　维勃稠度仪

3. 影响工作性的主要因素

影响水泥混凝土拌合物工作性的内因主要有原材料及其相对用量;外因主要有时间、环境温度和湿度等。

1) 组成原材料质量及其相对用量的影响

(1) 水泥特性。

水泥的品种、矿物组成、细度、活性混合材料品种及掺量等都会影响水泥需水量,在相同用水量条件下,则水泥浆具有不同的稠度,从而影响水泥混凝土拌合物的工作性能。

(2) 集料特性。

集料特性包括最大粒径、级配、表面特征、颗粒形状、吸水性等,都将不同程度地影响水泥混凝土拌合物的工作性能。如卵石和碎石相比,在其他条件相同时用卵石拌制的混凝土工作性较好;最大粒径增加,集料的总比表面积减小,拌合物流动性提高;采用河砂比采用山砂、机制砂等获得的混凝土工作性好;砂的粗细也对混凝土拌合物的工作性有一定的影响。

(3) 外加剂。

外加剂对水泥混凝土拌合物的影响较大,在混凝土拌合物中加入少量的外加剂(如减水剂、引气剂等),可在不增加用水量和水泥用量的情况下,有效地改善混凝土拌合物的工作性。

(4) 单方混凝土用水量。

在水胶比一定的条件下,单方混凝土用水量的变化意味着水泥浆用量的变化。试验表明,当集料用量一定时,如果用水量不变,即使水泥用量在一定的范围内变化(增减 50～100kg/m³),混凝土拌合物的流动性保持基本不变,这一规律称为"需水性定则"。

(5) 水胶比。

水胶比是指在水泥混凝土中拌和用水质量与胶凝材料(水泥和矿物掺合料的总称)质量的比值。在水泥浆用量一定的条件下,水胶比的变化将引起水泥浆稠度的变化,从而对混凝土拌合物的流动性能产生影响。水胶比较小时,水泥浆稠度大,混凝土拌合物的流动性小;当水胶比太小时,有可能导致在一定施工条件下水泥混凝土不能振捣密实。水胶比较大时,水泥浆稠度小,拌合物流动性大;但过大的水胶比可能引起拌合物的黏聚性和保水性不良,严重时可能导致离析、泌水。

(6)砂率。

砂率是指水泥混凝土中细集料(砂)的质量占粗、细集料总质量(砂、石总质量)的百分率。砂率反映了粗、细集料的相对比例,它影响水泥混凝土中集料的空隙率和总比表面积。在混凝土拌合物中,水泥浆还有两种作用,即填隙和润滑作用。当水泥浆用量一定时,随着砂率的增加,集料的空隙率减小,填隙所需水泥浆减少,润滑水泥浆量相对增加,拌合物的流动度逐渐增大;当砂率超过某个值后,由于砂的用量增加,集料的比表面积增加,拌合物的流动度随砂率的增加而降低。当拌合物流动度一定时,随着砂率的增加,水泥浆用量逐渐减少,砂率超过某个值后,水泥浆的用量随砂率的增加而增加。对一定的集料而言,存在一个最佳砂率(或称为合理砂率),当水泥浆用量一定时拌合物的工作性最好,当工作性一定时水泥浆用量最少。

2)环境条件与搅拌时间的影响

对混凝土拌合物工作性有影响的环境因素主要有湿度、温度、风速。在组成材料性质和配合比例一定的条件下,混凝土拌合物的工作性主要受水泥的水化率和水分的蒸发率所支配。搅拌时间不足,混凝土拌合物的工作性差,质量也不均匀。

4.水泥混凝土稠度分级

不同的水泥混凝土结构,对水泥混凝土拌合物的稠度要求也不相同,混凝土拌合物的稠度根据坍落度和维勃稠度分为几个等级,稠度分级见表7-1。

水泥混凝土的稠度分级　　　　　表7-1

级别	特干硬	很干稠	干稠	低塑	塑性	流态
坍落度值(mm)	—	—	10~40	50~90	100~150	>160
维勃时间(s)	≥31	21~30	11~20	5~10	≤4	—

5.水泥混凝土拌合物工作性的选择

水泥混凝土拌合物工作性依据结构物的断面尺寸、钢筋配置的疏密以及捣实的机械类型和施工方法等来选择。

1)公路桥涵用混凝土拌合物的工作性

根据《公路桥涵施工技术规范》(JTG/T 3650—2020)有关规定,表7-2可供工程施工选用参考。

公路桥涵用水泥混凝土拌合物的坍落度　　　　　表7-2

项次	结构种类	坍落度(mm)
1	桩基础	180~220
2	预支梁板、承台、立柱	160~200

2)道路混凝土拌合物的工作性选择

《公路水泥混凝土路面施工技术细则》(JTG/T F30—2014)规定,碎石混凝土滑模摊铺时的坍落度宜为10~30mm,卵石混凝土滑模摊铺时的坍落度宜为5~20mm。

二、硬化水泥混凝土的强度

强度是水泥混凝土硬化后的主要力学性质,《公路工程水泥及水泥混凝土试验规程》

(JTG 3420—2020)规定,水泥混凝土的强度有抗压强度、弯拉强度、轴心抗压强度、圆柱体抗压强度、劈裂抗拉强度等。

1. 水泥混凝土的抗压强度标准值和强度等级

钢筋混凝土和预应力混凝土桥梁结构设计时,水泥混凝土材料的强度用强度等级作为设计的依据。在结构设计时,水泥混凝土各种力学强度的标准值,均可由强度等级换算得出,所以强度等级是水泥混凝土各种力学强度值的基础。

1)抗压强度 f_{cu}

按照标准的制作方法制成边长为150mm的立方体试件,在标准养护室中(温度20℃±2℃,相对湿度为95%以上)或在温度为20℃±2℃的不流动的 $Ca(OH)_2$ 饱和溶液中养护28d,按标准方法测定出的抗压强度值,称为水泥混凝土立方体抗压强度 f_{cu},可按式(7-1)计算。

$$f_{cu} = \frac{F}{A} \tag{7-1}$$

式中:f_{cu}——混凝土立方体抗压强度,MPa;

F——极限荷载,N;

A——受压面积,mm^2。

2)立方体抗压强度标准值 $f_{cu,k}$

按照标准方法制作和养护的边长为150mm的立方体试件,在28d龄期,用标准试验方法测定的抗压强度总体分布中的一个值(单位以 N/mm^2,即 MPa 计),强度低于该值的百分率不超过5%(即具有95%保证率的抗压强度),将该值作为立方体抗压强度标准值,以 $f_{cu,k}$ 表示。

从以上定义可知,立方体抗压强度只是一组混凝土试件抗压强度的算术平均值,并未涉及数理统计、保证率的概念。而立方体抗压强度标准值是按数理统计方法确定,具有不低于95%保证率的立方体抗压强度。立方体抗压强度标准值是划分水泥混凝土强度等级的依据。

3)水泥混凝土强度等级

水泥混凝土强度等级是根据立方体抗压强度标准值来确定的。强度等级用符号"C"和"立方体抗压强度标准值"两项内容来表示,如C20即表示水泥混凝土立方体抗压强度标准值为20MPa。普通混凝土按立方体抗压强度标准值划分为 C15、C20、C25、C30、C35、C40、C45、C50、C55、C60、C65、C70、C75、C80 等14个等级。

2. 水泥混凝土的抗弯拉强度

道路路面或机场跑道用水泥混凝土,以抗弯拉强度为主要强度指标,以抗压强度作为参考指标。《公路工程水泥及水泥混凝土试验规程》(JTG 3420—2020)规定,道路路面用水泥混凝土的抗弯拉强度是以标准方法制备成150mm×150mm×550mm的梁形试件,在标准条件下,经28d养护后,按三分点加荷方式测定其弯拉强度,如图7-3所示。抗弯拉强度可按式(7-2)计算:

$$f_f = \frac{F \cdot l}{bh^2} \tag{7-2}$$

式中：f_f——混凝土的抗弯拉强度，MPa；
　　　F——极限荷载，N；
　　　l——支座间距离，mm；
　　　b——试件宽度，mm；
　　　h——试件高度，mm。

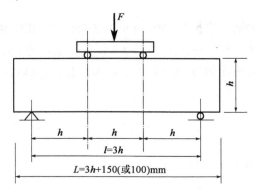

图7-3　混凝土抗弯拉强度试验

根据《公路水泥混凝土路面设计规范》（JTG D40—2011）规定，不同交通荷载等级的水泥混凝土弯拉强度标准值见表7-3。

水泥混凝土弯拉强度标准值　　　　　表7-3

交通荷载等级	极重、特重、重	中等	轻
水泥混凝土弯拉强度标准值(MPa)	≥5.0	4.5	4.0

3. 水泥混凝土的轴心抗压强度

在实际工程结构中，构件的高宽比常常大于1，多为棱柱体或圆柱体。为较真实地反映水泥混凝土实际的受力状况，在混凝土及钢筋混凝土结构设计中进行结构计算时，均以轴心抗压强度作为结构设计强度取值的依据。

《公路工程水泥及水泥混凝土试验规程》（JTG 3420—2020）中轴心抗压强度试验标准试件有两种：高宽比为2的棱柱体（150mm×150mm×300mm）、高径比为2的圆柱体（ϕ150mm×300mm）。按标准方法成型标准尺寸的试件，经标准养护至规定龄期，用标准的方法测试其单位面积的极限荷载，即为水泥混凝土的轴心抗压强度。棱柱体试件的轴心抗压强度用f_{cp}表示，圆柱体试件的轴心抗压强度用f_{cc}表示。水泥混凝土的轴心抗压强度计算表达式形式同式(7-1)。

4. 水泥混凝土的劈裂抗拉强度

采用直接拉伸试验法测试水泥混凝土试件的抗拉强度时对中比较困难，所以常用间接拉伸法（劈裂拉伸）测试其抗拉强度。一般劈裂抗拉强度高于直接拉伸强度。劈裂抗拉强度试验的标准试件分为150mm×150mm×150mm的立方体和ϕ150 mm的圆柱体。立方体试件的劈裂抗拉强度用f_{ts}（MPa）表示；圆柱体试件的劈裂抗拉强度用f_{ct}（MPa）表示。

采用立方体标准试件时,中心平面内用圆弧为垫条施加两个方向相反、均匀分布的压应力,如图 7-4 所示,当压力增大至一定程度时试件就沿此平面劈裂破坏,由此测得的强度即为劈裂抗拉强度,f_{ts}可按式(7-3)计算:

$$f_{ts} = \frac{2F}{\pi A} = 0.637 \frac{F}{A} \tag{7-3}$$

式中:F——极限荷载,N;

A——试件劈裂面面积(mm^2),为试件横截面面积。

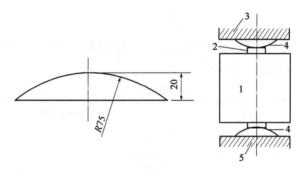

图 7-4　劈裂试验用钢垫条(尺寸单位:mm)
1-试件;2-垫层;3-上压板;4-垫条;5-下压板

劈裂抗拉强度与标准立方体抗压强度之间的关系,可用经验公式式(7-4)表示:

$$f_{ts} = 0.35 f_{cu}^{\frac{3}{4}} \tag{7-4}$$

劈裂抗拉试验标准试件当采用边长为 100mm 非标准立方体试件时,尺寸换算系数为 0.85。当混凝土强度等级大于或等于 C60 时,宜采用标准试件;使用非标准试件时尺寸换算系数应由试验确定。

5.影响硬化后水泥混凝土强度的因素

1)材料组成对水泥混凝土强度的影响

材料组成是水泥混凝土强度形成的内因,主要取决于组成材料的质量及其在混凝土中的数量。水泥混凝土组成材料质量的影响已在前面章节中讨论,现主要就数量方面(即混凝土组成材料的比例)对混凝土强度的影响进行讨论。

(1)水泥的强度与水胶比。

水泥混凝土的强度主要取决于其内部起胶结作用的水泥石的质量,水泥石的质量则取决于水泥的特性和水胶比。

水泥是混凝土中的活性组分,在水泥混凝土组成材料的配合比相同的条件下,水泥强度等级越高,则配制的混凝土强度越高。当用同一种水泥(品种及强度等级相同)时,水泥混凝土强度主要取决于水胶比,水胶比越小,水泥石的强度越高,与集料黏结力越大,混凝土的强度越高。但是,如果水胶比太小,拌合物过于干稠,在一定的捣实成型条件下,水泥混凝土拌合物将出现较多的孔洞,导致混凝土的强度下降。

根据大量的实践资料统计结果,胶水比、水泥实际强度与水泥混凝土 28d 立方体抗压强度的关系公式为:

项目七　水泥混凝土 195

$$f_{cu,28} = \alpha_a \times f_{ce} \times \left(\frac{B}{W} - \alpha_b\right) \tag{7-5}$$

式中：$f_{cu,28}$——水泥混凝土的抗压强度，MPa；

　　　f_{ce}——水泥的实际强度，MPa；

　　　B——1m³ 混凝土中胶凝材料用量，kg；

　　　W——1m³ 混凝土中水的用量，kg；

　　　$\dfrac{B}{W}$——胶水比；

　　　α_a、α_b——粗集料回归系数，按《普通混凝土配合比设计规程》（JGJ 55—2011）规定，α_a、α_b 可按表 7-4 选用。

回归系数 α_a、α_b　　　　表 7-4

系数	石料品种	
	碎石	卵石
α_a	0.53	0.49
α_b	0.20	0.13

该经验公式一般只适用于流动性混凝土及低流动性混凝土，对于干硬性混凝土则不适用。

(2) 集料特性与水泥浆用量。

集料的强度不同，使水泥混凝土的破坏机理有所差别，如集料强度大于水泥石强度，则水泥混凝土强度由界面强度及水泥石强度所支配，在此情况下，集料强度对水泥混凝土强度几乎没有影响；如集料强度小于水泥石强度，则水泥混凝土强度与集料强度有关。粗集料的形状与表面性质对强度有着直接的影响。集料颗粒形状接近立方体形为好，若使用扁平或细长颗粒，给施工带来不利影响，会使水泥混凝土的孔隙率增加，导致水泥混凝土强度降低。

水泥浆用量由强度、耐久性、工作性、成本等几个方面因素确定，选择时需兼顾。

2) 养护温度与湿度

一般情况下，水泥的水化和水泥混凝土强度发展的速度随环境温度的高低而增减，如图 7-5 所示。当温度降至零度时，初步成型的水泥混凝土中的大部分水分结冰，水泥几乎不再发生水化反应，水泥混凝土强度不仅停止增长，严重时由于孔隙内水结冰而引起膨胀。因此，在冬季负温条件下浇筑水泥混凝土，如不采取保温等技术措施，将导致初步成型的水泥混凝土结构因冻胀而破坏。

水泥混凝土浇筑后，在湿润的状态下，其强度和龄期按水泥的特性成对数关系增长。如湿度适当，水泥水化得以顺利进行，水泥混凝土强度就能得到充分发展；如果湿度不够，水泥水化反应不能正常进行，会严重降低混凝土强度。水化作用未完成，还会使其结构疏松，增大渗水性。因此，水泥混凝土浇筑后必须有较长时间在潮湿环境中养护，如图 7-6 所示。

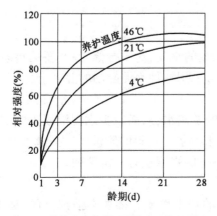

图 7-5 养护温度条件对混凝土强度的影响

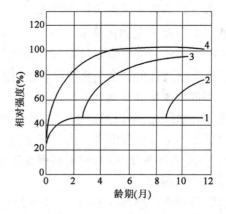

图 7-6 养护湿度条件对混凝土强度的影响
1-空气养护;2-9 个月后水中养护;3-3 个月后水中养护;4-标准湿度条件下养护

3）龄期

在正常条件下,水泥混凝土的强度随着龄期的增长而提高,在最初 3~7d 内发展较快,28d 达到设计强度规定的数值,以后强度发展逐渐缓慢,甚至可持续百年左右。在相同养护条件下,其增长规律如图 7-7 所示。

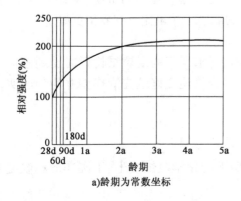

a）龄期为常数坐标

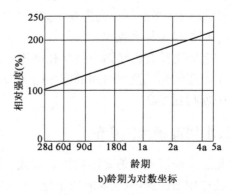

b）龄期为对数坐标

图 7-7 水泥混凝土强度增长规律(d:天;a:年)

在标准养护条件下,水泥混凝土强度与其龄期的对数大致成正比,如图 7-7b) 所示,工程中常常利用这一关系,根据水泥混凝土早期强度,估算其后期强度,其表达式为：

$$f_{cu,n} = f_{cu,a} \frac{\lg n}{\lg a} \tag{7-6}$$

式中：$f_{cu,n}$——n 天龄期水泥混凝土的抗压强度,MPa；

$f_{cu,a}$——a 天龄期水泥混凝土的抗压强度,MPa。

此公式仅适用于普通硅酸盐水泥拌制的混凝土,且龄期 $a \geq 3d$ 时才适用。由于对水泥混凝土强度产生影响的因素很多,强度发展不可能完全一样,故此公式只作为一般参考。

此外,试件尺寸、加荷速度和试件表面平整度对水泥混凝土试件强度也有一定影响。

6. 提高水泥混凝土强度的技术措施

1)选用高强度水泥和特种水泥

为了提高水泥混凝土强度可采用高强度等级的水泥,对于抢修工程、桥梁拼装接头、严寒的冬季施工以及其他要求早强的结构物,则可采用特种水泥配制的混凝土。

2)采用低水胶比和浆集比

采用低的水胶比,可以减少水泥混凝土中的游离水,从而减少水泥混凝土中的孔隙,提高水泥混凝土的密实度和强度。降低浆集比(水泥浆与集料的质量比),减薄水泥浆层的厚度,充分发挥集料的骨架作用,对提高水泥混凝土的强度也有一定帮助。

3)掺加外加剂

在水泥混凝土中掺加外加剂,可以改善它的技术性质。掺加早强剂,可提高水泥混凝土的早期强度;掺加减水剂,在不改变流动性的条件下,可减小水胶比,从而提高水泥混凝土的强度。

4)采用湿热处理方法

(1)蒸汽养护。使浇筑好的水泥混凝土构件经 1~3h 预养后,在 90% 以上的相对湿度、60℃ 以上温度的饱和蒸汽中进行养护,以加速水泥混凝土强度的发展。

(2)蒸压养护。将浇筑成型的水泥混凝土构件静置 8~10h 后,放入蒸釜内,在通入高压(不小于 8 个大气压)、高温(不低于 175℃)的饱和蒸汽中进行养护,从而加速水泥的水化和硬化,提高水泥混凝土的强度。蒸压养护的混凝土质量比蒸汽养护更好。

5)采用机械搅拌和振捣

水泥混凝土拌合物在强力搅拌和振捣作用下,水泥浆的凝聚结构暂时受到破坏,从而降低了水泥浆的黏度及集料间的摩擦阻力,使拌合物能更好地充满模型并均匀密实,水泥混凝土强度得到提高。

三、水泥混凝土的变形

硬化后水泥混凝土的变形包括非荷载作用下的化学收缩变形、干湿变形和温度变形,以及荷载作用下的弹-塑性变形和徐变。

1. 非荷载作用下的变形

1)化学收缩

由于水泥水化产物的体积比反应前物质的总体积要小,水泥混凝土拌合物因而产生收缩,称为化学收缩。这种收缩随龄期增长而增加,40d 以后渐趋稳定。化学收缩是不能恢复的,一般对结构没有什么影响。

2)干湿变形

干湿变形主要表现为湿胀干缩。水泥混凝土在干燥空气中硬化时,随着水分的逐渐蒸发,体积也将逐渐发生收缩,如在水中或潮湿条件下养护时,则水泥混凝土的干缩将随之减少或略产生膨胀。水泥混凝土的干缩往往是表面较大,常在表面产生细微裂缝。当干缩变形受到约束时,常会引起构件的翘曲或开裂,影响混凝土构件的耐久性。

水泥混凝土的干缩变形主要由水泥石产生,应通过调节集料级配、增大粗集料的粒径、减少水泥浆用量、选择适当的水泥品种,以及采用振动捣实、早期养护等措施来减小水泥混凝土的干缩。

3) 温度变形

水泥混凝土具有热胀冷缩的性质。温度变化引起的热胀冷缩对大体积及大面积水泥混凝土工程极为不利。水泥混凝土是不良导体,水泥水化初期放出大量热量难于散发,浇筑后大体积混凝土内部温度远高于外部,有时可达 50~70℃,这将使内部混凝土产生显著的体积膨胀,而外部混凝土却随气温降低而冷却收缩。内部膨胀和外部收缩互相制约,将产生各种应力,当外部混凝土所受拉应力超过混凝土当时的极限抗拉强度时,就将产生裂缝。因此,对大体积水泥混凝土工程,应设法降低水泥混凝土的发热量,如采用低热水泥、减少水泥用量、采用人工降温等措施。对于纵长的钢筋混凝土结构物,应每隔一段长度设置伸缩缝,在结构物内配置温度钢筋。

2. 荷载作用下的变形

1) 弹-塑性变形与弹性模量

水泥混凝土是一种弹-塑性体,在持续荷载作用下会产生可以恢复的弹性变形(ε_t)和不可恢复的塑性变形(ε_s),其应力与应变关系如图 7-8 所示。在水泥混凝土应力-应变曲线上任一点的应力 σ 与应变 ε 的比值为混凝土在该应力条件下的弹性模量。

桥梁工程中以应力为棱柱体极限抗压强度的 40% 时的割线弹性模量,作为混凝土的弹性模量。

在道路路面及机场跑道工程中,水泥混凝土应测定其抗折时的平均弹性模量作为设计参数,取抗折强度 50% 时的加荷割线模量。

在路面工程中水泥混凝土要求有较高的抗折强度,而且要有较低的抗折弹性模量,以适应混凝土路面受荷载后产生的较大变形。

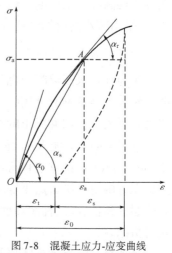

图 7-8 混凝土应力-应变曲线
ε_0-全部变形;ε_s-塑性变形;
ε_t-弹性变形

2) 徐变

水泥混凝土在持续荷载作用下,随时间增加的变形称为徐变,也称蠕变。徐变是由于硬化后的混凝土中存在凝胶体,在作用荷载不变的情况下,凝胶体发生缓慢迁移,使混凝土变形增加,这种在恒定荷载作用下,随着时间的增加而产生的变形是不可恢复的。徐变在混凝土的初期增长较快,以后逐渐变慢,到一定时期后,一般 2~3 年可以稳定下来。

水泥混凝土的徐变与许多因素有关。混凝土的水胶比大、龄期短,徐变量大;荷载作用时大气湿度小,徐变大;荷载应力大,徐变大;混凝土水泥用量多时,徐变量大。另外,混凝土弹性模量小,徐变大。

水泥混凝土无论是受压、受拉或受弯,均有徐变现象。在预应力钢筋混凝土桥梁构件中,混凝土的徐变可使钢筋的预加应力受到损失。但是,徐变也能消除钢筋混凝土的部分应力集中,使应力较均匀地分布;对于大体积混凝土,还能消除一部分由于温度变形所产生的破坏应力。

四、水泥混凝土的耐久性

道路与桥梁用水泥混凝土除了要满足工作性和强度要求外,还应具有优良的耐久性。水泥混凝土的耐久性主要从以下几个方面进行评价。

1. 水泥混凝土的抗冻性

水泥混凝土的抗冻性是指混凝土在饱和水状态下遭受冰冻时,抵抗冻融循环作用而不破坏的能力。冻融破坏的原因是混凝土中的水结冰后发生体积膨胀,当冻胀应力超过混凝土的抗拉强度时,混凝土产生微细裂缝,反复冻融使裂缝不断扩大,导致水泥混凝土强度降低,直至破坏。

我国《公路工程水泥及水泥混凝土试验规程》(JTG 3420—2020)规定,公路路面与桥梁工程用混凝土的抗冻性采用"快冻法"试验检验。水泥混凝土的抗冻标号分为 D25、D50、D100、D150、D200、D250 和 D300 等。

影响水泥混凝土抗冻性的因素很多,主要是材料本身的性质以及混凝土的密实度、强度等。提高混凝土的耐久性应注意合理选择水泥品种,选用良好的砂石材料,改善集料的级配,采用减水剂或加气剂,改良混凝土的施工操作方法,提高混凝土的密实度。

2. 水泥混凝土的耐磨性

作为铺筑水泥混凝土路面用的水泥混凝土,必须具有抵抗车辆轮胎磨耗和磨光的性能。作为大型桥梁墩台用的水泥混凝土,也需要具有抵抗湍流空蚀的能力。耐磨性是公路路面和桥梁工程用混凝土的重要的性能之一。

《公路工程水泥及水泥混凝土试验规程》(JTG 3420—2020)规定,制作 150mm × 150mm × 150mm 的立方体标准试件,试件养护至 27d 龄期后从养护地点取出,擦干表面水分放在室内空气中自然干燥 12h,再放入 60℃ ±5℃烘箱中,烘 12h 至恒重,按规定的磨损方式磨削试件,以试件磨损面上单位面积的磨损量(kg/m^2)作为评定水泥混凝土耐磨性的相对指标。

提高水泥混凝土抗磨损能力的措施为:提高混凝土的断裂韧性,减少脆裂的发生;减少原生缺陷;提高硬度及降低弹性模量。

3. 碱-集料反应

水泥混凝土中水泥与某些碱活性集料发生化学反应,可引起混凝土膨胀、开裂,甚至破坏,这种化学反应称为碱-集料反应,简称 AAR(Alkali-Aggregate Reaction)。

碱-集料反应一般可分为碱-硅酸(集料)反应、碱-硅酸盐反应、碱-碳酸盐反应。碱-集料反应不仅机理非常复杂,而且影响因素很多,但是发生碱-集料反应必须具备三个条件:水泥中含有较高的碱量;水泥混凝土中存在活性集料并超过一定数量;存在水分。

为防止碱-集料反应的危害,应采取的措施有:①使用含碱量小于 0.6% 的水泥或采用抑制碱-集料反应的掺合料;②当使用含钾、钠离子的混凝土外加剂时,必须专门试验,符合要求才能使用。

4. 水泥混凝土的碳化

水泥混凝土的碳化作用是指大气中的二氧化碳在有水的条件下与水泥水化产物氢氧化钙发生反应,生成碳酸钙和水。因氢氧化钙是碱性,而碳酸钙是中性,所以碳化又叫中性化。

碳化主要对水泥混凝土的碱度、强度和收缩产生影响。混凝土的碳化深度随着龄期的延长而增加,碳化的速度受许多因素影响,主要有:水泥品种和用量、水胶比、环境条件、外加剂、集料种类等。提高水泥混凝土抗碳化的主要措施有:降低水胶比、使用减水剂、在混凝土表面刷涂料或用水泥砂浆抹面等。

5. 水泥混凝土的抗侵蚀性

当水泥混凝土所处的环境水有侵蚀性时,必须对侵蚀问题予以重视。环境侵蚀主要指对水泥石的侵蚀,如淡水侵蚀、硫酸盐侵蚀、酸碱侵蚀等。提高水泥混凝土的抗侵蚀性的主要措施有:选用合适的水泥品种和提高混凝土的密实度。密实性好及具有封闭孔隙的混凝土,环境水不易侵入混凝土内部,故其抗侵蚀性好。

◆ 任务实施

一、拌制水泥混凝土

1. 目的与适用范围

本方法用于常温下室内拌制水泥混凝土,拌制的水泥混凝土拌合物可用于做水泥混凝土的工作性试验或制备试件用于水泥混凝土抗压强度试验。

2. 仪器设备

(1)拌板:1m×2m 的金属板1块。

(2)铁铲:2把。

(3)量斗(或其他容器):装水泥及各种集料用,4个。

(4)量水容器:1个。

(5)抹布:1块。

(6)台秤:称量50kg,感量满足称量总量的1%,1台。

(7)天平:感量满足称量总量的0.5%,1台。

3. 拌制步骤

(1)拌和时保持室温20℃±5℃,相对湿度大于50%。

(2)拌制混凝土所用各种用具,如铁板、铁铲、抹刀,应先用水润湿;按规定称好原材料,分别装在各容器中。

(3)将称好的砂和水泥在铁板上拌匀,加入粗集料,再混合搅拌均匀。

(4)将此拌合物堆成长堆,中心扒成长槽,将称好的水倒入约一半,将其与拌合物仔细拌匀,再将材料堆成长堆,扒成长槽,倒入剩下的水,继续拌和,来回翻拌至少10遍。

(5)从试样制备完毕到开始做各项性能试验不宜超过5min(不包括成型试件)。

二、检验水泥混凝土拌合物稠度

1. 试验目的及适用范围

本试验用于测定水泥混凝土拌合物的坍落度,以评定水泥混凝土拌合物的稠度。

坍落度仪法适用于集料最大粒径不大于 31.5mm,坍落度大于 10mm 的水泥混凝土的稠度测定。

2. 试验仪器

(1)坍落筒:构造和尺寸如图 7-9 所示。坍落筒为铁板制成的截头圆锥筒,厚度不小于 1.5mm,内侧平滑,没有铆钉头之类的突出物,在筒上方约 2/3 高度处安装两个把手,近下端两侧焊有两个踏脚板,保证坍落筒可稳定操作。

(2)捣棒:直径 16mm、长约 600mm,并具有半球形端头的钢质圆棒。

(3)其他:秒表、小铲、钢尺、喂料斗、抹刀和钢平板等。

图 7-9 坍落度试验用坍落筒
(尺寸单位:mm)

3. 试验步骤

(1)试验前将坍落筒内外洗净,放在经水润湿过的平板上(平板吸水时应垫塑料布),并踏紧踏脚板。

(2)将代表样分三层装入筒内,每层装入高度稍大于筒高的 1/3,用捣棒在每一层的横截面上均匀插捣 25 次,插捣在全部面积上进行,沿螺旋线由边缘至中心。插捣底层时插至底部,插捣其他两层时,应插透本层并插入下层 20~30mm。插捣须垂直压下(边缘部分除外),不得冲击。在插捣顶层时,装入的混凝土高出坍落筒,随插捣过程随时添加拌合物,当顶层插捣完毕后,将捣棒用锯和滚的动作,清除多余的混凝土,用抹刀抹平筒口,刮净筒底周围的拌合物,而后立即垂直地提起坍落筒,提筒宜控制在 3~7s 完成,并使混凝土不受横向及扭力作用。从开始装料到提出坍落筒整个过程应在 150s 内完成。

(3)将坍落筒放在锥体混凝土试样一旁,筒顶平放木尺,用钢尺量出木尺底面至试样顶面最高点的垂直距离(图 7-10),即为该混凝土拌合物的坍落度,精确至 1mm。

图 7-10 水泥混凝土拌合物稠度试验

当混凝土试件的一侧发生崩坍或剪切破坏,则应重新取样另测。如果第二次仍发生上述情况,则表示该混凝土和易性不好,应记录。

(4)当混凝土拌合物的坍落度大于160mm时,用钢尺测量混凝土扩展后最终的最大直径和最小直径。在这两个直径之差小于50mm的条件下,用其算术平均值作为坍落扩展度值;否则,此次试验无效。

(5)坍落度试验的同时,可用目测的方法评定混凝土拌合物的下列性质,并予记录。

①棍度:按插捣混凝土拌合物时难易程度评定,分"上""中""下"三级。"上"表示插捣容易;"中"表示插捣时稍有石子阻滞的感觉;"下"表示很难插捣。

②黏聚性:观测拌合物各组分相互黏聚情况。评定方法是用捣棒在已坍落的混凝土锥体侧面轻打,如锥体在轻打后逐渐下沉,表示黏聚性良好;如锥体突然倒坍、部分崩裂或发生石子离析现象,则表示黏聚性不好。

③保水性:指水分从拌合物中析出情况,分"多量""少量""无"三级评定。"多量"表示提起坍落筒后,有较多水分从底部析出;"少量"表示提起坍落筒后,有少量水分从底部析出;"无"表示提起坍落筒后,没有水分从底部析出。

4.结果处理

混凝土拌合物坍落度和坍落扩展度值以毫米(mm)为单位,测量值精确至1mm,结果修约至5mm。

试验记录格式见表7-5。

稠度试验记录表　　　　　　　　　　　　表7-5

	试验次数	1	2	3
坍落度仪法	坍落度(mm)			
	平均值(mm)			
	棍度			
	黏聚性			
	保水性			
说明:				

试验者_____　　计算者_____　　校核者_____　　试验日期_____

三、水泥混凝土立方体试件成型与养护

水泥混凝土立方体试件成型与养护

1.目的及适用范围

本试验用于将经过稠度试验合格的水泥混凝土拌合物制备成各种不同尺寸的立方体试件,以进行不同龄期的水泥混凝土抗压强度试验。

2. 仪器设备

(1) 试模：由刚性、金属制成的侧模和底板构成，用适当的方法组装而成。试模内表面粗糙度 Ra = 3.2μm，内部尺寸允许偏差为 ±0.2%，相邻面夹角为 90°±0.3°。试件边长的尺寸公差不得超过 1mm。

(2) 振动台：标准振动台，应符合《混凝土试验用振动台》(JG/T 245—2009)的要求，如图 7-11 所示。

图 7-11　混凝土立方体试件成型的振动台

(3) 捣棒：直径 16mm、长约 600mm，并具有半球形端头的钢质圆棒。

(4) 其他：小铲、抹刀、橡皮锤和钢平板等。

3. 试件成型步骤

(1) 成型前在试模内壁涂一薄层矿物油。

(2) 取拌合物的总量应比所需量高 20% 以上，并取出少量混凝土拌合物代表样，在 5min 内进行坍落度或维勃稠度试验，认为品质合格后，应在 15min 内开始制件或做其他试验。

(3) 水泥混凝土拌合物装填与捣实，可采用下列方式：

① 当坍落度小于 25mm 时，可采用 φ25mm 的插入式振捣棒成型。将混凝土拌合物一次装入试模，装料时应用抹刀沿各试模壁插捣，并使混凝土拌合物高出试模口；振捣时振捣棒距底板 10～20mm，且不要接触底板。振捣直到表面出浆为止，且应避免过振，以防止混凝土离析，一般振捣时间为 20s。振捣棒拔出时要缓慢，拔出后不得留有孔洞。用刮刀刮去多余的混凝土，在临近初凝时，用抹刀抹平。试件表面与试模边缘高低差不得超过 0.5mm。

② 当坍落度大于 25mm 且小于 70mm 时，用标准振动台成型。将试模放在振动台上夹牢，防止试模自由跳动，将拌合物一次装满试模并稍有富余，开动振动台至混凝土表面出现乳状水泥浆时为止，振动过程中随时添加混凝土使试模常满，记录振动时间（约为维勃稠度秒数的 2～3 倍，一般不超过 90s）。振动结束后，用金属直尺沿试模边缘刮去多余混凝土，用抹刀将表面初次抹平，待试件收浆后，再次用抹刀将试件仔细抹平，试件表面与试模边缘的高低差不得超过 0.5mm。

③ 当坍落度大于 70mm 时，用人工成型。拌合物分厚度大致相等的两层装入试模。捣固时按螺旋方向从边缘到中心均匀地进行。插捣底层混凝土时，捣棒应达模底；插捣上层时，捣棒应贯穿上层后插入下层 20～30mm 处。插捣时应用力将捣棒压下，保持捣棒垂直，

不得冲击,捣完一层后,用橡皮锤轻轻击打试模外端面 10~15 下,以填平插捣过程中留下的孔洞。每层每 100cm² 截面面积内插捣次数不少于 12 次,试件抹面与试模边缘的高低差不得超过 0.5mm。

(4)试件养护。

①试件成型后,用湿布覆盖表面(或其他保持湿度办法),在室温 20℃±5℃、相对湿度大于 50% 的情况下,静放一个到两个昼夜,然后拆模并做第一次外观检查、编号。对有缺陷的试件应除去,或加工补平。

②将完好试件放入标准养护室进行养护,标准养护室温度为 20℃±2℃、相对湿度在 95% 以上,试件宜放在铁架或木架上,间距至少 10~20mm。试件表面应保持一层水膜,并避免用水直接冲淋。当无标准养护室时,将试件放入温度为 20℃±2℃ 的饱和氢氧化钙溶液中养护。

③标准养护龄期为 28d(以搅拌加水开始),非标准的养护龄期为 1d、3d、7d、60d、90d、180d。

四、检验水泥混凝土立方体抗压强度

1. 目的及适用范围

本方法用于确定水泥混凝土的强度等级,作为评定水泥混凝土品质的主要指标;本方法适用于各类水泥混凝土立方体试件的极限抗压强度试验。

2. 仪器设备

(1)压力机或万能试验机。压力机测量精度为 ±1%,试件破坏荷载应大于压力机全程的 20% 且小于压力机全程的 80%。压力机同时应具有加荷速度指示装置或加荷速度控制装置,上下压板平整并有足够刚度,可均匀地连续加荷卸荷,可保持固定荷载,开机停机均灵活自如,能够满足试件破型吨位要求。

(2)钢尺。精度 1mm。

3. 试验步骤

(1)至试验龄期时,自养护室取出试件,应尽快试验,避免其湿度变化。

(2)取出试件,检查其尺寸及形状,相对两面应平行。量出棱边长度,精确至 1mm。试件受力截面面积按其与压力机上下接触面的平均值计算。在破型前,保持试件原有湿度,在试验时擦干试件。

(3)以成型时侧面为上下受压面,试件中心应与试验机几何对中,如图 7-12 所示。

(4)混凝土强度等级小于 C30 时,取 0.3~0.5 MPa/s 的加荷速度;混凝土强度等级大于或等于 C30 且小于 C60 时,取 0.5~0.8MPa/s 的加荷速度;混凝土强度等级大于或等于 C60 时,取 1~1.0MPa/s 的加荷速度。

(5)当试件接近破坏而开始迅速变形时,应停止调整试验机油门,直至试件破坏,记下破坏极限荷载。

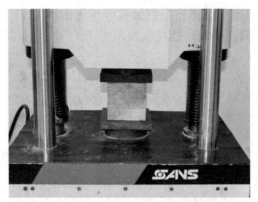

图7-12 水泥混凝土立方体抗压强度检验

4. 结果计算

(1) 混凝土试件抗压强度,按式(7-7)计算：

$$f_{cu} = \frac{F}{A} \quad (7-7)$$

抗压强度试验结果的数据处理

式中：f_{cu}——混凝土立方体抗压强度,MPa；

F——极限荷载,N；

A——受压面积,mm^2。

结果计算精确至0.1MPa。

(2) 以三个试件测值的算术平均值为测定值,结果精确至0.1MPa。三个试件测量值的最大值或最小值中如有一个与中间值之差超过中间值的15%,则取中间值为测定值;如最大值和最小值与中间值的差值均超过中间值的15%,则该组试验结果无效。

(3) 抗压强度以150mm×150mm×150mm的立方块为标准试件,其他尺寸试件测得的抗压强度值应乘以尺寸换算系数。当混凝土强度等级小于C60时,200mm×200mm×200mm试件换算系数为1.05,100mm×100mm×100mm试件换算系数为0.95。当混凝土强度等级大于或等于C60时,宜采用标准试件,使用非标准试件时,换算系数由试验确定。

试验记录格式见表7-6。

水泥混凝土立方体抗压强度试验记录表　　表7-6

试件编号	制备日期	试验日期	龄期(d)	最大荷载F(N)	试件尺寸(mm)	试件截面$A(mm^2)$	抗压强度		换算系数	换算后f_{cu}(MPa)
							单个值f_{cu}(MPa)	取用值(MPa)		

试验者＿＿＿＿　　计算者＿＿＿＿　　校核者＿＿＿＿　　试验日期＿＿＿＿

任务评价

评价项目	评价标准	参考分值	得分
混凝土的拌和	加料顺序正确,拌和时长准确	10	
	小组成员不怕脏不怕累、团队合作愉快默契	10	
混凝土的稠度检验	试验操作步骤正确	15	
	小组成员有较强的团队合作精神	15	
立方体试件成型	正确成型混凝土立方体试件	20	
立方体抗压强度检验	试验操作正确,结果计算正确,强度评定正确	10	
	小组成员敢于担当,敢于面对困难,有较强的抗压能力	10	
打扫卫生	打扫卫生干净,仪器擦洗干净,摆放整齐	10	
总评			

任务三 设计普通水泥混凝土的配合比

学习目标	● 知识目标	❶了解混凝土配合比设计的基本资料、表示方法、基本要求、关键参数、基本原理。 ❷掌握桥梁混凝土配合比设计的步骤
	● 能力目标	能对桥梁用混凝土进行初步配合比、基准配合比、试验室配合比、施工配合比设计
	● 素质目标	通过完成一种混凝土的配合比设计,培养学生精益求精、严谨细致的工作态度,培养学生进行数据运算、验算的能力

任务描述

某桥梁工程,墩柱混凝土强度等级采用 C30,T 梁混凝土强度等级采用 C50,完成 C30 和 C50 两种混凝土的配合比设计任务。

任务引导

要完成混凝土配合比的设计,需要掌握设计的四个阶段:初步配合比阶段、基准配合比阶段、试验室配合比阶段和施工配合比阶段,按照《普通混凝土配合比设计规程》(JGJ 55—2011)掌握每个阶段的设计步骤,并且按照《公路桥涵施工技术规范》(JTG/T 3650—2020)的相关要求进行校核。混凝土配合比设计有一定的难度,除了在课堂上跟老师同步学习以外,课下可登录线上开放课程,根据微课"混凝土配合比设计"进行复习,只要按照步骤一步一步进行,脚踏实地,就一定能够攻破难题。

> 📖 **相关知识**

水泥混凝土的配合比是指混凝土中各组成材料的质量比例,确定各组成材料的质量比例的工作称为配合比设计。水泥混凝土配合比设计就是根据原材料的性能和对混凝土的技术要求,通过计算和试配调整,确定满足工程技术、经济指标要求的混凝土各组成材料的用量。

一、水泥混凝土配合比设计的基本资料

(1)水泥混凝土设计强度等级。
(2)工程特征,包括工程所处环境、结构断面、钢筋最小净距等。
(3)耐久性要求,如抗冻、抗侵蚀、耐磨、碱-集料反应情况等。
(4)水泥强度等级和品种。
(5)砂、石的种类,碎石(卵石)最大粒径、密度等。
(6)施工方法。

二、水泥混凝土配合比的表示方法

水泥混凝土配合比的表示方法有下列两种:

1. 单位用量表示法

以 $1m^3$ 水泥混凝土中各种材料的用量表示,如"胶凝材料:水:细集料:粗集料 = 336kg : 185kg : 564kg : 1315kg"。

2. 相对用量表示法

以胶凝材料的质量为1,并按"胶凝材料:细集料:粗集料;水胶比"的顺序排列表示,如"1 : 1.68 : 3.91; $W/B = 0.55$"。

三、对水泥混凝土的基本要求

对于道路与桥梁工程用水泥混凝土的配合比设计,应满足下列四项基本要求:

1. 施工工作性的要求

按照结构物断面尺寸和形状、钢筋的配置情况、施工方法及设备等,合理确定水泥混凝土拌合物的工作性(坍落度或维勃稠度)。

2. 结构物强度要求

不论是水泥混凝土路面或桥梁,在结构设计时都会对不同的结构部位提出不同的"设计强度"要求。为了保证结构物的可靠性,在确定水泥混凝土配合比时,必须考虑到结构物的重要性、施工单位施工水平、施工环境因素等,采用一个与"设计强度"相对应的"配制强度",才能满足"设计强度"的要求。但是"配制强度"的高低一定要适宜,定得太低结构物不安全,定得太高会造成浪费。

3. 环境耐久性要求

根据结构物所处的环境条件,如严寒地区的路面,桥梁墩台处于水位升降范围,处于侵

蚀介质中等,为保证结构的耐久性,在设计水泥混凝土配合比时,应考虑允许的最大水胶比和最小胶凝材料用量。

4. 经济性的要求

在满足水泥混凝土设计强度、工作性和耐久性的前提下,在配合比设计中要尽量降低高价材料(如水泥)的用量,并考虑应用当地材料和工业废料(如粉煤灰),以配制成性能优良、价格便宜的混凝土。

四、水泥混凝土配合比设计的三参数

由胶凝材料、水、粗集料、细集料组成的普通水泥混凝土配合比设计,实际上就是确定胶凝材料、水、砂和石这四种基本组成材料的用量。其中有三个重要参数:水胶比、砂率和单位用水量。

1. 水胶比

水胶比指在水泥混凝土中拌和用水质量与胶凝材料(水泥和活性矿物掺合料的总称)质量的比值。如在 $1m^3$ 混凝土中用水量为 190kg,胶凝材料用量为 380kg,则水胶比为 0.5。

水与水泥组成水泥浆体,在水泥混凝土配合比设计中起着决定性作用。所确定的水胶比应满足水泥混凝土工作性、设计强度和耐久性的要求。

2. 砂率

砂率指水泥混凝土中细集料(砂)的质量占粗、细集料总质量(砂、石总质量)的百分率。如在 $1m^3$ 混凝土中砂的用量为 658kg,石的用量为 1222kg,则砂率为 35%。

砂率影响着水泥混凝土的黏聚性和保水性等技术性能,砂率不宜过小,也不宜过大。

3. 单位用水量

单位用水量是指 $1m^3$ 水泥混凝土拌合物中水的用量(kg/m^3)。在水胶比固定的条件下,用水量如果确定,则胶凝材料用量亦随之确定,当然集料的总用量也能确定。因此,单位用水量反映了水泥浆与集料之间的比例关系。

五、水泥混凝土配合比设计的基本原理

1. 假定表观密度法(简称质量法)

如果原材料比较稳定,可先假设水泥混凝土拌合物的表观密度为一定值(通常普通水泥混凝土拌合物的表观密度 m_{cp} 为 2350~2450kg/m^3),混凝土拌合物各组成材料的单位(体积)用量之和即为混凝土拌合物的表观密度。亦即:

$$m_c + m_f + m_g + m_s + m_w = m_{cp} \tag{7-8}$$

2. 绝对体积法(简称体积法)

该法是假定水泥混凝土拌合物的体积等于各组成材料绝对体积与混凝土拌合物所含空气体积之和,即:

$$\frac{m_c}{\rho_c} + \frac{m_f}{\rho_f} + \frac{m_g}{\rho_g} + \frac{m_s}{\rho_s} + \frac{m_w}{\rho_w} + 0.01\alpha = 1 \tag{7-9}$$

式中:m_c、ρ_c——水泥的用量(kg/m^3)和密度(kg/m^3);

m_f、ρ_f——矿物掺合料的用量(kg/m^3)和密度(kg/m^3);

m_g、ρ_g——粗集料的用量(kg/m^3)和表观密度(kg/m^3);

m_s、ρ_s——细集料的用量(kg/m^3)和表观密度(kg/m^3);

m_w、ρ_w——水的用量(kg/m^3)和密度(可取$1000kg/m^3$);

α——混凝土的含气量百分数,在不使用引气型外加剂时,α可取为1。

3. 查表法

根据大量试验结果进行整理,将各种配合比列成表,使用时根据相应条件查表,选取适当的配合比。它是直接从工程实际中总结的结果,在工程应用较广泛。

六、普通水泥混凝土配合比设计的步骤

以下介绍以抗压强度为指标的配合比设计步骤。

1. 初步配合比的计算

初步配合比的计算

1)确定水泥混凝土配制强度 $f_{cu,0}$

确定水泥混凝土配制强度 $f_{cu,0}$ 时,应根据设计要求的混凝土强度等级和施工单位质量管理水平,按照《普通混凝土配合比设计规程》(JGJ 55—2011)的规定进行。水泥混凝土配制强度可按式(7-10)计算:

$$f_{cu,0} \geq f_{cu,k} + 1.645\sigma \tag{7-10}$$

式中:$f_{cu,0}$——水泥混凝土的配制强度,MPa;

$f_{cu,k}$——水泥混凝土设计抗压强度标准值,MPa;

σ——水泥混凝土立方体试件抗压强度的标准差,MPa。

水泥混凝土立方体试件抗压强度标准差应按照下列规定确定:

(1)当具有近1~3个月的同一品种、同一强度等级混凝土强度资料时,其混凝土强度标准差 σ 应按式(7-11)计算:

$$\sigma = \sqrt{\frac{\sum_{i=1}^{n} f_{cu,i}^2 - nm_{fcu}^2}{n-1}} \tag{7-11}$$

式中:σ——混凝土强度标准差;

$f_{cu,i}$——第 i 组的试件强度,MPa;

m_{fcu}——n 组试件的强度平均值,MPa;

n——试件组数,n 值应大于或者等于30。

对于强度等级不大于C30的混凝土:当 σ 计算值不小于3.0MPa时,应按计算结果取值;当 σ 计算值小于3.0MPa时,应取3.0MPa。对于强度等级大于C30且小于C60的混凝土:当 σ 计算值不小于4.0MPa时,应按计算结果取值;当计算值小于4.0MPa时,σ 应取4.0MPa。

(2)当没有近期的同一品种、同一强度等级混凝土强度资料时,其强度标准差 σ 可根据强度等级按表7-7取值。

强度标准差 σ 值　　　　　　　　　　　　　　　　　　　　　　表7-7

强度等级	≤C20	C25～C45	C50～C55
标准差 σ (MPa)	4.0	5.0	6.0

2）初步确定水胶比 $\dfrac{W}{B}$

（1）按强度要求初步确定水胶比。

当水泥混凝土强度等级不大于C60时，由式（7-12）计算可得水胶比：

$$\frac{W}{B}=\frac{\alpha_a f_b}{f_{cu,0}+\alpha_a\alpha_b f_b} \qquad (7\text{-}12)$$

式中：α_a、α_b——回归系数，根据工程所使用的原材料，通过试验建立的水胶比与混凝土强度关系式来确定，当不具备上述试验统计资料时，可按表7-4采用；

　　　f_b——胶凝材料28d胶砂强度，MPa。

当胶凝材料28d胶砂抗压强度值无实测值时，按式（7-13）计算：

$$f_b = \gamma_f \gamma_s f_{ce} \qquad (7\text{-}13)$$

式中：γ_f、γ_s——粉煤灰影响系数和粒化高炉矿渣粉影响系数，可按表7-8选用；

　　　f_{ce}——水泥28d胶砂抗压强度（MPa），可实测，当水泥28d胶砂抗压强度无实测值时，按式（7-14）计算：

$$f_{ce} = \gamma_c \cdot f_{ce,g} \qquad (7\text{-}14)$$

式中：$f_{ce,g}$——水泥强度等级值，MPa；

　　　γ_c——水泥强度等级值富余系数，可按实际统计资料确定，当缺乏实际统计资料时，也可按表7-9选用。

粉煤灰影响系数和粒化高炉矿渣粉影响系数　　　　　　　　　表7-8

掺量(%)	粉煤灰影响系数(γ_f)	粒化高炉矿渣粉影响系数(γ_s)
0	1.00	1.00
10	0.90～0.95	1.00
20	0.80～0.85	0.95～1.00
30	0.70～0.75	0.90～1.00
40	0.60～0.65	0.80～0.90
50	—	0.70～0.85

注：①采用Ⅰ级、Ⅱ级粉煤灰宜取上限值。

②采用S75级粒化高炉矿渣粉宜取下限值，采用S95级粒化高炉矿渣粉宜取上限值，采用S105级粒化高炉矿渣粉可取上限值加0.05。

③当超出表中的掺量时，粉煤灰和粒化高炉矿渣粉影响系数应经试验确定。

水泥强度等级值的富余系数（γ_c）　　　　　　　　　　　　表7-9

水泥强度等级值	32.5	42.5	52.5
富余系数	1.12	1.16	1.10

（2）按耐久性要求初步确定水胶比。

在确定采用的水胶比时，还应考虑水泥混凝土所处的环境条件，根据相应的规范所要求的最大水胶比进行校核。

《混凝土结构设计规范》(GB 50010—2010)中耐久性要求的最大水胶比见表7-10。

普通混凝土的最大水胶比 表7-10

环境类别	条件	最大水胶比
一	室内干燥环境； 无侵蚀性静水浸没环境	0.60
二 a	室内潮湿环境； 非严寒和非寒冷地区的露天环境； 非严寒和非寒冷地区与无侵蚀性的水或土壤直接接触的环境； 严寒和寒冷地区的冰冻线以下与无侵蚀性的水或土壤直接接触的环境	0.55
二 b	干湿交替环境； 水位频繁变动环境； 严寒和寒冷地区的露天环境； 严寒和寒冷地区冰冻线以上与无侵蚀性的水或土壤直接接触的环境	0.50(0.55)
三 a	严寒和寒冷地区冬季水位变动区环境； 受除冰盐影响环境； 海风环境	0.45(0.50)
三 b	盐渍土环境； 受除冰盐作用环境； 海岸环境	0.40
四	海水环境	—
五	受人为或自然的侵蚀性物质影响的环境	—

注：①室内潮湿环境是指构件表面经常处于结露或湿润状态的环境。
②严寒和寒冷地区的划分应符合国家标准《民用建筑热工设计规范》(GB 50176—2016)的有关规定。
③海岸环境和海风环境宜根据当地情况，考虑主导风向及结构所处迎风、背风部位等因素的影响，由调查研究和工程经验确定。
④受除冰盐影响环境是指受到除冰盐雾影响的环境；受除冰盐作用环境是指被除冰盐溶液溅射的环境以及使用除冰盐地区的洗车房、停车楼等建筑。
⑤暴露的环境是指混凝土结构表面所处的环境。
⑥素混凝土构件水胶比的要求可适当放松。
⑦处于严寒和寒冷地区二 b、三 a 类环境中的混凝土应使用引气剂，并可采用括号中的有关参数。

水胶比应选择上述两种方法中的较小值。

3) 确定单位用水量 m_{w0}

(1) 混凝土水胶比在 0.40~0.80 范围时，根据粗集料的品种、最大公称粒径及施工要求的混凝土拌合物稠度，其单位用水量可按表7-11、表7-12选取。

干硬性混凝土的用水量 (kg/m^3) 表7-11

拌合物稠度		卵石公称最大粒径(mm)			碎石公称最大粒径(mm)		
项目	指标	10.0	20.0	40.0	16.0	20.0	40.0
维勃稠度(s)	16~20	175	160	145	180	170	155
	11~15	180	165	150	185	175	160
	5~10	185	170	155	190	180	165

塑性混凝土的用水量（kg/m³） 表 7-12

拌合物稠度		卵石公称最大粒径（mm）				碎石公称最大粒径（mm）			
项目	指标	10.0	20.0	31.5	40.0	16.0	20.0	31.5	40.0
坍落度（mm）	10~30	190	170	160	150	200	185	175	165
	35~50	200	180	170	160	210	195	185	175
	55~70	210	190	180	170	220	205	195	185
	75~90	215	195	185	175	230	215	205	195

注：①用水量系采用中砂时的平均值。采用细砂时，每立方米混凝土用水量可增加 5~10kg；采用粗砂时，则可减少 5~10kg。

②掺用外加剂和矿物掺合料时，用水量应相应调整。

（2）混凝土水胶比小于 0.40 时，可通过试验确定。

（3）掺外加剂时，每立方米流动性或大流动性混凝土的用水量可按式（7-15）计算：

$$m_{w0} = m'_{w0}(1-\beta) \tag{7-15}$$

式中：m_{w0}——计算配合比每立方米混凝土的用水量，kg/m³；

m'_{w0}——未掺外加剂时推定的满足实际坍落度要求的每立方米混凝土用水量，kg/m³；以表 7-12 中 90mm 坍落度的用水量为基础，按每增大 20mm 坍落度相应增加 5kg/m³ 用水量来计算，当坍落度增大到 180mm 以上时，随坍落度相应增加的用水量可减少；

β——外加剂的减水率，%，应经混凝土试验确定。

4）计算单位胶凝材料用量 m_{b0}

（1）按水胶比、单位用水量计算单位胶凝材料用量。

$$m_{b0} = \frac{m_{w0}}{W/B} \tag{7-16}$$

①每立方米混凝土的矿物掺合料用量（m_{f0}）应按式（7-17）计算：

$$m_{f0} = m_{b0}\beta_f \tag{7-17}$$

式中：m_{f0}——计算配合比每立方米混凝土中矿物掺合料用量，kg/m³；

β_f——矿物掺合料掺量，%。

②每立方米混凝土的水泥用量（m_{c0}）应按式（7-18）计算：

$$m_{c0} = m_{b0} - m_{f0} \tag{7-18}$$

式中：m_{c0}——计算配合比每立方米混凝土中水泥用量，kg/m³。

（2）按混凝土耐久性要求校核单位胶凝材料用量。

根据混凝土耐久性要求，普通水泥混凝土的最小胶凝材料用量，依据结构所处的环境条件应不得小于表 7-13 中的规定。

普通水泥混凝土的最小胶凝材料用量 表 7-13

最大水胶比	最小胶凝材料用量（kg/m³）		
	素混凝土	钢筋混凝土	预应力混凝土
0.60	250	280	300
0.55	280	300	300
0.50	320		
≤0.45	330		

5) 选定砂率 β_s

砂率应根据集料的技术指标、混凝土拌合物性能和施工要求,参考既有历史资料确定。当无历史资料可参考时,水泥混凝土砂率的确定应符合下列规定:

(1)坍落度小于10mm的水泥混凝土,其砂率应经试验确定。

(2)坍落度为10~60mm的混凝土,其砂率可根据粗集料品种、公称最大粒径及水胶比按表7-14选取。

混凝土的砂率(%)   表7-14

水胶比	卵石公称最大粒径(mm)			碎石公称最大粒径(mm)		
	10.0	20.0	40.0	16.0	20.0	40.0
0.40	26~32	25~31	24~30	30~35	29~34	27~32
0.50	30~35	29~34	28~33	33~38	32~37	30~35
0.60	33~38	32~37	31~36	36~41	35~40	33~38
0.70	36~41	35~40	34~39	39~44	38~43	36~41

注:①本表数值系中砂的选用砂率,对细砂或粗砂,可相应地减少或增大砂率。
②只用一个单粒级粗集料配制混凝土时,砂率应适当增大。
③采用人工砂配制混凝土时,砂率可适当增大。

(3)坍落度大于60mm的水泥混凝土,其砂率可经试验确定,也可在表7-14的基础上,按坍落度每增大20mm,砂率增大1%的幅度予以调整。

6) 计算粗集料、细集料单位用量 m_{g0}、m_{s0}

(1)质量法。

当砂率值确定后,粗、细集料的单位用量可由式(7-8)和砂率计算公式建立方程组求得:

$$m_{f0} + m_{c0} + m_{g0} + m_{s0} + m_{w0} = m_{cp}$$

$$\beta_s = \frac{m_{s0}}{m_{g0} + m_{s0}} \times 100 \qquad (7\text{-}19)$$

式中:m_{f0}、m_{c0}、m_{w0}、m_{s0}、m_{g0}——每立方米混凝土拌合物中矿物掺合料、水泥、水、细集料和粗集料的用量;

m_{cp}——每立方米混凝土拌合物的假定质量,kg,可取2350~2450。

(2)体积法。

粗、细集料的单位用量可由式(7-9)和砂率计算公式建立方程式求得:

$$\frac{m_{c0}}{\rho_c} + \frac{m_{f0}}{\rho_f} + \frac{m_{g0}}{\rho_g} + \frac{m_{s0}}{\rho_s} + \frac{m_{w0}}{\rho_w} + 0.01\alpha = 1$$

$$\beta_s = \frac{m_{s0}}{m_{g0} + m_{s0}} \times 100 \qquad (7\text{-}20)$$

通过以上六个步骤计算,可将胶凝材料、水、粗集料、细集料的用量全部求出,得到初步配合比($m_{b0}:m_{w0}:m_{s0}:m_{g0}$),而以上各项计算多数利用经验公式或经验资料获得,因此按初步配合比设计所制得的水泥混凝土不一定符合实际要求,应对初步配合比进行试配、检验和调整。

2. 试拌调整提出基准配合比

1）试配

（1）试配的原材料。

水泥混凝土配合比设计所用各种原材料，应与实际工程使用的材料相同，细集料含水率应小于0.5%，粗集料含水率应小于0.2%。

（2）搅拌方法与拌合物数量。

混凝土试配应采用强制式搅拌机进行搅拌，搅拌方法宜与施工采用的方法相同。每盘混凝土试配的最小搅拌量应符合表7-15中的规定，并不应小于搅拌机公称容量的1/4且不应大于搅拌机公称容量。

试拌调整提出
基准配合比

混凝土试配的最小搅拌量　　　　　表7-15

粗集料公称最大粒径(mm)	最小搅拌的拌合物量(L)
≤31.5	20
40.0	25

2）校核工作性、调整配合比

按初步配合比计算出试配所需的材料用量，配制水泥混凝土拌合物。通过试验测定混凝土拌合物的坍落度，同时观察混凝土拌合物的黏聚性和保水性。

当不符合要求时，应进行调整。调整的基本原则如下：若流动性太大，可在砂率不变的条件下，适当增加砂、石的用量；若流动性太小，应在保持水胶比不变的情况下，适当增加水和胶凝材料用量；若黏聚性和保水性不良，实质上是混凝土拌合物中砂浆不足或砂浆过多，可适当增大砂率或适当降低砂率。

调整工作性满足要求时得到的配合比，即是可供混凝土强度试验用的基准配合比 m_{b1}：$m_{w1}:m_{s1}:m_{g1}$。当试拌调整工作完成后，应测出混凝土拌合物的实际表观密度。

3. 检验强度，确定试验室配合比

1）制作试件、检验强度

经过工作性调整试验得出的水泥混凝土基准配合比，其水胶比不一定选用恰当，混凝土的强度不一定符合要求，所以应对混凝土强度进行复核。

检验强度，确定
试验室配合比

应采用三个不同的配合比，其中一个是基准配合比，另外两个的水胶比宜较基准配合比分别增加和减少0.05，用水量应与基准配合比相同，砂率可分别增加1%和减少1%。

在制作混凝土抗压强度试件时，拌合物性能应符合设计和施工要求。每个配合比应至少制作一组（三块）试件，并应标准养护到28d或设计规定龄期时试压。

2）根据混凝土强度试验结果修正配合比

①根据混凝土强度试验结果，宜绘制强度和胶水比的线性关系图或用插值法确定略大于配制强度对应的胶水比；

②在基准配合比的基础上，用水量和外加剂用量应根据确定的水胶比做调整；

③胶凝材料用量应以用水量乘以确定的胶水比计算得出；

④粗集料和细集料用量应根据用水量和胶凝材料用量进行调整。

重新计算得到混凝土的配合比 $m'_{b2} : m'_{w2} : m'_{s2} : m'_{g2}$。

3）根据实测拌合物湿表观密度修正配合比

由强度复核之后的配合比，还应根据实测的混凝土拌合物的表观密度做校正，以确定 $1m^3$ 混凝土拌合物中各种材料的用量，由此得到的配合比 $m_{b2} : m_{w2} : m_{s2} : m_{g2}$，称为试验室配合比。

校正系数的确定步骤如下：

(1) 混凝土拌合物的计算表观密度：

$$\rho_{c,c} = m'_{b2} + m'_{w2} + m'_{s2} + m'_{g2} \tag{7-21}$$

(2) 混凝土配合比校正系数 δ：

$$\delta = \rho_{c,t} / \rho_{c,c} \tag{7-22}$$

式中：$\rho_{c,c}$——混凝土拌合物表观密度计算值，kg/m^3；

$\rho_{c,t}$——混凝土拌合物表观密度实测值，kg/m^3。

当混凝土拌合物表观密度实测值与计算值之差的绝对值不超过计算值的2%时，按强度调整的配合比可维持不变；当二者之差超过2%时，应将配合比中每项材料用量均乘以校正系数 δ，即为确定的试验室配合比。

4. 施工配合比的计算

试验室最后确定的配合比，是按干燥状态集料计算的，而施工现场的砂、石材料为露天堆放，都含有一定的水分，因此，施工现场应根据现场砂、石实际含水率的情况，将试验室配合比换算为施工配合比 $m_b : m_w : m_s : m_g$。

设施工现场实测砂、石含水率分别为 $a\%$、$b\%$，施工中配制 $1m^3$ 混凝土各种材料的用量为：

$$\begin{cases} m_b = m_{b2} \\ m_s = m_{sb}(1 + a\%) \\ m_g = m_{g2}(1 + b\%) \\ m_w = m_{w2} - (m_{s2} \times a\% + m_{g2} \times b\%) \end{cases} \tag{7-23}$$

七、水泥混凝土配合比设计示例

1. 原始资料

（1）某严寒地区的钢筋混凝土结构物，混凝土设计强度等级为C30，施工单位的强度标准差为5.0MPa。机械拌和、振捣，施工要求的水泥混凝土拌合物坍落度为55~70mm。

（2）组成材料：可供应强度等级为42.5MPa的普通硅酸盐水泥，水泥强度富余系数为1.13，密度为 $3.15 \times 10^3 kg/m^3$；中砂，表观密度为 $2.65 \times 10^3 kg/m^3$，施工现场砂含水率为3%；粒径为4.75~31.5mm碎石，表观密度为 $2.70 \times 10^3 kg/m^3$，施工现场碎石含水率为1%；水为自来水。

2. 设计要求

（1）按所给资料计算初步配合比；

(2)按初步配合比在试验室进行试拌,调整得出基准配合比;
(3)根据试配强度结果和混凝土实测表观密度调整确定试验室配合比;
(4)根据现场砂、碎石实际含水率,将试验室配合比换算为施工配合比。

3. 设计步骤

1)计算初步配合比

(1)确定水泥混凝土配制强度 $f_{cu,0}$。

按题意,混凝土设计强度为30MPa,标准差为5.0MPa,则混凝土配制强度为:

$$f_{cu,0} = f_{cu,k} + 1645\sigma = 30 + 1.645 \times 5.0 = 38.2(\text{MPa})$$

(2)计算水胶比 $\dfrac{W}{B}$。

①计算水泥实际强度。

由题意已知强度等级为42.5MPa的普通硅酸盐水泥,强度富余系数为1.13,则水泥的实际强度为:

$$f_{ce} = \gamma_c \cdot f_{ce,k} = 1.13 \times 42.5 = 48.0(\text{MPa})$$

胶凝材料28d胶砂抗压强度值:

$$f_b = \gamma_f \gamma_s f_{ce} = 48.0(\text{MPa})$$

②按强度要求计算水胶比。

已知混凝土配制强度为38.2MPa,水泥实际强度为48.0MPa。本单位无混凝土强度回归系数统一资料,查表7-4中回归系数 $\alpha_a = 0.53$、$\alpha_b = 0.20$,则水胶比为:

$$\frac{W}{B} = \frac{\alpha_a f_b}{f_{cu,0} + \alpha_a \alpha_b f_b} = \frac{03 \times 48.0}{38.2 + 0.53 \times 0.20 \times 48.0} = 0.59$$

③按耐久性校核水胶比。

根据混凝土所处的环境条件,查表7-10,允许最大水胶比为0.50,按强度计算的水胶比不能满足耐久性要求,故水胶比取值必须小于等于0.50。

根据以往类似工程经验,本案例水胶比取0.45。

(3)选用单位用水量 m_{w0}。

由题意已知,要求混凝土拌合物坍落度为55~70mm,碎石公称最大粒径为31.5mm。查表7-12,选用混凝土单位用水量为195kg/m³。

(4)计算单位胶凝材料用量 m_{b0}。

①按水胶比、单位用水量计算单位胶凝材料用量。

已知混凝土单位用水量为195kg/m³,水胶比为0.45,混凝土单位水泥材料用量为:

$$m_{c0} = m_{b0} = \frac{m_{w0}}{W/B} = \frac{195}{0.45} = 433(\text{kg})$$

②按耐久性校核单位胶凝材料用量。

根据混凝土所处环境属于严寒地区,查表7-13,最小胶凝材料用量不得小于330kg/m³。按强度计算的单位胶凝材料用量符合耐久性要求,故采用单位水泥材料用量为433kg/m³。

(5)选定砂率 β_s。

按已知集料采用碎石,公称最大粒径31.5mm,水胶比为0.45,查表7-14,选取砂率为0.34。

(6)计算砂、碎石用量。
①采用质量法。
已知单位水泥材料用量为 433kg/m^3,单位用水量为 195kg/m^3,混凝土拌合物密度取 2400kg/m^3,砂率为 0.34,由此可得:

$$\begin{cases} m_{s0} + m_{g0} = 2400 - 195 - 433 \\ \dfrac{m_{s0}}{m_{s0} + m_{g0}} = 0.34 \end{cases}$$

解得 $m_{s0} = 602\text{kg}, m_{g0} = 1170\text{kg}$。
按质量法计算得初步配合比为 $m_{b0} : m_{w0} : m_{s0} : m_{g0} = 433 : 195 : 602 : 1170$。
②采用体积法。
已知水泥密度为 $3.15 \times 10^3 \text{kg/m}^3$,砂的表观密度为 $2.65 \times 10^3 \text{kg/m}^3$,碎石表观密度为 $2.70 \times 10^3 \text{kg/m}^3$。

$$\begin{cases} \dfrac{m_{s0}}{\rho_s} + \dfrac{m_{g0}}{\rho_g} = 1000 - \dfrac{m_{c0}}{\rho_c} - \dfrac{m_{w0}}{\rho} - 10\alpha \\ \dfrac{m_{s0}}{m_{s0} + m_{g0}} = \beta_s \end{cases}$$

非引气混凝土 $\alpha = 1$,则:

$$\begin{cases} \dfrac{m_{s0}}{2.65} + \dfrac{m_{g0}}{2.70} = \left(1000 - \dfrac{433}{3.15} - \dfrac{195}{1} - 10\right) \\ \dfrac{m_{s0}}{m_{s0} + m_{g0}} = 0.34 \end{cases}$$

解得砂用量为 601kg/m^3,碎石用量为 1171kg/m^3。
按体积法计算得初步配合比为 $m_{b0} : m_{w0} : m_{s0} : m_{g0} = 433 : 195 : 601 : 1171$。
两种方法计算结果相近。
2)调整工作性、提出基准配合比
(1)计算试样材料用量(以质量法结果为例)。
按计算初步配合比取样20L,则各种材料的用量为:
水泥:$433 \times 0.02 = 8.66(\text{kg})$;
砂:$602 \times 0.02 = 12.04(\text{kg})$;
碎石:$1170 \times 0.02 = 23.40(\text{kg})$;
水:$195 \times 0.02 = 3.9(\text{kg})$。
(2)调整工作性。
按计算材料用量拌制混凝土拌合物,测定其坍落度为45mm,不满足资料所给的施工和易性要求。为此,保持水胶比不变,增加2%水泥浆,即水泥用量增至8.83kg,水用量增至3.98kg,再经搅拌后测得坍落度为65mm,黏聚性、保水性均良好。

(3)提出基准配合比。

由前可得出基准配合比为:$m_{b1}:m_{w1}:m_{s1}:m_{g1}=442:199:602:1170$。

3)检验强度、确定试验室配合比

(1)检验强度。

以0.45为基准,选用0.40、0.45和0.50三个水胶比,基准用水量不变,相应调整水泥、砂、碎石用量,分别拌制三组水泥混凝土试样,三组混凝土拌合物工作性均满足设计要求。按三个水胶比分别做成试块,实测28d抗压强度。

与0.40、0.45和0.50三个水胶比相应的28d抗压强度结果分别为48.6MPa、41.1MPa、35.6MPa。

按图7-13方法绘制强度-胶水比曲线,确定略大于混凝土配制强度38.2MPa对应的胶水比为2.1,水胶比则为0.48。

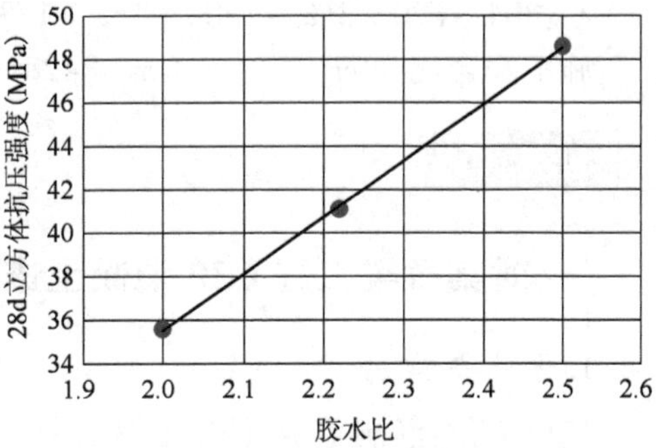

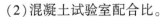

图7-13 混凝土28d抗压强度与胶水比关系

(2)混凝土试验室配合比。

①按强度试验结果计算配合比。

$1m^3$各材料用量为:

水:199kg;

水泥:$199 \times 2.1 = 418(kg)$;

砂率选取34%,则:

$$\begin{cases} m'_{s2} + m'_{g2} = 2400 - 199 - 418 \\ \dfrac{m'_{s2}}{m'_{s2} + m'_{g2}} = 0.34 \end{cases}$$

$$m'_{s2} = 606, m'_{g2} = 1177$$

水胶比为0.48时的配合比为:$m'_{b2}:m'_{w2}:m'_{s2}:m'_{g2}=418:199:606:1177$。实测坍落度为70,黏聚性、保水性良好。

②根据拌合物实测表观密度修正配合比。

计算表观密度为:$418+199+606+1177=2400(kg/m^3)$;

实测表观密度为:$2456kg/m^3$;

修正系数为:$2456/2400=1.023$。

$2456-2400=56, 2400 \times 2\% = 48$,因为$56>48$,按混凝土实测表观密度修正各种材料用量:

水泥:$418 \times 1.023 = 428(kg)$;

水:$199 \times 1.023 = 204(kg)$;

砂:$606 \times 1.023 = 620(kg)$;

碎石:$1177 \times 1.023 = 1204(\text{kg})$。

试验室配合比为 $m_{b2} : m_{w2} : m_{s2} : m_{g2} = 428 : 204 : 620 : 1204$。

4)换算施工配合比

根据工地实测,砂的含水率为3%,碎石的含水率为1%,各种材料的用量为:

水泥:428kg;

砂:$620 \times (1 + 3\%) = 639(\text{kg})$;

碎石:$1204 \times (1 + 1\%) = 1216(\text{kg})$;

水:$204 - 620 \times 3\% - 1204 \times 1\% = 173(\text{kg})$。

施工配合比为 $m_b : m_w : m_s : m_g = 428 : 173 : 639 : 1216$。

📅 任务实施

一、对某桥梁工程 C30 混凝土进行配合比设计

1. 设计要求

使用部位:涵洞盖板、桥梁墩柱、系梁、承台、盖梁。

混凝土设计强度:C30。

施工要求的坍落度:70~90mm。

2. 材料组成

水泥:42.5级普通硅酸盐水泥,强度富余系数1.1。

碎石:石灰岩轧制的碎石,粒径由0~5mm和5~20mm组成。

砂:河砂。

水:饮用水。

3. 设计任务

(1)检验水泥、砂、碎石材料的性能。

(2)用试算法完成0~5mm和5~20mm两种碎石的配合比设计。

(3)计算初步配合比。

(4)通过在试验室试拌、调整,提出基准配合比。

(5)通过强度和密度修正,提出试验室配合比。

(6)实测砂、石含水率,换算工地配合比。

二、对某桥梁工程 C50 混凝土进行配合比设计

1. 设计要求

使用部位:桥梁工程的T梁。

混凝土设计强度等级:C50。

施工要求的坍落度:140~180mm。

2. 材料组成

水泥:52.5级普通硅酸盐水泥,强度富余系数1.1。

碎石：石灰岩轧制的碎石，粒径由 0～5mm 和 5～20mm 组成。
砂：河砂。
水：饮用水。
减水剂：聚羧酸高效减水剂，减水率 25%。

3．设计任务

(1)检验砂、碎石、水泥材料的性能。
(2)用试算法完成 0～5mm 和 5～20mm 两种碎石的配合比设计。
(3)计算初步配合比。
(4)通过在试验室试拌、调整，提出基准配合比。
(5)通过强度和密度修正，提出试验室配合比。
(6)实测砂、石含水率，换算施工配合比。

任务评价

评价项目	评价标准	参考分值	得分
C30 混凝土的配合比设计	设计步骤正确，条理清晰，公式引用正确，计算结果正确	40	
C50 混凝土的配合比设计	设计步骤正确，条理清晰，公式引用正确，计算结果正确	40	
做事态度	认真严谨，数据书写规范，保留位数正确，运算能力较强	20	
总评			

习题

一、单选题

1．混凝土坍落度试验，要求混凝土拌和物分三层装入坍落筒，每次插捣（　　）次。
　　A．15　　　　　B．20　　　　　C．25　　　　　D．50

2．公称最大粒径不大于（　　），坍落度不小于（　　）的混凝土的流动性，采用坍落度指标表征。
　　A．19.0mm；5mm　　　　　B．31.5mm；10mm
　　C．26.5mm；15mm　　　　　D．31.5mm；20mm

3．塑性混凝土是指坍落度为（　　）的混凝土。
　　A．不小于 10mm　　　　　B．大于 10mm
　　C．10～90mm　　　　　D．100～150mm

4. 水泥混凝土试件成型后,应在成型好的试模上覆盖湿布,并在室温20℃±5℃、相对湿度大于(　　)的条件下静置1~2d,然后拆模。
　　A. 40%　　　　B. 50%　　　　C. 75%　　　　D. 95%

5. 一组混凝土立方体试件的抗压强度测定值为842.6kN、832.4kN、847.1kN,混凝土抗压强度的测定值为(　　)。
　　A. 37.4MPa　　B. 37.5MPa　　C. 37.3MPa　　D. 37.0MPa

6. 选择压力机合适的加载量程,一般要求达到的最大破坏荷载应在所选量程的(　　)。
　　A. 50%左右　　　　　　　　B. 30%~70%
　　C. 20%~80%　　　　　　　　D. 10%~90%

7. 水泥混凝土抗压强度标准试件的尺寸为(　　)。
　　A. 40mm×40mm×160mm　　　　B. 70.7mm×70.7mm×70.7mm
　　C. 150mm×150mm×150mm　　　D. 150mm×150mm×550mm

8. 在水泥强度等级确定的情况下,混凝土的水胶比越大,其强度(　　)。
　　A. 不变　　　B. 越小　　　C. 越大　　　D. 不定

9. 水泥混凝土抗压强度或抗折强度试验结果要求,当3个试件中任何一个测值与中间值之差超过中间值的(　　)时,则取中间值为测定值。
　　A. 10%　　　B. 15%　　　C. 20%　　　D. 25%

10. 水泥混凝土抗压强度试验时应连续均匀加载,当混凝土强度等级≥C30且<C60时,加荷速度应采用(　　)。
　　A. 0.2~0.5MPa　　　　　　B. 0.3~0.5MPa
　　C. 0.5~0.8MPa　　　　　　D. 0.8~1.0MPa

11. 水泥混凝土抗折强度试验标准试件尺寸为(　　)。
　　A. 100mm×100mm×400mm　　B. 100mm×100mm×550mm
　　C. 150mm×150mm×400mm　　D. 150mm×150mm×550mm

12. 水泥混凝土抗折强度是以标准尺寸的梁形试件,在标准养护条件下达到规定龄期后,采用(　　)加荷方式进行弯拉破坏试验,并按规定的计算方法得到的强度值。
　　A. 三分点　　B. 双点　　　C. 单点　　　D. 跨中

13. 一组混凝土试件的抗压强度试验结果分别为40.4MPa、48.0MPa、52.2MPa,确定该组混凝土的抗压强度值应为(　　)。
　　A. 46.7MPa　　B. 48.0MPa　　C. 46.9MPa　　D. 46.8MPa

14. 采用相对用量表示法表示水泥混凝土的配合比,如1:2.34:3.76:0.52,其中1为(　　)的比值。
　　A. 细集料　　B. 粗集料　　C. 水　　　　D. 水泥

15. 路面水泥混凝土配合比设计以(　　)为指标。
　　A. 抗压强度　B. 抗弯拉强度　C. 抗弯强度　D. 抗劈拉强度

16. 混凝土立方体抗压强度试件养护的温度和湿度为(　　)。
　　A. 温度20℃±1℃、湿度≥90%　　B. 温度20℃±1℃、湿度≥95%
　　C. 温度20℃±2℃、湿度≥90%　　D. 温度20℃±2℃、湿度≥95%

17. 混凝土配合比设计正确的顺序为(　　)。
①提出基准配合比;②确定试验室配合比;③计算初步配合比;④换算工地配合比
　　A.①②③④　　　B.②③①④　　　C.③①②④　　　D.④③②①
18. 应以标准养护(　　)龄期的试件为准评定水泥混凝土抗弯拉强度。
　　A.3d　　　　　B.7d　　　　　C.14d　　　　　D.28d
19. 在新拌混凝土中,加入少量(　　)能使流动性大幅度增加。
　　A.早强剂　　　B.减水剂　　　C.膨胀剂　　　D.引气剂
20. 高强混凝土是指强度等级为(　　)及其以上的混凝土。
　　A.C40　　　　　B.C50　　　　　C.C60　　　　　D.C80
21. 新拌混凝土的工作性又称(　　)。
　　A.安定性　　　B.泌水性　　　C.可塑性　　　D.和易性
22. 做坍落度试验时要求将代表样分三层装入筒内,每层装入高度稍大于筒高的三分之一,用捣棒在每一层的横截面上均匀插捣(　　)次。
　　A.15　　　　　B.20　　　　　C.25　　　　　D.30
23. 混凝土强度等级是根据(　　)标准值来确定的。
　　A.立方体抗压强度　　　　　　B.棱柱体抗压强度
　　C.棱柱体抗折强度　　　　　　D.立方体抗冲击强度
24. 在混凝土中掺减水剂,若保持用水量不变,则可以提高混凝土的(　　)。
　　A.强度　　　　B.耐久性　　　C.流动性　　　D.抗渗性
25. 在进行混凝土初步配合比设计时,第一步应(　　)。
　　A.计算混凝土配制强度　　　　B.计算水胶比
　　C.确定单位用水量　　　　　　D.确定砂率

二、判断题

1. 新拌混凝土的工作性指的就是混凝土拌合物的流动性。(　　)
2. 坍落度试验适用于测定坍落度大于10mm的混凝土的坍落度。(　　)
3. 砂率越大,新拌混凝土的流动性越大。(　　)
4. 工程上要求混凝土的初凝时间越短越好。(　　)
5. 工程上要求混凝土的终凝时间越长越好。(　　)
6. 流动性大的混凝土比流动性小的混凝土强度低一些。(　　)
7. 混凝土抗压强度试件以边长为150mm正立方体为标准试件。(　　)
8. 混凝土强度的评定是通过测定其7d龄期的强度进行的。(　　)
9. 混凝土坍落度试验规定筒高与坍落后试体最高点之间的高差作为坍落度。(　　)
10. 混凝土立方体抗压强度试验的标准养护条件为:温度20℃±1℃,相对湿度95%以上。(　　)
11. 水泥混凝土强度试验中,应始终缓慢匀速加荷,直至试件破坏,并记录破坏时的极限荷载。(　　)
12. 混凝土抗压强度试验,应根据设计强度或可能达到的强度,按强度计算公式反算出

最大荷载,再遵照该荷载应达到某量程20%~80%的要求,选择合适的加载量程。（   ）
13. 水泥混凝土流动性大,说明其和易性好。（   ）
14. 普通混凝土的抗压强度与其水胶比呈线性关系。（   ）
15. 计算混凝土的水胶比时,要考虑胶凝材料的实际强度。（   ）
16. 试验室试拌调整得到的混凝土基准配合比不一定能够满足强度要求。（   ）
17. 现场配制混凝土时,如果不考虑集料的含水率,会降低混凝土的强度。（   ）

三、多选题

1. 试验室检验混凝土拌合物的工作性,主要通过检验(   )。
   A. 流动性　　　　　B. 可塑性　　　　　C. 黏聚性　　　　　D. 保水性
2. 混凝土坍落度试验适用于(   )混凝土。
   A. 干硬性　　　　　B. 塑性　　　　　　C. 流动性　　　　　D. 大流动性
3. 混凝土配合比设计过程中,必须按耐久性要求校核(   )。
   A. 单位用水量　　　　　　　　　　　B. 单位水泥用量
   C. 砂率　　　　　　　　　　　　　　D. 水胶比
4. 普通混凝土试配强度计算与(   )因素有关。
   A. 混凝土设计强度等级　　　　　　　B. 水泥强度等级
   C. 施工水平　　　　　　　　　　　　D. 强度保证率
5. 混凝土工作性是一项综合的技术性质,试验室主要通过(   )等几个方面进行综合评定。
   A. 流动性　　　　　B. 黏聚性　　　　　C. 保水性　　　　　D. 坍落性
6. 目前,测定混凝土拌合物和易性的方法主要有(   )。
   A. 坍落度法　　　　　　　　　　　　B. 贯入阻力法
   C. 维勃稠度法　　　　　　　　　　　D. 目测法
7. 水泥混凝土抗压强度试件成型时,可采用(   )方法。
   A. 振动台法　　　　　　　　　　　　B. 人工法
   C. 插入式振捣棒法　　　　　　　　　D. 击实法
8. 普通混凝土配合比设计中,计算单位砂石用量通常采用(   )法。
   A. 质量　　　　　　B. 经验　　　　　　C. 体积　　　　　　D. 查表法
9. 影响水泥混凝土工作性的因素有(   )。
   A. 原材料的特性　　　　　　　　　　B. 单位用水量
   C. 水胶比　　　　　　　　　　　　　D. 砂率
10. 水泥混凝土用粗集料,要求检测(   )指标。
    A. 压碎值　　　　　　　　　　　　　B. 针片状颗粒含量
    C. 级配　　　　　　　　　　　　　　D. 有害杂质含量
11. 水泥混凝土的配合比设计步骤包括(   )。
    A. 计算初步配合比　　　　　　　　　B. 提出基准配合比
    C. 确定试验室配合比　　　　　　　　D. 换算工地配合比

12. 水泥混凝土配合比设计中,耐久性是通过( )控制的。
    A. 最大水胶比　　　　　　　　B. 最小砂率
    C. 最小胶凝材料用量　　　　　D. 最大用水量
13. 水泥混凝土抗压强度试验中,抗压强度代表值可能的结果为( )。
    A. 最大值　　　B. 最小值　　　C. 平均值　　　D. 中间值

四、简答题

1. 简述混凝土坍落度试验操作步骤。
2. 简述混凝土立方体抗压强度试验操作步骤。

五、计算题

1. 某 C30 混凝土抗压强度试验,采用 150mm×150mm×150mm 立方体标准试件,标准养护 28d,测得三个试件的破坏荷载分别为:764kN、798kN、922kN,评定该混凝土的强度。
2. 表 7-16 是某混凝土 28d 强度试验数据,完成该试验计算结果。

混凝土立方体抗压强度试验　　　　　　　　　　　　　　表 7-16

试件编号	制件日期	试验日期	龄期(d)	试件尺寸(mm)	破坏载荷(kN)	抗压强度(MPa) 单值	抗压强度(MPa) 平均值
HNT-1	2019-11-2	2019-11-30	28	150×150×150	802		
					751		
					867		

3. 某桥梁工程,桥台所用的混凝土设计强度为 C30,施工要求的坍落度为 70~90mm,项目部在梁厂旁建了一座混凝土拌和站,进了一批水泥、砂、石、减水剂等材料。工地试验室取样进行了原材料的检测,并进行了混凝土配合比的设计工作,初步确定该混凝土的配合比为:水泥:水:砂:石 = 400:200:600:1200,到试验室试拌时,测得坍落度为 50mm。

问题:
(1) 计算拌和 20L 混凝土各种材料用量。
(2) 请提出该混凝土配合比的调整方案。
(3) 在某次混凝土抗压强度试验中,测得一组三个标准试件的破坏荷载分别为:800kN、850kN、900kN,计算该组混凝土三个试件的强度,并评定该混凝土强度。

4. 混凝土计算初步配合比为 430:195:565:1200,施工现场砂、石含水率分别为 5%、2%,取料 20L 试拌调整时工作性不满足要求,采取增加 3% 的水泥浆用量的措施后,工作性达到要求。

试计算:
(1) 取料 20L 拌和,各种原材料的用量分别是多少?
(2) 增加 3% 水泥浆调整后的基准配合比是多少?
(3) 若基准配合比即为试验室配合比,试确定施工配合比。

项目八 PROJECT EIGHT
无机结合料稳定材料

任务一 认知无机结合料稳定材料

认知无机结合料稳定材料

学习目标	知识目标	❶ 了解无机结合料稳定材料的分类。 ❷ 了解无机结合料稳定材料的工程特点。 ❸ 了解无机结合料稳定材料的用途
	能力目标	❶ 能够区分无机结合料稳定材料的常见品种。 ❷ 能够阐述无机结合料稳定材料的收缩特性。 ❸ 能够说出无机结合料稳定材料在公路工程中的应用
	素质目标	培养学生具备扎实的专业基础知识,结合在线开放课程,了解无机结合料稳定材料在公路工程中的应用。结合工作任务,学会分析无机结合料稳定材料的工程特点,培养学生全方位、多角度考虑问题的思维习惯和解决问题的能力

任务描述

某二级公路采用石灰稳定细粒土底基层,在建设初期产生了较为明显的裂缝,通过本任务的学习,试对裂缝产生的原因做出分析。

任务引导

要完成此任务,需要对无机结合料稳定材料的概念有一定的了解,掌握无机结合料稳定材料的分类方法和工程特点。可以登录在线开放课程,通过微课"认知无机结合料稳定材料"进行相关知识的预习和复习。

相关知识

一、无机结合料稳定材料的定义

在经过粉碎的或原来松散的材料中,掺入足量的无机结合料(主要指水泥、石灰、粉煤灰及其他工业废渣)和水,经拌和得到的混合料,在压实和养护后,当其抗压强度符合规定的要求时,称为无机结合料稳定材料。

因为无机结合料稳定材料的刚度介于沥青(柔性)路面材料和水泥混凝土(刚性)路面材料之间,所以常称之为半刚性材料。以此修筑的基层或底基层亦称为半刚性基层或半刚性底基层。

二、无机结合料稳定材料的分类

无机结合料稳定材料的种类很多,常见品种有:

1. 水泥稳定材料

以水泥为结合料,通过加水与被稳定材料共同拌和形成的混合料,包括水泥稳定级配碎石、水泥稳定级配砾石、水泥稳定石屑、水泥稳定土、水泥稳定砂等。

2. 石灰稳定材料

以石灰为结合料,通过加水与被稳定材料共同拌和形成的混合料,包括石灰稳定碎石土(简称石灰碎石土)、石灰稳定细粒土(石灰土)等。

3. 综合稳定材料

用两种或两种以上材料为结合料,通过加水与被稳定材料共同拌和形成的混合料,包括水泥石灰稳定材料、水泥粉煤灰稳定材料、石灰粉煤灰稳定材料等。

4. 工业废渣稳定材料

以石灰或水泥为结合料,以煤渣、钢渣、矿渣等工业废渣为主要被稳定材料,通过加水拌和形成的混合料。

无机结合料稳定材料中所用的土,按照单个颗粒(指碎石、砾石和砂颗粒)的粒径大小和组成,可以分为下列三种:

(1)细粒土:颗粒最大粒径不大于4.75mm,公称最大粒径不大于2.36mm 的土,包括各种黏质土、粉质土、砂和石屑等;

(2)中粒土:颗粒最大粒径不大于26.5mm,公称最大粒径大于2.36mm 且不大于19mm 的土或集料,包括砂砾土、碎石土、级配砂砾、级配碎石等;

(3)粗粒土:颗粒的最大粒径不大于53mm,公称最大粒径大于19mm 且不大于37.5mm 的土或集料,包括砂砾土、碎石土、级配砂砾、级配碎石等。

无机结合料稳定材料种类较多,其物理、力学性质各有特点,使用时应根据结构要求、掺加结合料剂量和原材料的供应情况及施工条件进行综合技术、经济比较后选定。

三、无机结合料稳定材料的工程特点

无机结合料稳定材料结构层按其混合料结构状态分为骨架密实型、骨架空隙型、悬浮密实型和均匀密实型四种结构类型。这类结构层具有稳定性好、结构本身自成板体、抗冻性能较好等特点,被广泛应用于路面结构的基层或底基层,但其容易产生干缩和温缩裂缝,耐磨性较差。

1. 干缩特性

无机结合料稳定材料经拌和压实后,由于水分蒸发和混合料内部的水化作用,混合料的水分会不断减少。由此发生的毛细管作用、吸附作用、分子间力的作用、材料矿物晶体或凝胶体间层间水的作用和碳化收缩作用等会引起无机结合料稳定材料的体积收缩。通常称为干缩。

2. 温缩特性

无机结合料稳定材料由固相(组成其空间骨架的原材料的颗粒和其间的胶结物)、液相(存在于固相表面与空隙中的水和水溶液)和气相(存在于空隙中的气体)组成,所以,无机结合料稳定材料的外观胀缩性是三相的不同的温度收缩性的综合效应的结果。一般气相大部分与大气贯通,在综合效应中影响较小,可以忽略。原材料中砂粒以上颗粒的温度收缩系数较小,粉粒以下的颗粒温度收缩系数较大。

无机结合料稳定材料温度收缩的大小与结合料类型和用量、被稳定材料的类别、粒料含量、龄期等有关。

无机结合料稳定材料工程一般在高温季节修建,成型初期基层内部含水率大,且尚未被面层封闭,基层内部的水分必然要蒸发,从而发生由表及里的干燥收缩。同时,环境温度也存在昼夜温度差,因此,修建初期的基层同时受到干燥收缩和温度收缩的综合作用,必须注意养护保护。经过一定龄期的养护,在无机结合料稳定类结构层上铺筑面层后,基层内相对湿度略有增大,使材料的含水率趋于平衡,这时基层的变形以温度收缩为主。

无机结合料稳定类基层产生的收缩裂缝会反射到沥青面层上,导致沥青面层开裂,应当采取措施予以防治。

四、无机结合料稳定材料的用途

由于石灰稳定类材料的收缩裂缝多、抗冲刷能力较差,石灰稳定类材料宜用于各级公路的底基层以及三级、四级公路的基层。

水泥稳定类材料的强度、水稳性和抗冲刷能力都较石灰稳定类材料好,但暴露的水泥稳定类材料因干缩和温缩也易产生裂缝。水泥土与水泥砂砾、水泥碎石相比有下列三个不利的特征:①水泥土容易产生严重的收缩裂缝,并影响沥青面层;②水泥土的强度没有充分形成时,其表层遇水会发生软化;③水泥土的抗冲刷能力小,表面水由面层裂缝渗入后易产生唧泥现象。

水泥稳定中、粗粒土类材料适用于各级公路的基层和底基层。水泥稳定细粒土类材料

适用于三级、四级公路的基层或二级及二级以上公路的底基层。

石灰粉煤灰稳定中、粗粒土类材料适用于各级公路的基层和底基层。石灰粉煤灰稳定细粒土类材料适用于三级、四级公路的基层或二级及二级以上公路的底基层。

任务实施

根据任务描述,结合所学的内容,对石灰稳定细粒土底基层产生裂缝的原因做出分析,并尝试提出解决方案。

任务评价

评价项目	评价标准	参考分值	得分
无机结合料稳定材料的概念	正确描述无机结合料稳定材料的概念	20	
无机结合料稳定材料的分类	准确判断无机结合料稳定材料的分类	30	
无机结合料稳定材料的工程特点	正确分析无机结合料稳定材料的特点	30	
无机结合料稳定材料的用途	正确描述无机结合料稳定材料的用途	20	
总评			

任务二 检验无机结合料稳定材料的技术性质

检验无机结合料稳定材料的技术性质

学习目标	● 知识目标	❶了解无机结合料稳定材料的强度形成原理。 ❷掌握无机结合料稳定材料无侧限抗压强度的测定方法
	● 能力目标	❶能够完成无侧限抗压强度试验操作。 ❷能够对无机结合料稳定材料的抗压强度做出评价
	● 素质目标	通过对无机结合料稳定材料进行无侧限抗压强度检验,培养学生科学、严谨、细致的工作态度和团结协作的职业精神

任务描述

某道路工程基层用水泥稳定细粒土,在施工前需要对混合料的技术性质进行检验。请根据本任务学习内容,制作水泥稳定细粒土试件并养护至规定龄期,检验其无侧限抗压强度,并对强度做出评价。

📝 任务引导

要完成此工作任务，需要对无机结合料稳定材料的强度形成原理有一定的了解，掌握无侧限抗压强度的检测方法，并能系统评价无机结合料稳定材料的技术性质。可以登录线上开放课程，通过微课"无机结合料稳定材料的技术性质"进行相关知识的预习和复习。

📖 相关知识

一、无机结合料稳定材料的强度形成原理

1. 水泥稳定类材料的强度形成原理

在水泥稳定类材料中，水泥、土（或集料）和水之间发生了多种非常复杂的作用，从而使土（或集料）的性能发生了明显的变化。水泥稳定类材料的强度主要靠硬凝反应、离子交换作用、碳酸化作用、化学激发作用四个方面的作用形成。

1）硬凝反应

在水泥稳定类材料中，首先发生的是水泥自身的水化反应，从而产生具有胶结能力的水化产物，这是水泥稳定类材料强度的主要来源，也是水泥稳定类材料初期强度较高的主要原因。

水泥水化生成的水化产物（水化硅酸钙、水化铝酸钙等），在土（或集料）的孔隙中相互交织搭接，将土（或集料）颗粒包裹连接起来，使土（或集料）逐渐丧失了原有的塑性等性质，并且随着水化产物的增加，混合料也逐渐坚固起来。

2）离子交换作用

土的微小颗粒具有一定的胶体性质，一般都带有负电荷，表面吸附着一定数量的水和钠、氢、钾等低价阳离子（Na^+、H^+、K^+），形成较厚的结合水膜。水泥水化后所生成的氢氧化钙所占的比例比较高，可达水化产物的25%。大量的氢氧化钙溶于水以后，在土中形成了一个富含 Ca^{2+} 的碱性溶性环境。Ca^{2+} 取代 K^+、Na^+ 等，使结合水膜变薄，黏土颗粒之间的距离减小，相互靠拢，导致土的凝聚，从而改变土的塑性，使土具有一定的强度和稳定性。

3）碳酸化作用

水泥水化生成的 $Ca(OH)_2$，除了与黏土矿物发生化学反应外，还可以进一步与空气中的 CO_2 发生碳化反应生成碳酸钙晶体。碳酸钙晶体将土颗粒（或集料）胶结在一起，使土（或集料）具有一定的强度和稳定性。由于空气中的 CO_2 含量有限，且 CO_2 进入稳定类材料中比较困难，因此，碳酸化作用是一个缓慢的过程。

4）化学激发作用

化学激发作用也称火山灰作用。水泥水化产物氢氧化钙与土中的活性 SiO_2 和 Al_2O_3 作用生成含水的硅酸钙和含水的铝酸钙，它们在水分作用下能够逐渐硬结，其反应式为：

$$xCa(OH)_2 + SiO_2 + nH_2O \longrightarrow xCaO \cdot SiO_2 \cdot (n+1)H_2O$$

$$xCa(OH)_2 + Al_2O_3 + nH_2O \longrightarrow xCaO \cdot Al_2O_3 \cdot (n+1)H_2O$$

化学激发作用也是一个缓慢的过程。

试验和生产实践表明,用水泥稳定级配良好的碎(砾)石和砂砾效果最好,不但强度高,而且水泥用量少。水泥用量用水泥剂量表示。水泥剂量是指水泥质量占全部粗细颗粒(即碎石、砾石、砂砾、粉粒、黏粒)干质量的百分率。水泥稳定类材料的强度随水泥剂量的增加而增长,过多的水泥用量,虽能增加强度,在经济上却不一定合理,效果也不一定显著,且容易产生收缩裂缝。

2. 石灰稳定类材料的强度形成原理

石灰与土(或集料)之间的物理与化学作用大致可分为四个方面:离子交换作用、结晶作用、碳酸化作用和化学激发作用。

关于结晶作用,在石灰稳定类材料中只有一部分熟石灰 $Ca(OH)_2$ 进行离子交换作用,绝大部分饱和的 $Ca(OH)_2$ 自行结晶。由于结晶作用,土粒(或集料)胶结成整体,使石灰稳定类材料的整体强度得到提高。

石灰稳定类材料的初期强度主要由离子交换作用和结晶作用形成,后期强度主要由碳酸化作用和化学激发作用形成。由于石灰与土发生了一系列的相互作用,从而使土的性质发生根本的改变。在初期,主要表现为土的结团、塑性降低、最佳含水率和最大密实度减少等,后期表现为结晶结构的形成,从而提高其板体性、强度和稳定性。

石灰剂量是指石灰质量占全部粗细土颗粒(即砾石、碎石、砂砾、粉粒和黏粒)干质量的百分率。石灰剂量对石灰稳定类材料强度的影响显著,石灰剂量较低(小于3%~4%)时,石灰主要起稳定作用,土的塑性、膨胀、吸水量减小,使土的密实度、强度得到改善。随着剂量的增加,强度和稳定性均提高,但剂量超过一定范围时,强度反而降低。生产实践中常用的最佳剂量范围:对于黏质土及粉质土为8%~14%;对细粒土质砂则为9%~16%。剂量的确定应根据结构层技术要求进行混合料组成设计。

石灰稳定类材料的强度具有随龄期增长的特点。石灰稳定土初期强度低,随着时间的逐渐增长而趋于稳定。一般情况下石灰稳定土的强度在90d以前增长比较显著,以后就比较缓慢。石灰稳定土的这种特性对施工程序的衔接有相当的灵活性。但为了防止冰冻破坏作用,要求有一个冻前龄期。

3. 二灰稳定类材料的强度形成原理

二灰稳定类材料的强度主要靠离子交换作用、结晶作用、化学激发作用、碳酸化作用四个方面的作用形成。

石灰与粉煤灰加水拌和后,石灰中的氧化钙与粉煤灰中的活性物质 SiO_2 和 Al_2O_3 等相互作用生成含水的硅酸钙、铝酸钙和氢氧化钙等,这些新生的胶凝物质晶体具有较强的胶结能力和稳定性。

二灰稳定类材料的初期强度主要是由氢氧化钙的结晶作用和离子交换作用形成;后期强度主要是由化学激发作用和碳酸化作用形成。因此,其初期强度较低、后期强度较高。

影响二灰稳定类材料强度的主要因素有石灰质量与用量、粉煤灰质量与用量、土质量(集料质量)、含水率、工艺过程和养护条件等。

二灰稳定类材料的用量可表示为石灰:粉煤灰:土(或集料),如5:15:80。

二、无机结合料稳定材料的技术性质

无机结合稳定类材料应用广泛。由于其耐磨性差,在路面工程中一般不用于路面面层,主要作为路面基层、底基层材料。为满足行车、气候和水文地质条件的要求,稳定材料必须具备一定的强度、抗变形能力和水稳定性。

1. 最佳含水率与最大干密度

适量的水在无机结合料稳定材料颗粒之间起着润滑作用,使材料的内摩擦阻力减小,有利于材料的压实。过多的水分,虽然能继续减小材料的内摩擦阻力,但单位材料中空气的体积逐渐减小到最低程度,而水的体积却不断在增加,由于水是不可压缩的,因此在相同的压实功作用下,难于改变材料颗粒的相对位置,故压实效果较差。另外,在材料使用过程中,由于自由水的蒸发在材料中留下大量的孔隙,材料的密度和耐久性降低。反之,当水分含量过少时,由于材料颗粒间缺乏必要的水分润滑,材料的内摩擦阻力加大,增加了压实的难度,同时因为材料含水率过低,材料的可塑性变差,其塑性变形的能力降低。

密度是衡量无机结合稳定材料内部紧密程度的指标。密度越大材料越致密,其空隙越小,耐久性和强度就越高。

无机结合料稳定材料的最佳含水率和最大干密度采用室内标准击实试验法或振动压实试验法得到。室内标准击实试验方法与土的标准击实试验方法基本相同,不同之处在于击实参数,无机结合料稳定材料标准击实试验参数见表8-1。

击实试验方法类别表 表8-1

类别	锤击面直径(cm)	锤的质量(kg)	落高(cm)	试筒尺寸			锤击层数	每层锤击次数	平均单位击实功(J)	容许公称最大粒径(mm)
				内径(cm)	高(cm)	容积(cm^3)				
甲	5.0	4.5	45	10.0	12.7	997	5	27	2.687	19.0
乙	5.0	4.5	45	15.2	12.0	2177	5	59	2.687	19.0
丙	5.0	4.5	45	15.2	12.0	2177	3	98	2.677	37.5

2. 压实质量

无机结合料稳定材料的压实质量用压实度来表示。不同稳定类材料和层位的压实度应符合表8-2的规定。

无机结合料稳定材料的压实度标准 表8-2

混合料类型	层位	压实度(%)			
		高速公路和一级公路		二级和二级以下公路	
		无机结合料稳定中粒材料、粗粒材料	无机结合料稳定细粒材料	无机结合料稳定中粒材料、粗粒材料	无机结合料稳定细粒材料
水泥稳定类	基层	≥98	≥97	≥97	≥95
	底基层	≥97	≥95	≥95	≥93

续上表

混合料类型	层位	压实度(%)			
		高速公路和一级公路		二级和二级以下公路	
		无机结合料稳定中粒材料、粗粒材料	无机结合料稳定细粒材料	无机结合料稳定中粒材料、粗粒材料	无机结合料稳定细粒材料
石灰粉煤灰稳定类	基层	≥98	≥97	≥97	≥93
	底基层	≥97	≥95	≥95	≥93
石灰稳定类	基层	—	—	≥97	≥95
	底基层	≥97	≥95	≥95	≥93

3. 强度

在沥青路面结构中,由于路面面层厚度较薄,传给基层的荷载应力较大,基层和底基层是承受车辆荷载作用的主要结构(一般称为承重层),这就要求无机结合料稳定材料具有足够的强度。

若面层材料系水泥混凝土,由于刚性板块传递给基层的应力已经很小,基层虽不起主要承重作用,但是,基层是保证路面整体强度、防止水泥混凝土板产生开裂等损坏的重要支承基础,同时对延长路面使用寿命也有明显作用。因此也要求基层材料具有适当的强度,而最重要的是要求材料强度均匀、整体性好、表面密实平整、透水性小。

无机结合料稳定材料的强度主要评价其抗压强度,目前,抗压强度采用7d龄期的标准试件在饱水状态下的无侧限抗压强度表示。对于用作沥青路面基层和底基层的无机结合料稳定材料,还应评价其抗拉强度,采用间接抗拉强度——劈裂强度表示。

1) 无侧限抗压强度

(1) 试件制作要求。

测定无机结合料稳定材料抗压强度的试件都是采用高:直径=1:1的圆柱体,不同颗粒大小的土(或集料)应采用不同尺寸的试件,标准试件尺寸见表8-3。

无机结合稳定材料无侧限抗压强度试件尺寸 表8-3

材料类型	公称最大粒径(mm)	试件尺寸(直径×高)(mm)
细粒材料	小于16	100×100
中粒材料	不小于16,且小于26.5	100×100
粗粒材料	不小于26.5	150×150

标准试件的制备应在最佳含水率和要求的密实度情况下进行。试件的成型方法宜采用振动成型法,缺乏试验条件时,可采用静压成型法。

采用静压成型法成型时,按预定的干密度制备一个试件需要的混合料的质量为:

$$m = V \times \rho_{max} \times (1 + w_{opt}) \times \gamma \tag{8-1}$$

式中:m——一个试件需要的混合料的质量,g;

V——试件体积,cm³;

ρ_{max}——混合料最大干密度,g/cm³;

w_{opt}——混合料最佳含水率,%;
γ——混合料压实度标准,%。

作为平行试验的最少试件数量应符合表 8-4 中的规定。试验结果的变异系数大于表中规定值时,应重做试验或增加试件数量。

平行试验的最少试件数量　　　　　表 8-4

材料类型	变异系数要求		
	<10%	10%~15%	15%~20%
细粒材料	6	9	—
中粒材料	6	9	13
粗粒材料	—	9	13

(2)无侧限抗压强度标准。

不同的交通等级、稳定剂类型和路面结构层次,对无机结合料稳定材料的抗压强度要求也不相同,7d 龄期无侧限抗压强度代表值应符合表 8-5 的规定。

无机结合料稳定材料的 7d 无侧限抗压强度标准(MPa)　　　　　表 8-5

公路等级	结构层	水泥稳定材料			石灰稳定材料	石灰粉煤灰稳定材料		
		极重、特重交通	重交通	中、轻交通		极重、特重交通	重交通	中、轻交通
高速公路、一级公路	底基层	3.0~5.0	2.5~4.5	2.0~4.0	≥0.8	≥0.8	≥0.7	≥0.6
	基层	5.0~7.0	4.0~6.0	3.0~5.0	—	≥1.1	≥1.0	≥0.9
二级和二级以下公路	底基层	2.5~4.5	2.0~4.0	1.0~3.0	0.5~0.7	≥0.7	≥0.6	≥0.5
	基层	4.0~6.0	3.0~5.0	2.0~4.0	≥0.8	≥0.9	≥0.8	≥0.7

例如某二级公路,水泥稳定碎石基层抗压强度设计值取 $R_d=3$ MPa,施工时要求的压实度为 98%,试件尺寸采用 $\phi 100 mm \times 100 mm$,对于同一种水泥剂量的混合料,在相同状态下制备 9 个试件。试件从试模脱出并称量后,先用塑料薄膜包裹,立即放到密封湿气箱和恒温室内进行保温保湿养护。标准养护的温度为 20℃ ±2℃,标准养护的湿度为 ≥95%。养护时间为 7d,最后一天将试件浸水,浸水前再次称试件质量。将浸水一昼夜的试件从水中取出,用软的旧布吸取试件表面的可见自由水并称质量后,用于无侧限抗压强度测试。无侧限抗压强度试验结果见表 8-6。

不同水泥剂量的水泥稳定碎石无侧限抗压强度　　　　　表 8-6

水泥剂量(%)	4.0	4.5	5.0	5.5	6.0
平均值 $\bar{R}$(MPa)	4.05	4.46	4.79	5.12	5.49
标准差 S(MPa)	0.34	0.53	0.33	0.54	0.58
偏差系数 C_v(%)	8.40	11.88	6.89	10.55	10.56
R_d^0(MPa)	3.49	3.59	4.25	4.23	4.54
$R_d^0 \geq R_d$	是	是	是	是	是

注:取保证率 95%,系数 $Z_a=1.645$。代表值 $R_d^0 = \bar{R} \times (1 - Z_a C_v)$。

从表8-6可以看出,7d龄期无侧限抗压强度代表值均符合要求,水泥稳定碎石的抗压强度随着水泥剂量的增加而增大。

2)劈裂强度

劈裂强度试验是将标准圆柱体试件,在标准养护条件下养护至规定龄期(如养护时间为90d,整个养护期间的温度保持为20℃±2℃,养护期最后一天,将试件浸泡在水中),用加载压条沿圆柱体试件侧面轴线方向均匀施加荷载,直至试件劈裂破坏为止,按有关规定计算试件的极限劈裂强度,用σ_s(MPa)表示。

劈裂强度:对于水泥稳定类材料系指龄期为90d的极限劈裂强度;对于二灰稳定类、石灰稳定类材料系指龄期为180d的极限劈裂强度;对于水泥粉煤灰稳定类材料系指龄期为120d的极限劈裂强度。

4. 干缩与温缩性能

1)缩裂特性

(1)干缩。随着无机结合料稳定材料强度的不断形成,水分逐渐消耗以及蒸发,体积发生收缩,当收缩变形受到约束时,逐渐产生裂缝,称为干缩裂缝。无机结合料稳定材料干缩裂缝的产生与结合料的种类和用量、含细粒土的多少及养护条件有关。试验表明,最佳含水率状态下各种无机结合料稳定材料的干缩系数按由大到小排序为石灰土、石灰砂砾、二灰土、二灰砂砾、水泥砂砾。石灰稳定土比水泥稳定土更容易产生干缩裂缝。对于含细粒土较多的无机结合料稳定土,常以干缩为主,故应加强初期养护,保证稳定土表面潮湿,减轻其干缩裂缝。

(2)温缩。无机结合料稳定材料具有热胀冷缩的性质。随着气温的降低,稳定类材料会产生冷却收缩变形,当收缩变形受到约束时,逐渐形成裂缝,称为温缩裂缝。温缩裂缝的产生也与结合料的种类和用量、土的粗细程度与成分以及养护条件有关。试验表明,最佳含水率状态下各种无机结合料稳定材料的温缩系数按由大到小排序为石灰土、石灰砂砾、二灰土、水泥砂砾、二灰砂砾。石灰稳定土比水泥稳定土的温缩大,细粒土比粗粒土的温缩大。掺入一定数量的粉煤灰可以降低温缩系数。早期养护良好的无机结合料稳定材料易于成型,早期强度高,可以减少裂缝的产生。

2)裂缝防治措施

(1)改善土质。稳定土用土越黏,则缩裂越严重。所以采用黏性较小的土,或在黏性土中掺入砂土、粉煤灰等,可以降低土的塑性指数。

(2)控制含水率及压实度。稳定土含水率过大产生的干缩裂缝较显著,压实度小时产生的干缩比压实度大时严重。因此,稳定土压实时含水率比最佳含水率略小为好,并尽可能达到最佳压实效果。

(3)掺加粗粒料。掺入一定数量(掺入量60%~70%)的粗粒料,如砂、碎石、砾石等,使混合料满足最佳组成要求,可以提高其强度和稳定性,减少裂缝产生,同时可以节约结合料和改善碾压时的拥挤现象。

5. 疲劳特性

在重复荷载作用下,无机结合料稳定材料的强度与其静力极限强度相比有所下降。荷载重复作用的次数越多,这种强度下降亦越大,即疲劳强度越小。材料从开始至出现疲劳破坏的荷载作用次数称为材料的疲劳寿命。试验表明,石灰粉煤灰稳定材料的抗疲劳性能优于水泥砂砾。

由于在一定的应力条件下,疲劳寿命决定于材料的强度,故在多数情况下,凡有利于水泥(石灰)类材料强度的因素对提高疲劳寿命也有利。

6. 水稳定性和抗冻稳定性

无机结合料稳定类基层材料除应具有适当的强度,能承受设计荷载以外,还应具备一定的水稳定性和抗冻稳定性。否则,稳定类材料基层由于面层开裂、渗水或者两侧路肩渗水将使稳定类材料的含水率增大,强度降低,从而使路面过早破坏。在冰冻地区,冰冻将加剧这种破坏。评价材料的水稳定性和抗冻稳定性可用浸水强度和冻融循环试验的方法。影响水稳定性和抗冻稳定性的主要因素如下:

(1)土类。细土含量多、塑性指数大的土,水稳定性和抗冻稳定性差。

(2)结合料种类和剂量。石灰粉煤灰粒料和水泥粒料的水稳定性最好。当结合料剂量不足时,胶结作用弱,透水性大,强度达不到要求,其稳定性也差。

(3)密实度。密实度大时,透水能力降低,水稳定性增强。

(4)龄期。由于无机结合料稳定材料的强度形成需要一定的时间,因此这类材料的水稳定性和抗冻稳定性随龄期的增长而增长。

📌 任务实施

无机结合料稳定材料的无侧限抗压强度试验

1. 目的和适用范围

本方法适用于测定无机结合料稳定土(包括稳定细粒土、中粒土和粗粒土)试件的无侧限抗压强度。

2. 仪器设备

(1)方孔筛:孔径53mm、37.5mm、31.5mm、26.5mm、4.75m和2.36mm的筛各一个。

(2)试模:对于细粒土、中粒土,试模的直径×高 = $\phi 100mm \times 100mm$;对于粗粒土,试模的直径×高 = $\phi 150mm \times 150mm$。

(3)电动脱模器。

(4)反力架:反力为400kN以上。

(5)液压千斤顶:200~1000kN。

(6)夯锤和导管。

(7)密封湿气箱或湿气池:放在能保持恒温的小房间内。

(8)水槽:深度应大于试件高50mm。

(9)路面材料强度试验仪或其他合适的压力机,如图8-1所示。

(10)天平:称量4000g,感量0.01g。

(11)台秤:称量10kg,感量5g。

(12)其他:量筒、拌和工具、搪瓷盘、漏斗、大小铝盒、烘箱、游标卡尺等。

3.试料准备

(1)将具有代表性的风干土试料(必要时,也可在50℃烘箱内烘干),用木槌捣碎或用木碾碾碎,但应避免破碎粒料的原粒径。按照公称最大粒径的大一级筛,将土过筛并进行分类。

(2)在预定做试验的前一天,取有代表性的试料测定其风干含水率。对于细粒土,试样应不小于100g;对于中粒土,试样应不小于1000g;对于粗粒土,试样应不小于2000g。

(3)用击实试验法确定无机结合料稳定材料的最佳含水率和最大干密度。

4.制备试件

(1)称取一定质量的风干土,其质量随试件大小而变。对于φ50mm×50mm试件,1个试件约需干土180~210g;对于φ100mm×100mm试件,1个试件约需干土1700~1900g;对于φ150mm×150mm试件,1个试件约需干土5700~6000g。

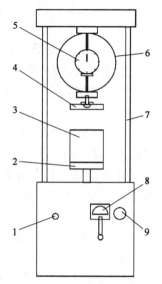

图8-1 路面强度试验仪
1-电源指示灯;2-升降台;3-试件;4-带球座的上压块;5-百分表;6-应力环;7-立柱;8-速度转换开关;9-启动按钮

对于细粒土,一次可称取6个试件的土;对于中粒土,一次宜称取一个试件的土;对于粗粒土,一次只称取一个试件的土。将准备好的试料分别装入塑料袋中备用。

(2)调试成型所需要的各种设备,检查是否运行正常。将成型用的模具擦拭干净,并涂抹机油。成型中、粗粒土时,试模筒的数量应与每组试件的个数相配套。上下垫块应与试模筒相配套,上下垫块能够刚好放入试筒内上下自由移动(一般来说,上下垫块直径比试筒内径小约0.2mm)且上下垫块放入试筒后,试筒内未被上下垫块占用的空间体积能满足径高比为1:1的设计要求。

(3)将称好的土放在长方盘(400mm×600mm×70mm)内。向土中加水拌料、闷料。对于石灰稳定材料、水泥和石灰综合稳定材料、石灰粉煤灰综合稳定材料、水泥粉煤灰综合稳定材料,可将石灰或粉煤灰和土一起拌和,将拌和均匀后的试料放在密闭容器或塑料袋(封口)内浸润备用。对于细粒土(特别是黏性土),浸润时的含水率应比最佳含水率小3%,对于中粒土或粗粒土可按最佳含水率加水;对于水泥稳定类材料,加水量应比最佳含水率少1%~2%。加水量可按式(8-2)估算:

$$m_w = \left(\frac{m_n}{1+0.01w_n} + \frac{m_c}{1+0.01w_c}\right) \times 0.01w - \frac{m_n}{1+0.01w_n} \times 0.01w_n - \frac{m_c}{1+0.01w_c} \times 0.01w_c$$

(8-2)

式中:m_w——混合料中应加的水量,g;

m_n——混合料中素土(或集料)的质量,g,其含水率为w_n(风干含水率),%;

m_c——混合料中水泥(或石灰)的质量,g,其原始含水率为 w_c(%)(水泥的 w_c 通常很小,也可以忽略不计);

w——要求达到的混合料的含水率,%。

浸润时间:黏质土 12~24h;粉质土 6~8h;砂类土、砂砾土、红土砂砾、级配砂砾等可以缩短到 4h 左右;含土很少的未筛分碎石、砂砾及砂可以缩短到 2h。浸润时间一般不超过 24h。

(4)在试件成型前 1h 内,加入预定数量的水泥并拌和均匀。在拌和过程中,应将预留的水(对于细粒土为 3%,对于水泥稳定类为 1%~2%)加入土中,使混合料含水率达到最佳含水率。拌和均匀的加有水泥的混合料应在 1h 内按步骤⑤的方法制成试件,超过 1h 的混合料应该作废。其他结合料稳定材料混合料虽不受此限,但也应尽快制成试件。

(5)按预定干密度制备试件。

本试验方法采用反力架和液压千斤顶制作试件。

将试模配套的下垫块放入试模的下部,但外露 2cm 左右。将称量的规定数量 m_2 的稳定材料混合料分 2~3 次灌入试模中,每次灌入后用夯棒轻轻均匀插实。如制备 φ50mm×50mm 的小试件,则可以将混合料一次倒入试模中,然后将与试模配套的上垫块放入试模内,也应使其外露 2cm 左右(即上、下垫块露出试模外的部分应该相等)。

将整个试模(连同上、下垫块)放到反力架内的千斤顶上(千斤顶下应放一扁球座)或压力机上,以 1mm/min 的加载速率加压,直到上下压柱都压入试模为止。维持压力 2min。

解除压力后,取下试模,并放到脱模器上将试件顶出。用水泥稳定有黏结性的材料(如黏质土)时,制件后可以立即脱模;用水泥稳定无黏结性细料土时,最好过 2~4h 再脱模;对于中、粗粒土的无机结合料稳定材料,也最好过 2~6h 脱模。

从脱模器上取试件时,应用双手抱住试件侧面的中下部,然后沿水平方向轻轻旋转,待感觉到试件移动后,再将试件轻轻捧起,放置到试验台上。切勿直接将试件向上捧起。

称试件的质量 m_2,小试件精确至 0.01g,中试件精确到 0.01g,大试件精确到 0.1g。然后用游标卡尺测量试件的高度 h,精确到 0.1mm。检查试件的高度和质量,不满足成型标准的试件作为废件。

试件称量后应立即放在塑料袋中封闭,并用潮湿的手巾覆盖,移放至养护室。

5. 养护

试件从试模内脱出并量高称质量后,中试件和大试件应装入塑料袋内。试件装入塑料袋内后,将袋内的空气排除干净,扎紧袋口,将包好的试件放入养护室。

标准养护的温度为 20℃±2℃,标准养护的湿度为 ≥95%。试件应放在铁架或木架上,间距至少 10~20mm。试件表面应保持一层水膜,并避免用水直接冲淋。

对于无侧限抗压强度试验,标准养护龄期为 7d,最后一天浸水。

在养护期的最后一天,将试件取出,观察试件的角有无磨损和缺块,并量高称质量。将试件浸泡于 20℃±2℃水中,应使水面在试件顶上约 2.5cm。

在养护期间,试件如有明显的边角缺损,试件应该作废。试件质量损失应符合下列规定:小试件不超过1g;中试件不超过4g;大试件不超过10g。质量损失超过此规定的试件,应予作废。

6.试验步骤

(1)根据试验材料的类型和一般的工程经验,选择合适量程的测力计和压力机,试件破坏荷载应大于测力量程的20%且小于测力量程的80%。球形支座和上下顶板涂上机油,使球形支座能够灵活转动。

(2)将已浸水一昼夜的试件从水中取出,用软布吸去试件表面的水分,并称试件的质量 m_4。

(3)用游标卡尺测量试件的高度 h_1,精确到0.1mm。

(4)将试件放在路面材料强度试验仪或压力机上,并在升降台上先放一扁球座,进行抗压试验。试验过程中,应保持加载速率为1mm/min。记录试件破坏时的最大压力 $P(\text{N})$。

(5)从试件内部取有代表性的样品(经过打破)测定其含水率 w_1。

7.计算

(1)试件的无侧限抗压强度用下列公式计算:

$$R_c = \frac{P}{A} \tag{8-3}$$

$$A = \frac{1}{4}\pi D^2$$

式中:R_c——试件无侧限抗压强度,MPa;
  P——试件破坏时的最大压力,N;
  A——试件的截面面积,mm^2;
  D——试件的直径,mm。

(2)结果整理。

①抗压强度保留1位小数。

②同一组试件试验中,采用3倍均方差方法剔除异常值,小试件可以允许有1个异常值,中试件1~2个异常值,大试件2~3个异常值。异常值数量超过规定的试验重做。

③同一组试验的变异系数 C_v(%)符合下列规定,方为有效试验:

小试件 $C_v \leq 6\%$;中试件 $C_v \leq 10\%$;大试件 $C_v \leq 15\%$。如不能保证试验结果的变异系数小于规定的值,则应按允许误差10%和90%概率重新计算所需的试件数量,增加试件数量并另做新试验。新试验结果与原试验结果一并重新进行统计评定,直到变异系数满足上述规定。

(3)记录。

本试验的记录格式见表8-7。

无侧限抗压强度试验记录表　　　　　　　表 8-7

工程名称_____　　　　　试件尺寸(cm)_____
路段范围_____　　　　　混合料名称_____
养护龄期(d)_____　　　　结合料剂量(%)_____
加载速度(mm/min)_____　最大干密度(g/cm³)_____
最佳含水率(%)_____　　　试件压实度(%)_____

试件号							
试件制备方法							
制件日期							
养护前试件质量 m_2	g						
浸水前试件质量 m_3	g						
浸水后试件质量 m_4	g						
养护期间的质量损失 m_2-m_3	g						
吸水量 m_4-m_3	g						
养护前试件的高度	cm						
浸水后试件的高度	cm						
试验的最大形变	0.01mm						
试验的最大压力 P	N						
无侧限抗压强度 R_c	MPa						

设计抗压强度_____　　　应力环回归方程_____
强度平均值_____　　　　变异系数_____
代表值_____　　　　　　评定结果_____

试验者_____　　计算者_____　　复核者_____　　试验日期_____

8. 报告

试验报告应包括以下内容：

(1) 材料的颗粒组成。
(2) 水泥的种类和强度等级,或石灰的等级。
(3) 重型击实的最佳含水率(%)和最大干密度(g/cm³)。
(4) 无机结合料类型及剂量。
(5) 试件干密度(保留 3 位小数,g/cm³)或压实度。
(6) 吸水量以及测抗压强度时的含水率(%)。
(7) 抗压强度:保留 1 位小数。
(8) 若干个试验结果的最大值和最小值、平均值 $\bar{R}_c$、标准差 S、偏差系数 C_v 和95%保证率的值 $R_{c0.95}$ ($R_{c0.95}=\bar{R}_c-1.645S$)。

任务评价

评价项目	评价标准	参考分值	得分
试验操作	水泥稳定细粒土取样规范、试件制备正确、养护方法正确、强度测定步骤正确、设备操作正确	50	
试验结果	数据计算完整、准确,异常值数量不超过规定	20	
等级判定	水泥稳定细粒土强度评定正确	20	
打扫卫生	打扫卫生干净、仪器擦洗干净、摆放整齐	10	
总评			

任务三 进行无机结合料稳定材料的配合比设计

学习目标	● 知识目标	❶了解无机结合料稳定材料配合比设计的依据和步骤。 ❷掌握水泥稳定类混合料和石灰粉煤灰稳定类混合料的配合比设计步骤
	● 能力目标	❶能够对水泥稳定类混合料和石灰粉煤灰稳定类混合料进行配合比设计。 ❷会测定无机结合料稳定材料中的水泥(石灰)剂量。 ❸会测定无机结合料稳定材料的最佳含水率和最大干密度
	● 素质目标	通过完成无机结合料稳定材料的配合比设计,培养学生严谨细致、精益求精的工作态度,以及数学运算和验算的能力

任务描述

某高速公路,底基层材料采用无机结合料稳定材料,尝试完成其配合比设计任务。

任务引导

要完成无机结合料稳定材料的配合比设计,需要掌握无机结合料稳定材料的组成设计步骤,同时掌握剂量的测定方法和击实试验方法。能够对试验数据做出合理的分析判断,逐步确定配合比设计方案。无机结合料稳定材料的配合比设计有一定的难度,但只要认真听讲,按照老师所讲的方法,脚踏实地地逐步进行设计,就一定能够完成任务。

相关知识

无机结合料稳定材料的组成设计(也称混合料组成设计)是根据对某种稳定类材料规定的技术要求,选择合适的原材料、掺配用料(需要时),确定混合料的最佳含水率、最大干密度及结合料的种类和剂量。无机结合料稳定材料组成设计应包括原材料检验、混合料的目标配合比设计、混合料的生产配合比设计和施工参数确定四部分。原材料的技术性质参见任务二,本任务只讨论混合料的目标配合比设计。

一、设计依据和原材料选择

1. 混合料组成设计的依据

主要依据是结构设计要求的 7d 龄期无侧限抗压强度,具体要求见表 8-5。必要时可增加劈裂强度指标。

2. 原材料选择

根据土或集料料场分布情况和结合料(水泥、石灰、粉煤灰)供应情况,结合当地的工程实践经验,选择合适的土或集料料场以及结合料供应厂家,采集原材料样品进行技术性质指标试验。按照《公路路面基层施工技术细则》(JTG/T F20—2015)的有关规定确定选用的原材料。

二、无机结合料稳定材料的组成设计步骤

1. 水泥稳定类混合料组成设计步骤

(1)制备同一种土或集料试样、不同水泥剂量的混合料。

一般情况参照表 8-8 的水泥剂量配制。

水泥稳定材料配合比试验推荐水泥试验剂量表　　表 8-8

被稳定材料	条件		推荐试验剂量(%)
有级配的碎石或砾石	基层	$R_d \geq 5.0$MPa	5、6、7、8、9
		$R_d < 5.0$MPa	3、4、5、6、7
土、砂、石屑等		塑性指数 <12	5、7、9、11、13
		塑性指数 ≥12	8、10、12、14、16
有级配的碎石或砾石	底基层	—	3、4、5、6、7
土、砂、石屑等		塑性指数 <12	4、5、6、7、8
		塑性指数 ≥12	6、8、10、12、14
碾压贫混凝土	基层	—	7、8.5、10、11.5、13

(2)确定各种混合料的最佳含水率和最大干密度。

应选择不少于 5 个水泥剂量,分别确定各剂量条件下混合料的最佳含水率和最大干密度。

(3)确定试件的干密度。按规定的压实度,分别计算不同水泥剂量的试件应有的干密度。

(4)按最佳含水率和计算得到的干密度制备试件。

进行抗压强度试验时,作为平行试验的最少试件数量应符合表 8-4 中的规定。试验结果的变异系数大于表中规定值时,应重做试验或增加试件数量。

(5)试件在规定温度下保湿养护 6d,浸水 24h 后,进行无侧限抗压强度试验。

(6)计算试验结果的平均值 $\bar{R}$ 和变异系数 C_v。

$$C_v = \frac{S}{\bar{R}} \tag{8-4}$$

式中:C_v——一组试验的强度变异系数,以小数计;
S——抗压强度试验结果的标准差,MPa。

$$S = \sqrt{\frac{\sum(\bar{R}-R_i)^2}{n-1}} \tag{8-5}$$

式中:R_i——每个试件的抗压强度,MPa;
n——试件数量。

(7)计算强度代表值 R_d^0。

$$R_d^0 = \bar{R} \cdot (1 - Z_a C_v) \tag{8-6}$$

式中:$\bar{R}$——一组试验的强度平均值,MPa。
Z_a——标准正态分布表中随保证率或置信度 α 而变的系数,高速公路和一级公路应取保证率 95%,即 $Z_a = 1.645$;其他公路应取保证率 90%,即 $Z_a = 1.282$。
C_v——一组试验的强度变异系数。

(8)根据表 8-5 的强度标准,选定合适的水泥剂量。

强度代表值 R_d^0 应不小于强度标准值:

$$R_d^0 \geqslant R_d \tag{8-7}$$

式中:R_d——强度标准值(表 8-5),MPa。

(9)确定工地上实际采用的水泥剂量。

工地上实际采用的水泥剂量宜比室内试验确定的剂量多 0.5% ~ 1.0%。采用集中厂拌法施工时宜增加 0.5%;采用路拌法施工时宜增加 1.0%。水泥的最小剂量应符合表 8-9 的规定。材料组成设计所得水泥剂量少于表 8-9 中的最小剂量时,应按表 8-9 采用最小剂量。

水泥的最小剂量(%) 表 8-9

被稳定材料类型	路拌法	集中厂拌法
中、粗粒材料	4	3
细粒材料	5	4

以水泥为主体的综合稳定土混合料组成设计与上述步骤相同。

【例题 8-1】 某山区一级公路,路面底基层采用水泥稳定砂砾,试按所提供的设计资料进行水泥稳定砂砾混合料组成设计。

[设计资料]

（1）路线所经地区属暖温带气候区,路面底基层为厚度 20cm 的水泥稳定砂砾,7d 无侧限饱水抗压强度设计值为 2.0MPa。

（2）水泥要求终凝时间宜在 6h 以上;当地有天然砂砾,要求砂砾的压碎值不大于 30%、塑性指数小于 9,砂砾的级配要求见表 8-10。

砂砾级配要求范围表　　　　　　　　　　　　　　　　　　表 8-10

筛孔(mm)	37.5	31.5	19.0	9.5	4.75	2.36	0.60	0.075
通过率(%)	100	93~98	74~89	49~69	29~52	18~38	8~22	0~7

（3）施工时混合料采用厂拌,现场用平地机整平,20cm 厚摊铺碾压一层成型,碾压时压实度按 96% 控制。

[设计步骤]

1. 原材料检验

（1）水泥。

选用当地的 42.5 级慢凝普通硅酸盐水泥,慢凝普通硅酸盐水泥的检验结果见表 8-11,由表 8-11 可以看出,各项主要技术指标均符合要求。

水泥材料试验结果表　　　　　　　　　　　　　　　　　　表 8-11

检验项目		规定值	检验结果
细度(%)		<10.0	9.4
安定性(沸煮法)		合格	合格
初凝时间		>45min	2h56min
终凝时间		<10h	6h15min
抗压强度(MPa)	3d	16.0	20.8
	28d	42.5	47.0
抗折强度(MPa)	3d	3.5	4.0
	28d	6.5	6.8

（2）砂砾。

当地天然砂砾样品筛分试验结果见表 8-12,压碎值检验结果为 19.8%,0.6mm 以下细料的液限为 25.3%,塑性指数检验结果为 6.1,砂砾材料天然含水率为 2.0%。技术指标符合要求,可以使用。

砂砾材料筛分试验结果表　　　　　　　　　　　　　　　　表 8-12

筛孔(mm)	37.5	31.5	19.0	9.5	4.75	2.36	0.6	0.075	底
分计筛余(%)	0	3.68	18.86	25.90	19.45	7.90	4.30	16.86	3.05
累计筛余(%)	0	3.68	22.54	48.44	67.89	75.79	80.09	96.95	100
通过率(%)	100	96.32	77.46	51.56	32.11	24.21	19.91	3.05	—
规定范围(%)	100	93~98	74~89	49~69	29~52	18~38	8~22	0~7	—

2. 选择水泥剂量的掺配范围

对水泥稳定粗粒材料,混合料中的水泥剂量按3%、4%、5%、6%、7%五种比例配制,即:水泥:砂砾为3:100;4:100;5:100;6:100;7:100。

3. 确定最佳含水率和最大干密度

对五种不同水泥剂量的混合料用重型击实试验法做标准击实试验,按规定的试验方法确定出水泥稳定砂砾混合料的最大干密度和最佳含水率,试验结果见表8-13。

标准击实试验结果表   表8-13

水泥剂量(%)	3	4	5	6	7
最佳含水率(%)	5.7	5.7	5.8	5.9	6.0
最大干密度(g/cm³)	2.280	2.290	2.300	2.320	2.330

4. 测定7d无侧限饱水抗压强度

(1)制作试件。

制备水泥稳定砂砾强度试件,按规定采用$\phi 150\text{mm} \times 150\text{mm}$的圆柱体试件,每个试件的体积为$2651\text{cm}^3$。试件数量按13个制备,工地压实度按96%控制。

每个试件需要的混合料的干质量按公式(8-8)计算。

$$m_d = V \times \rho_{max} \times \gamma \tag{8-8}$$

式中:m_d——试件的干质量,g;

V——试件的体积,cm³;

ρ_{max}——混合料的最大干密度,g/cm³;

γ——混合料压实度标准,%。

由于每个试件都是在混合料为最佳含水率下制成的,因此,每个试件需要的湿混合料的质量按式(8-9)计算。

$$m = m_d \times (1 + w_{opt}) \tag{8-9}$$

式中:m_d——试件的湿质量,g;

w_{opt}——混合料的最佳含水率,%。

现将水泥剂量为3%的湿混合料试件制作时所需基本参数计算如下:

①制备一个试件需要湿混合料的数量。

$$2.280 \times 2651 \times (1 + 5.7\%) \times 0.96 = 6133.2(\text{g})$$

②配制一个试件所需各种材料的数量。

在选定制作一个试件所需的干土或干集料的质量后,按下列方法计算一个试件所需的结合料(水泥或石灰)和水的质量。

$$m_{Ld} = m_{sd} \times C_L \tag{8-10}$$

$$m_{Lw} = m_{Ld} \times (1 + w_L) \tag{8-11}$$

式中:m_{Ld}——干结合料(水泥或石灰)的质量,g;

m_{sd}——干土或干集料的质量,g;

C_L——结合料(水泥或石灰)剂量,以小数计;

m_{Lw}——含水结合料(水泥或石灰)的质量,g;

w_L——结合料(水泥或石灰)的含水率,以小数计。

每种混合料中应加水的质量 m_w 用式(8-12)计算。

$$m_w = (m_{sd} + m_{Ld}) \times w_{opt} \tag{8-12}$$

式中: w_{opt}——混合料的最佳含水率,%。

配制一个试件所需的砂砾材料天然含水率为2.0%,水泥材料含水率取0计算。水泥剂量为3%的各种材料数量为:

干混合料:6133.2/(1+5.7%)=5802.5(g);

水泥:5802.5×3/(100+3)=169.0(g);

砂砾:干质量5802.5×100/(100+3)=5633.5(g),湿质量5633.5×(1+2.0%)=5746.2(g);

需加水量:(169.0+5633.5)×5.7%=330.7(g);

应加水量:330.7-5633.5×2.0%=218.0(g)。

即:配制一个3%水泥剂量的试件所需各种原材料数量为:水泥169.0g,砂砾5746.2g,应加水量218.0g。

③用同样的方法对水泥剂量4%、5%、6%、7%混合料的各种原材料数量进行计算,计算结果列入表8-14中。

混合料试件所需各种原材料数量计算结果表　　表8-14

水泥剂量(%)		3	4	5	6	7
试件干密度(g/cm³)		2.280	2.290	2.300	2.320	2.330
一个试件湿混合料数量(g)		6133.2	6160.1	6192.9	6252.7	6285.5
一个试件干混合料数量(g)		5802.5	5827.9	5853.4	5904.3	5929.7
一个试件所需材料数量(g)	水泥	169.0	224.2	278.7	334.2	387.9
	砂砾	5746.2	5715.9	5686.5	5681.5	5652.6
	水	218.0	220.1	228.0	237.0	244.9

根据表8-14计算结果制备各种不同水泥剂量的混合料试件,将制备好的试件进行称量,将实测密度与预定密度相差±0.03g/cm³以内的试件进行标准养护。

(2)测定无侧限饱水抗压强度。

五组试件经6d标准养护、1d浸水,按规定方法测得无侧限饱水抗压强度结果见表8-15。

抗压强度试验结果汇总表　　表8-15

水泥剂量(%)	3	4	5	6	7
强度平均值 $\bar{R}$(MPa)	1.91	2.36	3.15	4.93	6.27
强度标准差 S(MPa)	0.375	0.302	0.415	0.611	0.593
强度变异系数 C_v(%)	19.6	12.8	13.2	12.4	11.9
$\bar{R} \cdot (1-Z_a C_v)$(MPa)	1.29	1.86	2.47	3.92	5.04
是否满足公式 $\bar{R} \cdot (1-Z_a C_v) \geq R_d$	否	否	是	是	是

5.确定试验室最佳水泥剂量(目标配合比)

通过以下方法确定最佳水泥剂量:

(1)比较强度平均值和强度设计值,根据试验结果,水泥剂量取4%、5%、6%、7%时,试件强度平均值均满足不低于2.0MPa设计值要求。

(2)考虑到试验数据的偏差和施工中的保证率,对水泥剂量4%、5%、6%、7%时的强度数据通过公式$\overline{R} \cdot (1 - Z_a C_v) \geqslant R_d$验算。对一级公路,取95%的保证率,则系数$Z_a = 1.645$。通过计算,水泥剂量取5%、6%、7%时强度均能满足公式要求。

(3)最后从工程经济性考虑,5%的水泥剂量为满足强度要求的最小水泥剂量,为最佳水泥剂量。

则试验室配合比为:水泥:砂砾=5:100,混合料的最佳含水率为5.8%,最大干密度为2.300g/cm³,施工时压实度为96%。

6.确定生产用水泥剂量(生产配合比)

根据施工现场情况,对试验室确定的配合比进行调整,对集中厂拌法施工,水泥剂量要增加0.5%,对粗粒土,混合料含水率要较最佳含水率增加0.5%~1.0%,所以经调整后得到的生产配合比为:水泥:砂砾=5.5:100,混合料的含水率6.5%,最大干密度为2.310g/cm³,施工时压实度为96%。

在施工时可根据工地材料含水率对上述生产配合比进行调整,得出最终的施工配合比。

2.石灰粉煤灰稳定类混合料组成设计步骤

根据大量的试验研究和工程实践,《公路路面基层施工技术细则》(JTG/T F20—2015)对石灰、粉煤灰、土(或集料)的质量比一般规定如下:

(1)对于CaO含量为2%~6%的硅铝粉煤灰,采用石灰粉煤灰做基层或底基层时,石灰与粉煤灰的比例可以是1:9~1:2。

(2)采用二灰土做基层或底基层时,石灰与粉煤灰的比例可用1:4~1:2(对于粉土取1:2为宜),石灰粉煤灰与细粒材料的比例可以是10:90~30:70。

(3)采用二灰稳定级配碎石或砾石做基层时,石灰与粉煤灰的比例可用1:4~1:2,石灰粉煤灰与集料的比例应是15:85~20:80。

为提高石灰粉煤灰稳定土(或集料)的早期强度,可外加1%~2%的水泥。

具体设计步骤如下:

(1)制备同一种土(或集料)试样的混合料。

一般制备4~5种不同配合比的二灰土或二灰级配集料。其配合比宜在施工技术规范所列的范围内。

(2)确定混合料的最佳含水率和最大干密度。

每种配合比的混合料,采用重型击实试验法确定其最佳含水率和最大干密度。

(3)确定试件的干密度。

按规定的压实度,分别计算不同配合比二灰混合料试件应有的干密度。

(4)按最佳含水率和计算得到的干密度制备试件。

进行抗压强度试验时,作为平行试验的最少试件数量应符合表 8-4 中的规定。试验结果的变异系数大于表中规定值时,应重做试验或增加试件数量。

(5)试件在规定温度下保湿养护 6d、浸水 24h 后,进行无侧限抗压强度试验。

(6)计算试验结果的平均值 $\bar{R}$ 和变异系数 C_v。

(7)根据表 8-5 的强度标准,选定合适的混合料配合比。

【例题 8-2】 某平原地区一级公路采用石灰粉煤灰稳定砂砾混合料作为路面基层,试按现行技术规范的方法对该种混合料进行配合比设计。

[设计资料]

(1)二灰砂砾基层结构设计厚度为 24cm,设计要求二灰砂砾混合料的 7d 无侧限抗压强度值为 0.8MPa。

(2)石灰材料要求采用Ⅲ级及以上的生石灰或Ⅱ级及以上的消石灰;要求粉煤灰材料的活性氧化物(SiO_2、Al_2O_3 和 Fe_2O_3)的总含量应大于 70%,烧失量不应超过 20%;混合料中的砂砾材料数量建议控制在 70%±2% 范围之内,砂砾材料的最大粒径不应超过 31.5mm,其颗粒组成应符合二灰稳定集料的级配要求,小于 0.075mm 颗粒含量宜接近零,砂砾集料的压碎值不大于 30%。

(3)二灰砂砾混合料采用厂拌法,现场采用摊铺机铺筑,24cm 厚的基层一次铺筑成型,施工现场压实质量按 98% 的压实度控制。

[设计步骤]

1. 原材料检测

(1)石灰材料。

当地可供应钙质石灰,经抽样检测,CaO + MgO 的含量为 72.5%,未消解残渣含量为 8.9%,其主要技术指标均能满足现行技术规范Ⅲ级生石灰的基本要求。

(2)粉煤灰材料。

某热电厂可供应湿排粉煤灰,该厂的粉煤灰材料经抽样测试,活性氧化物总含量为 74.6%,烧失量为 9.8%。

(3)砂砾材料。

采用河滩砂砾,其集料压碎值为 12.4%,大于 31.5mm 的颗粒含量为 2%,小于 0.075mm 颗粒含量为 1.6%。该河滩砂砾过 31.5mm 筛后的天然级配不能满足二灰稳定集料的级配范围要求,选用另一砂砾料场的材料经过二次级配,掺配比例为 80:20,掺配后的砂砾材料筛分试验结果列入表 8-16。

砂砾材料筛分试验结果　　　　表 8-16

筛孔(mm)	31.5	19.0	9.5	4.75	2.36	1.18	0.60	0.075
实测(%)	100	94.6	72.1	48.0	34.8	30.7	13.2	1.6
级配范围(%)	100	85~100	55~75	39~59	27~47	17~35	10~25	0~10

砂砾材料各项技术指标均能满足有关技术要求。

(4)水。

采用二灰砂砾拌和厂内的机井水,水质洁净、无杂质。

2. 确定二灰砂砾的掺配范围

采用二灰砂砾混合料作基层,设计文件要求砂砾材料占70%±2%,取70%,而石灰与粉煤灰的比例通常为1:4~1:2。结合设计要求和技术规范,二灰砂砾目标配合比按如下比例进行:

石灰:粉煤灰:砂砾的质量配合比分别为6:24:70、7:23:70、8:22:70和10:20:70。

3. 二灰砂砾标准击实试验

对四种不同配合比的二灰砂砾混合料分别进行标准击实试验,击实试验结果列于表8-17。

二灰砂砾混合料击实试验结果　　　　表8-17

配合比例	6:24:70	7:23:70	8:22:70	10:20:70
最佳含水率(%)	8.6	9.3	10.3	11.0
最大干密度(g/cm³)	1.913	1.924	1.932	1.940

4. 无侧限饱水抗压强度试验

(1)制备试件。

以密度控制,按静压法制件的方法制备圆柱体试件,圆柱体试件尺寸为 $\phi 150mm \times 150mm$,试件数量按13个一组。在养护前检测试件合格数量不得少于9个,试件密度按工地压实度98%控制。

(2)试件养护。

对检测合格的试件按技术规范要求进行标准养护,要求试件养护温度为20℃±2℃,相对湿度为95%。在标准状态下养护6d,在水中浸泡24h±1h后进行无侧限抗压强度试验。

(3)测试强度。

把浸水完成后的合格试件进行无侧限抗压强度试验,试验结果列入表8-18。

二灰砂砾无侧限抗压强度试验结果　　　　表8-18

石灰:粉煤灰:砂砾	6:24:70	7:23:70	8:22:70	10:20:70
强度平均值(MPa)	0.68	0.82	0.99	1.19
变异系数(%)	13.2	11.7	10.8	12.1
$(\bar{R} \cdot (1-Z_a C_v))$ (MPa)	0.52	0.66	0.81	0.95
是否满足公式 $\bar{R} \cdot (1-Z_a C_v) \geq R_d$	否	否	是	是

注:在抗压强度计算中取 Z_a 为1.645,R_d 为0.8MPa。

5. 确定目标配合比

根据试验结果可以看出:8:22:70和10:20:70两组配合比均能满足 $\bar{R} \cdot (1-Z_a C_v) \geq R_d$ 的要求。从技术、经济两方面综合分析,目标配合比采用石灰:粉煤灰:砂砾=8:22:70。

施工时所选原材料必须满足下列基本参数要求:石灰材料的 CaO + MgO 含量≥72.5%,粉煤灰活性氧化物总含量≥74.6%,砂砾应满足级配范围要求,集料压碎值应小于12.4%,小于 0.075mm 颗粒含量≤1.6%。施工压实质量控制参数取最佳含水率10.3%±0.5%,最大干密度1.932g/cm³。

6.注意事项

目标配合比也称为试验室配合比或理论配合比,而试验室所提供的混合料配合比只能作为混合料试拌和铺筑试验路段的依据,该配合比只有经过试拌试铺的验证调整后,才能作为生产配合比,在生产配合比的基础上再根据原材料的差异和原材料含水率的变化进行修正,就可得到施工配合比。

综合稳定土和其他无机结合料稳定材料的组成设计与上述步骤相同。

任务实施

一、检验水泥或石灰剂量(EDTA 滴定法)

1.目的及适用范围

(1)本法适用于在工地快速测定水泥和石灰稳定材料中水泥和石灰的剂量,并可用于检查现场拌和和摊铺的均匀性。

(2)本法适用于在水泥终凝之前的水泥含量测定,现场土样的石灰剂量应在路拌后尽快测试,否则需要用相应龄期的 EDTA 二钠标准溶液消耗量的标准曲线确定。

(3)本法也可以用来测定水泥和石灰综合稳定材料中结合料的剂量。

2.仪器设备

(1)滴定管(酸式):50mL,1 支。

(2)滴定台:1 个。

(3)滴定管夹:1 个。

(4)大肚移液管:10mL、50mL,10 支。

(5)锥形瓶(即三角瓶):200mL,20 个。

(6)烧杯:2000mL(或1000mL),1 只;300mL,10 只。

(7)容量瓶:1000mL,1 个。

(8)搪瓷杯:容量大于1200mL,10 只。

(9)不锈钢棒(或粗玻璃棒):10 根。

(10)量筒:100mL 和 5mL 各 1 只;50mL,2 只。

(11)棕色广口瓶:60mL,1 只(装钙红指示剂)。

(12)电子天平:量程不小于 1500g,感量 0.01g。

(13)秒表:1 只。

(14)表面皿:ϕ9cm,10 个。

(15)研钵:ϕ12~13cm,1 个。

(16)洗耳球:1个。
(17)精密试纸:pH12~14。
(18)聚乙烯桶:20L(装蒸馏水和氯化铵及EDTA二钠标准溶液),3个;5L(装氢氧化钠),1个;5L(大口桶),10个。
(19)毛刷、去污粉、吸水管、塑料勺、特种铅笔、厘米纸。
(20)洗瓶(塑料):500mL,1只。

3. 试剂

(1)0.1mol/m³ 乙二胺四乙酸二钠(EDTA二钠)标准溶液(简称EDTA二钠标准溶液):

准确称取EDTA二钠(分析纯)37.23g,用40~50℃的无二氧化碳蒸馏水溶解,待全部溶解并冷却至室温后,定容至1000mL。

(2)10%氯化铵(NH_4Cl)溶液:

将500g氯化铵(分析纯或化学纯)放在10L的聚乙烯桶内,加蒸馏水4500mL,充分振荡,使氯化铵完全溶解。也可以分批在1000mL的烧杯内配制,然后倒入塑料桶内摇匀。

(3)1.8%氢氧化钠(内含三乙醇胺)溶液:

用电子天平称18g氢氧化钠(NaOH)(分析纯),放入洁净干燥的1000mL烧杯中,加1000mL蒸馏水使其全部溶解,待溶液冷却至室温后,加入2mL三乙醇胺(分析纯),搅拌均匀后储于塑料桶中。

(4)钙红指示剂:

将0.2g钙试剂羧酸钠与20g预先在105℃烘箱中烘1h的硫酸钾混合。一起放入研钵中,研成极细粉末,储于棕色广口瓶中,以防吸潮。

4. 准备标准曲线

(1)取样:取工地用石灰和土,风干后用烘干法测其含水率(如为水泥,可假定含水率为0)。

(2)混合料组成的计算:

$$干料质量 = 湿料质量/(1 + 含水率)$$

计算步骤如下:

$$干混合料质量 = 湿混合料质量/(1 + 最佳含水率)$$

$$干土质量 = 干混合料质量/(1 + 石灰或水泥剂量)$$

$$干石灰或水泥质量 = 干混合料质量 - 干土质量$$

$$湿土质量 = 干土质量 \times (1 + 土的风干含水率)$$

$$湿石灰质量 = 干石灰质量 \times (1 + 石灰的风干含水率)$$

$$石灰土中应加入的水质量 = 湿混合料质量 - 湿土质量 - 湿石灰质量$$

(3)准备试样。

准备5种试样,每种两个样品(以水泥稳定材料为例),如为水泥稳定中、粗粒土,每个样品取1000g左右(如为细粒土,则可取300g左右)准备试验。为了减少中、粗粒土的离散,宜按设计级配单份掺配的方式备料。

5 种混合料的水泥剂量应为:水泥剂量为 0、最佳水泥剂量左右、最佳水泥剂量 ±2% 和 +4%,每种剂量取两个(为湿质量)试样,共 10 个试样,并分别放在 10 个大口聚乙烯桶(如为稳定细粒土,可用搪瓷杯或 1000mL 具塞三角瓶;如为粗粒土,可用 5L 的大口聚乙烯桶)内。土的含水率应等于工地预期达到的最佳含水率,土中所加的水应与工地所用的水相同。

(4)取一个盛有试样的盛样器,在盛样器内加入两倍试样质量(湿料质量)体积的 10% 氯化铵溶液(如湿料质量为 300g,则氯化铵溶液为 600mL;如湿料质量为 1000g,则氯化铵溶液为 2000mL)。如湿料为 300g,则搅拌 3min(每分钟搅 110~120 次);湿料为 1000g,则搅拌 5min。如用 1000mL 具塞三角瓶,则手握三角瓶(瓶口向上)用力振荡 3min(每分钟 120 次 ±5 次),以代替搅拌棒搅拌。放置沉淀 10min(如 10min 后,得到的是混浊悬浮液,则应增加放置沉淀时间,直到出现无明显悬浮颗粒的悬浮液为止,并记录所需时间。以后所有该种水泥或石灰稳定材料的试验,均应以同一时间为准)。然后将上部清液转移到 300mL 烧杯内,搅匀,加盖表面皿待测。

(5)用移液管吸取上层(液面上 1~2cm)悬浮液 10.0mL 放入 200mL 的三角瓶内,用量管量取 1.8% 氢氧化钠(内含三乙醇胺)溶液 50mL 倒入三角瓶中,此时溶液 pH 值为 12.5~13.0(可用 pH12~14 精密试纸检验),然后加入钙红指示剂(质量约为 0.2g),摇匀,溶液呈玫瑰红色。记录滴定管中 EDTA 二钠标准溶液的体积 V_1,然后用 EDTA 二钠标准溶液滴定,边滴定边摇匀,并仔细观察溶液的颜色;在溶液颜色变为紫色时,放慢滴定速度,并摇匀;直到纯蓝色为终点,记录滴定管中 EDTA 二钠标准溶液体积 V_2(以 mL 计,读至 0.1mL)。计算 $V_1 - V_2$,即为 EDTA 二钠标准溶液的消耗量。

(6)对其他几个盛样器中的试样,用同样的方法进行试验,并记录各自的 EDTA 二钠的消耗量。

(7)以同一水泥或石灰剂量稳定材料 EDTA 二钠标准溶液消耗量(mL)的平均值为纵坐标,以水泥或石灰剂量(%)为横坐标制图。两者的关系应是一根顺滑的曲线,如图 8-2 所示。如素土、水泥或石灰的量改变,必须重做标准曲线。

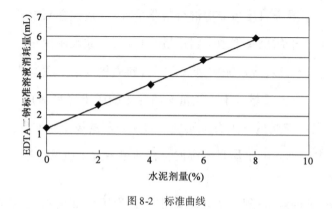

图 8-2 标准曲线

5. 试验步骤

(1)选取有代表性的无机结合料稳定材料,对稳定中、粗粒土取试样约3000g,对稳定细粒土取试样约1000g。

(2)对水泥或石灰稳定细粒土,称300g放在搪瓷杯中,用搅拌棒将结块搅散,加10%氯化铵溶液600mL;对水泥或石灰稳定中、粗粒土,可直接称取1000g左右,放入10%氯化铵溶液2000mL,然后如前述步骤进行试验。

(3)利用所绘制的标准曲线,根据EDTA二钠标准溶液消耗量,确定混合料中的水泥或石灰剂量。

6. 结果整理

本试验应进行两次平行测定,取算术平均值,精确至0.1mL。允许重复性误差不得大于均值的5%,否则,重新进行试验。

7. 记录

本试验记录格式见表8-19。

水泥或石灰剂量测定记录表　　　　　　表8-19

工程名称＿＿＿＿＿＿＿＿＿＿　　试验方法＿＿＿＿＿＿＿＿＿＿
结构层名称＿＿＿＿＿＿＿＿＿＿　　试验者＿＿＿＿＿＿＿＿＿＿
稳定剂种类＿＿＿＿＿＿＿＿＿＿　　校核者＿＿＿＿＿＿＿＿＿＿
试样编号＿＿＿＿＿＿＿＿＿＿　　试验日期＿＿＿＿＿＿＿＿＿＿

标准曲线制定							
平行试样	1			2			平均EDTA二钠标准溶液消耗量(mL)
剂量	V_1(mL)	V_2(mL)	EDTA二钠标准溶液消耗量(mL)	V_1(mL)	V_2(mL)	EDTA二钠标准溶液消耗量(mL)	
标准曲线公式							
结合料剂量							
试样编号	V_1(mL)	V_2(mL)	EDTA二钠标准溶液消耗量(mL)		平均EDTA二钠标准溶液消耗量(mL)		结合料剂量(%)
1							
2							

二、测定无机结合料稳定材料的最佳含水率和最大干密度(击实试验方法)

1.目的及适用范围

(1)本方法适用于在规定的试筒内,对水泥稳定材料(在水泥水化前)、石灰稳定材料及石灰(或水泥)粉煤灰稳定材料进行击实试验,以绘制稳定材料的干密度-含水率关系曲线,从而确定其最佳含水率和最大干密度。

(2)试验集料的公称最大粒径宜控制在 37.5mm 以内(方孔筛)。

(3)试验方法类别。本试验方法分三类,各类击实方法的主要参数列于表 8-20。

试验方法类别表 表8-20

类别	锤的质量(kg)	锤击面直径(cm)	落高(cm)	试筒尺寸			锤击层数	每层锤击次数	平均单位击实功(J)	容许公称最大粒径(mm)
				内径(cm)	高(cm)	体积(cm³)				
甲	4.5	5.0	45	10.0	12.7	997	5	27	2.687	19
乙	4.5	5.0	45	15.2	12.0	2177	5	59	2.687	19
丙	4.5	5.0	45	15.2	12.0	2177	3	98	2.687	37.5

2.仪器设备

(1)击实筒:小型,内径 100mm、高 127mm 的金属圆筒,套环高 50mm,配底座;大型,内径 152mm、高 170mm 的金属圆筒,套环高 50mm,直径 151mm 和高 50mm 的筒内垫块,配底座。

(2)多功能自控电动击实仪:击锤的底面直径 50mm,总质量 4.5kg。击锤在导管内的总行程为 450mm。可设置击实次数,并保证击锤自由垂直落下,落高应为 450mm,锤迹均匀分布于试样表面。

(3)电子天平:量程 4000g,感量 0.01g。

(4)电子天平:量程 15kg,感量 0.1g。

(5)方孔筛:孔径 53mm、37.5mm、26.5mm、19mm、4.75mm、2.36mm 的筛各 1 个。

(6)量筒:50mL、100mL 和 500mL 的量筒各 1 个。

(7)直刮刀:长 200~250mm、宽 30mm、厚 3mm 且一侧开口的直刮刀,用以刮平和修饰粒料大试件的表面。

(8)刮土刀:长 150~200mm、宽约 20mm 的刮刀,用以刮平和修饰小试件的表面。

(9)工字形刮平尺:30mm×50mm×310mm,上下两面和侧面均刨平。

(10)拌和工具:约 400mm×600mm×70mm 的长方形金属盘、拌和用平头小铲等。

(11)脱膜器。

(12)测定含水率用的铝盒、烘箱等其他用具。

(13)游标卡尺。

3. 试验准备

(1)将具有代表性的风干试料(必要时,也可以在 50℃ 烘箱内烘干)用木槌捣碎或用木碾碾碎。土团均应破碎到能通过 4.75mm 的筛孔。但应注意不使粒料的单个颗粒破碎或不使其破碎程度超过施工中拌和机械的破碎率。

(2)如试料是细粒土,将已破碎的具有代表性的土过 4.75mm 筛备用(用甲法或乙法做试验)。

(3)如试料中含有粒径大于 4.75mm 的颗粒,则先将试料过 19mm 筛,如存留在 19mm 筛上的颗粒含量不超过 10%,则过 26.5mm 筛留作备用(用甲法或乙法做试验)。

(4)如试料中粒径大于 19mm 的颗粒含量超过 10%,则将试料过 37.5mm 筛;如果存留在 37.5mm 筛上的颗粒的含量不超过 10%,则过 53mm 的筛备用(用丙法试验)。

(5)每次筛分后,均应记录超尺寸颗粒的百分率 P。

(6)在预定做击实试验的前一天,取有代表性的试料测定其风干含水率。对于细粒土,试样应不少于 100g;对于中粒土,试样应不少于 1000g;对于粗粒土的各种集料,试样应不少于 2000g。

(7)在试验前用游标卡尺准确测量试模的内径、高和垫块的厚度,以计算试筒的容积。

4. 试验步骤

(1)准备工作。

在试验前应将试验所需要的各种仪器设备准备齐全,测量设备应满足精度要求;调试击实仪器,检查其运转是否正常。

(2)甲法。

①将已筛分的试样用四分法逐次分小,至最后取出 10~15kg 试料。再用四分法将已取出的试料分成 5~6 份,每份试料的干质量为 2.0kg(对于细粒土)或 2.5kg(对于各种中粒土)。

②预定 5~6 个不同含水率,依次相差 0.5%~1.5%(具体取法见注),且其中至少有两个大于和两个小于最佳含水率。

注:对于中、粗土,在最佳含水率附近取 0.5%,其余取 1%。对于细粒土,取 1%,但对于黏土,特别是重黏土,可能需要取 2%。

③按预定含水率制备试样。将 1 份试料平铺于金属盘内,将事先计算得的该份试料中应加的水量均匀地喷洒在试料上,用小铲将试料充分拌和到均匀状态(如为石灰稳定材料、石灰粉煤灰综合稳定材料、水泥粉煤灰综合稳定材料和水泥石灰综合稳定材料,可将石灰、粉煤灰和试料一起拌匀),然后装入密闭容器或塑料口袋内浸润备用。

浸润时间要求:黏质土 12~24h,粉质土 6~8h,砂类土、砂砾土、红土砂砾、级配砂砾等可以缩短到 4h 左右,含土很少的未筛分碎石、砂砾和砂可缩短到 2h。浸润时间一般不超过 24h。

应加水量可按式(8-12)计算。

④将所需要的稳定剂水泥加到浸润后的试样中,并用小铲、泥刀或其他工具充分拌和到均匀状态。水泥应在土样击实前逐个加入。加有水泥的试样拌和后,应在 1h 内完成下

述击实试验。拌和后超过1h的试样,应予作废(石灰稳定材料和石灰粉煤灰稳定材料除外)。

⑤试筒套环与击实底板应紧密联结。将击实筒放在坚实地面上,用四分法取制备好的试样400~500g(其量应使击实后的试样等于或略高于筒高的1/5)倒入筒内,整平其表面并稍加压紧,然后将其安装到多功能自控电动击实仪上,设定所需锤击次数,进行第1层试样的击实。第1层击实完后,检查该层高度是否合适,以便调整以后几层的试样用量。用刮土刀或螺丝刀将已击实层的表面"拉毛",然后重复上述做法,进行其余4层试样的击实。最后一层试样击实后,试样超出筒顶的高度不得大于6mm,超出高度过大的试件应该作废。

⑥用刮土刀沿套环内壁削挖(使试样与套环脱离)后,扭动并取下套环。齐筒顶细心刮平试样,并拆除底板。如试样底面略突出筒外或有孔洞,则应细心刮平或修补。最后用工字形刮平尺齐筒顶和筒底将试样刮平。擦净试筒的外壁,称其质量 m_1。

⑦用脱模器推出筒内试样。从试样内部从上至下取两个有代表性的样品(可将脱出试件用锤打碎后,用四分法采取),测定其含水率,计算至0.1%。两个试样的含水率的差值不得大于1%。所取样品的数量见表8-21(如只取一个样品测定含水率,则样品的质量应为表列数值的两倍)。擦净试筒,称其质量 m_2。

测稳定材料含水率的样品质量　　　　表8-21

公称最大粒径(mm)	样品质量(g)
2.36	约50
19	约300
37.5	约1000

烘箱的温度应事先调整到110℃左右,以使放入的试样能立即在105~110℃的温度下烘干。

⑧按本方法4(2)③~4(2)⑦的步骤进行其余含水率下稳定材料的击实和测定工作。凡已用过的试样,一律不再重复使用。

(3)乙法。

在缺少内径10cm的试筒时,以及在需要与承载比等试验结合起来进行时,采用乙法进行击实试验。本法更适宜于公称最大粒径达19mm的集料。

①将已过筛的试料用四分法逐次分小,至最后取出约30kg试料。再用四分法将所取的试料分成5~6份,每份试料的干质量约为4.4kg(细粒土)或5.5kg(中粒土)。

②以下各步的做法与本方法4(2)②~4(2)⑧相同,但应该先将垫块放入筒内底板上,然后加料并击实。所不同的是,每层需取制备好的试样约900g(对于水泥或石灰稳定细粒土)或1100g(对于稳定中粒土),每层的锤击次数为59次。

(4)丙法。

①将已过筛的试料用四分法逐次分小,至最后取约33kg试料。再用四分法将所取的试料分成6份左右(至少要5份),每份质量约5.5kg(风干质量)。

②预定5~6个不同含水率,依次相差0.5%~1.5%。在估计最佳含水率左右可只差0.5%~1%(具体取法见注)。

注:对于水泥稳定类材料,在最佳含水率附近取0.5%;对于石灰、二灰稳定类材料,根据具体情况在最佳含水率附近取1%。

③同4(2)③。

④同4(2)④。

⑤将试筒、套环与夯击底板紧密地联结在一起,并将垫块放在筒内底板上。击实筒应放在坚实地面上,取制备好的试样1.8kg左右[其量应使击实后的试样略高于(高出1~2mm)筒高的1/3]倒入筒内,整平其表面,并稍加压紧。然后将其安装到多功能自控电动击实仪上,设定所需锤击次数,进行第一层试样的击实。第一层击实完后检查该层的高度是否合适,以便调整以后两层的试样用量。用刮土刀或螺丝刀将已击实的表面"拉毛",然后重复上述做法,进行其余两试样的击实。最后一层试样击实后,试样超出试筒顶的高度不得大于6mm。超出高度过大的试件应该作废。

⑥用刮土刀沿套环内壁削挖(使试样与套环脱离),扭动并取下套环。齐筒顶细心刮平试样,并拆除底板,取走垫块。擦净试筒的外壁,称其质量 m_1。

⑦用脱模器推出筒内试样。从试样内部由上至下取两个有代表性的样品(可将脱出试件用锤打碎后,用四分法取得),测定其含水率,计算至0.1%。两个试样的含水率的差值不得大于1%。所取样品的数量应不少于700g,如只取一个样品测定含水率,则样品的数量应不少于1400g。烘箱的温度应事先调整到110℃左右,以使放入的试样能立即在105~110℃的温度下烘干。擦净试筒,称其质量 m_2。

⑧按本方法4(4)③~4(4)⑦进行其余含水率下稳定材料的击实和测定。凡已用过的试料,一律不再重复使用。

5. 计算

(1)稳定材料湿密度计算。

按式(8-13)计算每次击实后稳定材料的湿密度。

$$\rho_w = \frac{m_1 - m_2}{V} \tag{8-13}$$

式中: ρ_w ——稳定材料的湿密度,g/cm³;

m_1 ——试筒与湿试样的总质量,g;

m_2 ——试筒的质量,g;

V ——试筒的容积,cm³。

(2)稳定材料干密度计算。

按式(8-14)计算每次击实后稳定材料的干密度。

$$\rho_d = \frac{\rho_w}{1 + 0.01w} \tag{8-14}$$

式中: ρ_d ——试样的干密度,g/cm³;

w ——试样的含水率,%。

(3)制图。

①以干密度为纵坐标、含水率为横坐标,绘制干密度-含水率曲线。曲线必须为凸形

的,如试验点不足以连成完整的凸形曲线,则应该进行补充试验。

②将试验各点采用二次曲线方法拟合曲线,曲线的峰值点对应的含水率及干密度即为最佳含水率和最大干密度。

(4)超尺寸颗粒的校正。

当试样中大于规定最大粒径的超尺寸颗粒的含量为5%～30%时,按下列各式对试验所得最大干密度和最佳含水率进行校正。

注:超尺寸颗粒的含量小于5%时,可以不进行校正,因为它对最大干密度的影响位于平行试验的误差范围内。

①最大干密度按式(8-15)校正。

$$\rho'_{dm} = \rho_{dm}(1-0.01p) + 0.9 \times 0.01pG'_a \tag{8-15}$$

式中:ρ'_{dm}——校正后的最大干密度,g/cm^3;

ρ_{dm}——试验所得的最大干密度,g/cm^3;

p——试样中超尺寸颗粒的百分率,%;

G'_a——超尺寸颗粒的毛体积相对密度。

②最佳含水率按式(8-16)校正。

$$w'_0 = w_0(1-0.1p) + 0.01pw_a \tag{8-16}$$

式中:w'_0——校正后的最佳含水率,%;

w_0——试验所得的最佳含水率,%;

p——试样中超尺寸颗粒的百分率,%;

w_a——超尺寸颗粒的吸水量,%。

6. 结果整理

(1)应做两次平行试验,取两次试验的平均值作为最大干密度和最佳含水率。两次重复性试验最大干密度的差不应超过0.05g/cm³(稳定细粒土)和0.08g/cm³(稳定中粒土和粗粒土),最佳含水率的差不应超过0.5%(最佳含水率小于10%)和1.0%(最佳含水率大于10%)。超过上述规定值,应重做试验,直到满足精度要求。

(2)混合料密度计算应保留小数点后3位有效数字,含水率应保留小数点后1位有效数字。

7. 报告

试验报告应包括以下内容:

(1)试样的最大粒径、超尺寸颗粒的百分率。

(2)无机结合料类型及剂量。

(3)所用试验方法类别。

(4)最大干密度(g/cm³)。

(5)最佳含水率(%),并附击实曲线。

8. 记录

本试验的记录格式见表8-22。

稳定材料击实试验记录表　　　　　　　　　　　表8-22

工程名称＿＿＿＿＿＿＿＿＿＿＿＿　　　　结合料含水率(%)＿＿＿＿＿＿＿＿

样品编号＿＿＿＿＿＿＿＿＿＿＿＿　　　　试验方法＿＿＿＿＿＿＿＿＿＿＿

混合料名称＿＿＿＿＿＿＿＿＿＿　　　　　试验者＿＿＿＿＿＿＿＿＿＿＿＿

结合料剂量(%)＿＿＿＿＿＿＿＿　　　　　校核者＿＿＿＿＿＿＿＿＿＿＿＿

集料含水率(%)＿＿＿＿＿＿＿＿　　　　　试验日期＿＿＿＿＿＿＿＿＿＿＿

	试验次数	1	2	3	4	5
干密度	加水量(g)					
	筒+湿试样的质量(g)					
	筒的质量(g)					
	湿试样质量(g)					
	湿密度(g/cm³)					
	干密度(g/cm³)					
含水率	盒号					
	盒+湿试样的质量(g)					
	盒+干试样的质量(g)					
	盒的质量(g)					
	水的质量(g)					
	干试样的质量(g)					
	含水率(%)					
	平均含水率(%)					
最大干密度(g/cm³)				最佳含水率(%)		

三、对某高速公路底基层水泥稳定土进行配合比设计

某段高速公路底基层水泥稳定土配合比设计,成型5组试件,水泥用量分别为3%、4%、5%、6%、7%,其每组试件强度测定值见表8-23,试选定该水泥稳定土的配合比(设计强度 $R_d = 1.5$ MPa)。

5组试件7d无侧限抗压强度(MPa)　　　　表8-23

水泥剂量(%)	试件编号					
	1	2	3	4	5	6
3	1.00	1.20	0.82	0.90	0.92	0.78
4	1.40	1.60	1.62	1.50	1.40	1.48
5	1.74	1.82	1.70	1.60	1.50	1.70
6	2.02	1.62	1.60	1.66	1.78	1.52
7	2.12	2.02	2.30	1.88	1.80	1.78

任务评价

评价项目	评价标准	参考分值	得分
水泥或石灰剂量检验	试验操作步骤正确,数据计算准确,剂量评定准确	20	
无机结合料稳定材料的最佳含水率和最大干密度测定	试验操作步骤正确,数据计算准确,曲线绘制正确	20	
水泥稳定土配合比设计	设计步骤正确,条理清晰,公式引用正确,计算结果正确	40	
做事态度	认真严谨,数据书写规范,保留位数正确,运算能力较强	10	
打扫卫生	打扫卫生干净、仪器擦洗干净、摆放整齐	10	
总评			

 习题

一、单选题

1. 以下混合料中,属于综合稳定类和工业废渣稳定类的基层材料是(　　)。
   A. 石灰土　　　　B. 水泥土　　　　C. 水泥稳定碎石　　　D. 水泥粉煤灰土
2. 细集料塑性指数为(　　)时,宜采用石灰稳定。
   A. 12　　　　　　B. 12~20　　　　C. 15~20　　　　　　D. 小于17
3. 某试验室需要取1500g的二灰土,该土的含水率为15%,配合比为石灰∶粉煤灰∶土=10∶20∶70,其中含有干石灰(　　)。
   A. 81g　　　　　B. 130g　　　　　C. 150g　　　　　　　D. 90g
4. 在进行石灰稳定土无侧限抗压强度试验时,试件标准养护时间应为(　　)。
   A. 6d　　　　　　B. 7d　　　　　　C. 14d　　　　　　　D. 28d
5. 制备某体积为 V 的无机结合料稳定材料无侧限抗压强度试件,现场压实度为 K,最佳含水率为 w_0,最大干密度为 ρ_{dmax},则制备单个试件所需湿材料质量为(　　)。
   A. $m = V \times \rho_{dmax} \times (1 + w_0)$　　　　B. $m = V \times \rho_{dmax} \times w_0$
   C. $m = V \times \rho_{dmax} \times (1 + w_0) \times K$　　D. $m = V \times \rho_{dmax} \times w_0 \times K$
6. EDTA滴定法试验过程中,溶液的颜色有明显的变化过程,颜色变化是(　　)。
   A. 紫色变为玫瑰红色,最终变为蓝色　　B. 蓝色变为玫瑰红色,最终变为紫色
   C. 蓝色变为紫色,最终变为玫瑰红色　　D. 玫瑰红色变为紫色,最终变为蓝色

7. 在进行无机结合料稳定粗粒土含水率测定时,应取(　　)试样进行粉碎称量。
   A. 500g　　　　　B. 1000g　　　　　C. 2000g　　　　　D. 200g
8. 对于黏性土击实试验,试样浸润时间一般为(　　)。
   A. 12~24h　　　　B. 6~12h　　　　　C. 4h　　　　　　D. 2h
9. 无机结合料稳定材料的击实试验,至少制备(　　)不同含水率的试样。
   A. 6个　　　　　　B. 5个　　　　　　C. 3个　　　　　　D. 12个
10. 无机结合料稳定材料无侧限抗压强度试验中,保持试件的形变速率为(　　)。
    A. 50mm/min　　　B. 10mm/min　　　C. 1mm/min　　　D. 0.5mm/min
11. 无机结合料稳定材料无侧限抗压强度试件在标准养护期间,试件的质量损失不应超过(　　)。
    A. 4g　　　　　　B. 3g　　　　　　C. 2g　　　　　　D. 1g
12. 对于石灰粉煤灰稳定粗粒土,使用的无侧限抗压试模高与直径相同时,尺寸为(　　)。
    A. 175mm　　　　B. 150mm　　　　C. 100mm　　　　D. 125 mm
13. 无机结合料稳定粗粒土无侧限抗压强度试验中,当偏差系数 C_v = 10%~15%时,则需要(　　)试件。
    A. 6个　　　　　　B. 9个　　　　　　C. 13个　　　　　D. 15个
14. 下列不属于无机结合料稳定类材料的是(　　)。
    A. 水泥稳定碎石　　　　　　　　　　B. 石灰稳定砂砾
    C. 综合稳定类材料　　　　　　　　　D. 沥青稳定碎石
15. 水泥稳定类、石灰稳定类等基层与底基层材料都是根据(　　)判断其是否满足要求。
    A. 抗压强度　　　　　　　　　　　　B. 抗折强度
    C. 抗剪强度　　　　　　　　　　　　D. 抗弯拉强度
16. 下列不能用于高等级路面的基层材料的是(　　)。
    A. 水泥稳定级配碎石　　　　　　　　B. 水泥稳定级配砂砾
    C. 石灰稳定级配碎石　　　　　　　　D. 水泥稳定细粒土
17. 当水泥稳定碎石用于特重交通的基层时,其压实度不应小于(　　)。
    A. 95%　　　　　B. 96%　　　　　　C. 97%　　　　　　D. 98%
18. 半刚性基层材料无侧限抗压强度应以(　　)龄期的强度为评定依据。
    A. 7d　　　　　　B. 14d　　　　　　C. 28d　　　　　　D. 90d
19. 试验室标准养护条件为(　　)。
    A. 温度20℃±2℃,湿度≥95%　　　　B. 温度60℃±2℃,湿度≥95%
    C. 温度20℃±2℃,湿度≤95%　　　　D. 温度60℃±2℃,湿度≤95%
20. 无侧限抗压强度 $R_c = P/A$,P是指(　　)。
    A. 试件破坏过程平均压力　　　　　　B. 试件破坏过程最大压力
    C. 试件破坏过程最小压力　　　　　　D. 试件开始破坏时的压力

二、判断题

1. 二灰碎石是水泥石灰稳定碎石的简称,属于综合稳定类材料。（ ）
2. 土的塑性指数大于 17 时,宜采用石灰稳定或用水泥和石灰综合稳定。（ ）
3. 无机结合料施工时,应将室内重型击实试验法确定的干密度作为压实度评价的标准压实度。（ ）
4. 无机结合料稳定材料的无侧限抗压强度试验,应按试验室的最大干密度,并采用静压法成型。（ ）
5. 快硬水泥、早强水泥可以用于水泥稳定基层材料中。（ ）
6. 在制作 EDTA 标准曲线时,应准备 5 种不同水泥(石灰)剂量的试样,每种 1 个样品。（ ）
7. 当所配置的 EDTA 溶液用完后,应按照同样的浓度配置 EDTA 溶液,但不需要重作标准曲线。（ ）
8. 由于水中的钙镁离子会消耗 EDTA 溶液,因此在制作标准曲线时,应使用干混合料。（ ）
9. EDTA 滴定法快速测定石灰剂量试验中,钙红指示剂加入石灰土和氯化铵进行反应,溶液呈纯蓝色。（ ）
10. 无机结合料稳定土击实试验,根据击实功的不同,可分为轻型和重型两种试验方法。（ ）
11. 氯化铵简称为 EDTA。（ ）
12. 无机结合料稳定土的无侧限抗压强度试验,制件所用的试模内径两端尺寸有所不同。（ ）
13. 制备石灰稳定土无侧限抗压强度试件时,拌和均匀加有水泥的混合料应在 1h 内制成试件。（ ）
14. 半刚性基层稳定材料设计,以无侧限抗压强度平均值作为设计指标。（ ）
15. 采用 EDTA 滴定法,应在水泥终凝之前测定水泥含量,石灰剂量的测定应在路拌后尽快测试。（ ）
16. 无论采用击实试验方法,还是采用振动试验方法,试验的目的为提供最佳含水率和最大干密度两个工程参数。（ ）
17. 无机结合料稳定材料振动压实试验方法适用于粗集料含量较大的稳定材料。（ ）
18. 进行无机结合料稳定材料击实试验时,应在土样击实前逐个加入水泥,加有水泥的试样拌和后,应在 2h 内完成击实过程,否则应予作废。（ ）
19. 无机结合料稳定土含水率测定的标准方法是烘干法。（ ）
20. 击实试验时,首先将风干试样用铁锤捣碎。（ ）
21. 水泥稳定土中土的塑性指数大于 17 时,宜采用石灰稳定或用水泥和石灰综合稳定。（ ）
22. 二灰土是指水泥石灰稳定土。（ ）

23. 石灰稳定土类混合料组成设计时,成型好的试件应在规定温度下保温养护6d,浸水24h后,再进行无侧限抗压强度试验。（　　）

24. EDTA滴定法适用于测定水泥在初凝之前的水泥含量,并可用于检查现场拌和与摊铺均匀性。（　　）

25. EDTA标准曲线用来确定水泥或石灰稳定材料中水泥或石灰的剂量,曲线以同一水泥或石灰剂量稳定材料EDTA消耗量的平均值为横坐标,以水泥或石灰剂量为纵坐标。（　　）

三、多选题

1. 以下混合料中,(　　)应为综合稳定类基层材料。
   A. 石灰土　　　　　　　　　B. 石灰粉煤灰土
   C. 水泥稳定碎石　　　　　　D. 水泥粉煤灰土

2. 无机结合料稳定材料无侧限抗压强度平行试验的最少试件数量为(　　)。
   A. 6　　　　　　B. 9　　　　　　C. 10　　　　　　D. 13

3. 以下(　　)材料可以作为半刚性基层的无机结合料。
   A. 沥青　　　　　B. 石灰　　　　　C. 粉煤灰　　　　　D. 水泥

4. 以下基层类型中,(　　)为半刚性基层。
   A. 石灰钢渣基层　　　　　　B. 级配碎石基层
   C. 贫水泥混凝土基层　　　　D. 水泥稳定级配碎石基层

5. EDTA方法适用于(　　)。
   A. 测定水泥稳定土中的水泥剂量
   B. 测定石灰稳定土中的石灰剂量
   C. 测定水泥稳定土中的硅酸二钙和硅酸三钙的剂量
   D. 检查石灰或水泥稳定土的拌和均匀性

6. 无机结合料稳定材料试验,分料时可采用(　　)方法将整个样品缩小到每个试验所需材料的合适质量。
   A. 四分法　　　　　B. 随机法　　　　　C. 分料器法　　　　　D. 筛分法

7. EDTA滴定法测定水泥或石灰剂量需要的试剂有(　　)。
   A. EDTA二钠标准液
   B. 10%氯化铵溶液
   C. 1.8%氢氧化钠(内含三乙醇胺)溶液
   D. 钙红指示剂

8. 无机结合料稳定材料击实试验方法所采用的击实筒有(　　)。
   A. 小型击实筒内径100mm,高127mm
   B. 中型击实筒内径122mm,高150mm
   C. 大型击实筒内径152mm,高170mm
   D. 特大型击实筒内径175mm,高200mm

项目八　无机结合料稳定材料

四、计算题

1. 已知某石灰稳定细粒土,石灰剂量为8%,通过击实试验所得的最大干密度为1.72g/cm³,最佳含水率为12.0%,施工要求的压实度为95%。为了检验该石灰土的无侧限抗压强度,需要配制若干个试件用的混合料。请根据已知条件选择试模规格、试件数量,计算一个试件所需的干土质量、石灰质量及水分质量。

2. 某路面基层材料为水泥稳定碎石,水泥剂量为5%,通过击实试验得到的混合料的最大干密度为2.30g/cm³,最佳含水率为6.0%,施工要求的压实度为98%。水泥为PC32.5复合硅酸盐水泥;集料由19.0~31.5mm、9.5~19.0mm、4.75~9.5mm的碎石及0~4.75mm的石屑组成,经图解法设计,按(19.0~31.5mm):(9.0~19.0mm):(4.75~9.5mm):(0~4.75mm石屑)=25%:25%:20%:30%的比例进行混合料的合成级配。为了检验该水泥稳定碎石的无侧限抗压强度,采用150mm×150mm圆柱体试模制备试件,请根据已知条件计算制备一个试件所需的水泥质量、水质量以及各档集料质量。

项目九 PROJECT NINE
沥青混合料

任务一 认知沥青混合料

认知沥青混合料

学习目标	● 知识目标	描述沥青混合料的定义、分类、特点及用途
	● 能力目标	能够根据空隙率、材料组成等对沥青混合料进行分类
	● 素质目标	结合在线开放课程,了解沥青混合料的基本知识,培养学生扎实的专业理论基础;结合工作任务,了解我国海绵城市的设计理念,培养学生的创新意识,践行一丝不苟的工匠精神

任务描述

海绵城市,是指城市能够像海绵一样,在适应环境变化和应对雨水带来的自然灾害等方面具有良好的弹性,下雨时吸水、蓄水、渗水、净水,需要时将蓄存的水释放并加以利用,实现雨水在城市中自由迁移。传统的城市建设模式,处处是硬化路面,每逢大雨,往往造成逢雨必涝,旱涝急转。而海绵城市建设强调组织排水,能有效提高城市排水系统的标准,缓解城市内涝的压力。海绵城市的道路设计中常采用透水沥青路面、透水水泥混凝土路面或透水砖路面。

透水沥青混凝土属于沥青混合料的哪一种类型?它为何能用在海绵城市的道路设计中?

任务引导

要完成此任务,可以结合在线开放课程进行相关知识的学习,掌握沥青混合料的分类。

相关知识

沥青混合料是由人工合理选配的矿料与沥青结合料拌和而成的混合料的总称,其中集料起骨架作用,沥青与填料(矿粉)起胶结和填充作用。沥青混合料经摊铺、压实成型后成为沥青路面。

一、沥青混合料的分类

1. 按矿料级配类型分类

(1)连续级配沥青混合料。

矿料颗粒从大到小各级粒径都有,并按一定的比例相互搭配组成的沥青混合料,称为连续级配沥青混合料。

(2)间断级配沥青混合料。

矿料级配组成中缺少1个或几个粒径档次(或用量很少)而形成的沥青混合料,称为间断级配沥青混合料。

2. 按矿料组成和空隙率大小分类

(1)密级配沥青混合料。

密级配沥青混合料是指按密实级配原理设计组成的各种粒径颗粒的矿料与沥青结合料拌和而成,设计空隙率较小的密实式沥青混合料。其一般可分为:密实式沥青混凝土混合料,简称沥青混凝土,设计空隙率3%~5%,代号AC;密实式沥青稳定碎石混合料,简称沥青稳定碎石,设计空隙率3%~6%,代号ATB。

还有一种密级配沥青混合料是沥青玛琋脂碎石混合料。沥青玛琋脂碎石混合料是由沥青结合料与少量的纤维稳定剂、细集料以及较多量的填料(矿粉)组成的。沥青玛琋脂填充于间断级配的粗集料骨架的间隙,组成一体的沥青混合料,简称沥青玛琋脂碎石,设计空隙率3%~4%,代号SMA。

(2)开级配沥青混合料。

开级配沥青混合料是指矿料级配主要由粗集料嵌挤组成,细集料及填料较少,设计空隙率大于18%的沥青混合料。其可分为:大空隙开级配排水式沥青磨耗层,简称排水式沥青磨耗层,代号OGFC;排水式沥青稳定碎石混合料,简称排水式沥青碎石基层,代号ATPB。

(3)半开级配沥青混合料。

半开级配沥青混合料是由适当比例的粗集料、细集料及少量填料(或不加填料)与沥青结合料拌和而成,设计剩余空隙率为6%~12%的沥青混合料。主要品种为半开式沥青碎石混合料,简称沥青碎石,代号AM。

3. 按矿质集料的公称最大粒径分类

沥青混合料按矿质集料的公称最大粒径可分为下列5类:

(1)特粗式沥青混合料:公称最大粒径大于37.5mm的沥青混合料。

(2)粗粒式沥青混合料:公称最大粒径为31.5mm或26.5mm的沥青混合料。

(3)中粒式沥青混合料:公称最大粒径为19.0mm或16.0mm的沥青混合料。

(4)细粒式沥青混合料:公称最大粒径为13.2mm或9.5mm的沥青混合料。

(5)砂粒式沥青混合料:公称最大粒径为4.75mm的沥青混合料。

热拌沥青混合料适用于各等级公路的沥青路面,按集料的公称最大粒径、矿料级配、空隙率划分的种类见表9-1。

热拌沥青混合料种类　　　　　　　　　　　　　表 9-1

混合料类型	密级配		密级配	开级配		半开级配	公称最大粒径(mm)	最大粒径(mm)
	连续级配		间断级配	间断级配				
	沥青混凝土	沥青稳定碎石	沥青玛琋脂碎石	排水式沥青磨耗层	排水式沥青碎石基层	沥青碎石		
特粗式	—	ATB-40	—	—	ATPB-40	—	37.5	53.0
粗粒式	—	ATB-30	—	—	ATPB-30	—	31.5	37.5
	AC-25	ATB-25	—	—	ATPB-25	—	26.5	31.5
中粒式	AC-20	—	SMA-20	—	—	AM-20	19.0	26.5
	AC-16	—	SMA-16	OGFC-16	—	AM-16	16.0	19.0
细粒式	AC-13	—	SMA-13	OGFC-13	—	AM-13	13.2	16.0
	AC-10	—	SMA-10	OGFC-10	—	AM-10	9.5	13.2
砂粒式	AC-5						4.75	9.5
设计空隙率(%)	3~5	3~6	3~4	>18	>18	6~12	—	—

注：空隙率可按配合比设计要求适当调整。

二、沥青混合料的特点

沥青混合料是现代道路应用的主要路面材料，它具有以下优点：

(1)沥青混合料是一种黏弹性材料，具有良好的力学性质和路用性能，铺筑的路面平整无接缝，汽车在上面行驶振动小、噪声低，行车舒适；

(2)路面平整而具有一定的粗糙度，耐磨性好，无强烈反光，有利于行车安全；

(3)沥青路面可全部采用机械化施工，有利于施工质量控制，施工后能及时开放交通；

(4)路面维修简单，旧沥青混合料可再生利用；

(5)便于分期修建。

但是，沥青混合料路面也存在一些缺点，主要有：

(1)温度稳定性差。夏季高温时沥青易软化，路面易产生车辙、推拥等现象；冬季低温时沥青易脆裂，在车辆荷载重复作用下，路面易产生开裂。

(2)沥青材料易老化。在长期的大气因素(空气、紫外线、雨水等)作用下，随着时间的延续，沥青材料塑性降低、脆性增强、黏聚力减小，导致路面表层产生开裂、松散病害。

★ 任务实施

根据任务描述，结合所学内容，按照矿料级配、空隙率、集料的公称最大粒径对沥青混合料进行分类，并指出海绵城市中用到的透水沥青混凝土是哪一种类型；查阅相关资料，阐述海绵城市的设计理念和意义。

任务评价

评价项目	评价标准	参考分值	得分
沥青混合料按矿料级配分类	按矿料级配分类正确	30	
沥青混合料按空隙率分类	按空隙率分类正确	20	
沥青混合料按集料的公称最大粒径分类	按集料的公称最大粒径分类正确	20	
海绵城市中用到的透水沥青混凝土类型	类型描述正确	20	
海绵城市的设计理念和意义	能够从政治、经济、技术、民生等不同角度进行阐述	10	
总评			

任务二　检验沥青混合料的技术性质

检验沥青混合料的技术性质

学习目标	● 知识目标	❶描述沥青混合料的结构类型。 ❷掌握沥青混合料的技术性质。 ❸掌握沥青混合料马歇尔试件和车辙试件的成型过程。 ❹掌握沥青混合料马歇尔稳定度试验的操作步骤。 ❺掌握沥青混合料车辙试验的操作步骤
	● 能力目标	❶能完成沥青混合料马歇尔试件和车辙试件的成型。 ❷能对沥青混合料马歇尔稳定度和车辙试件进行检验
	● 素质目标	通过室内马歇尔试件的成型,鼓励学生发扬不怕脏、不怕累、吃苦耐劳的劳动精神,树立正确的安全生产观念;在对马歇尔稳定度和车辙检验过程中,培养认真负责、保证数据真实有效的专业理念

任务描述

对某工地沥青路面用的沥青混合料进行高温稳定性检验,测定其马歇尔稳定度和车辙。根据本任务所学内容,进行各种原材料的准备,成型马歇尔试件和车辙板,并完成稳定度和车辙的检验。

任务引导

要完成此任务,需要了解沥青混合料的内部组成结构,从而掌握沥青混合料的技术性质,以及相应的检验方法。可以结合在线开放课程进行相关知识的学习,掌握沥青混合料稳定度和车辙试验的操作要点,注意在成型试件时的安全问题。

相关知识

热拌沥青混合料是沥青混合料中最典型的品种,其他各种沥青混合料均为由其发展而来的亚种。热拌沥青混合料是经人工组配的矿质混合料与黏稠沥青在专门设备中加热拌和均匀后,用保温运输工具运送至施工现场,并在热态下进行摊铺和压实的混合料,通称"热拌热铺沥青混合料",简称"热拌沥青混合料"。

本任务所述的热拌沥青混合料是指应用最为广泛的普通沥青混凝土材料,也就是通常所说密级配 AC 类沥青混合料。

一、沥青混合料的组成结构和强度影响因素

沥青混合料是一种复合材料,它由沥青、粗集料、细集料、填料(矿粉)以及外加剂所组成。这些组成材料在混合料中,由于质量的差异和数量的多寡,可形成不同的组成结构,并表现出不同的力学性能。

1. 沥青混合料的组成结构

沥青混合料是一种多级空间网状结构的分散系,粗集料分散在沥青与细集料形成的沥青砂中,细集料又分布在沥青与矿粉构成的沥青胶浆中。由于各组成材料用量比例的不同,压实后沥青混合料内部的矿料颗粒的分布状态、剩余空隙率也呈现出不同的特征,形成不同的组成结构,而具有不同组成结构特征的沥青混合料在使用时则表现出不同的性能。按照沥青混合料的矿料级配组成特点,将沥青混合料分为下列 3 类:

1) 悬浮-密实结构

当采用连续型密级配矿质混合料(图 9-1 中曲线 a)与沥青组成的沥青混合料时,矿料颗粒由大到小连续存在,粒径较大的颗粒被小一档的颗粒挤开,不能直接接触形成嵌挤骨架结构,彼此分离悬浮于较小颗粒和沥青胶浆之间,而较小颗粒与沥青胶浆较为密实,形成所谓悬浮密实结构,如图 9-2 中 a)所示。这种结构的沥青混合料,虽然具有较高的黏聚力,但摩阻角较小,因此此结构的沥青混合料经压实后,密实度较大,水稳定性、低温抗裂性和耐久性较好,但高温条件下受沥青性质影响较大,会导致混合料的强度和稳定性降低。我国传统的 AC 型沥青混合料就是典型的悬浮-密实结构。

2) 骨架-空隙结构

当采用连续型开级配矿质混合料(图 9-1 中曲线 b)与沥青组成的沥青混合料时,粗集料所占的比例较高,粗集料彼此接触形成互相嵌挤的骨架,而细集料数量较少,不足以填充骨架空隙,形成所谓的骨架空隙结构,如图 9-2 中 b)所示。这种结构的沥青混合料,虽然具

有较高的内摩阻角 φ，但黏聚力 c 较低，因此此结构的沥青混合料具有较好的高温稳定性，但由于压实后混合料中剩余空隙率仍较大，在使用过程中，水分易进入混合料内部，引发沥青老化或使沥青从集料表面剥落，因此这种结构的沥青混合料的耐久性较差。开级配排水式磨耗层混合料(OGFC)是典型的骨架-空隙结构。

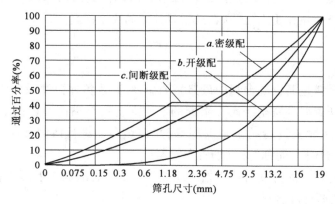

图 9-1　三种类型矿质混合料级配曲线

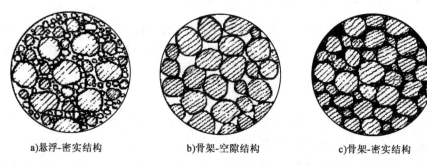

图 9-2　沥青混合料的典型组成结构

3) 骨架-密实结构

当采用间断型密级配矿质混合料(图 9-1 中曲线 c)与沥青组成的沥青混合料时，在沥青混合料中既有较多数量的粗集料可形成空间骨架，同时又有相当数量的细集料填充骨架的空隙，因此形成了具有较高密实度的骨架结构，如图 9-2 中 c)所示。这种结构的沥青混合料，不仅具有较高的黏聚力 c，而且具有较大的内摩阻角 φ，因此具有较好的高温稳定性和耐久性。沥青玛蹄脂碎石 SMA 是一种典型的骨架-密实结构。

2. 沥青混合料的结构强度及其影响因素

1) 沥青混合料结构强度的构成

沥青混合料在路面结构中产生破坏的情况，主要是发生在高温时由于抗剪强度不足或塑性变形过剩而产生推挤等现象，以及低温时抗拉强度不足或变形能力较差而产生裂缝现象。目前沥青混合料强度和稳定性理论，主要是要求沥青混合料在高温时必须具有一定的抗剪强度和抵抗变形的能力。

沥青混合料的抗剪强度主要取决于黏聚力 c 和内摩阻角 φ 两个参数。

2)沥青混合料结构强度的影响因素

(1)沥青黏度的影响。

沥青的黏度反映沥青自身的内聚力。在其他因素固定的条件下,沥青混合料的黏聚力 c 是随着沥青黏度的提高而增加的。沥青的黏度越大,则沥青混合料黏聚力越大,并可以保持矿质集料的相对嵌锁作用,沥青混合料的强度越大,抗变形能力越强。

(2)沥青与矿料在界面上的交互作用。

矿质集料颗粒对于包裹在表面的沥青分子具有一定的化学吸附作用,使矿料表面吸附沥青的组分重新分布,由内向外形成了"结构沥青"和"自由沥青",如图9-3所示。结构沥青膜层较薄,黏度较高,与矿料之间有着较强的黏结力。如果矿料颗粒之间接触处由结构沥青膜所联结,这样的沥青混合料具有较高的黏结力。反之,如果矿料颗粒以自由沥青相互联结,则沥青混合料的黏结力较低。

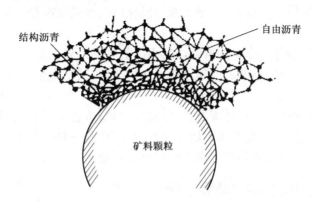

图9-3 沥青与矿料颗粒交互作用示意图

沥青与矿料表面交互作用不仅与沥青的化学性质有关,而且与矿料的岩石学特征有关。试验表明,碱性石料(如石灰石)对石油沥青的吸附性较强,而酸性石料(如石英石)对石油沥青的吸附性较弱。

(3)矿料比表面积和沥青用量的影响。

根据沥青与矿料交互作用原理,沥青混合料的黏聚力既取决于结构沥青的比例,也取决于矿料颗粒之间的距离。在相同的沥青用量条件下,与沥青产生交互作用的矿料表面积越大,形成的沥青膜越薄,则在沥青中结构沥青所占的比率越大,促使矿质颗粒能够黏结牢固,形成较高的整体强度。通常在工程应用中,以单位质量集料的总表面积来表示表面积的大小,称为"比表面积"(简称"比面")。矿粉的比面比粗集料大得多,在密实型沥青混合料中矿粉用量虽只有7%左右,但其表面积却占矿质混合料的总表面积的80%以上,所以矿粉的性质和用量对沥青混合料的强度影响非常大。在沥青混合料中保持一定的矿粉数量,对于减薄沥青膜厚度,增加结构沥青的比例有着非常重要的作用。

当沥青用量很少时,沥青不足以形成结构沥青薄膜来黏结矿料颗粒。随着沥青用量的增加,结构沥青逐渐形成,更多沥青包裹在矿料表面,使沥青与矿料间的黏附力随着沥青的用量增加而增加。当沥青用量足以形成薄膜并充分黏附矿粉颗粒表面时,沥青胶浆具有最优的黏聚力。随后,如果沥青用量继续增加,则由于沥青用量过多,逐渐将矿料颗粒推开,在颗粒间形成未与矿粉交互作用的自由沥青,并对矿料颗粒间可能产生的位移起着润滑剂的作用,致使沥青混合料的黏结力降低。

(4)矿质混合料的级配类型、颗粒形状和表面性质的影响。

一般来说,连续密级配的沥青混合料是悬浮-密实结构,其结构强度主要依靠沥青与矿料的黏结力和沥青的内聚力,而矿料颗粒间的内摩擦力相对较小。骨架-空隙结构的沥青混合料以矿料颗粒间的内摩擦力为主,沥青内聚力为辅形成结构强度。而在以嵌挤原则设计的骨架-密实结构中,既有以粗集料为主的嵌锁骨架,又有细集料和沥青胶浆填充空隙,形成很强的黏结力,故沥青混合料整体强度高,稳定性好。

与采用粒径较小且不均匀的矿料集料所组成的沥青混合料相比,粒径较大且均匀的矿质集料可以提高沥青混合料的嵌锁力与内摩阻角。通常砂粒式、细粒式、中粒式和粗粒式沥青混凝土的内摩阻角依次递增。有棱角且表面粗糙的集料由于颗粒间相互嵌锁紧密,要比滚圆颗粒间的摩擦作用大得多,对增大沥青混合料内摩阻角有较大的贡献。

(5)使用条件的影响。

环境温度和荷载条件是影响沥青混合料强度的主要外界因素。随着温度的升高,沥青的黏度降低,沥青混合料的黏聚力也随之降低,内摩阻角同时受温度变化的影响,但变化幅度较小。

在其他条件相同的情况下,沥青混合料的黏结力与荷载作用时间或变形速率之间关系密切。由于沥青的黏度随着变形速率增加而增加,沥青混合料的黏聚力也随着变形速率的增加而显著提高,而内摩阻角随变形速率的变化相对较小。

二、沥青混合料的技术性质和检验

沥青混合料作为沥青路面的结构层材料,在使用过程中直接承受车辆荷载的作用以及环境因素的作用,因此必须具备足够的高温稳定性、低温抗裂性、水稳定性、抗老化性、抗滑性等技术性能,以保证沥青路面优良的服务性能,经久耐用。为了便利施工还应具备施工和易性。

1. 沥青混合料的高温稳定性

沥青混合料的高温稳定性是指沥青混合料在高温条件下,能够抵抗车辆荷载的反复作用,不发生显著永久变形,保证路面平整度的特性。沥青混合料是典型的黏-弹-塑性材料,沥青路面在夏季高温条件下或长时间承受荷载作用时会产生显著的变形,其中不能恢复的部分成为永久变形,这种特性是导致沥青路面产生车辙、波浪及拥包等病害的主要原因。

1)高温稳定性的评价方法和评价指标

沥青混合料的高温稳定性的检验方法较多,下面主要介绍工程中常用的两个试验及其评价指标。

(1)沥青混合料马歇尔稳定度试验。

马歇尔稳定度试验方法由美国密西西比州公路局布鲁斯·马歇尔提出,用于测定沥青混合料试件的破坏荷载和抗变形能力。采用标准马歇尔试件时,尺寸为直径101.6mm±0.2mm、高63.5mm±1.3mm;采用大型马歇尔试件时,尺寸为直径152.4mm±0.2mm、高95.3mm±2.5mm。沥青混合料马歇尔试件见图9-4。

图 9-4 沥青混合料马歇尔试件

将沥青混合料制备成规定尺寸的圆柱状试件,试验时将试件横向置于两个半圆形压头中,使试件受到一定的侧限。在规定温度(黏稠石油沥青混合料为 60℃ ±1℃,煤沥青混合料为 33.8℃ ±1℃)和加荷速度(50mm/min ±5mm/min)下,对试件施加压力,记录试件所受压力与变形曲线。试件受压至破坏时承受的最大荷载为稳定度,用 MS 表示,以 kN 计;达到最大破坏荷载时试件的垂直变形称为流值,用 FL 表示,以 mm 计。

马歇尔稳定度是沥青混合料配合比设计和沥青路面施工质量检验的主要控制指标。

(2)沥青混合料车辙试验。

车辙试验方法首先是由英国运输与道路研究试验所开发的,后经过了多个国家道路工作者的研究改进。车辙试验是一种模拟车辆轮胎在路面上滚动形成车辙的试验方法,试验结果较为直观,且与沥青路面车辙深度之间有着较好的相关性。

车辙试验的试件可以用轮碾成型机成型,也可以用切割而成。轮碾成型试件的尺寸为长 300mm、宽 300mm、厚 50~100mm,根据工程需要也可采用其他尺寸的试件。沥青混合料试件在 60℃(寒冷地区也可采用 45℃,高温条件下可采用 70℃)的温度条件下,标准试验轮以 0.7MPa 轮压在同一轨迹上做一定时间的反复行走,以产生 1mm 车辙变形所需要的行走次数,即为动稳定度,用 DS 表示,以次/mm 计。

$$DS = \frac{(t_2 - t_1) \cdot N}{d_2 - d_1} \cdot C_1 \cdot C_2 \tag{9-1}$$

式中:DS——沥青混合料的动稳定度,次/mm;

t_1、t_2——试验时间,通常为 45min 和 60min;

d_1、d_2——对应于时间 t_1 和 t_2 的变形量,mm;

N——试验轮往返碾压速度,通常为 42 次/mim;

C_1——试验机类型系数,曲柄连杆驱动加载轮往返运行方式为 1.0;

C_2——试件系数,试验室制备宽 300mm 的试件为 1.0。

动稳定度是沥青混合料配合比设计高温稳定性检验的技术指标。

2)影响高温稳定性的主要因素

沥青混合料高温稳定性的形成主要来源于矿质集料颗粒间的嵌锁作用及沥青的高温黏度。

在沥青混合料的组成材料中,矿料性质对沥青混合料高温性能的影响是至关重要的。采用表面粗糙、多棱角、颗粒接近正方体的碎石集料,经压实后集料颗粒间能够形成紧密的嵌锁作用,增大沥青混合料的内摩擦角,有利于增强沥青混合料的高温稳定性。

沥青的高温黏度越大,与集料的黏附性越好,相应的沥青混合料的抗高温变形能力就越强。可以使用合适的改性剂来提高沥青的高温黏度,降低感温性,提高沥青混合料的黏结力,从而改善沥青混合料的高温稳定性。

沥青用量的影响可能超过沥青本身特性的影响,随着沥青用量的增加,矿料表面的沥青膜增厚,自由沥青比例增加,在高温条件下,这部分沥青在荷载作用下发生明显的流动变形,从而导致沥青混合料抗高温变形能力的降低。因此,进行沥青混合料配合比设计时宜选择最佳沥青用量。

但是,在高温条件下,即使采用了高黏度的改性沥青,仅仅依靠沥青还是无法承受车辆荷载对路面强大的水平剪切作用。因此,采用合理的矿料级配可以增加内摩擦角和矿料颗粒间的嵌锁作用,提高沥青混合料的高温稳定性。

2. 沥青混合料的低温抗裂性

沥青混合料不仅应具备高温的稳定性,同时还要具有低温的抗裂性,以保证路面在冬季低温时不产生裂缝。

1)低温抗裂性的评价方法和评价指标

目前用于研究和评价沥青混合料低温抗裂性的方法可以分为三类:预估沥青混合料的开裂温度;评价沥青混合料的低温变形能力或应力松弛能力;评价沥青混合料断裂能。相关的试验主要包括:低温弯曲试验、低温弯曲蠕变试验、劈裂试验等。

(1)沥青混合料弯曲试验。

弯曲试验用于测定热拌沥青混合料试件在规定温度和加载速率时弯曲破坏的力学性质,以评价沥青混合料的抗弯拉能力。

试验温度和加载速率根据试验目的需要选用,如无特殊规定,采用试验温度为15℃。用于评价沥青混合料的低温拉伸性能时,采用试验温度为-10℃,加载速率通常为50mm/min。采用由轮碾成型后切制成的长250mm±2.0mm、宽30mm±2.0mm、高35mm±2.0mm的棱柱体小梁,其跨径为200mm。

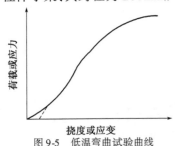

图9-5 低温弯曲试验曲线

低温弯曲试验是评价沥青混合料低温变形能力的常用方法之一。在试验温度-10℃±0.5℃的条件下,以50mm/min速率,对沥青混合料小梁试件跨中施加集中荷载至断裂破坏,记录试件跨中荷载与挠度的关系曲线,如图9-5所示。由破坏时的跨中挠度计算沥青混合料的破坏弯拉应变。沥青混合料在低温下破坏弯拉应变越大,低温柔韧性越好,抗裂性越好。

试件破坏时的抗弯拉强度 R_B(MPa):

$$R_B = \frac{3LP_B}{2bh^2} \tag{9-2}$$

试件破坏时梁底最大弯拉应变 ε_B:

$$\varepsilon_B = \frac{6hd}{L^2} \tag{9-3}$$

式中:L——试件的跨径,mm;
  P_B——试件破坏时的最大荷载,N;
  b、h——跨中断面试件的宽度、高度,mm;
  d——试件破坏时的跨中挠度,mm。

(2)沥青混合料弯曲蠕变试验。

弯曲蠕变试验用于测定热拌沥青混合料试件在规定温度和加载应力水平条件下弯曲蠕变的应变速率,以评价沥青混合料的变形能力。

试验温度根据试验目的需要选用,如无特殊规定,试验沥青混合料的低温性能时宜采用0℃;试验沥青混合料的高温性能时宜采用30～40℃。采用由轮碾成型后的试件切制成长250mm、宽30mm、高35mm 的棱柱体小梁,其跨径为200mm。

在规定温度下,对规定尺寸的沥青混合料小梁试件的跨中施加恒定的集中荷载,测定试件随时间不断增加的蠕变变形,试验跨中挠度或弯拉应变-时间曲线如图9-6所示,以蠕变稳定阶段的蠕变速率评价沥青混合料的低温变形能力。蠕变速率越大,沥青混合料在低温下的变形能力越强,松弛能力越强,低温抗裂性能越好。

$$\varepsilon_s = \frac{\varepsilon_2 - \varepsilon_1}{(t_2 - t_1)/\sigma_0} \tag{9-4}$$

式中:ε_s——沥青混合料的弯曲蠕变速率,1/(s·MPa);
  σ_0——试件的蠕变弯拉应力,MPa;
  t_1、t_2——蠕变稳定期直线段起始点及终点的时间,s;
  ε_1、ε_2——与时间 t_1、t_2 对应的蠕变应变。

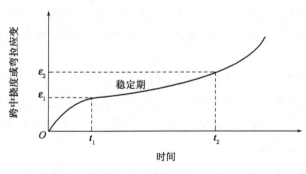

图9-6 沥青混合料蠕变变形曲线

(3)沥青混合料劈裂试验。

沥青混合料劈裂试验是对规定尺寸的圆柱体试件,通过一定宽度的圆弧形压条施加荷载,将试件劈裂直至破坏的试验。由于沥青混合料的弯曲试验、弯曲蠕变试验费工、费时,且试验精度不易控制,因此劈裂试验是目前路面工程中常用的间接评价沥青混合料抗拉强度等指标的方法。

劈裂试验的试验温度和加载速率根据试验目的需要选用,但试验温度不得高于30℃。如无特殊规定,宜采用试验温度为15℃±0.5℃、加载速率为50mm/min;用于评价沥青混合料的低温抗裂性能时,宜采用试验温度为-10℃±0.5℃、加载速率为1mm/min。当集料公称最大粒径小于或等于26.5mm时,用马歇尔标准击实法成型的直径为101.6mm±0.25mm、高为63.5mm±1.3mm的试件;从轮碾机成型的板块试件或从道路现场钻取直径为100mm±2mm或150mm±2.5mm、高为40mm±5mm的圆柱体试件。

试件直径为100mm±2mm或101.6mm±0.25mm时,压条宽度为12.7mm,内侧曲率半径50.8mm;试件直径为150mm±2.5mm时,压条宽度为19mm,内侧曲率半径75mm。试验时上、下压条垂直对准圆柱体试件的中轴线,逐级施加荷载至试件破坏,试件的劈裂抗拉强度 R_T(MPa)为:

试件直径为100mm±2mm、压条宽度为12.7mm时,

$$R_T = 0.006287 P_T / h \tag{9-5}$$

试件直径为150mm±2.5mm、压条宽度为19mm时,

$$R_T = 0.00425 P_T / h \tag{9-6}$$

式中:P_T——试件荷载的最大值,N;

h——试件的高度,mm。

2)影响沥青混合料低温性能的主要因素

在低温条件下,沥青混合料的变形能力越强,抗裂性能就越好,而沥青混合料的变形能力与其低温劲度模量成反比。也就是说,为了提高沥青混合料的低温抗裂性,应选用低温劲度较小的混合料。影响沥青混合料的低温劲度的最主要因素是沥青的低温劲度,而沥青黏度和温度敏感性是决定沥青劲度的主要指标。对同一油源的沥青,针入度较大、温度敏感性较低的沥青低温劲度较小,抗裂能力较强。所以在寒冷地区,可采用稠度较低、劲度较低的沥青,或选择松弛性能较好的橡胶类改性沥青来提高沥青混合料的低温抗裂性。

通常,密级配沥青混合料的低温抗拉强度高于开级配的沥青混合料,但是粒径大、空隙率大的沥青混合料内部微空隙发达,应力松弛能力略强,温度应力有所减小,两方面的影响相互抵消,故沥青混合料的这两种级配类型与沥青路面开裂程度之间没有显著关系。

3.沥青混合料的耐久性

沥青混合料在路面中长期受自然因素的作用,为保证路面具有较长的使用年限,必须具备较好的耐久性。耐久性是指沥青混合料在使用过程中抵抗环境因素及行车荷载反复

作用的能力,它包括沥青混合料的抗老化性、水稳定性、抗疲劳性等综合性质。目前主要评价沥青混合料的水稳定性。

沥青混合料的水稳定性不足会出现所谓的沥青路面"水损害",即由于水或水汽的作用,促使沥青从集料颗粒表面剥离,降低沥青混合料的黏结强度,松散的集料颗粒被滚动的车轮带走,在路表形成独立的大小不等的坑槽。

1)沥青混合料的水稳定性及其评价方法

(1)沥青与集料的黏附性试验。

黏附性试验是将沥青裹覆在矿料表面,浸入水中,根据矿料表面沥青的剥落程度,判断沥青与集料的黏附性,其中水煮法或水浸法是目前工程中的常用方法。

(2)沥青混合料浸水马歇尔试验。

浸水马歇尔试验方法与标准马歇尔试验方法的不同之处在于,试件在已达规定温度恒温水槽中的保温时间为 48h,其余步骤均与标准马歇尔试验相同。试件浸水后的稳定度与浸水前的稳定度的百分比称为浸水残留稳定度,用 MS_0 表示。浸水残留稳定度越大,表明沥青混合料的水稳定性越好。

也可用浸水前后试件劈裂强度比值的大小来评价沥青混合料的水稳定性。

(3)沥青混合料冻融劈裂试验。

冻融劈裂试验是将沥青混合料圆柱体($\phi 101.6mm \pm 0.2mm$、高 $63.5mm \pm 1.3mm$)试件分为两组,一组试件测定常规状态下的劈裂强度,另一组试件经过真空饱水 15min、-18℃恒温冰箱冷冻 16h、60℃恒温水槽保温 24h 等一系列冻融过程后进行劈裂试验。

试件浸水冻融后的劈裂强度与浸水冻融前的劈裂强度的百分比称为冻融劈裂强度比,用 TRS 表示。冻融劈裂强度比越大,表明沥青混合料的水稳定性、抗冻性越好。

2)沥青混合料耐久性的影响因素

影响沥青混合料耐久性的因素很多,诸如:沥青的化学性质、矿料的矿物成分、沥青混合料的组成结构(残留空隙、沥青填隙率)等。

沥青混合料的空隙率的大小与矿质集料的级配、沥青材料的用量以及压实程度等有关。从耐久性角度出发,希望沥青混合料空隙率尽量减小,以防止水的渗入和日光紫外线对沥青的老化作用等,但是一般沥青混合料中应残留 3% ~ 6% 空隙,以备夏季沥青材料膨胀。

沥青混合料空隙率与水稳定性有关。空隙率大,且沥青与矿料黏附性差的混合料,在饱水后石料与沥青黏附力降低,易发生剥落,同时颗粒相互推移产生体积膨胀以及出现力学强度显著降低等现象,引起路面早期破坏。

此外,沥青路面的使用寿命还与混合料中的沥青含量有很大的关系。当沥青用量较正常的用量减少时,则沥青膜变薄,混合料的延伸能力降低,脆性增加;而且沥青用量偏少,会使混合料的空隙率增大,沥青膜暴露较多,加速了老化作用,同时增加了渗水率,促使了水对沥青的剥落作用。

4. 沥青混合料的抗滑性

沥青路面的抗滑性能对于保障道路交通安全至关重要,而沥青路面的抗滑性能必须通过合理地选择沥青混合料组成材料、正确地设计与施工来保证。

沥青路面的抗滑性能与所用矿质集料的表面构造深度、颗粒形状与尺寸、抗磨光性有着密切的关系。为保证长期高速行车的安全,应特别注意粗集料的耐磨光性,应选用表面粗糙、硬质有棱角的集料。通常,坚硬耐磨的矿料多为酸性石料,与沥青的黏附性较差,为了保证沥青混合料的水稳定性,应采取有效的抗剥落措施。

沥青路面的抗滑性除了取决于矿料自身的表面构造外,还取决于矿料级配所确定的表面构造深度,由压实后路表构造深度试验评价。

此外应严格控制沥青混合料中的沥青含量,特别是应选用含蜡量低的沥青,以免沥青表层出现滑溜现象。

5. 施工和易性

要保证室内配料在现场施工条件下顺利地实现,沥青混合料除了应具备前述的技术要求外,还应具备适宜的施工和易性,以保证在拌和、摊铺与碾压过程中,集料颗粒保持分布均匀,表面被沥青膜完整地裹覆,并能被压实到规定的密度。影响沥青混合料施工和易性的因素很多,诸如当地气温、施工条件及混合料性质等。

单纯从混合料材料性质而言,影响沥青混合料施工和易性的首先因素是混合料的级配情况,如粗、细集料的颗粒大小相差过大,缺乏中间尺寸,混合料容易离析;如细集料太少,沥青层就不容易均匀地分布在粗颗粒表面;细集料过多,则使拌和困难。此外当沥青用量过少,或矿粉用量过多时,混合料容易产生疏松不易压实;反之,如沥青用量过多,或矿粉质量不好,则容易使混合料黏结成团块,不易摊铺。

任务实施

一、制作沥青混合料马歇尔试件(击实法)

1. 目的与适用范围

(1)本方法适用于标准击实法或大型击实法制作沥青混合料试件,以供试验室进行沥青混合料物理力学性质试验使用。

制作沥青混合料马歇尔试件(击实法)

(2)标准击实法适用于标准马歇尔试验、间接抗拉试验(劈裂法)等所使用的 $\phi 101.6mm \times 63.5mm$ 圆柱体试件的成型。大型击实法适用于大型马歇尔试验和 $\phi 152.4mm \times 95.3mm$ 大型圆柱体试件的成型。

(3)沥青混合料试件制作时的条件及试件数量应符合如下规定:

①当集料公称最大粒径小于或等于 26.5mm 时,采用标准击实法,一组试件的数量不少于 4 个;

②当集料公称最大粒径大于 26.5mm 时,宜采用大型击实法,一组试件数量不少于 6 个。

2. 仪具与材料

(1)自动击实仪:击实仪应具有自动记数、控制仪表、按钮设置、复位及暂停等功能,如图 9-7 所示。

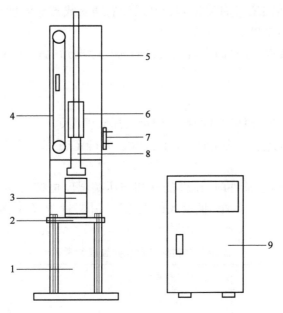

图 9-7 自动击实仪

1-木墩;2-钢板;3-底座、试模、套筒;4-链条;5-击实锤导杆;6-击实锤;7-压头升降手柄;8-压头;9-控制柜

按其用途分为以下两种:

①标准击实仪:由击实锤、φ98.5mm±0.5mm 平圆形压实头及带手柄的导向棒组成。用机械将击实锤提升,至 457.2mm±1.5mm 高度沿导向棒自由落下连续击实,标准击实锤质量 4536g±9g。

②大型击实仪:由击实锤、φ149.4mm±0.1mm 平圆形压实头及带手柄的导向棒组成。用机械将击实锤提升,至 457.2mm±2.5mm 高度沿导向棒自由落下击实,大型击实锤质量 10210g±10g。

(2)试验室用沥青混合料拌和机:能保证拌和温度并充分拌和均匀,可控制拌和时间,容量不小于 10L,如图 9-8 所示。搅拌叶自转速度 70~80r/min,公转速度 40~50r/min。

(3)试模:由高碳钢或工具钢制成。标准击实仪试模的内径为 101.6mm±0.2mm,圆柱形金属筒高 87mm、底座直径约 120.6mm,套筒内径 104.8mm、高 70mm。大型圆柱体试件的试模也应符合有关规定。

(4)脱模器:电动或手动,应能无破损地推出圆柱体试件,备有标准试件及大型试件尺寸的推出环。

(5)烘箱:大、中型各 1 台,应有温度调节器。

(6)天平或电子秤:用于称量矿料的,感量不大于 0.5g;用于称量沥青的,感量不大于 0.1g。

(7)布洛克菲尔德黏度计。

(8)插刀或大螺丝刀。

图 9-8 试验室用沥青混合料拌和机

(9)温度计:分度值1℃。宜采用有金属插杆的插入式数显温度计,金属插杆的长度不小于150mm。量程0~300℃。

(10)其他:电炉或煤气炉、沥青熔化锅、拌和铲、标准筛、滤纸(或普通纸)、胶布、卡尺、秒表、粉笔、棉纱等。

3. 试验准备

(1)确定制作沥青混合料试件的拌和温度与压实温度。

按规定测定沥青的黏度,绘制黏度-温度曲线,并确定适宜于沥青混合料拌和及压实的等黏温度。

当缺乏沥青黏度测定条件时,试件的拌和与压实温度可按表9-2选用,并根据沥青品种和标号做适当调整。针入度小、稠度大的沥青取高限,针入度大、稠度小的沥青取低限,一般取中值。

沥青混合料拌和及压实温度参考表　　　　表9-2

沥青混合料种类	拌和温度(℃)	压实温度(℃)
石油沥青	140~160	120~150
改性沥青	160~175	140~170

对改性沥青,应根据实践经验、改性剂的品种和用量,适当提高混合料的拌和和压实温度;对大部分聚合物改性沥青,通常在普通沥青的基础上提高10~20℃;掺加纤维时,尚需再提高10℃左右。

常温沥青混合料的拌和及压实在常温下进行。

(2)沥青混合料试件的制作条件。

在拌和厂或是施工现场采取沥青混合料制作试样时,将试样置于烘箱中加热或保温,在混合料中插入温度计测量温度,待混合料温度符合要求后成型。需要拌和时可倒入已加热的室内沥青混合料拌和机中适当拌和,时间不超过1min。不得在电炉或明火上加热炒拌。

在试验室人工配制沥青混合料时,试件的制作按下列步骤进行:

①将各种规格的矿料置于105℃±5℃的烘箱中烘干至恒重(一般不少于4~6h)。

②将烘干分级的粗、细集料,按每个试件设计级配要求称其质量,在一金属盘中混合均匀,矿粉单独放入小盆里;然后置烘箱中加热至沥青拌和温度以上约15℃(采用石油沥青时通常为163℃;采用改性沥青时通常需180℃)备用。一般按一组试件(每组4~6个)备料,但进行配合比设计时宜对每个试件分别备料。常温沥青混合料的矿料不应加热。

③将按规定方法采取的沥青试样,用烘箱加热至规定的沥青混合料拌和温度,但不得超过175℃。当不得已采用燃气炉或电炉直接加热进行脱水时,必须使用石棉垫隔开。

4. 拌制沥青混合料(黏稠石油沥青混合料)

(1)用蘸有少许黄油的棉纱擦净试模、套筒及击实座等,置于100℃左右烘箱中加热1h备用。常温沥青混合料用试模不加热。将沥青混合料拌和机提前预热至拌和温度以上10℃左右。

(2)将加热的粗细集料置于拌和机中,用小铲子适当混合;然后加入需要数量的沥青(如沥青已称量在一专用容器内时,可在倒掉沥青后用一部分热矿粉将沾在容器壁上的沥青擦拭掉并一起倒入拌和锅中),开动拌和机一边搅拌一边使拌和叶片插入混合料中拌和 1~1.5min;暂停拌和,加入加热的矿粉,继续拌和至均匀为止,并使沥青混合料保持在要求的拌和温度范围内。标准的总拌和时间为3min。

5. 成型方法

(1)将拌好的沥青混合料,用小铲适当拌和均匀,称取一个试件所需的用量(标准马歇尔试件约1200g;大型马歇尔试件约4050g)。当已知沥青混合料的密度时,可根据试件的标准尺寸计算并乘以1.03得到要求的混合料数量。当一次拌和几个试件时,宜将其倒入经预热的金属盘中,用小铲适当拌和均匀分成几份,分别取用。在试件制作过程中,为防止混合料温度下降,应连盘放在烘箱中保温。

(2)从烘箱中取出预热的试模及套筒,用蘸有少许黄油的棉纱擦拭套筒、底座及击实锤底面。将试模装在底座上,放一张圆形的吸油性小的纸,用小铲将混合料铲入试模中,用插刀或大螺丝刀沿周边插捣15次,中间捣10次。插捣后将沥青混合料表面整平。对大型击实法的试件,混合料分两次加入,每次插捣次数同上。

(3)插入温度计至混合料中心附近,检查混合料温度。

(4)待混合料温度符合要求的压实温度后,将试模连同底座一起放在击实台上固定。在装好的混合料上面垫一张吸油性小的圆纸,再将装有击实锤及导向棒的压实头放入试模中。开启电机,使击实锤从457mm的高度自由落下并达到击实规定的次数(75次或50次)。对大型试件,击实次数为75次(相应于标准击实50次)或112次(相应于标准击实75次)。

(5)试件击实一面后,取下套筒,将试模翻面,装上套筒;然后以同样的方法和次数击实另一面。

(6)试件击实结束后,立即用镊子取掉上下面的纸,用卡尺量取试件离试模上口的高度并由此计算试件高度。高度不符合要求时,试件应作废,并按下式调整试件的混合料质量,以保证高度符合63.5mm±1.3mm(标准试件)或95.3mm±2.5mm(大型试件)的要求。

$$调整后混合料质量 = \frac{要求试件高度 \times 原用混合料质量}{所得试件的高度}$$

(7)卸去套筒和底座,将装有试件的试模横向放置冷却至室温后(不少于12h),置于脱模机上脱出试件。

用于现场马歇尔指标检验的试件,在施工质量检验过程中如急需试验,允许采用电风扇吹冷1h或浸水冷却3min以上的方法脱模;但浸水脱模法不能用于测量密度、空隙率等各项物理指标。

(8)将试件仔细置于干燥洁净的平面上,供试验用。

6. 试验记录

试验记录格式见表9-3。

沥青混合料试件制作试验记录表（击实法）　　　　　表9-3

路段桩号			试样来源			
试样名称			初拟用途			
级配组成	组成材料名称		配合时所需质量(g)		配合比(%)	
试件编号	制备日期	拌和温度 T_1（℃）	击实温度 T_2（℃）	试件尺寸(mm)		试件用途
				高度 h	直径 d	

试验者_____　　计算者_____　　复核者_____　　试验日期_____

二、检验沥青混合料马歇尔稳定度

1. 目的与适用范围

本方法适用于马歇尔稳定度试验和浸水马歇尔稳定度试验，以进行沥青混合料的配合比设计或沥青路面施工质量检验。

检验沥青混合料马歇尔稳定度

浸水马歇尔稳定度试验（根据需要，也可进行真空饱水马歇尔试验）供检验沥青混合料受水损害时抵抗剥落的能力时使用，通过测试其水稳定性检验配合比设计的可行性。

本方法适用于击实法成型的标准马歇尔试件圆柱体和大型马歇尔试件圆柱体。

2. 仪具与材料

（1）沥青混合料马歇尔试验仪：分为自动式和手动式。自动马歇尔试验仪如图9-9所示，应具备控制装置、记录荷载-位移曲线、自动测定荷载与试件的垂直变形、能自动显示和存储或打印试验结果等功能。手动式由人工操作，试验数据通过操作者目测后读取数据。

对用于高速公路和一级公路的沥青混合料宜采用自动马歇尔试验仪。

①当集料公称最大粒径小于或等于26.5mm时，宜采用 $\phi 101.6mm \times 63.5mm$ 的标准马歇尔试件，试验仪最大荷载不得小于25kN，读数精确至0.1kN，加载速率应能保持50mm/min ± 5mm/min。钢球直径16mm ± 0.05mm，上下压头曲率半径为50.8mm ± 0.08mm。

②当集料公称最大粒径大于26.5mm时，宜采用 $\phi 152.4mm \times 95.3mm$ 大型马歇尔试件，试验仪最大荷载不得小于50kN，读数精确至0.1kN。上下压头的曲率内径为 $\phi 152.4mm \pm 0.2mm$，上下压头间距19.05mm ± 0.1mm。

（2）恒温水槽：控温精度为1℃，深度不小于150mm。

（3）真空饱水容器：包括真空泵及真空干燥器。

（4）烘箱。

(5)天平:感量不大于0.1g。
(6)温度计:分度值1℃。
(7)卡尺。
(8)其他:棉纱、黄油等。

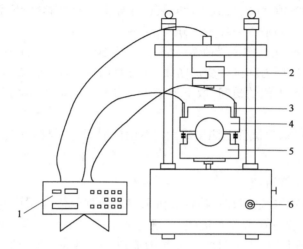

图9-9　沥青混合料马歇尔稳定度试验仪
1-控制器;2-压力传感器;3-位移传感器;4-上压头;5-下压头;6-电源开关

3.试验准备

(1)按标准击实法成型马歇尔试件,标准马歇尔试件尺寸应符合直径101.6mm±0.2mm、高63.5mm±1.3mm的要求。对大型马歇尔试件,尺寸应符合直径152.4mm±0.2mm、高95.3mm±2.5mm的要求。

一组试件的数量不得少于4个,并符合有关规定。

(2)量测试件的直径及高度:用卡尺测量试件中部的直径,用马歇尔试件高度测定器或用卡尺在十字对称的4个方向量测离试件边缘10mm处的高度,精确至0.1mm,并以其平均值作为试件的高度。如试件高度不符合63.5mm±1.3mm或95.3mm±2.5mm要求或两侧高度差大于2mm,此试件应作废。

(3)按规定的方法测定试件的密度,并计算空隙率、沥青体积百分率、沥青饱和度、矿料间隙率等体积指标。

(4)将恒温水槽调节至要求的试验温度,对黏稠石油沥青或烘箱养护过的乳化沥青混合料为60℃±1℃,对煤沥青混合料为33.8℃±1℃,对空气养护的乳化沥青或液体沥青混合料为25℃±1℃。

4.试验步骤

(1)将试件置于已达规定温度的恒温水槽中保温,保温时间对标准马歇尔试件需30～40min,对大型马歇尔试件需45～60min。试件之间应有间隔,底下应垫起,距水槽底部不小于5cm。

(2)将马歇尔试验仪的上下压头放入水槽或烘箱中达到同样温度。将上下压头从水槽或烘箱中取出,擦拭干净内面。为使上下压头滑动自如,可在下压头的导棒上涂少量黄油。

再将试件取出置于下压头上,盖上上压头,然后装在加载设备上。

(3)在上压头的球座上放妥钢球,并对准荷载测定装置的压头。

(4)当采用自动马歇尔试验仪时,将自动马歇尔试验仪的压力传感器、位移传感器与计算机或 X-Y 记录仪正确连接,调整好适宜的放大比例,压力和位移传感器调零。

当采用压力环和流值计时,将流值计安装在导棒上,使导向套管轻轻地压住上压头,同时将流值计读数调零。调整压力环中百分表,对零。

(5)启动加载设备,使试件承受荷载,加载速度为 50mm/min ± 5mm/min。计算机或 X-Y 记录仪自动记录传感器压力和试件变形曲线,并将数据自动存入计算机。

当试验荷载达到最大值的瞬间,取下流值计,同时读取压力环中百分表读数及流值计的流值读数。

(6)从恒温水槽中取出试件至测出最大荷载值的时间,不得超过 30s。

5. 结果整理

(1)试件的稳定度及流值。

①当采用自动马歇尔试验仪时,将计算机采集的数据绘制成试件的压力-变形曲线,或由 X-Y 记录仪自动记录的荷载-变形曲线,按规定的方法对坐标原点进行修正,从修正的坐标原点起量取相应于荷载最大值时的变形作为流值 FL,以 mm 计,精确至 0.1mm;最大荷载即为稳定度 MS,以 kN 计,精确至 0.01kN。

②当采用压力环和流值计测定时,根据压力环标定曲线,将压力环中的百分表读数换算为荷载值,或者由荷载测定装置读取的最大值作为试样的稳定度 MS,以 kN 计,精确至 0.01kN;由流值计及位移传感器测定装置读取的试件垂直变形,作为试件的流值 FL,以 mm 计,精确至 0.1mm。

(2)试件的马歇尔模数按式(9-7)计算。

$$T = \frac{MS}{FL} \tag{9-7}$$

式中:T——马歇尔模数,kN/mm;

　　MS——试件的稳定度,kN;

　　FL——试件的流值,mm。

(3)试件的浸水残留稳定度按式(9-8)计算。

$$MS_0 = \frac{MS_1}{MS} \times 100 \tag{9-8}$$

式中:MS_0——试件的浸水残留稳定度,%;

　　MS_1——试件浸水 48h 后的稳定度,kN。

(4)数据取舍。

当一组测定值中某个测定值与平均值之差大于标准差的 k 倍时,该测定值应予舍弃,并以其余测定值的平均值作为试验结果。当试件数目 n 为 3、4、5、6 个时,k 值分别为 1.15、1.46、1.67、1.82。

6. 试验记录

试验记录格式见表 9-4。

沥青混合料标准马歇尔稳定度试验记录表   表9-4

路段桩号					试样来源					
试样名称					初拟用途					
试件数目					k值					
试件编号	稳定度(kN)			流值(mm)						马歇尔模数 (kN/mm)
	测定值	标准差	平均值	测定值			标准差	平均值		
				测值1	测值2	平均值				

试验者_____　计算者_____　复核者_____　试验日期_____

三、制作沥青混合料车辙试件(轮碾法)

1.目的与适用范围

（1）本方法规定了在试验室用轮碾法制作沥青混合料试件的方法，以供进行沥青混合料物理力学性质试验时使用。

制作沥青混合料车辙试件(轮碾法)

（2）轮碾法适用于长300mm×宽300mm×厚50~100mm板块状试件的成型，此试件可用切割机切制成棱柱体试件，或在试验室用取芯机钻取试样。成型试件的密度应符合马歇尔标准击实试样密度100%±1%的要求。

（3）沥青混合料试件制作时的试件厚度可根据集料粒径大小及工程需要进行选择。对于集料公称最大粒径小于或等于19mm的沥青混合料，宜采用长300mm×宽300mm×厚50mm的板块试模成型；对于集料公称最大粒径大于或等于26.5mm的沥青混合料，宜采用长300mm×宽300mm×厚80~100mm的板块试模成型。

2.仪具与材料技术要求

（1）轮碾成型机：如图9-10所示，具有与钢筒式压路机相似的圆弧形碾压轮，轮宽300mm，压实线荷载为300N/cm，碾压行程等于试件长度，经碾压后的板块状试件可达到马歇尔试验标准击实密度的100%±1%。

（2）试验室用沥青混合料拌和机：能保证拌和温度并充分拌和均匀，可控制拌和时间，宜采用容量大于30L的大型沥青混合料拌和机，也可采用容量大于10L的小型拌和机。

（3）试模：由高碳钢或工具钢制成，试模尺寸应保证成型后符合要求试件尺寸的规定。内部平面尺寸为长

图9-10　轮碾成型机

300mm×宽300mm×厚50~100mm。

(4)切割机:试验室用金刚石锯片锯石机(单锯片或双锯片切割机)或现场用路面切割机,有淋水冷却装置,其切割厚度不小于试件厚度。

(5)钻孔取芯机:用电力或汽油机、柴油机驱动,有淋水冷却装置。金刚石钻头的直径根据试件直径的大小选择(100mm 或 150mm)。钻孔深度不小于试件厚度,钻头转速不小于1000r/min。

(6)烘箱:大、中型各1台,装有温度调节器。

(7)台秤、天平或电子秤:称量5kg以上的,感量不大于1g;称量5kg以下的,用于称量矿料的感量不大于0.5g,用于称量沥青的感量不大于0.1g。

(8)沥青黏度测定设备:布洛克菲尔德黏度计、真空减压毛细管。

(9)小型击实锤:钢制端部断面80mm×80mm,厚10mm,带手柄,总质量0.5kg左右。

(10)温度计:分度值1℃。宜采用有金属插杆的插入式数显温度计,金属插杆的长度不小于150mm。量程0~300℃。

(11)其他:电炉或煤气炉、沥青熔化锅、拌和铲、标准筛、滤纸、胶布、卡尺、秒表、粉笔、垫木、棉纱等。

3.准备工作

(1)决定制作沥青混合料试件的拌和与压实温度。常温沥青混合料的拌和及压实在常温下进行。

(2)在拌和厂或施工现场采取代表性的沥青混合料,如混合料温度符合要求,可直接用于成型。在试验室人工配制沥青混合料时,按规定准备矿料及沥青。常温沥青混合料的矿料不加热。

(3)将金属试模及小型击实锤等置于100℃左右烘箱中加热1h备用。常温沥青混合料用试模不加热。

(4)拌制沥青混合料。当采用大容量沥青混合料拌和机时,宜一次拌和;当采用小型混合料拌和机时,可分两次拌和。混合料质量及各种材料数量由试件的体积按马歇尔标准密度乘以1.03的系数求得。常温沥青混合料的矿料不加热。

4.轮碾成型方法

(1)在试验室用轮碾成型机制备试件。

①试件尺寸为长300mm×宽300mm×厚50~100mm。试件的厚度可根据集料粒径大小选择,同时根据需要厚度也可以采用其他尺寸,但混合料一层碾压的厚度不得超过100mm。

②将预热的试模从烘箱中取出,装上试模框架;在试模中铺一张裁好的普通纸(可用报纸),使底面及侧面均被纸隔离;将拌和好的全部沥青混合料(注意不得散失,分两次拌和的应倒在一起)用小铲稍加拌和后均匀地沿试模由边至中按顺序转圈装入试模,中部要略高于四周。

③取下试模框架,用预热的小型击实锤由边至中转圈夯实一遍,整平成凸圆弧形。

④插入温度计,待混合料达到规定的压实温度(为使冷却均匀,试模底下可用垫木支

起)时,在表面铺一张裁好尺寸的普通纸。

⑤成型前将碾压轮预热至100℃左右;然后,将盛有沥青混合料的试模置于轮碾机的平台上,轻轻放下碾压轮,调整总荷载为9kN(线荷载300N/cm)。

⑥启动轮碾机,先在一个方向碾压2个往返(4次);卸荷;再抬起碾压轮,将试件调转方向;再加相同荷载碾压至马歇尔标准密实度100%±1%为止。试件正式压实前,应经试压,测定密度后,确定试件的碾压次数。对普通沥青混合料,一般12个往返(24次)左右可达要求(试件厚为50mm)。

⑦压实成型后,揭去表面的纸,用粉笔在试件表面标明碾压方向。

⑧盛有压实试件的试模,置于室温中冷却,至少12h后方可脱模。

(2)在工地制备试件。

①采取代表性的沥青混合料样品,数量须多于3个试件的需要量。

②按试验室方法称取一个试样数量的混合料,装入尺寸符合要求的试模中,用小锤均匀击实。试模应不妨碍碾压成型。

③碾压成型:在工地上,可用小型振动压路机或其他适宜的压路机碾压,在规定的压实温度下,每一遍碾压3~4s,约25次往返,使沥青混合料压实密度达到马歇尔标准密度100%±1%。

④如将工地取样的沥青混合料送往试验室成型时,混合料必须放在保温桶内,不使其温度下降,且在抵达试验室后立即成型;如温度低于要求,可适当加热至压实温度后,用轮碾成型机成型。如属于完全冷却后经二次加热重塑成型的试件,必须在试验报告上注明。

(3)用切割机切制棱柱体试件。

试验室用切割机切制棱柱体试件的步骤如下:

①按试验要求的试件尺寸,在轮碾成型的板块状试件表面规划切割试件的数目,但边缘20mm部分不得使用。

②切割顺序如图9-11所示。首先在与轮碾法成型垂直的方向,沿 $A—A$ 切割第一刀作为基准面,再在垂直的 $B—B$ 方向切割第2刀,精确量取试件长度后切割 $C—C$,使 $A—A$ 及 $C—C$ 切下的部分大致相等。使用金刚石锯片切割时,一定要开放冷却水。

③仔细量取试件切割位置,按图示碾压方向($B—B$ 方向)切割试件,使试件宽度符合要求。锯下的试件应按顺序放在平玻璃板上排列整齐,然后再切割试件的底面及表面。将切割好的试件立即编号,供弯曲试验用的试件应用胶布贴上标记,保持轮碾机成型时的上下位置,直至弯曲试验时上下方向始终保持不变,试件的尺寸应符合各项试验的规格要求。

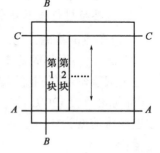

图9-11 切割棱柱体试件的顺序

④将完全切割好的试件放在玻璃板上,试件之间留有10mm以上的间隙,试件下垫一层滤纸,并经常挪动位置,使其完全风干。如急需使用,可用电风扇或冷风机吹干,每隔1~2h挪动试件一次,使试件加速风干,风干时间宜不少于24h。在风干过程中,试件的上下方向及排序不能搞错。

(4)用钻芯法钻取圆柱体试件。

在试验室用取芯机从板块状试件钻取圆柱体试件的步骤如下：

①将轮碾成型机成型的板块状试件脱模,成型的试件厚度应不小于圆柱体试件的厚度。

②在试件上方作出取样位置标记,板块状试件边缘部分的20mm内不得使用。根据需要,可选用直径100mm或150mm的金刚石钻头。

③将板块状试件置于钻机平台上固定,钻头对准取样位置;开放冷却水,开动钻机,均匀地钻透试块。为保护钻头,下方可垫上木板等。

④提起钻机,取出试件。

⑤按切割成型试件的风干方法将试件吹干备用。

⑥根据需要,可再用切割机切去钻芯试件的一端或两端,达到要求的高度,但必须保证端面与试件轴线垂直且保持上下平行。

四、检验沥青混合料车辙技术指标

1. 目的与适用范围

(1)本方法适用于测定沥青混合料的高温抗车辙能力,供沥青混合料配合比设计时的高温稳定性检验使用,也可用于现场沥青混合料的高温稳定性检验。

检验沥青混合料车辙技术指标

(2)车辙试验的试验温度与轮压(试验轮与试件的接触压强)可根据有关规定和需要选用,非经注明,试验温度为60℃,轮压为0.7MPa。根据需要,如在寒冷地区也可采用45℃,在高温条件下试验温度可采用70℃等,对重载交通的轮压可增加至1.4MPa,但应在报告中注明。计算动稳定度的时间原则上为试验开始后45~60min之间。

(3)本方法适用于用轮碾成型机碾压成型的长300mm、宽300mm、厚50mm~100mm的板块状试件。根据工程需要也可采用其他尺寸的试件。本方法也适用于现场切割板块状试件,切割试件的尺寸根据现场面层的实际情况由试验确定。

2. 仪具与材料技术要求

(1)车辙试验机,主要由下列部分组成:

①试件台:可牢固地安装两种宽度(300mm及150mm)的规定尺寸试件的试模。

②试验轮:橡胶制的实心轮胎,外径200mm,轮宽50mm,橡胶层厚15mm。橡胶硬度(国际标准硬度)20℃时为84±4,60℃时为78±2。试验轮行走距离为230mm±10mm,往返碾压速度为42次/min±1次/min(21次往返/min)。采用曲柄连杆驱动加载轮往返运行。

注:应注意检验轮胎橡胶硬度,不符合要求者应及时更换。

③加载装置:通常情况下试验轮与试件的接触压强在60℃时为0.7MPa±0.05MPa,施加的总荷载为780N左右,根据需要可以调整接触压强大小。

④试模:钢板制成,由底板及侧板组成,试模内侧尺寸宜采用长为300mm、宽为300mm、厚为50~100mm,也可根据需要对厚度进行调整。

⑤试件变形测量装置:自动采集车辙变形并记录曲线的装置,通常用位移传感器 LVDT 或非接触位移计。位移测量范围 0~130mm,精度 ±0.01mm。

⑥温度检测装置:自动检测并记录试件表面及恒温室内温度的温度传感器,精度 ±0.5℃。温度应能自动连续记录。

(2)恒温室:恒温室应具有足够的空间。车辙试验机必须整机安放在恒温室内,装有加热器、气流循环装置及装有自动温度控制设备,同时恒温室还应有至少能保温 3 块试件并进行试验的条件。保持恒温室温度 60℃±1℃(试件内部温度 60℃±0.5℃),根据需要也可采用其他试验温度。

(3)台秤:称量 15kg,感量不大于 5g。

3. 方法与步骤

(1)准备工作。

①测定试验轮接地压强:测定在 60℃时进行,在试验台上放置一块 50mm 厚的钢板,其上铺一张毫米方格纸,上铺一张新的复写纸,以规定的 700N 荷载后试验轮静压复写纸,即可在方格纸上得出轮压面积,并由此求得接地压强。当压强不符合 0.7MPa±0.05MPa,荷载应予适当调整。

②用轮碾成型法制作车辙试验试块。在试验室或工地制备成型的车辙试件,板块状试件尺寸为长 300mm×宽 300mm×厚 50~100mm(厚度根据需要确定)。也可从路面切割得到需要尺寸的试件。

当直接在拌和厂取拌和好的沥青混合料样品制作车辙试验试件检验生产配合比设计或混合料生产质量时,必须将混合料装入保温桶中,在温度下降至成型温度之前迅速送达试验室制作试件。如果温度稍有不足,可放在烘箱中稍事加热(时间不超过 30min)后成型,但不得将混合料放冷却后二次加热重塑制作试件。重塑制件的试验结果仅供参考,不得作为评定配合比设计检验是否合格的标准。

③如需要,将试件脱模按规定的方法测定密度及空隙率等各项物理指标。

④试件成型后,连同试模一起在常温条件下放置的时间不得少于 12h。对聚合物改性沥青混合料,放置的时间以 48h 为宜,使聚合物改性沥青充分固化后方可进行车辙试验,室温放置时间也不得长于一周。

(2)试验步骤。

①将试件连同试模一起,置于已达到试验温度 60℃±1℃的恒温室中,保温不少于 5h,也不得超过 12h。在试件的试验轮不行走的部位上,粘贴一个热电偶温度计(也可在试件制作时预先将热电偶导线埋入试件一角),控制试件温度稳定在 60℃±0.5℃。

②将试件连同试模移置于轮辙试验机的试验台上,试验轮在试件的中央部位,其行走方向须与试件碾压或行车方向一致。开动车辙变形自动记录仪,然后启动试验机,使试验轮往返行走,时间约 1h,或最大变形达到 25mm 时为止。试验时,记录仪自动记录变形曲线及试件温度。

注:对试验变形较小的试件,也可对一块试件在两侧 1/3 位置上进行两次试验,然后取平均值。

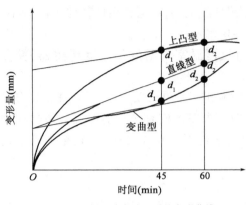

图9-12 车辙试验自动记录的变形曲线

4. 计算

(1)从图9-12上读取45min(t_1)及60min(t_2)时的车辙变形d_1及d_2，精确至0.01mm。

当变形过大，在未到60min变形已达25mm时，则以达到25mm(d_2)时的时间为t_2，将其前15min为t_1，此时的变形量为d_1。

(2)沥青混合料试件的动稳定度按式(9-9)计算。

$$DS = \frac{(t_2 - t_1) \times N}{d_2 - d_1} \times C_1 \times C_2 \qquad (9-9)$$

式中：DS——沥青混合料的动稳定度，次/mm；

d_1——对应于时间t_1的变形量，mm；

d_2——对应于时间t_2的变形量，mm；

C_1——试验机类型系数，曲柄连杆驱动加载轮往返运行方式为1.0；

C_2——试件系数，试验室制备宽300mm的试件为1.0；

N——试验轮往返碾压速度，通常为42次/min。

5. 报告

(1)同一沥青混合料或同一路段的路面，至少平行试验3个试件。当3个试件动稳定度变异系数不大于20%时，取其平均值作为试验结果；变异系数大于20%时应分析原因，并追加试验。如计算动稳定度值大于6000次/mm，记作：>6000次/mm。

(2)试验报告应注明试验温度、试验轮接地压强、试件密度、空隙率及试件制作方法等。

(3)允许误差：重复性试验动稳定度变异系数不大于20%。

6. 试验记录

试验记录格式见表9-5。

沥青混合料车辙试验记录表   表9-5

承包单位		取样地点		级配类型		试验日期	
试验温度		取样名称		沥青种类标号		试验	
公路等级		试验单位				审核	
试验次数	对应于时间t_1的变形量d_1(mm)	对应于时间t_2的变形量d_2(mm)	仪器类型修正系数C_1	仪器类型修正系数C_2	往返车轮碾压速度(次/min)	沥青混合料试件的动稳定度(次/mm)	
						单值	平均值
1							
2							
3							
试件尺寸		标准差(次/mm)		变异系数C_v(%)		备注	

试验者_____   计算者_____   复核者_____

任务评价

评价项目	评价标准	参考分值	得分
马歇尔试件成型	试验准备充分,温度设置合理,操作规范	20	
	具有安全意识	10	
马歇尔稳定度检验	温度和保温时间合理,试验步骤正确	20	
	操作认真、细致	10	
车辙试件成型	试件成型标准正确	15	
车辙检验	仪器操作规范正确	15	
打扫卫生	打扫卫生干净,仪器清洗干净,物品摆放整齐	10	
总评			

任务三　进行热拌沥青混合料的配合比设计

进行热拌沥青混合料的配合比设计

学习目标	● 知识目标	❶熟悉沥青混合料配合比设计的方法和步骤。 ❷掌握最佳沥青用量的确定步骤
	● 能力目标	❶能完成沥青混合料配合比相关数据的计算。 ❷能确定最佳沥青用量
	● 素质目标	通过完成沥青混合料配合比设计,树立规范意识,建立依规操作的工程理念;在处理数据时,培养严谨细致的工作态度,树立良好的职业操守

任务描述

某公路沥青路面上面层采用 AC-13 型细粒式沥青混凝土,根据试验测得的各项物理力学指标,确定最佳沥青用量。

任务引导

要完成此任务,需要先熟悉沥青混合料配合比设计的步骤和方法,明确公路沥青路面施工技术规范中的一些规定,熟悉沥青混合料配合比设计中涉及的一些物理力学指标的测定和计算方法,从而掌握最佳沥青用量的确定步骤。

相关知识

沥青混合料的配合比设计结果与沥青路面的使用性能、材料用量及工程造价关系密切。沥青混合料配合比设计的基本任务有两个:一是矿质混合料的配合比设计;二是确定最佳的沥青用量。其目的是通过目标配合比设计、生产配合比设计及生产配合比验证三个阶段,确定沥青混合料的材料品种及配合比、矿料级配、最佳沥青用量。

我国幅员辽阔、气候变化大,各个地区对沥青路面的使用性能的要求应有差别。在选择沥青胶结料等级、进行沥青混合料配合比设计和检验沥青混合料的使用性能时,应考虑沥青路面工程的环境因素,尤其是温度和湿度条件。我国为此提出了"沥青及沥青混合料气候分区指标"及相应的分区图。气候分区指标分别为高温指标、低温指标和雨量指标。气候分区情况见表9-6。

气候分区种类、气候因子指标汇总表 表9-6

设计高温分区指标	一级区划分为3个区			
高温气候区	1	2	3	
气候区名称	夏炎热区	夏热区	夏凉区	
最热月平均最高气温(℃)	>30	20~30	<20	
设计低温分区指标	二级区划分为4个区			
低温气候区	1	2	3	4
气候区名称	冬严寒区	冬寒区	冬冷区	冬温区
极端最低气温(℃)	<-37.0	-37.0~-21.5	-21.5~-9.0	>-9.0
设计雨量分区指标	三级区划分为4个区			
雨量气候区	1	2	3	4
气候区名称	潮湿区	湿润区	半干区	干旱区
年降雨量(mm)	>1000	500~1000	250~500	<250

沥青路面温度分区由高温和低温组合而成,第一个数字代表高温分区,第二个数字代表低温分区,数字越小表示气候因素越严重;温度和雨量组成的气候分区由高温—低温—雨量组合而成,第三个数字代表雨量分区。

我国《公路沥青路面施工技术规范》(JTG F40—2004)中采用马歇尔试验法进行沥青混合料的配合比设计;对于高速公路、一级公路路面应用的热拌沥青混合料还应检验其动稳定度和水稳定性。

沥青面层集料的最大粒径宜从上至下逐渐增大,并应与压实层厚度相匹配。对热拌热铺密级配沥青混合料,沥青层一层的压实厚度不宜小于集料公称最大粒径的2.5~3倍,对SMA和OGFC等嵌挤型混合料不宜小于公称最大粒径的2~2.5倍,以减少离析,便于压实。各层沥青混合料应满足所在层位的功能性要求,便于施工,不容易离析。各层应连续施工并联结成为一个整体。当发现混合料结构组合及级配类型的设计不合理时应进行修改、调整,以确保沥青路面的使用性能。

本任务主要介绍热拌密级配沥青混合料的目标配合比设计过程,其步骤宜按图 9-13 进行。

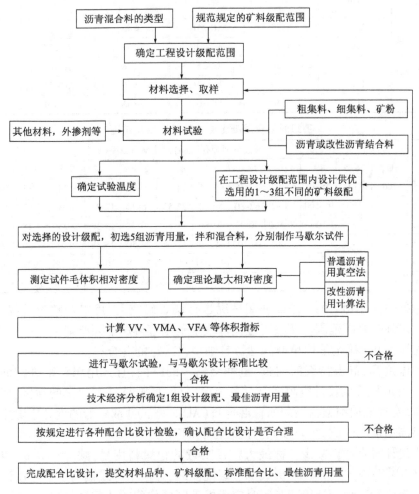

图 9-13　密级配沥青混合料目标配合比设计流程图

一、热拌沥青混合料配合比设计方法

沥青混合料必须在对同类公路配合比设计和使用情况调查研究的基础上,充分借鉴成功的经验,选用符合要求的材料,进行配合比设计。

1. 确定工程设计级配范围

沥青路面工程的混合料设计级配范围由工程设计文件或招标文件规定,沥青混合料的矿料级配应符合公路工程规定的设计级配范围。密级配沥青混合料宜根据公路等级、气候及交通条件按表 9-7 选择采用粗型(C 型)或细型(F 型)混合料,并在表 9-8 范围内确定工程设计级配范围,通常情况下工程设计级配范围不宜超出表 9-8 的要求。经确定的工程设计级配范围是配合比设计的依据,不得随意变更。

粗型或细型密级配沥青混凝土的关键性筛孔通过率　　　　表9-7

混合料类型	公称最大粒径(mm)	用以分类的关键性筛孔(mm)	粗型密级配 名称	粗型密级配 关键性筛孔通过率(%)	细型密级配 名称	细型密级配 关键性筛孔通过率(%)
AC-25	26.5	4.75	AC-25C	<40	AC-25F	>40
AC-20	19	4.75	AC-20C	<45	AC-20F	>45
AC-16	16	2.36	AC-16C	<38	AC-16F	>38
AC-13	13.2	2.36	AC-13C	<40	AC-13F	>40
AC-10	9.5	2.36	AC-10C	<45	AC-10F	>45

密级配沥青混凝土混合料矿料级配范围　　　　表9-8

级配类型		通过下列筛孔(mm)的质量百分率(%)											
		31.5	26.5	19	16	13.2	9.5	4.75	2.36	1.18	0.6	0.3	0.15	0.075
粗粒式	AC-25	100	90-100	75-90	65-83	57-76	45-65	24-52	16-42	12-33	8-24	5-17	4-13	3-7
中粒式	AC-20		100	90-100	78-92	62-80	50-72	26-56	16-44	12-33	8-24	5-17	4-13	3-7
	AC-16			100	90-100	76-92	60-80	34-62	20-48	13-36	9-26	7-18	5-14	4-8
细粒式	AC-13				100	90-100	68-85	38-68	24-50	15-38	10-28	7-20	5-15	4-8
	AC-10					100	90-100	45-75	30-58	20-44	13-32	9-23	6-16	4-8
砂粒式	AC-5						100	90-100	55-75	35-55	20-40	12-28	7-18	5-10

通过对条件大体相当的工程的使用情况进行调查研究后，可以调整设计级配范围，必要时允许超出规范级配范围。调整工程设计级配范围宜遵循下列原则：

①首先按表9-7确定采用粗型(C型)或细型(F型)的混合料。

对夏季温度高、高温持续时间长、重载交通多的路段，宜选用粗型密级配沥青混合料(AC-C型)，并取较高的设计空隙率。对冬季温度低、低温持续时间长的地区，或者重载交通较少的路段，宜选用细型密级配沥青混合料(AC-F型)，并取较低的设计空隙率。

②确保高温抗车辙能力，兼顾低温抗裂性能的需要。

配合比设计时宜适当减少公称最大粒径附近的粗集料用量，减少0.6mm以下部分细粉的用量，使中等粒径集料较多，形成S形级配曲线，并取中等或偏高水平的设计空隙率。

③确定各层的工程设计级配范围时应考虑不同层位的功能需要，经组合设计的沥青路面应能满足耐久、稳定、密水、抗滑等要求。

④根据公路等级和施工设备的控制水平，确定的工程设计级配范围应比规范级配范围窄，其中4.75mm和2.36mm通过率的上下限差值宜小于12%。

⑤沥青混合料的配合比设计应充分考虑施工性能，使沥青混合料容易摊铺和压实，避免造成严重的离析。

2. 材料选择与准备

配合比设计的各种矿料必须按《公路工程集料试验规程》(JTG E42—2005)规定的方法，从工程实际使用的材料中取代表性样品。所用的各种材料必须符合气候和交通条件的需要，其质量应符合规范规定的技术要求。当单一规格的集料某项指标不合格，但不同粒径规格的材料按级配组成的集料混合料指标能符合规范要求时，允许使用。

根据现场取样，测定粗集料、细集料及矿粉的密度，并进行筛分试验，确定各种规格集料的级配组成和力学指标;测定沥青的技术指标。

3. 矿料配合比设计

矿质混合料的组成设计的目的是选配一个具有足够密实度并且有较高内摩阻力的矿质混合料。

根据各档集料的筛分结果,采用图解法或试算法,确定符合要求级配范围的各档集料的用量比例,计算矿质混合料的合成级配。

高速公路和一级公路沥青路面矿料配合比设计宜借助电子计算机的电子表格用试配法进行。其他等级公路沥青路面也可参照进行。

矿料级配曲线按《公路工程沥青及沥青混合料试验规程》(JTG E20—2011)(T0725)的方法绘制,如图9-14所示。以原点与通过集料最大粒径100%的点的连线作为沥青混合料的最大密度线。泰勒曲线筛孔尺寸对应的横坐标计算结果见表9-9,矿料级配设计计算表示例见表9-10。按表9-10计算结果绘制的矿料级配曲线见图9-14。

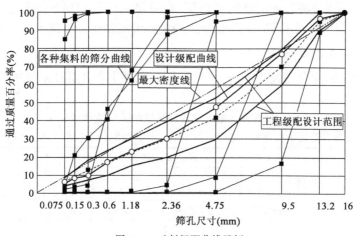

图9-14 矿料级配曲线示例

泰勒曲线的横坐标 表9-9

d_i	0.075	0.15	0.3	0.6	1.18	2.36	4.75	9.5
$x = d_i^{0.45}$	0.312	0.426	0.582	0.795	1.077	1.472	2.016	2.754
d_i	13.2	16	19	26.5	31.5	37.5	53	63
$x = d_i^{0.45}$	3.193	3.482	3.762	4.370	4.723	5.109	5.969	6.452

矿料级配设计计算表示例(通过率) 表9-10

筛孔 (mm)	10~20 碎石(%)	5~10 碎石(%)	3~5 碎石(%)	石屑 (%)	黄砂 (%)	矿粉 (%)	消石灰 (%)	合成 级配	工程设计级配范围		
									中值	下限	上限
16	100	100	100	100	100	100	100	100.0	100	100	100
13.2	88.6	100	100	100	100	100	100	96.7	95	90	100
9.5	16.6	99.7	100	100	100	100	100	76.6	70	60	80
4.75	0.4	8.7	94.9	100	100	100	100	47.7	41.5	30	53
2.36	0.3	0.7	3.7	97.2	87.9	100	100	30.6	30	20	40
1.18	0.3	0.7	0.5	67.8	62.2	100	100	22.8	22.5	15	30

续上表

筛孔(mm)	10~20碎石(%)	5~10碎石(%)	3~5碎石(%)	石屑(%)	黄砂(%)	矿粉(%)	消石灰(%)	合成级配	工程设计级配范围 中值	下限	上限
0.6	0.3	0.7	0.5	40.5	46.4	100	100	17.2	16.5	10	23
0.3	0.3	0.7	0.5	30.2	3.7	99.8	99.2	9.5	12.5	7	18
0.15	0.3	0.7	0.5	20.6	3.1	96.3	97.6	8.1	8.5	5	12
0.075	0.2	0.6	0.3	4.2	1.9	84.7	95.6	5.5	6	4	8
配比(%)	28	26	14	12	15	3.3	1.7	100.0			

对高速公路和一级公路,宜在工程设计级配范围内计算1~3组粗、细不同的配合比,绘制设计级配曲线,分别位于工程设计级配范围的上方、中值及下方。设计合成级配不得有太多的锯齿形交错,且在0.3~0.6mm范围内不出现"驼峰"。当反复调整不能满意时,宜更换材料设计。

根据当地的实践经验选择适宜的沥青用量,分别制作几组级配的马歇尔试件,测定矿料的间隙率VMA,初选一组满足或接近设计要求的级配作为设计级配。

4. 沥青混合料马歇尔试验

采用马歇尔试验配合比设计方法,密级配沥青混凝土混合料技术要求应符合表9-11的规定。

密级配沥青混凝土混合料马歇尔试验技术标准

(本表适用于公称最大粒径≤26.5mm的密级配沥青混凝土混合料)　　表9-11

试验指标		单位	高速公路、一级公路				其他等级公路	行人道路
			夏炎热区 (1-1、1-2、1-3、1-4区)		夏热区及夏凉区 (2-1、2-2、2-3、2-4、3-2区)			
			中轻交通	重载交通	中轻交通	重载交通		
击实次数(双面)		次	75				50	50
试件尺寸		mm	φ101.6×63.5					
空隙率 VV	深约90mm以内	%	3~5	4~6	2~4	3~5	3~6	2~4
	深约90mm以下	%	3~6		2~4	3~6	3~6	—
稳定度 MS 不小于		kN	8				5	3
流值 FL		mm	2~4	1.5~4	2~4.5	2~4	2~4.5	2~5
矿料间隙率 VMA (%) 不小于	设计空隙率(%)	相应于以下公称最大粒径(mm)的最小VMA及VFA技术要求(%)						
		26.5	19	16	13.2	9.5	4.75	
	2	10	11	11.5	12	13	15	
	3	11	12	12.5	13	14	16	
	4	12	13	13.5	14	15	17	
	5	13	14	14.5	15	16	18	
	6	14	15	15.5	16	17	19	
沥青饱和度 VFA(%)			55~70		65~75		70~85	

注:①对空隙率大于5%的夏炎热区重载交通路段,施工时应至少提高压实度1%。
②当设计的空隙率不是整数时,由内插确定要求的VMA最小值。
③对改性沥青混合料,马歇尔试验的流值可适当放宽。

沥青混合料马歇尔试验的主要目的是确定最佳沥青用量。沥青混合料中沥青用量通常采用油石比或沥青含量表示。油石比是指沥青混合料中沥青结合料质量占矿料总质量的百分数,代号 P_a;沥青含量是指沥青混合料中沥青结合料质量占沥青混合料总质量的百分数,代号 P_b。最佳沥青用量以 OAC 表示。

马歇尔试验法确定沥青最佳用量按下列步骤:

(1)按确定的矿质混合料配合比,计算各种规格集料的用量。

(2)根据经验估计适宜的油石比(或沥青含量)。

①计算矿料混合料的合成毛体积相对密度 γ_{sb}。

$$\gamma_{sb} = \frac{100}{\frac{P_1}{\gamma_1} + \frac{P_2}{\gamma_2} + \cdots + \frac{P_n}{\gamma_n}} \tag{9-10}$$

式中:$P_1, P_2, \cdots, P_n$——各种矿料成分的配合比,其和为 100;

$\gamma_1, \gamma_2, \cdots, \gamma_n$——各种矿料相应的毛体积相对密度。

②计算矿料混合料的合成表观相对密度 γ_{sa}。

$$\gamma_{sa} = \frac{100}{\frac{P_1}{\gamma'_1} + \frac{P_2}{\gamma'_2} + \cdots + \frac{P_n}{\gamma'_n}} \tag{9-11}$$

式中:$P_1, P_2, \cdots, P_n$——各种矿料成分的配合比,其和为 100;

$\gamma'_1, \gamma'_2, \cdots, \gamma'_n$——各种矿料相应的表观相对密度。

③预估沥青混合料适宜的油石比 P_a 或沥青含量 P_b。

$$P_a = \frac{P_{a1} \times \gamma_{sb1}}{\gamma_{sb}} \quad \text{或} \quad P_b = \frac{P_a}{100 + P_a} \times 100 \tag{9-12}$$

式中:P_{a1}——已建类似工程沥青混合料的标准油石比,%;

γ_{sb1}——已建类似工程集料的合成毛体积相对密度。

(3)确定矿料的有效相对密度 γ_{se}。

对非改性沥青混合料,宜以预估的最佳油石比拌和两组混合料,采用真空法实测最大相对密度 γ_t,取其平均值。按式(9-13)反算合成矿料的有效相对密度 γ_{se}。

$$\gamma_{se} = \frac{100 - P_b}{\frac{100}{\gamma_t} - \frac{P_b}{\gamma_b}} \tag{9-13}$$

式中:P_b——试验采用的沥青用量(占混合料总量的百分数),%;

γ_b——沥青的相对密度(25℃/25℃),无量纲。

对于改性沥青及 SMA 等难以分散的混合料,合成矿料的有效相对密度 γ_{se} 宜直接由矿料的合成毛体积相对密度 γ_{sb} 与合成表观相对密度 γ_{sa} 按式(9-14)计算确定。

$$\gamma_{se} = C \times \gamma_{sa} + (1 - C) \times \gamma_{sb} \tag{9-14}$$

式中:C——合成矿料的沥青吸收系数,$C = 0.033w_x^2 - 0.2936w_x + 0.9339$;

w_x——合成矿料的吸水率,$w_x = \left(\dfrac{1}{\gamma_{sb}} - \dfrac{1}{\gamma_{sa}}\right) \times 100$。

(4)以预估的油石比(或沥青含量)为中值,按一定的间隔取5个或5个以上不同的油石比(或沥青含量)分别成型马歇尔试件。

密级配沥青混合料油石比间隔通常为0.5%,沥青碎石混合料可适当缩小间隔为0.3%~0.4%。每一组试件的试样数按现行试验规程的要求确定,对粒径较大的沥青混合料,宜增加试件数量。

(5)测定压实沥青混合料试件的毛体积相对密度 γ_f 和吸水率,取平均值。

通常采用表干法测定毛体积相对密度 γ_f;对吸水率大于2%的试件,宜改用蜡封法测定毛体积相对密度 γ_f。

(6)确定沥青混合料的最大理论相对密度 γ_{ti}。

对非改性的普通沥青混合料,在成型马歇尔试件的同时,用真空法实测各组沥青混合料的最大理论相对密度 γ_{ti}。当只对其中一组油石比测定最大理论相对密度时,按式(9-15)计算其他不同油石比时的最大理论相对密度 γ_{ti}。

对改性沥青或 SMA 混合料宜按式(9-15)计算各个不同沥青用量沥青混合料的最大理论相对密度。

$$\gamma_{ti} = \dfrac{100 + P_{ai}}{\dfrac{100}{\gamma_{se}} + \dfrac{P_{ai}}{\gamma_b}} \text{ 或 } \gamma_{ti} = \dfrac{100}{\dfrac{P_{si}}{\gamma_{se}} + \dfrac{P_{bi}}{\gamma_b}} \tag{9-15}$$

式中:γ_{ti}——沥青用量为 P_{ai} 或 P_{bi} 时沥青混合料的最大理论相对密度,无量纲;

P_{ai}——计算的沥青混合料的油石比,%;

P_{bi}——计算的沥青混合料的沥青含量,$P_{bi} = P_{ai}/(1 + P_{ai})$,%;

P_{si}——计算的沥青混合料的矿料含量,$P_{si} = 100 - P_{bi}$,%;

γ_{se}——矿料的有效相对密度,按式(9-13)计算,无量纲;

γ_b——沥青的相对密度(25℃/25℃),无量纲。

(7)计算沥青混合料试件的空隙率、矿料间隙率、有效沥青的饱和度等体积指标,精确到1位小数,进行体积组成分析。

$$VV = \left(1 - \dfrac{\gamma_f}{\gamma_t}\right) \times 100 \tag{9-16}$$

$$VMA = \left(1 - \dfrac{\gamma_f}{\gamma_{sb}} \times \dfrac{P_s}{100}\right) \times 100 \tag{9-17}$$

$$VFA = \dfrac{VMA - VV}{VMA} \times 100 \tag{9-18}$$

式中:VV——试件的空隙率,%;

VMA——试件的矿料间隙率,%;

VFA——试件的有效沥青饱和度(有效沥青含量占VMA的体积比例),%;

γ_f——试件的毛体积相对密度,无量纲;

γ_t——沥青混合料的最大理论相对密度,无量纲;

γ_{sb}——矿料的合成毛体积相对密度,无量纲;

P_s——各种矿料占沥青混合料总质量的百分率之和,即 $P_s = 100 - P_b$,%。

(8)进行马歇尔试验,测定马歇尔稳定度及流值。

5.确定最佳沥青用量

(1)以油石比或沥青含量为横坐标,以马歇尔试验的各项指标为纵坐标,绘制 γ_f-P_a(P_b)、VV-P_a(P_b)、VMA-P_a(P_b)、VFA-P_a(P_b)、MS-P_a(P_b)、FL-P_a(P_b)关系曲线图。将试验结果点入图中,连成圆滑的曲线,如图9-15所示。

确定各项指标均符合规定的沥青混合料技术标准的油石比或沥青含量范围 OAC_{min}-OAC_{max}(不包括 VMA)。选择的沥青用量范围必须涵盖设计空隙率的全部范围,并尽可能涵盖沥青饱和度的要求范围,并使密度及稳定度曲线出现峰值。如果没有涵盖设计空隙率的全部范围,试验必须扩大沥青用量范围重新进行。

绘制曲线时含 VMA 指标,且应为下凹型曲线,但确定 OAC_{min} ~ OAC_{max} 时不包括 VMA。

(2)在曲线图上求取相应于密度最大值、稳定度最大值、目标空隙率(或中值)、沥青饱和度范围中值的油石比或沥青含量 a_1、a_2、a_3、a_4。

(3)计算最佳沥青用量 OAC。

①取 a_1、a_2、a_3、a_4 的平均值作为初始值 OAC_1。

$$OAC_1 = \frac{a_1 + a_2 + a_3 + a_4}{4} \tag{9-19}$$

如果在所选择的沥青用量范围未能涵盖沥青饱和度的要求范围,按式(9-20)求取三者的平均值作为 OAC_1。

$$OAC_1 = \frac{a_1 + a_2 + a_3}{3} \tag{9-20}$$

对所选择试验的沥青用量范围,密度或稳定度没有出现峰值(最大值经常在曲线的两端)时,可直接以目标空隙率所对应的沥青含量 a_3 作为 OAC_1,但 OAC_1 必须介于 OAC_{min} ~ OAC_{max} 的范围内。否则应重新进行配合比设计。

②确定沥青用量范围的中值 OAC_2。

以各项指标均符合技术标准(不含 VMA)的沥青用量范围 OAC_{min} ~ OAC_{max} 的中值作为 OAC_2。

$$OAC_2 = \frac{OAC_{min} + OAC_{max}}{2} \tag{9-21}$$

③计算最佳沥青用量 OAC。

通常情况下取 OAC_1 及 OAC_2 的中值作为计算的最佳油石比或最佳沥青含量。

$$OAC = \frac{OAC_1 + OAC_2}{2} \tag{9-22}$$

(4)按式(9-22)计算的最佳沥青用量 OAC,从图 9-15 中得出所对应的空隙率和 VMA 值,检验是否能满足规范中关于最小 VMA 值的要求。OAC 宜位于 VMA 凹形曲线最小值的贫油一侧。当空隙率不是整数时,最小 VMA 按内插法确定,并将其画入图 9-15 中。

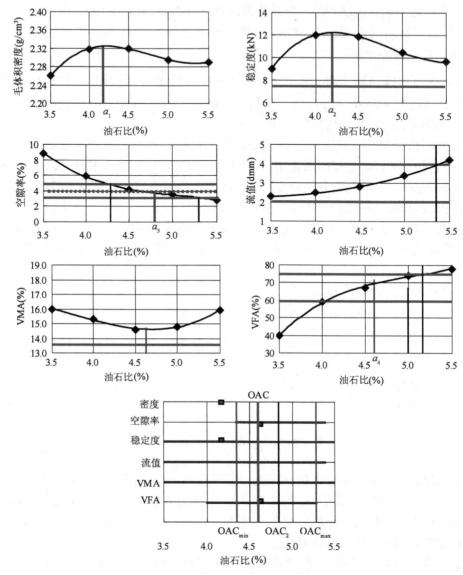

图 9-15 马歇尔试验结果示例

注:图中 $a_1=4.2\%$,$a_2=4.25\%$,$a_3=4.8\%$,$a_4=4.7\%$;$OAC_1=4.49\%$(由 4 个平均值确定),$OAC_2=4.8\%$,$OAC=4.64\%$,$OAC_{min}=4.3\%$,$OAC_{max}=5.3\%$。此例中相对于空隙率 4% 的油石为 4.6%。

检查图 9-15 中相应于此 OAC 的各项指标是否符合马歇尔试验技术标准。

(5)根据实践经验和公路等级、气候条件、交通情况,调整确定最佳沥青用量 OAC。

调查当地各项条件相接近的工程的沥青用量及使用效果,论证适宜的最佳沥青用量。检查计算得到的最佳沥青用量是否相近,如相差甚远,应查明原因,必要时重新调整级配,进行配合比设计。

对炎热地区公路以及高速公路、一级公路的重载交通路段,山区公路的长大坡度路段,预计有可能产生较大车辙时,宜在空隙率符合要求的范围内将计算的最佳沥青用量减小0.1%~0.5%作为设计沥青用量。

对寒区公路、旅游公路、交通量很少的公路,最佳沥青用量可以在OAC的基础上增加0.1%~0.3%,以适当减小设计空隙率,但不得降低压实度要求。

6. 配合比设计检验

对用于高速公路和一级公路的密级配沥青混合料,需在配合比设计的基础上进行各种使用性能的检验,不符合要求的沥青混合料,必须更换材料或重新进行配合比设计。其他等级公路的沥青混合料参照执行。

配合比设计检验按计算确定的设计最佳沥青用量在标准条件下进行。如将计算的设计沥青用量调整后作为最佳沥青用量,或者改变试验条件时,各项技术要求均应适当调整,不宜照搬。

(1)高温稳定性检验。

对公称最大粒径等于或小于19mm的混合料,按规定方法进行车辙试验,动稳定度应符合表9-12的要求。对公称最大粒径大于19mm的密级配沥青混凝土或沥青稳定碎石混合料,由于车辙试件尺寸不能适用,不宜按本方法进行车辙试验和弯曲试验。如需要检验可加大试件厚度或采用大型马歇尔试件。

沥青混合料车辙试验动稳定度技术要求 表9-12

气候条件与技术指标	相应于下列气候分区所要求的动稳定度(次/mm)								试验方法
七月平均最高气温(℃)及气候分区	>30				20~30			<20	
	1. 夏炎热区				2. 夏热区			3. 夏凉区	
	1-1	1-2	1-3	1-4	2-1	2-2	2-3	2-4	3-2	
普通沥青混合料 不小于	800			1000	600			800	600	T 0719
改性沥青混合料 不小于	2400			2800	2000			2400	1800	
SMA混合料	非改性 不小于	1500								
	改性 不小于	3000								
OGFC混合料	1500(一般交通路段)、3000(重交通量路段)								

注:①如果其他月份的平均最高气温高于七月时,可使用该月平均最高气温;
②在特殊情况下,如钢桥面铺装、重载车特别多或纵坡较大的长距离上坡路段、厂矿专用道路,可酌情提高动稳定度的要求;
③对因气候寒冷确需使用针入度很大的沥青(如大于100),动稳定度难以达到要求,或因采用石灰岩等不很坚硬的石料,改性沥青混合料的动稳定度难以达到要求等特殊情况,可酌情降低要求;
④为满足炎热地区及重载车要求,在配合比设计时采取减少最佳沥青用量的技术措施时,可适当提高试验温度或增加试验荷载进行试验,同时增加试件的碾压成型密度和施工压实度要求;
⑤车辙试验不得采用二次加热的混合料,试验必须检验其密度是否符合试验规程的要求;
⑥如需要对公称最大粒径等于和大于26.5mm的混合料进行车辙试验,可适当增加试件的厚度,但不宜作为评定合格与否的依据。

(2)水稳定性检验。

按规定的试验方法进行浸水马歇尔试验和冻融劈裂试验,残留稳定度及残留强度比均必须符合表9-13的规定。

沥青混合料水稳定性检验技术要求 表9-13

气候条件与技术指标	相应于下列气候分区的技术要求(%)				试验方法
年降雨量(mm)及气候分区	>1000	500~1000	250~500	<250	
	1.潮湿区	2.湿润区	3.半干区	4.干旱区	
浸水马歇尔试验残留稳定度(%)不小于					
普通沥青混合料	80		75		T 0709
改性沥青混合料	85		80		
SMA混合料 普通沥青	75				
改性沥青	80				
冻融劈裂试验的残留强度比(%)不小于					
普通沥青混合料	75		70		T 0729
改性沥青混合料	80		75		
SMA混合料 普通沥青	75				
改性沥青	80				

(3)低温抗裂性能检验。

对公称最大粒径等于或小于19mm的混合料,按规定方法在温度-10℃、加载速率50mm/min的条件下进行低温弯曲试验,其破坏应变宜符合表9-14的要求。

沥青混合料低温弯曲试验破坏应变技术要求 表9-14

气候条件与技术指标	相应于下列气候分区所要求的破坏应变($\mu\varepsilon$)								试验方法
年极端最低气温(℃)及气候分区	<-37.0		-37.0~-21.5			-21.5~-9.0		>-9.0	
	1.冬严寒区		2.冬寒区			3.冬冷区		4.冬温区	
	1-1	2-1	1-2	2-2	3-2	1-3	2-3	1-4	2-4
普通沥青混合料 不小于	2600		2300			2000			T 0728
改性沥青混合料 不小于	3000		2800			2500			

沥青混合料的生产配合比设计参照目标配合比设计的方法进行。

二、沥青混合料配合比设计示例

【例题9-1】 设计某高速公路沥青路面面层用沥青混合料的配合比组成。
[原始资料]
1.道路等级:高速公路。
2.路面类型:沥青混凝土。
3.结构层位:三层式沥青混凝土面层的中面层。

4.气候条件:7月份平均最高气温为31℃,年极端最低气温为-7℃,年降雨量为1400mm。

5.材料性能。

(1)沥青材料:沥青密度1.016g/cm³,经检验各项技术性能均符合要求。

(2)矿质材料:各档集料的级配组成见表9-15,洛杉矶磨耗率13%,黏附性等级5级,粗集料A和B毛体积相对密度分别为2.825g/cm³、2.784g/cm³,细集料表观相对密度为2.962g/cm³。矿粉采用石灰石磨细石粉,粒度范围符合技术要求,无团粒结块,表观密度为2.810g/cm³。

矿质集料级配与设计级配范围 表9-15

材料名称	各筛孔(mm)的通过百分率(%)									
	19.0	16.0	13.2	9.5	4.75	2.36	1.18	0.6	0.3	0.15	0.075
集料A	99.8	81.9	53.6	12.1	0.1	0	0	0	0	0	0
集料B	100	100	100	98.5	21.4	0.1	0	0	0	0	0
集料C	100	100	100	100	98.7	78.0	55.6	46.9	23.1	19.0	8.2
集料D	100	100	100	100	98.5	81.1	49.9	38.5	8.9	6.1	2.6
矿粉E	100	100	100	100	100	100	100	99.9	99.5	99.4	92
AC-16级配范围	100	90~100	76~92	60~80	34~62	20~48	13~36	9~26	7~18	5~14	4~8

[设计要求]

1.确定沥青混合料类型,并进行矿质混合料的配合比设计。

2.确定最佳沥青用量。

3.根据高速公路用沥青混合料要求,检验沥青混合料的水稳定性和抗车辙能力。

解:

1.矿质混合料配合比设计

(1)确定沥青混合料类型以及矿质混合料的级配范围。

根据设计资料选用AC-16C型沥青混凝土混合料,相应的设计级配范围查施工规范确定。

(2)依据JTG F40关于AC-16型沥青混凝土混合料的矿料级配范围要求和集料筛分结果,以及该路段的气候和交通量情况,在设计级配范围内选择3种粗细不同的配合比,分别位于规定级配范围的上方、中值及下方,并对选用的三种级配分别按预估的最佳油石比4.6%成型马歇尔试件。根据试验结果,对比规范要求的空隙率、矿料间隙率、沥青饱和度等指标,最终确定中级配为设计级配,矿质混合料配合比计算结果见表9-16,级配曲线见图9-16。

矿质混合料配合比计算表 表9-16

筛孔尺寸 (mm)	集料A (%)	集料B (%)	集料C (%)	集料D (%)	矿粉E (%)	合成级配	工程设计级配范围		
							中值	下限	上限
19	99.8	100	100	100	100	99.9	100	100	100
16	81.9	100	100	100	100	92.9	95	90	100
13.2	53.6	100	100	100	100	81.9	84	76	92
9.5	12.1	98.5	100	100	100	65.4	70	60	80
4.75	0.1	21.4	98.7	98.5	100	44.0	48	34	62
2.36	0	0.11	78.0	81.1	100	32.8	34	20	48
1.18	0	0	55.6	49.9	100	23.6	24.5	13	36
0.6	0	0	46.9	38.5	99.9	20.1	17.5	9	26
0.3	0	0	23.1	8.9	99.5	10.8	12.5	7	18
0.15	0	0	19.0	6.1	99.4	9.6	9.5	5	14
0.075	0	0	8.2	2.6	92	6.6	6	4	8
配合比	39	21	19	16	5	100	—	—	—

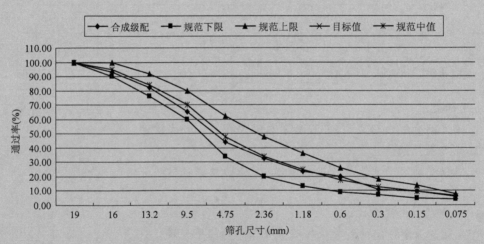

图9-16 AC-16型矿料级配组成合成曲线

2.确定最佳沥青用量

(1)马歇尔试验。

①试件成型。

根据经验,AC-16型沥青混合料的沥青含量范围为4.0%~6.0%,采用0.5%间隔变化,拌制5组试件,按规定每面各击实75次的方法成型。

②试件物理力学指标的测定。

按照规范,采用真空法实测试件的最大理论相对密度,采用表干法测定试件的毛体积相对密度,计算试件的空隙率、矿料间隙率VMA、有效沥青的饱和度VFA等体积指标,结果见表 9-17。

测定物理指标后的试件,在 60℃ 温度下测定其马歇尔稳定度和流值,马歇尔试验结果见表 9-17。

马歇尔试验结果　　　　　　　　　　表 9-17

沥青用量(%)	4.0	4.5	5.0	5.5	6.0
毛体积相对密度	2.389	2.408	2.415	2.412	2.401
稳定度(kN)	8.79	9.47	9.67	9.38	8.42
流值(mm)	2.01	2.48	2.84	3.04	3.60
空隙率(%)	6.28	4.81	3.47	2.76	1.97
饱和度(%)	56.2	65.7	72.8	78.8	85.6
矿料间隙率(%)	15.1	14.7	14.4	14.5	14.9

③绘制沥青用量与物理-力学指标关系图。

根据表 9-17 马歇尔试验结果汇总表,绘制沥青用量与毛体积相对密度、空隙率、饱和度、矿料间隙率、稳定性、流值的关系图如图 9-17 所示。

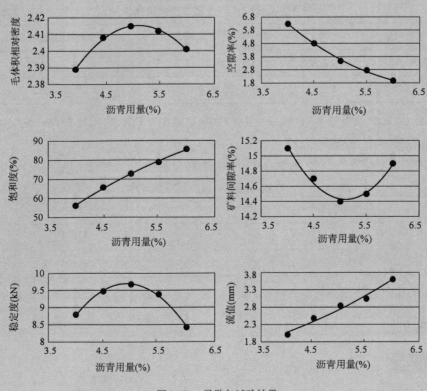

图 9-17　马歇尔试验结果

(2)最佳沥青用量的确定。

①确定沥青用量初始值 OAC_1。

由图9-17得,相应于密度最大值的沥青用量 $a_1=5.0\%$,稳定度最大值 $a_2=5.0\%$,目标空隙率(或中值) $a_3=4.4\%$,沥青饱和度范围的中值的沥青用量 $a_4=4.8\%$。

$$OAC_1=(5.0\%+5.0\%+4.4\%+4.8\%)/4=4.8\%$$

②确定沥青用量初始值 OAC_2。

各指标符合沥青混合料技术指标的沥青用量范围:
$OAC_{min}=4.5\%,OAC_{max}=4.8\%$。

$$OAC_2=(4.5\%+4.8\%)/2=4.65\%$$

③综合确定最佳沥青用量 OAC。

由 OAC_1 和 OAC_2 综合确定沥青最佳用量,取 $OAC=4.7\%$。

3.水稳定性和抗车辙能力检验

(1)水稳定性检验。

采用沥青用量4.7%制备沥青混合料试件,按照规定方法进行浸水马歇尔试验和冻融劈裂试验,试验结果见表9-18。

沥青混合料试件的水稳定性试验结果　　　　表9-18

沥青用量(%)	浸水残留稳定度 MS_0(%)	冻融劈裂强度比 TSR(%)
4.7	90.27	80.54
规范要求	≥80%	≥75

从表9-18试验结果可知,$OAC=4.7\%$ 的沥青混合料的水稳定性符合规范要求。

(2)抗车辙能力检验。

以沥青用量4.7%进行抗车辙试验,试验结果见表9-19。

沥青混合料试件的抗车辙试验结果　　　　表9-19

沥青用量(%)	动稳定度 DS(次/mm)
4.7	2810.2
规范要求	>1000

从表9-19中试验结果可知,$OAC=4.7\%$ 的沥青混合料的动稳定度符合高速公路抗车辙的要求。

★ 任务实施

某公路沥青路面上面层采用 AC-13 型细粒式沥青混凝土,经过马歇尔试验,试验结果及结果分析汇总于表9-20,确定其最佳沥青用量。

马歇尔试验结果及结果分析汇总表　　表 9-20

试件组号	油石比（%）	技术指标					
		毛体积密度（g/cm³）	空隙率 VV(%)	矿料间隙率 VMA(%)	沥青饱和度 VFA(%)	稳定度 MS(kN)	流值 FL(mm)
1	4.0	2.328	5.8	15.6	62.5	8.7	2.1
2	4.5	2.346	4.7	15.4	69.8	9.7	2.3
3	5.0	2.354	3.6	15.3	77.5	10.6	2.5
4	5.5	2.353	2.9	15.7	80.2	10.3	2.8
5	6.0	2.348	2.5	16.4	83.5	8.5	3.7
技术标准	—		3~6	不小于13	65~75	≥8	1.5~4

任务评价

评价项目	评价标准	参考分值	得分
沥青混合料配合比设计	数据读取准确，OAC_1值计算结果正确	30	
	思维逻辑清晰，OAC_2值计算结果正确	30	
	OAC 计算结果正确	30	
做事态度	认真严谨，处理数据时耐心细致	10	
总评			

习题

一、单选题

1. 沥青混合料车辙试验的评价指标为（　　）。
   A. 稳定度　　　　B. 残留稳定度　　　C. 动稳定度　　　D. 残留强度比
2. 车辙试验的目的是检验沥青混合料的（　　）性能。
   A. 抗滑　　　　　B. 抗裂　　　　　　C. 抗疲劳　　　　D. 热稳定
3. 黏稠石油沥青混合料稳定度的试验温度是（　　）。
   A. 50℃　　　　　B. 60℃　　　　　　C. 65℃　　　　　D. 80℃
4. 制备一个标准马歇尔试件，大约需要称取（　　）热拌沥青混合料。
   A. 1000g　　　　 B. 1200g　　　　　 C. 1500g　　　　 D. 2000g
5. 沥青混合料标准马歇尔试件的高度要求为（　　）。
   A. 63.5mm±1.3mm　　　　　　　　　B. 65.5mm+1.5mm
   C. 95.3mm±1.3mm　　　　　　　　　D. 95.3mm+2.5mm

6. 随沥青含量增加,沥青混合料试件的毛体积密度( )。
   A. 保持不变　　　　B. 先增加后减少　　　C. 递减　　　　　　D. 递增
7. 随沥青含量增加,沥青混合料试件的稳定度( )。
   A. 保持不变　　　　B. 先增加后减少　　　C. 递减　　　　　　D. 递增
8. 随沥青含量增加,沥青混合料试件的空隙率( )。
   A. 无变化规律　　　B. 呈抛物线变化　　　C. 递减　　　　　　D. 递增

二、判断题

1. 密级配沥青混合料必须采用连续型密级配的矿质混合料。（　）
2. 制备沥青混合料试件时,应先将各种矿料置于拌和机中拌和均匀后再加入沥青。（　）
3. 蜡封法适用于测定吸水率小于2%的沥青混合料试件的毛体积密度。（　）
4. 测定标准马歇尔试件的稳定度时,应先将试件在60℃±1℃恒温水槽中保温60min。（　）
5. 沥青混合料配合比设计可分为矿质混合料组成设计和沥青最佳用量确定两部分。（　）

三、简答题

1. 沥青混合料按其组成结构可分为哪几种类型？其特点是什么？
2. 简述路面沥青混合料应具备的主要技术性质。
3. 简述采用击实法制备沥青混合料马歇尔试件的方法。
4. 简述沥青马歇尔稳定度试验操作过程。

项目十 PROJECT TEN
其他建筑材料

任务一 认知减水剂及其他水泥混凝土类材料

学习目标	● 知识目标	❶了解常用的减水剂及其应用。 ❷了解其他水泥混凝土类材料的基本知识及应用
	● 能力目标	能正确认识减水剂及其他水泥混凝土类材料
	● 素质目标	通过对减水剂、其他水泥混凝土类材料的学习,培养与时俱进、开拓创新的工匠精神

🗨 任务描述

水泥混凝土性能优异,使用广泛,大量应用于道路、桥梁、建筑等各个工程部位。除了常见的普通水泥混凝土,还有哪些类型的水泥混凝土材料?查阅文献资料,了解减水剂在混凝土中的应用、其他类型水泥混凝土材料的工程应用,以及这些材料的优越性。

🖊 任务引导

要完成此任务,需要先掌握普通水泥混凝土的基本知识,在此基础上了解减水剂的作用,了解其他水泥混凝土的类型及其应用。

📖 相关知识

在水泥混凝土中经常会用到一种很重要的材料——减水剂。在学习混凝土时,需要先了解减水剂的一些基本知识。

一、减水剂

1. 基本定义

在不影响混凝土拌合物和易性的条件下,具有减水及增强作用的外加剂,称为混凝土减水剂,减水剂大多属于表面活性剂。

2. 减水剂的种类

混凝土用减水剂品种很多。按其减水效果及对混凝土性质的作用分为普通减水剂、高效减水剂、早强减水剂、缓凝减水剂和引气减水剂。按化学成分分为木质素磺酸盐系、萘系(图10-1)、三聚氰胺树脂系、糖蜜系、聚羧酸盐系(图10-2)、氨基磺酸盐系、脂肪族羟基磺酸盐系等减水剂。

图10-1　萘系粉体减水剂

图10-2　聚羧酸盐系减水剂

3. 减水剂的作用

(1)不改变各种原材料配合比,添加混凝土减水剂,不改变混凝土强度,同时可以大幅度提高混凝土的流变性及可塑性,使得混凝土坍落度显著提升,提高施工速度。

(2)在不改变混凝土配合比(除水)及混凝土坍落度的情况下,减少用水量,可以大大提高混凝土的强度、早期和后期强度。

(3)不改变混凝土配合比(除水泥)及混凝土强度的情况下,可以节省水泥用量。

(4)通过外加剂降低混凝土的水灰比,混凝土的耐久性大大增强。

4. 常见减水剂

目前工程上广泛应用的减水剂为萘系高效减水剂和高性能聚羧酸盐系减水剂。

(1)萘系减水剂。

萘系减水剂是以萘及萘的同系物经磺化与甲醛缩合而成。主要成分为聚烷基芳基磺酸盐等,属阴离子型表面活性剂。

萘系减水剂对水泥的分散、减水、早强、增强作用均优于木质素磺酸盐系减水剂,属高效减水剂。萘系减水剂多以粉剂供应,适宜掺量为0.2%~1.8%,常用掺量为0.5%~0.75%。

萘系减水剂有以下特点:

①减水率为15%~25%,其减水率大小因品种及生产厂家而异。在混凝土用水量不变的情况下,掺加减水剂可大大提高坍落度,故多用于大流动性混凝土;在保持坍落度不变时,可提高抗压强度15%~20%,但掺加减水剂大多用于提高混凝土的坍落度。

②萘系减水剂由于提高了混凝土的密实性,使混凝土抗渗性及抗冻性有较大提高,可

用于有抗渗及抗冻要求的混凝土。

③其缓凝及引气作用不明显。

④掺萘系减水剂混凝土的收缩率有时大于基准混凝土的收缩率,对于有抗裂要求的混凝土结构,应做收缩率的试验。

⑤萘系减水剂最大的不足之处在于混凝土坍落度的经时损失较大,所以当混凝土运距较长时,应采用减小坍落度损失的方法,尽量降低坍落度损失。

(2)聚羧酸盐系减水剂。

聚羧酸盐系减水剂多以液体供应。坍落度损失小,特别适合泵送混凝土、大流动性混凝土、自密实混凝土、高性能混凝土等。

聚羧酸系高效减水剂液体状产品的固体含量一般为18%~25%。其主要性能如下:

①掺量低、减水率高。掺量通常为胶结材料用量的0.8%~1.5%,减水率最高可达40%以上。

②与水泥、掺合料及其他外加剂的相容性好,混凝土15h以内坍落度损失可调。

③混凝土黏度小,便于泵送施工。

④具有一定缓凝作用,能减缓水泥水化热放热高峰期,适合配制大体积混凝土。

⑤与萘系减水剂相比,具有一定的减缩作用,其28d收缩率较萘系高效减水剂降低20%以上。

⑥通常与引气剂双掺用于配制高性能混凝土。

二、自密实混凝土

自密实混凝土(SCC)(图10-3)是具有高流动性、均匀性和稳定性,浇注时无须外力振捣,能够在自重作用下流动密实的混凝土。它配置的原理是通过外加剂、胶结材料和粗细集料的选择与搭配,精心地进行配合比设计,将混凝土的屈服应力减小到足以被因自重产生的剪应力克服,使混凝土流动性增大,同时又具有足够的塑性黏度,令集料悬浮于水泥浆中,不出现离析和泌水问题,能自由流淌并充分填充模板内的空间,形成密实且均匀的胶凝结构。

图10-3 自密实混凝土

(1) 自密实混凝土的特点。

①高流动性：与传统混凝土相比，自密实混凝土粗集料用量少，胶凝材料用量有所增加，水与胶凝材料用量的比值远小于常规混凝土的水灰比，而由于添加了高性能减水剂，在不增加单位体积用水量的情况下可以大大提高流动性。混凝土能够在自重作用下克服内部阻力（包括胶凝材料的黏滞性与内聚力以及集料颗粒间的摩擦力）和与模板、钢筋间的黏附性，产生流动并填充于模板与钢筋周围。

②高稳定性：可保证混凝土质量均匀一致，在浇筑过程中砂浆与集料不会发生离析，同时浇筑后不会出现泌水与沉降分层的现象。

③通过钢筋间隙能力：在实际施工中，保证混凝土穿越钢筋间隙时不会发生阻塞。

④填充密实性：保证混凝土填充模板，并能够自行排出在浇筑过程中带入的气泡，使混凝土成型密实，这一性能是流动性、稳定性和间隙通过能力的综合表现。

⑤自密实混凝土硬化后的耐久性非常有限，尤其是在寒冷气候条件下；同时，自密实混凝土中还有不稳定的气泡。

⑥高流动性自密实混凝土与普通混凝土相比，干燥收缩略大。

(2) 自密实混凝土的配置措施。

①借助以萘系高效减水剂为主要组分的外加剂，可对水泥粒子产生强烈的分散作用，并阻止分散粒子凝聚，高效减水剂的减水率应≥25%，并应具有一定的保塑功能。掺入的外加剂应与水泥的相容性好，减水率大以及具有缓凝、保塑作用。

②掺加适量矿物掺合料能调节混凝土的流变性能，提高塑性黏度，同时提高拌合物中的浆固比，改善混凝土的和易性，使混凝土匀质性得到改善，并减小粗细集料颗粒之间的摩擦力，提高混凝土的通阻能力。

③掺入适量混凝土膨胀剂，可提高混凝土的自密实性及防止混凝土硬化后产生收缩裂缝，提高混凝土抗裂能力，同时提高混凝土黏聚性，改善混凝土外观质量。

④适当增加砂率和控制粗集料粒径≤20mm，以减少遇到阻力时浆骨分离的可能，增加拌合物的抗离析稳定性。

⑤在配制强度等级较低的自密实混凝土时可适当使用增黏剂以增加拌合物的黏度。

⑥按结构耐久性及施工工艺要求，选择适当的掺合料品种及用量，取代水泥量和引气剂品种及用量。

(3) 自密实混凝土的应用。

自密实混凝土适用于现场建筑的自密实混凝土工程和生产预制自密实混凝土构件，尤其适用于浇筑量大、振捣困难的结构以及对施工进度、噪声有特殊要求的工程。

三、透水混凝土

透水混凝土（图10-4）又称多孔混凝土、无砂混凝土，是由特定级配的水泥、水、粗集料、外加剂、掺合料和无机颜料等按特定配合比经特殊工艺制备而成的具有连续空隙的生态环保混凝土。它不含细集料，是一种多孔轻质混凝土。透水混凝土由粗集料表面包覆一薄层水泥浆相互黏结而形成孔穴均匀分布的蜂窝状结构，故具有透气、透水和质量轻的特点。

图10-4 透水混凝土及路面

透水混凝土是欧美、日本等国家地区针对原城市道路的路面缺陷而开发使用的一种能让雨水流入地下,有效补充地下水,缓解城市地下水位急剧下降等城市环境问题的优良铺装材料。

透水混凝土大致可分为三种:水泥透水性混凝土、高分子透水性混凝土和烧结透水性混凝土。与不透水路面相比,透水路面可以还原雨水循环、缓解雨水流失、防止地面温度上升、改善热循环、有效抑制城市"热岛效应",具有吸声效果好、透水性能优良、减少雨天夜间行车路面积水反光等优点,并能有效消除地面上的油类化合物等对环境的污染危害。

控制透水混凝土应用的关键工程性能指标是抗压强度、孔隙率、渗透率、抗冻融耐久性和表面耐磨性。

透水混凝土适用于人行道及自行车道、社区内地面装饰、园林景观道路及城市广场、游泳池旁边及体育场、社区消防通道及轻量级道路、高尔夫球场电车道和户外停车场等工程。

四、防盐冻混凝土

混凝土的盐冻破坏是指混凝土在低温腐蚀环境中受到的破坏,其破坏是冻融和盐类腐蚀的双重破坏。盐冻破坏本质上是冻融破坏的一种特殊形式,但冻融和盐类的双重作用比普通的冻融要严重得多,盐类的作用加速了混凝土的冻融破坏(图10-5)。混凝土的饱水程度因为吸湿作用而显著增加,从而使得混凝土的饱水时间大大缩短,因此其冻胀破坏更为严重。

图10-5 盐冻破坏及修复后的高速公路收费站

(1)影响混凝土抗盐冻因素。

混凝土抗盐冻主要影响因素有:盐溶液的浓度、含气量、掺合料和水泥用量及种类、混凝土强度。

①盐类的存在对混凝土的冻融破坏起到了促进作用,盐冻破坏比普通冻融破坏要严重得多,盐溶液浓度在2%~4%时对混凝土冻融破坏影响最大。

②混凝土的含气量是抗冻融性能的一个很重要的因素,掺加引气剂对混凝土抗盐冻剥蚀性能有极大的提高。在一定范围内,混凝土的抗盐冻剥蚀性能随着含气量的增加而提高。但含气量不宜过高,含气量太高会导致混凝土内部孔结构不稳定,冻融循环中使混凝土吸水能力增强,抗盐冻剥蚀能力降低。混凝土的最佳含气量为4%~6%。

③通常掺入5%左右的硅灰对混凝土的抗盐冻性能提高较为明显。单独掺入粉煤灰、矿粉往往不利于混凝土抗冻,而复掺粉煤灰和矿粉可一定程度上提高混凝土的抗冻性能。

④水泥用量适中(通常每立方米混凝土中水泥用量为400~500kg),对混凝土抗冻有利;硅酸盐水泥抗冻性最好,普通硅酸盐水泥其次,矿渣硅酸盐水泥最差。

⑤混凝土强度越高,密实度越好,有害物质侵入越困难,其抗盐冻性能也越好。对于工程而言,C50混凝土抗盐冻性能较C30抗盐冻性能好得多。

(2)抗盐冻混凝土优缺点。

抗盐冻混凝土的优缺点见表10-1。

抗盐冻混凝土优缺点 表10-1

特点	水泥基渗透结晶涂料	聚合物砂浆(涂料)	聚脲涂料	引气型密实混凝土	有机硅憎水材料	氯化物水泥基材料
优点	可渗入基材100mm,堵住毛细通道,抗渗性高,且结晶是永久的	黏结性好,成膜性好,具有阻水和憎水多重功效	化学反应,生成物密实,黏结力高、耐久性好	通过硅灰、减水剂、掺合料实现抗盐冻,价格低	憎水、阻止水分渗透	含氯离子和硫酸根离子,对除冰盐与融雪剂不敏感,黏结力高
缺点	黏结性差,需要养护3~7天	掺量大,进口产品贵,施工性不好	价格昂贵	对表面保护不够	材料变脆,搅拌慢,需要静置	体积稳定性差,耐水性差

五、轻混凝土

轻混凝土是指表观密度小于1950kg/m³的混凝土。轻混凝土又分为轻集料混凝土、多孔混凝土和大孔混凝土。

1. 轻集料混凝土

《轻骨料混凝土应用技术标准》(JGJ/T 12—2019)规定,用轻粗集料、轻砂或普通砂、胶凝材料、外加剂和水配制而成的干表观密度不大于1950kg/m³的混凝土,称为轻集料混凝土。

轻集料混凝土按照其集料品种不同,分为全轻混凝土(由轻砂作细集料配制而成的轻集料混凝土)和砂轻混凝土(由普通砂或在普通砂中掺加部分轻砂作细集料配制而成的轻集料混凝土)。

(1)轻集料混凝土的组成材料。

轻集料按其来源不同可分为三类：天然轻集料(天然形成的多孔岩石,经加工而成的轻集料,如浮石、火山灰等)、工业废料轻集料(以工业废料为原料经加工而成的轻集料,如粉煤灰陶粒、膨胀矿渣珠、炉渣及轻砂)和人造轻集料(以地方材料为原料,经加工而成的轻集料,如黏土陶粒、膨胀珍珠岩等)。

轻集料与普通砂石的区别在于轻集料中存在大量孔隙,质轻、吸水率大、强度低、表面粗糙等。轻集料的技术性质直接影响所配制混凝土的性质。

轻集料的技术性质主要包括堆积密度、粗细程度与颗粒级配、强度、吸水率等。

(2)轻集料混凝土的技术性质。

①和易性。

由于轻集料具有颗粒表观密度小、表面多孔粗糙、总表面积大、易于吸水等特点,轻集料混凝土拌合物的黏聚性和保水性好,但流动性差,因此,要达到一定流动性,必须加大用水量。但拌和水量过大,不仅影响轻集料混凝土强度,而且容易引起轻集料上浮,造成离析。考虑到振捣成型时轻集料吸入的水可能释出,加大流动性,故其坍落度选择应比普通混凝土的坍落度值低 10～20m。

②表观密度。

轻集料混凝土按干表观密度分为14个等级,等级越小,其导热系数越小,保温隔热性能越好。

③强度等级。

轻集料混凝土的强度等级按立方体抗压强度标准值分为 LC5、LC7.5、LC10、LC15、LC20、LC25、LC30、LC35、LC40、LC45、LC50、LC55、LC60 等13个等级。

④弹性模量与变形。

轻集料混凝土的弹性模量小,一般为同强度等级普通混凝土的50%～70%,制成的构件受力后挠度大是其缺点。但因极限应变大,有利于改善建筑或构件的抗震性能或抵抗动荷载的能力。轻集料混凝土的干缩和徐变约比普通混凝土相应大20%～50%和30%～60%,热膨胀系数比普通混凝土小20%左右。轻集料混凝土既具有一定的强度,又具有良好的保温隔热性能,可用作保温材料、结构保温材料或结构材料。

(3)轻集料混凝土的应用。

由于轻集料混凝土具有质轻、比强度高、保温隔热性好、耐火性好、抗震性好等特点,与普通混凝土相比,更适合用于高层、大跨结构、耐火等级要求高的建筑和要求节能的建筑。

2.多孔混凝土

多孔混凝土是一种不含集料且内部均匀分布着大量细小气孔的轻质混凝土。多孔混凝土孔隙率可达85%,表观密度为 300～1200kg/m³,导热系数为 0.081～0.29W/(m·K),兼有承重及保温隔热功能。多孔混凝土易于切割,便于施工,可制成砌块、墙板、屋面板及保温制品,广泛用于工业与民用建筑及保温工程中。

根据气孔形成方式不同,多孔混凝土可分为加气混凝土和泡沫混凝土两种。加气混凝土是由磨细的硅质材料、钙质材料、发气剂和水等经搅拌、浇筑、发泡、静停、切割和蒸压养护而得的多孔混凝土。泡沫混凝土是用机械的方法将泡沫剂水溶液制备成泡沫,并将泡沫加入由含硅质材料、钙质材料和水组成的料浆中,经混合搅拌、浇筑成型、蒸汽养护而成的多孔轻质材料。

3. 大孔混凝土

大孔混凝土是以粗集料、水泥和水配制而成的一种轻质混凝土,又称无砂混凝土。按其所用粗集料的品种,可分为普通大孔混凝土和轻集料大孔混凝土两类。大孔混凝土的导热系数小,保温性能好,吸湿性小,收缩一般较普通混凝土小30%～50%,抗冻性可达15～20次冻融循环。大孔混凝土适用于制作墙体、砌筑用的小型空心砌块和各种板材,也可用于现浇墙体。普通大孔混凝土还可制成滤水管、滤水板及排水管等,广泛用于市政工程。

六、高强混凝土

高强混凝土一般是指强度等级不低于C60的混凝土。获得高强混凝土的最有效途径主要是掺高性能混凝土外加剂和活性掺合料,同时采用高强度等级的水泥和优质集料。对于有特殊要求的混凝土,可掺用纤维材料提高抗拉、抗弯性能和冲击韧性,也可掺用聚合物来提高密实度和耐磨性。常用的纤维材料有钢纤维、聚酯纤维和玻璃纤维等。

(1)高强混凝土的组成材料。

①水泥。通常选用硅酸盐水泥和普通硅酸盐水泥,也可采用矿渣硅酸盐水泥等。强度等级选择一般为:C50～C80混凝土宜用强度等级为42.5级的水泥;C80以上混凝土选用更高强度等级的水泥。

②掺合料。常用的活性混合材料有Ⅰ级粉煤灰或超细磨粉煤灰、磨细矿粉、沸石粉、偏高岭土、硅粉等,有时也可掺适量超细磨石灰石粉或石英粉。

③外加剂。常用的外加剂有高效减水剂、高效泵送剂、高性能引气剂、防水剂和其他特种外加剂。掺量根据不同品种和要求确定。

④集料。集料一般宜选用级配良好的中砂,细度模数宜大于2.6。有害杂质要控制在国家标准以内。石子宜选用碎石。

(2)高强混凝土的特点。

①早期强度高,但后期强度增长率一般不及普通混凝土。

②由于高强混凝土非常致密,故其抗渗、抗冻、抗碳化、抗腐蚀等耐久性指标均十分优异,可极大地提高混凝土结构物的使用年限。

③由于高强混凝土强度高,因此构件截面尺寸可大大减小,从而减轻建筑物自重,使高强钢筋的应用和效能得以充分利用。

④弹性模量高、徐变小,可大大提高构筑物的结构刚度。特别是对预应力混凝土结构,可大大减小预应力损失。

⑤高强混凝土的抗拉强度增长幅度往往小于抗压强度的增长速度,即拉压比相对较低,且随着强度等级的提高,脆性增大,韧性下降。

⑥水泥用量较大,故水化热大,自收缩大,干缩也较大,较易产生裂缝。

(3)高强混凝土强度的提高途径。

提高高强混凝土强度的途径很多,通常采用以下几种措施:

①减少混凝土内孔隙,改善孔结构,提高混凝土密实度。宜采用减水率不小于25%的

高性能减水剂,以大幅度降低水灰比,再配合加强振捣,这是目前提高混凝土强度最有效且简便的措施。

②提高水泥与集料界面的黏结强度。应采用硅酸盐水泥或普通硅酸盐水泥,在混凝土中掺加优质掺合料(如硅灰、粉煤灰等)及聚合物,可大大减少粗集料周围薄弱区的影响,明显改善混凝土内部结构,提高密实度。

③提高集料强度。粗集料宜采用连续级配,其最大粒径不宜应大于25mm,针、片状颗粒含量不宜大于5.0%,含泥量不应大于0.5%,泥块含量不宜大于0.2%。细集料的细度模数宜为2.6~3.0,含泥量不应大于2.0%,泥块含量不宜大于0.5%。此外,还可以用各种短纤维代替部分集料,以改善胶结材料的韧性,提高高强混凝土的抗拉和抗弯强度。

(4)高强混凝土的应用。

发达国家早在20世纪50年代即已开始研究高强混凝土的应用。我国在20世纪80年代初首先在轨枕和预应力桥梁中应用高强混凝土。高强混凝土在高层建筑中的应用则始于20世纪80年代末。20世纪90年代以来,对高强混凝土的研究和应用增加,许多大中城市已建起了大量高强混凝土建筑。随着国民经济的发展,高强混凝土在建筑、道路、桥梁、港口、海洋、大跨度及预应力结构、高耸建筑物等工程中的应用将越来越广泛,强度等级也将不断提高。

七、纤维混凝土

纤维混凝土又称纤维增强混凝土,是以水泥净浆、砂浆或混凝土作为基材,以非连续的短纤维或连续的长纤维作为增强材料,均布地掺和在混凝土中而形成的一种新型增强建筑材料。

纤维增强混凝土是一种新兴的复合材料,是当代混凝土改性研究的一个重要领域。近年来,以钢纤维、合成纤维、碳纤维以及玻璃纤维为代表的纤维,在混凝土中的应用取得了迅速的发展。纤维混凝土的应用是继钢筋混凝土、预应力混凝土之后的又一次重大突破。

1. 纤维的概念及分类

纤维材料是连续的细丝材料,在外观上表现为直径极为细小而长度很大,有的可达数千米。目前最细的人工合成纤维,其直径仅有几个微米。纳米纤维直径在纳米级,但其长度有限,在应用上受到局限。玻璃纤维和玄武岩纤维如图10-6所示。

图10-6 玻璃纤维和玄武岩纤维

纤维长度与直径的比称为长径比,纤维材料是指能保持长径比大于100的均匀条状或丝状的材料。根据美国材料与试验协会(ASTM)的定义,纤维长丝必须具有比其直径大100倍的长度,且不能小于5mm。

纤维一般有3种分类方法:

(1)根据材料来源分类。

①天然纤维。天然纤维是自然界存在的,可以直接取得的纤维,根据其来源可分为植物纤维、动物纤维和矿物纤维三类。

②化学纤维。化学纤维是经过化学处理加工而制成的纤维,可分为人造纤维和合成纤维两类。

(2)根据材料性质分类。

①有机纤维。植物纤维、动物纤维及高分子合成纤维都属于有机纤维。

②无机纤维。以金属和无机非金属为原料制取的纤维,如金属丝、玻璃纤维、玄武岩纤维、陶瓷纤维。

碳纤维是一种特殊的无机纤维,它不是直接从碳材料中抽取的,而是将有机高分子纤维如聚丙烯腈材料、沥青纤维和胶黏丝作为前驱体,用专门的碳化或石墨化技术制取的纤维材料。

(3)其他分类。

根据使用性能和要求又可分出种类繁多的不同品种。

2. 纤维混凝土的特点

(1)减少早期收缩裂缝,并可减少温度裂缝和长期收缩裂缝。

(2)裂后抗变形性能明显改善,弯曲韧性提高几倍到几十倍,极限应变有所提高。破坏时,基体裂而不碎。

(3)高弹性纤维对混凝土抗拉、抗折、抗剪强度提高明显;低弹性纤维对混凝土抗拉、抗折、抗弯强度变化幅度影响不大。

(4)弯曲疲劳和受压疲劳性能显著提高。

(5)具有优良的抗冲击、抗爆炸及抗侵蚀性能。

(6)用于高强钢筋混凝土和预应力混凝土构件,可提高抗剪、抗冲切、局部抗压和抗扭强度,并延缓裂缝出现,减小裂缝宽度,提高构件的裂后刚度、延性。

(7)使混凝土的耐磨性、耐腐蚀性、耐冲刷性、抗冻融性和抗渗性有不同程度的提高。

(8)特殊纤维制备的混凝土,其热学性能、电学性能和耐久性能较普通混凝土也有提高。如碳纤维混凝土导电性能显著提高,并且具有一定的压阻效应;低熔点合成纤维配制的纤维混凝土在火灾过程中,纤维熔化可减轻混凝土的爆裂。

(9)纤维混凝土使拌合物的工作性降低,因此应在配合比设计和拌和工艺上采取相应措施,使纤维在基体中分散均匀,使拌合料具有良好的工作性。

(10)提高混凝土的耐久性。

当然,这些特点并不是所有的纤维混凝土都同时具有,纤维混凝土的特性与纤维品种、纤维性能、纤维与混凝土界面间的黏结状况以及基体混凝土的类别和强度等因素有关。

3. 纤维混凝土的应用

纤维混凝土现已广泛用于道路与桥隧工程中,如机场跑道、高等级公路路面、桥面、水坝覆面、桩头和军事工程等要求高耐磨性、高抗冲击性和抗裂的部位及构件。

纤维复合材料用于建筑结构的补强加固自 20 世纪 90 年代开始,最初北美和欧洲一些国家将碳纤维复合材料用于建筑结构的修补与加固,与传统的钢板螺栓加固相比,碳纤维复合材料加固具有施工简单、易操作、适用性强等优点。研究表明,在混凝土横梁上贴上一层碳纤维复合材料,梁的弯曲强度可提高 15% ~ 18%,贴上 3 ~ 4 层,弯曲强度可提高 40%,这是混凝土梁可以补强的上限值,再增加复合材料的层数已无实际意义。这种加固方式适用于许多场合,如室内天花板、公路桥梁、隧道、地下室顶板等。

任务实施

根据任务描述,结合所学内容,完成相应的任务。

序号	任务	实施
1	写出减水剂在水泥混凝土中的作用	
2	写出两到三种其他类型水泥混凝土在重大工程中的应用,分析为什么要在这些重大工程中使用这些材料,和普通水泥混凝土相比,它们有哪些优越性	

任务评价

评价项目	评价标准	参考分值	得分
减水剂在水泥混凝土中的作用	阐述正确、内容全面	50	
两到三种水泥混凝土的应用及其优越性	归纳总结正确、全面	50	
总评			

任务二　认知其他沥青混合料类材料

学习目标	● 知识目标	了解其他沥青混合料的基本知识及应用
	● 能力目标	能正确认识其他沥青混合料
	● 素质目标	通过对各种沥青混合料的学习,让学生明白学无止境的道理,培养探索钻研的专业精神

任务描述

沥青混合料类型多样,除了常见的热拌沥青混合料,还有哪些类型的沥青混合料?利用互联网或查阅文献了解其他类型的沥青混合料,这些沥青混合料都用在了哪些工程项目中?

任务引导

要完成此任务,需要先掌握热拌沥青混合料的基本知识,在此基础上归纳总结沥青混合料类材料的类型及其应用。

相关知识

除了常见的热拌沥青混合料,常用的沥青混合料还有Superpave(高性能沥青路面)(图10-7)沥青混合料、SMA混合料,以及橡胶沥青混凝土、水性环氧树脂乳化沥青类材料、稀浆封层与微表处沥青混合料、冷拌沥青混合料和温拌沥青混合料等。

图10-7 Superpave 路面

一、Superpave 沥青混合料

Superpave 沥青混合料是美国战略公路研究计划(SHRP)的研究成果之一。Superpave 方法可以较真实地模拟路面实际使用过程,可有效克服路面低温开裂、疲劳开裂及永久变形等破坏形式。Superpave 作为 SHRP 研究成果的专有名称,包含了沥青标准和集料标准、矿料级配曲线的组成规定和混合料的体积设计方法三部分内容,提出了控制点和限制区的概念。

1. Superpave 沥青混合料的组成材料

(1)粗集料。

Superpave 沥青混合料用粗集料采用轧制的粒径大于 2.36mm 的岩石集料,集料应洁净、干燥、表面粗糙。粗集料与沥青的黏附性不宜小于 5 级,当黏附性不满足要求时,应采用掺加石灰粉的措施以提高水稳定性。

(2)细集料。

Superpave 沥青混合料用细集料包括石屑、机制砂和天然砂。机制砂宜采用专用的制砂机制造,并选用优质石料生产。天然砂可采用河砂,通常宜采用粗、中砂,一般禁用海砂。石屑应严格控制 0.075mm 以下颗粒通过量。细集料应洁净、干燥、无风化、无杂质,并有适当的颗粒级配。

(3) 矿粉。

矿粉必须由洁净的石灰岩经磨细得到。矿粉应干燥、洁净、能够自由地从粉仓中流出。拌和机拌和过程中生产的回收粉不得作为矿粉使用。为了提高混合料的水稳定性,生产过程中矿粉宜掺入石灰粉。

(4) 沥青胶结料。

沥青采用全新的胶结料性能规范(PG 分级体系),根据项目的气候和交通条件选择沥青等级,例如 PG64-22,表示 7 天最高设计路面温度为 64℃,最低设计路面温度为 -22℃。

2. Superpave 沥青混合料的特点及应用

Superpave 沥青混合料通过考虑施工现场温度变化、交通量、含水率及荷载组成等因素与沥青混合料设计相结合,反映了符合现场真实情况的材料配比和结构设计。运用 Superpave 方法形成的沥青路面具有良好的密实性、抗车辙能力和抗滑构造深度,抗滑能力强,相比于普通沥青混凝土路面,其使用寿命更长,水损害减少,而施工工艺类似,造价相当,因此此方法一经面世就被各国广泛采用。

二、SMA 混合料

SMA 是沥青玛琋脂碎石混合料(Stone Matrix Asphalt)的缩写,是由沥青结合料与少量的纤维稳定剂、细集料以及较多的填料组成的沥青玛琋脂,填充于间断级配的粗集料骨架间隙中所形成的沥青混合料。

1. SMA 混合料的组成材料

由于 SMA 混合料的骨架结构特性以及对它较高的性能要求,其组成材料的质量除了应该满足普通热拌沥青混合料组成材料的基本要求外,还应满足一些特殊要求。

(1) 沥青结合料。

在 SMA 混合料中,要求沥青具有较高的黏度,与集料有良好的黏附性。SMA 所用沥青质量必须符合我国"重交通道路沥青技术要求",并应采用比当地常用普通热拌沥青混合料所用沥青硬一级的沥青。对于高速公路、承受繁重交通的重大工程道路、夏季特别炎热或冬季特别寒冷地区的道路,最好采用改性沥青配制 SMA 混合料。

(2) 集料与填料。

SMA 混合料依靠粗集料-碎石接触和紧密嵌挤而形成骨架结构。为防止碎石颗粒在车辆荷载的挤压过程中发生破碎,对粗集料的质量有严格的要求,可以说粗集料是 SMA 质量控制的关键。用于 SMA 混合料中的粗集料应是高质量的轧制碎石,其岩石应坚韧,具有较高的强度和刚度,如玄武岩、砂岩、花岗岩等石料。

应严格控制集料的针片状颗粒含量。针状和片状的粒料,在车轮荷载的作用下,很容易折断破裂,使混合料的细料增多,级配发生变化。集料的颗粒形状应接近立方体,富有棱角,纹理粗糙。当粗集料与沥青的黏附性等级不能满足要求时,必须添加有效的抗剥落剂。

在 SMA 混合料中,小于 4.75mm 的细集料用量仅为 10%~20%,但同样也要求石质坚硬、富有棱角,并有一定的表面纹理、软质集料含量少、塑性低且黏土含量不超过 1%。细集料最好使用坚硬的机制砂,也可以从洁净的石屑中筛取粒径范围0.5~3mm部分作为机制砂使用。当采用普通石屑作为细集料时,宜采用石灰岩石屑,石屑中不得含有泥土类杂物。天然砂由于颗粒接近于圆形,摩阻力小,故不宜多用。

矿粉是SMA混合料中重要的组成部分,它与沥青混合料形成马蹄脂,从而影响SMA的性能。矿粉对混合料产生"加劲"效应,降低沥青的流动性,增加黏度。其质量对混合料的稳定性与抗车辙能力有较大影响,因而对矿粉的种类和用量应给予重视。填料必须采用石灰石等碱性岩石磨细的矿粉,矿粉质量应满足普通热拌沥青混合料对矿粉的要求。其他要求同普通热拌沥青混合料。

(3)纤维。

为了防止沥青滴漏,一般在SMA混合料中都使用纤维材料,也可以使用轮胎切碎的颗粒。SMA混合料中常用的纤维材料有:木质素纤维、矿物纤维、腈纶纤维、涤纶纤维、玻璃纤维等聚合物化学纤维。纤维在SMA混合料中的作用是吸油、稳定、增强,并提高SMA混合料高温下的抗剪强度。

2. SMA混合料的特性

(1)高温稳定性。

SMA混合料由相互嵌挤的粗集料骨架和沥青玛蹄脂两部分组成,在材料组成上,粒径≥4.75mm的粗集料高达70%~80%,矿粉用量为10%左右,细集料较少。粗颗粒之间有着良好的嵌锁作用,沥青玛蹄脂起胶结作用并填充粗集料的骨架空隙,所以SMA混合料抵抗荷载变形的能力较强,即使在高温条件下,沥青玛蹄脂的黏度下降,对混合料抗变形能力的影响也不大,因而SMA混合料有着较强的高温抗车辙能力。

(2)低温抗裂性。

在低温条件下,沥青混合料的抗裂性能主要由结合料的性质决定,由于在SMA混合料中有着相当数量的沥青玛蹄脂,当温度下降、混合料收缩使集料颗粒被拉开时,沥青玛蹄脂具有较高的黏结能力,它的韧性和柔性使得混合料具有较好的低温变形能力。

(3)耐久性。

在SMA混合料中,粗集料骨架空隙被富含沥青的沥青玛蹄脂密实填充,并将集料颗粒黏结在一起,沥青在集料表面形成较厚的沥青膜。此外,SMA混合料空隙率较小,沥青与水或空气的接触较少,因而SMA混合料的水稳定性和抗老化性较普通沥青混合料更好。又由于SMA混合料基本是不透水的,对中、下面层和基层有着较好的保护作用和隔水作用,使沥青路面能保持较高的整体强度和稳定性。

(4)表面特征。

SMA混合料一方面要求使用坚硬、粗糙、耐磨的高质量碎石,另一方面采用间断级配的矿料,压实后表面形成的构造深度大,一般超过1mm。这使得沥青面层具有良好的抗滑性和耐磨性,还能减少溅水,减少噪声,提高道路行驶质量。

3. SMA混合料的应用

SMA混合料以其优异特性在现代高等级道路建设中得到了广泛的应用。其"三多一少"即粗集料多、矿粉多、沥青多、细集料少的结构特点,使得沥青混合料路用性能较好,纤维作为稳定剂掺入 SMA 混合料中具有防止沥青析漏等多种功效。

SMA 混合料属于骨架密实结构,具有耐磨抗滑、密实耐久、抗疲劳、抗高温车辙、减少低温开裂等优点,适用于高等级道路沥青路面的上面层,如图 10-8 所示。

图 10-8　SMA 路面

三、橡胶沥青混凝土

橡胶沥青是将汽车废旧轮胎制成的橡胶粉添加到普通沥青中而形成的一种改性沥青。它可以有效减少汽车废旧轮胎对环境的污染。除此之外,橡胶沥青混凝土路面(图 10-9)有比较好的抗滑、降低路面噪声的功能,并且有较好的低温抗裂性能。目前橡胶沥青在路面工程中的应用也较为普遍。

图 10-9　橡胶沥青混凝土

1. 橡胶沥青混凝土的定义

根据美国材料与试验协会(ASTM)的定义,橡胶沥青由一般铺路沥青和回收的废旧轮胎橡胶粉末均匀拌和而成,用来作为铺筑路面的黏结料,黏结料中橡胶粉的含量不低于15%,此种黏结料中的橡胶颗粒应与高温沥青搅拌混合并使橡胶颗粒充分溶胀后才可使用。

常温橡胶粉加入高温基质沥青中,经过充分的搅拌混合后,液体沥青中所含的大量低分子油类物质经由物理性的扩散而进入高分子橡胶颗粒的架构内,使得橡胶颗粒都会有不同程度的溶胀,从而在橡胶颗粒表面形成沥青质含量很高的凝胶质;同时因沥青中的低分子油类物质进入橡胶颗粒内而使得基质沥青的黏度增加,大量的橡胶颗粒充分溶胀后通过形成的凝胶质与高黏度沥青形成一个黏度很大的连续相体系,较不易流动变形;又因适度溶胀的橡胶颗粒仍保留橡胶的本来特性,橡胶沥青混合液会有一定程度的弹性性质。

2. 橡胶沥青混凝土的组成材料

(1)橡胶粉。

橡胶粉宜选用常温研磨粉碎的斜交胎橡胶粉,在满足使用性能的前提下,应尽量选用较粗的废轮胎胶粉;橡胶粉建议采用20~40目。

(2)基质沥青。

加工橡胶沥青的基质沥青可选用90号和70号重交通沥青。基质沥青的质量应符合《公路沥青路面施工技术规范》(JTG F40—2004)中"A级石油沥青的技术指标"。

(3)橡胶沥青。

橡胶沥青的洒布量应根据沥青的黏度水平、洒布的层位等因素确定。建议洒布量为$2.0 \sim 2.3 kg/m^2$,现场可根据具体情况适当调整。

(4)碎石封层应采用玄武岩,选用石质坚硬、清洁、不含风化颗粒、经圆锥破碎或反击破碎机轧制而成、近立方体颗粒的碎石。

碎石的各项技术指标应符合要求,采用9.5~13.2mm规格的碎石,建议直接在碎石生产料场加工。撒布的碎石宜进行筛分,保证碎石的单一粒径,超粒径范围的石料含量不应超过10%。撒布的碎石应干燥无尘。对于高等级道路,或碎石的粉尘含量比较高时,碎石需进行水洗,并晾干。处理好的碎石应单独堆放在硬化的场地上,并做好防尘、防雨,避免二次污染,以备施工使用。

碎石的撒布量一般为满铺的70%~80%,为$12 \sim 15 kg/m^2$。在施工前需对碎石在沥青拌和楼进行加热除尘,加热温度为100~130℃。

3. 橡胶沥青混凝土的优缺点

橡胶沥青混凝土是一种新型路面材料,用于沥青路面结构层中可改善路面使用功能。

(1)能提高路面使用寿命,路面使用寿命可提高1~3倍;使路面的抗老化、抗疲劳性能明显提高,耐磨耗(炭黑)和抗裂能力显著增强。

(2)降低行车噪声,被誉为"消音沥青",噪声可下降5~7dB。

(3)提高行车的舒适性和安全性。柔性的橡胶路面可有效改善轮胎与地面的附着性能,缩短制动距离,黑色(炭黑)橡胶沥青路面与交通标线形成强烈反差,提高了行车安全性。

(4)可有效降低沥青铺层的厚度,节约建设成本。橡胶沥青材料的成本大大低于SBS改性沥青,生产每吨橡胶沥青可比生产SBS改性沥青节约800~1000元。

(5)降低养护费用。

(6)益于环境保护,符合资源利用价值最大化,利于发展循环经济。

4.橡胶沥青混凝土的应用

(1)用作橡胶沥青应力吸收抗裂防水黏结层。

(2)在无机结合料稳定材料基层沥青路面及"白改黑"施工中,可采用橡胶沥青碎石封层,再加上一层橡胶沥青混凝土罩面。

四、水性环氧树脂乳化沥青类材料

1.水性环氧树脂乳化沥青

水性环氧树脂乳化沥青是一种新型的道路材料,近年来,它逐渐成为各大高校及施工企业研究的热点。

水性环氧树脂乳化沥青乳液是一种冷态的水性环氧树脂改性乳化沥青类材料。水性环氧树脂是以环氧树脂微粒为分散相和以水为联系相的液体体系材料,在室温条件下以及潮湿环境中可以快速固化,其同时还保留了环氧树脂热稳定性好、强度高、黏结力强的特点。环氧树脂固化后形成的高强度的空间交联网状结构,贯穿于沥青体系之中,增大了材料的内聚强度,同时使材料的高温稳定性能、低温抗裂性能得到显著提高。

水性环氧树脂乳化沥青类材料因热固性材料环氧树脂的加入,当环氧树脂固化后,沥青内部结构发生变化,《公路沥青路面施工技术规范》(JTG F40—2004)中一些对改性乳化沥青性能指标的要求已不太适合于水性环氧树脂乳化沥青,但目前无其他相关标准对水性环氧树脂乳化沥青性能指标进行要求,这就对实体工程的开展造成了一定的影响。

2.水性环氧树脂乳化沥青防水黏结层

水性环氧树脂乳化沥青防水黏结层,是采用柔性水性环氧树脂与专用乳化沥青、添加剂等按照一定配比混合而成的材料。该材料兼具环氧树脂的高黏结力与乳化沥青的施工便利性,可根据工程需要变化二者的比例以获取较高的性价比。根据其不同应用可分为:水泥混凝土桥面防水黏结层(图10-10)、沥青混凝土路面防水黏结层、钢桥桥面防水黏结层。

图10-10 水泥混凝土桥面水性环氧树脂乳化沥青防水黏结层

水性环氧树脂乳化沥青具有一般热固性材料的特征,固化交联后形成网络结构,胶体弹性高;在反复荷载作用、低温和高温条件下稳定性好,黏结强度优于普通沥青和SBS改性沥青、橡胶沥青等材料。该材料具有以下优点:

(1)黏度较低,具有较好的渗透、平流、慢浸的特性,常温环境下施工简单方便,对施工机械无特殊要求。

(2)可快速反应聚合成网络结构,形成不溶不熔的弹性聚合物,低温不脆不裂,高温不熔化、不变形。

(3)较强的抗剪能力,能够抵抗车辆荷载产生的剪应力,使路面保持良好的整体性,避免路面的推移、拥包和两层皮等病害。

(4) 良好的黏结能力,能使上下结构层牢固黏结,避免层间剥离和层间滑移。

(5) 优良的抗疲劳能力,在长期荷载作用下,黏层材料的抗剪强度也不会迅速衰减。

(6) 优良的防水能力,能够防止雨水下渗到桥面混凝土面层中,破坏路面结构。

3. 水性环氧树脂乳化沥青稀浆混合料

水性环氧树脂乳化沥青稀浆混合料是采用水性环氧树脂乳化沥青为胶结料,与级配矿料、水、添加剂等按照一定比例拌和而成的稀浆混合料。混合料中环氧树脂固化物通过增黏作用及锚固作用提高胶结料与石料界面之间的作用力,以及对石料的裹覆效果。在环氧树脂交联网络作用下,沥青、石料、环氧树脂三者紧密地形成统一的整体,使路面封水效果、抗车辙能力得到大幅提升,有效地延长了路面使用寿命。其主要用于桥梁、隧道路面抗滑表层、山区道路抗滑表处、水泥混凝土路面"白改黑"(图10-11)、钢桥桥面表层铺筑和钢桥桥面养护等工程,以解决原路面抗滑能力不足的问题。

图 10-11　隧道路面抗滑表层(水泥混凝土路面"白改黑")

(1) 水性环氧树脂乳化沥青稀浆混合料的组成材料。

在实际施工过程中,由于水性环氧树脂乳化沥青类材料的特殊性,在进行配合比设计时,并不能按照稀浆封层的配合比设计方法进行。

① 矿料。环氧树脂可提供足够强的黏结力,在进行配合比设计时,需对矿料级配进行专门设计,这样既保证了与原路面的黏结效果,同时新铺路面也具有足够好的抗滑性能。

② 沥青。进行油石比设计时,在参照湿轮磨耗试验与负荷轮碾压试验基础上,还要考虑原材料特性及施工环境的综合影响,在一定条件下可适当提高油石比。

③ 水性环氧树脂。对于水性环氧树脂的添加量,应根据试验结果、原材料及原路面路况进行综合考虑,对于路况较差、石料粉尘较大的情况可适当提高水性环氧树脂的添加比例。

④ 添加剂。添加剂主要作用是早强及控制环氧树脂的固化时间。若环氧树脂固化太快,则会将水分包裹其中,造成摊铺路面强度下降;若环氧树脂固化太慢,则养护周期较长。

(2) 水性环氧树脂乳化沥青稀浆混合料的特点。

使用水性环氧树脂乳化沥青稀浆混合料摊铺的抗滑表层是一种新型的罩面技术,具有超薄、高强、抗滑、耐久等特点,是提高路面抗滑、防水性能的较佳方案,具有以下优点:

① 强度高,黏结力大,温度变化对材料力学性能影响小,具有优良的抗车辙、抗飞散、抗

水损害能力,能够更好地保护路面结构,延长路面使用寿命。

②可以处治原路面的磨损、老化、磨光、微裂缝等病害,提高路面宏观构造深度和摩擦系数,有效解决原路面抗滑能力不足的问题。

③超薄,厚度仅为6~15mm,对隧道净高的影响可以忽略不计;对桥梁恒载影响较小。

④施工时投入设备少,可不封闭隧道交通,施工速度快,路面成型快。

⑤常温施工,能耗低,不释放有害气体,节能环保。

⑥使用达一定年限后,可直接加铺抗滑表层或铣刨原表层后再次加铺,施工简便,经济效益显著。

(3)水性环氧树脂乳化沥青抗滑表层施工过程的各工序要求。

①施工前路面检测。

在进行水性环氧树脂乳化沥青稀浆混合料施工前必须对原路面进行调查、检测,并出具路面检测报告。

②原路面处治。

由于水性环氧树脂乳化沥青抗滑表层较薄,并不能对原路面较严重病害进行处治,因此应根据路面检测报告,对路面坑槽、裂缝、断板等病害进行修复,如图10-12所示。

③路面界面处理。

根据路面类型,选择抛丸凿毛或精铣刨对原路面表层进行界面处理,清除路表碳化层、油污等,为摊铺作业提供具有一定粗糙度的新鲜界面。水泥混凝土路面一般采用抛丸凿毛处理界面(图10-13),沥青路面对于光面路段只能用精铣刨进行界面处理。界面处理要求表面平整、具有一定粗糙度,处理后须彻底清除浮灰,否则不得进行下道工序施工。

图10-12 水性环氧树脂乳化沥青砂浆填充裂缝

图10-13 水泥混凝土路面界面处理(抛丸凿毛)

④黏结层施工。

黏结层材料为水性环氧树脂乳化沥青,固体含量应不小于45%,按照0.2~0.4kg/m² 进行洒布,洒布后需待黏结层材料表干但环氧树脂未固化前(即不粘轮时)立即进行下道工序施工。

⑤摊铺施工。

需要专用的摊铺设备,严格控制浆液稠度,摊铺作业在空气温度不低于15℃,湿度不大于65%时较适宜,做到表面平整、厚度均匀、外观色泽均匀。

⑥碾压及养护。

抗滑表层摊铺后,应在适当的时机进行碾压作业,经碾压的路面不但可以提高摊铺路面密实度,同时还可降低行车噪声。

由于环氧树脂的固化受外部环境(如温湿度、风速、日照等)影响较大,应当根据工程实际情况选择合适的养护时间。

五、稀浆封层与微表处沥青混合料

稀浆封层混合料是用适当级配的石屑或砂、填料(水泥、石灰、粉煤灰、石粉等)与乳化沥青、外掺剂和水,按一定比例拌和而成的流动状态的沥青混合料,将其均匀地摊铺在路面上可以形成沥青封层。微表处混合料是用适当级配的石屑或砂、填料(水泥、石灰、粉煤灰、石粉等)与聚合物改性乳化沥青、外掺剂和水,按一定比例拌和而成的流动状态的沥青混合料,将其均匀地摊铺在路面上亦可以形成沥青封层。

沥青稀浆封层混合料和微表处混合料可以用于沥青路面的养护与维修,也可以用于路表加铺抗滑层或磨耗层。微表处施工如图10-14所示。

图10-14 微表处施工

1. 稀浆封层和微表处的组成材料和技术要求

(1)结合料。

稀浆封层和微表处中起黏结作用的是所用乳化沥青中的沥青材料,因此,乳化沥青中的沥青应符合相关的技术要求。用于稀浆封层和微表处的乳化沥青,还要满足稀浆封层级配矿料的拌和要求,也就是乳液和矿料在拌和、摊铺过程中,稀浆混合料必须均匀、不破乳、不离析、处于良好流动状态。微表处必须采用改性乳化沥青,稀浆封层可采用普通乳化沥青或改性乳化沥青。稀浆封层和微表处的混合料中乳化沥青及改性乳化沥青的用量应通过配合比设计确定。

(2)矿料。

矿料要有一定的颗粒级配组成,使其形成密实而又稳定的沥青混合料,在集料中要有一定数量的粗粒料起骨架作用,其最大粒径决定稀浆封层的厚度。为保持沥青稀浆的密实性、耐久性、与稀浆拌和摊铺时的和易性,集料中要有一定数量的细粒料。如细粒料过少,稀浆混合料施工拌和、摊铺时会离析分散,大颗粒沉淀不易摊铺。矿料可采用石屑、天然砂、机制砂等,最大粒径为9.5mm、4.75mm或2.36mm。

稀浆封层和微表处一般铺在路面的表面,直接与车轮接触,为提高乳化沥青稀浆封层的抗滑和耐磨性能,延长封层使用寿命,最好选择坚硬、粗糙、耐磨、洁净的集料。细集料宜采用碱性石料生产的机制砂或洁净的石屑。对集料中的超粒径颗粒必须筛除。

(3)水。

水是构成稀浆混合料的重要组成部分,其用量大小是决定稀浆稠度和密实度的主要因素。稀浆混合料的水相是由矿料中的水、乳液中的水和拌和时的外加水构成的。为润湿集料,使稀浆混合料具有要求的流动度应掺加适量的水。

(4)填料。

稀浆混合料中填料的作用不仅是填充混合料的空隙,还可以改善稀浆混合料的施工和易性。填料可分为具有化学活性的填料和不具有化学活性的填料。不具有化学活性的填料一般指矿粉等,具有化学活性的填料包括水泥、石灰粉、粉煤灰等。最常用的矿物填料是水泥,其次是石灰。

(5)添加剂。

为调节稀浆混合料的和易性和凝结时间需添加各种具有辅助功能的材料,如氯化铵、氯化钠、硫酸铝等。

2.稀浆封层混合料的类型及其适用性

根据乳化沥青特性和使用目的,稀浆封层混合料分为普通沥青稀浆封层(简称普通稀浆封层)和改性乳化沥青稀浆封层(简称改性稀浆封层),代号为ES,用于精细表面处治封层的改性稀浆封层又称作微表处,代号MS。

稀浆封层一般用于二级及二级以下公路的预防性养护,也适用于新建公路的下封层。稀浆封层混合料按矿料级配尺寸可分为三种类型。

(1)ES-1型细粒式稀浆封层混合料

这种类型的乳化沥青稀浆封层,矿料级配非常细,沥青用量较高,具有较好的渗透性,适用于填补裂缝。

(2)ES-2型中粒式稀浆封层混合料

这是最常用的级配,可形成中等粗糙度,用于一般道路路面的磨耗层,也适用于旧高等级路面的修复性罩面。

(3)ES-3型粗粒式稀浆封层混合料

其表面粗糙,适用作抗滑层,亦可做二次抗滑处理,可用于高等级路面。

3.微表处混合料的类型及其适用性

微表处主要用于高速公路及一级公路的预防性养护以及填补轻度车辙,也适用于新建公路的抗滑磨耗层。微表处混合料分为MS-2和MS-3两种类型。

六、冷拌沥青混合料

依据不同的施工温度(或者生产温度),通常情况下将沥青混合料划分为热拌、温拌、冷拌三种沥青混合料。

需要较高温度才能生产和施工的沥青混合料,也就是通常说的热拌沥青混合料,英文名称为 Hot Mix Asphalt,缩写为 HMA。冷拌沥青混合料也称常温沥青混合料,是指矿料与乳化沥青或液体沥青在常温状态下拌和、铺装的沥青混合料,英文名称为 Cold Mix Asphalt,缩写为 CMA。温拌沥青混合料是拌和生产的温度介于两者之间的路用沥青混合料,其英文名称为 Warm Mix Asphalt,缩写为 WMA。

1. 冷拌沥青混合料的特点

(1)这种混合料存放在密闭的袋内,可储存几个月,甚至更长的时间,都能保持良好的疏松状态而不结成团块,即使结成团块,经拍打就能散开,可随时取料施工。

(2)混合料在路面坑洞中摊铺后,经过压实即能黏结成型而不松散,这就要求混合料具有良好的黏结性能和压实性。

正是由于冷拌沥青混合料具备这样的特性,因而所铺路面具有以下优点:

(1)路面在行车作用下会逐渐压实,强度慢慢提高。如果在路面修补时,未能使用碾压设备,路面在使用过程中经行车碾压会逐渐密实。

(2)由于在常温下施工,且使用简单,常温下即可进行坑洞修补,操作颇为方便。

(3)冷拌沥青混合料预先在工厂生产并储存起来,随时可供使用,因而适合常年路面坑洞修补,或供路面开挖埋设管线后恢复路面使用。

(4)经过碾压成型的冷拌沥青路面,具有与热拌沥青路面基本一样的使用性能,且冷拌沥青路面不易出现温度收缩裂缝。

2. 冷拌沥青混合料的组成材料

冷拌沥青混合料对矿料的要求与热拌沥青混合料大致相同。冷拌沥青混合料中的沥青可采用液体石油沥青、乳化沥青,我国普遍采用乳化沥青。其用量应根据当地实践经验以及交通量、气候、石料情况、沥青标号、施工机械等条件确定,一般情况较热沥青碎石混合料的沥青用量可减少 15%~20%。

3. 冷拌沥青混合料的应用

冷拌沥青混合料适用于三级及三级以下公路的沥青面层、二级公路罩面层,以及各级公路沥青路面的基层、联结层或整平层。冷拌改性沥青混合料可用于沥青路面的坑槽冷补。

七、温拌沥青混合料

温拌沥青混合料是一种环保的沥青混合料,主要通过降低拌和生产的温度以及摊铺碾压的温度,从而降低能耗,减少石油产品中苯并芘等致癌物质以及硫和氮的排放,减少粉尘等颗粒物的排放。这种新型材料工艺只需要 110~130℃ 的拌和温度即可,在冬季或环境温度达到 0℃ 左右时,可适当提高生产温度。

温拌沥青技术最早是由德国的两家企业联合于 1995 年成功开发的新型材料技术。它主要是通过在沥青中加入特种添加剂,使沥青在混合料摊铺前处于分散状态而增加流动性和渗透性,摊铺后沥青则转变为浓缩凝聚状态以固结集料。温拌沥青混合料可降低操作温度 10~60℃,具有显著的节能和环保的功效。温拌沥青混合料中最核心和最关键的是它的特种添加剂。

1. 温拌沥青混合料的特点

(1)拌和成本下降。

由于拌和温度下降10~60℃,石料加热温度、沥青保温温度下降,拌和和裹覆难度下降,拌和能耗和机械损耗也相应下降。

(2)沥青路面施工的灵活性、便利性增加。

由于料温与环境温度的差异缩小,温拌沥青混合料在储运过程中降温速率下降,允许储存时间和运输时间均显著延长,混合料的可压实时间显著延长,压实效果更有保障。

温拌沥青混合料对路表和环境温度的要求相对低,路面施工季节和日施工时间延长,比热拌沥青混合料更适合夜间施工。

温拌沥青混合料完成压实后,其温度已经处于较低水平。完工后开放交通的时间可提前,从而减少施工作业对交通的干扰。

(3)排放和污染减少、操作人员工作条件改善。

温拌沥青混合料用的燃油消耗减少,本身就会显著减少拌和过程中的有害气体和温室气体的排放。温拌沥青混合料在摊铺过程中基本可以实现无烟尘作业,工人劳动条件显著改善,沥青路面施工对工人健康损害减轻。

温拌沥青混合料还具有以下优点:混合料水稳定性和热稳定性改善;老化减轻,寿命延长;运输和摊铺过程混合料温降速减缓。

2. 温拌沥青混合料的应用

(1)超薄磨耗层。

温拌沥青混合料与环境温度差异减小,降温速度减缓,获得了更多有效碾压时间,保证了超薄磨耗层的有效实施。

(2)(长大)隧道沥青路面。

温拌沥青技术适应隧道路表温度低的压实工况,以及潮湿的施工作业环境,采用表面活性型的添加剂一定程度上还有助于抵抗潮湿路面工况。

(3)橡胶沥青混合料。

温拌与(废)轮胎橡胶沥青技术结合可实现降温幅度约50℃,很大程度上解决了橡胶沥青施工中轮胎气味重、烟气大的问题;操作温度的降低会明显改善沥青路面施工受季节影响的问题;减轻老化将有利于保持橡胶沥青路面抗裂、耐久的特性;表面活性型添加剂在一定程度上还将改善橡胶沥青与石料的黏附性。橡胶沥青应采用现场湿拌法加工。

(4)人口密集区城市道路罩面。

温拌沥青混合料在夜间施工工作条件下具有比热拌沥青明显更好的施工工作性,更短的开放交通时间和更长的有效压实时间都有利于提高城市道路罩面夜间施工质量。快速开放交通和无烟的温拌技术使得道路罩面在白天早晚交通高峰之间完成施工成为可能。

(5)沥青混合料集中厂拌再生。

在循环经济、可持续发展、节约型社会的大背景下,旧沥青路面的再生利用是大势所趋。目前常用的再生技术主要有热再生技术和冷再生技术。冷再生技术用泡沫沥青或乳化沥青稳定破碎料。热再生可分为现场热再生和厂拌热再生。

(6)山区或交通不便地区路面施工。

温拌技术用于山区或交通不便地区高等级路面,可以减少拌和站场设置,集中资金建设大型站场,集中供料。

(7)低温季节和寒冷地区的沥青路面。

对于寒冷地区而言,采用温拌技术可以显著延长沥青面层年度、月度和日作业时间,从而使公路建设的投资回报周期缩短,人力和物力成本下降。

八、其他沥青混合料

1. 沥青稳定碎石(ATB)

ATB(Asphalt Treated Base)称为密级配沥青稳定碎石混合料,其特点是粒径较为粗大,但混合料的空隙率较低,因此不能将 ATB 与我国传统的沥青碎石混合料(AM)和粗粒式沥青混凝土(AC)混为一谈。AM 由于其矿粉和沥青用量较少,因此混合料的空隙率较大(6%~12%),呈半开级配形式,而 ATB 的空隙率一般为 3%~6%,呈密级配形式。ATB 与 AC 的区别主要是公称最大粒径的不同,ATB 公称最大粒径通常等于或大于 26.5mm。

ATB 中的粗集料用量明显多于传统的粗粒式沥青混凝土,从而形成稳定的骨架结构,其高温稳定性明显好于传统的粗粒式沥青混凝土。沥青稳定碎石(ATB)常用于高速公路路面的基层或下面层。

由于半刚性沥青混凝土路面普遍存在路面反射裂缝,从而导致路面抗车辙能力不足和耐久性差,影响了沥青混凝土路面的使用寿命。为了减少此种病害的发生,在其基层与面层之间设置一层过渡性结构的新思路应运而生。ATB 沥青稳定碎石下面层就属于此种结构形式,它具有延缓基层裂缝向中、上面层反射及提高路面抗车辙能力的作用。

ATB 沥青稳定碎石下面层一般设计空隙率为 3%~6%,最大不超过 8%,且厚度较大。ATB 沥青稳定碎石按照级配类型划分有 ATB-25、ATB-30、ATB-40 3 种类型,路面铺筑之后具有良好的骨架结构,且具有防水、高温稳定、低温抗裂等特性,实际上相当于粗粒式基层或特粗粒式沥青混合料。

2. 大粒径透水性混合料(LSPM)

大粒径透水性混合料(LSPM)(图 10-15)是指混合料公称最大粒径大于 26.5mm,具有一定空隙率能够将水分自由排出路面结构的沥青混合料。大粒径透水性混合料(LSPM)从级配上看主要是由较大粒径(26.5~52mm)的集料和一定量的细集料组成,形成的混合料是单粒径骨架连通孔隙结构,空隙率为 13%~18%,具有良好透水性和抗反射裂缝能力。LSPM 与传统沥青混合料的最大不同之处在于采用大粒径的骨架结构,其最大一档集料含量通常在 50% 以上,确保了具有良好的抵抗车辙能力。

图 10-15 大粒径透水性混合料(LSPM)

(1)大粒径透水性混合料(LSPM)的组成材料。

①沥青。大粒径透水性混合料(LSPM)应采用黏度较高的沥青作为胶结料,可以采用SBS改性沥青、其他改性沥青与普通沥青。当采用SBS改性沥青或普通沥青时宜添加纤维稳定剂。

②矿料。大粒径透水性混合料(LSPM)用的粗集料应洁净、干燥、表面粗糙;细集料应洁净、干燥、无风化、无杂质,并有适当的颗粒级配;填料为干燥消石灰粉或生石灰粉,石灰粉应干燥、洁净。

(2)大粒径透水性混合料(LSPM)的特点及应用。

①级配良好的LSPM可以抵抗较大的塑性和剪切变形,承受重载交通的作用,具有较好的抗车辙能力,可提高沥青路面的高温稳定性。特别是对于低速、重载交通路段,需要的持荷能力较长时,设计良好的LSPM与传统的沥青混凝土相比,显示出十分明显的抗永久变形能力。

②LSPM有良好的排水功能,可以兼具路面排水层的功能。

③由于LSPM有着较大的粒径和较大的空隙,它可以有效地减少反射裂缝。

④大粒径集料的增多和矿粉用量的减少,减小了比表面积,减少了沥青总用量,从而降低了工程造价。

⑤与通常的无机结合料稳定材料基层相比,其工程施工速度更快,投入设备更少。

⑥在大修、改建工程中,可大大缩短封闭交通时间,社会经济效益显著。

大粒径透水性混合料(LSPM)通常用作路面结构中的基层。

3. 纤维(加筋)沥青混合料

作为一种高强、耐久、质轻的增强材料,纤维在道路工程中已得到了广泛应用,如纤维增强充气橡胶轮胎、交通工程设施的纤维复合材料、纤维桥梁结构或桥梁加固、纤维水泥混凝土路面和机场道路、路基加筋土和纤维加强基层等。加入钢纤维、玻璃纤维、软纤维(合成纤维),可以改善沥青路面的使用品质,延长路面使用寿命。

钢纤维具有高强度、耐高温、高弯曲弹性和高取向等路用性能。但金属腐蚀是影响其功能的根源,它增加了混凝土的导电性,因而加速了电解化学腐蚀;其次金属腐蚀与混凝土的不相融性,使其与混凝土混合后黏附性能较差,握裹力低;另外,由于金属的磨损系数小于混凝土,使得钢纤维混凝土路面产生后期效应——"凸尖"现象,对轮胎的磨损非常不利。

软纤维加强混凝土及沥青混凝土实际上就是在混凝土中掺入合成纤维。软纤维由合成纤维制成,按其材料分为玻璃纤维、聚合物纤维。由于软纤维呈惰性,不受混凝土酸碱环境影响而衰变,也不吸收湿气,换言之,它不随时间的增长而损失,因此还具有高强度、高延伸率、高取向性、易拌和等路用性能。玻璃纤维的抗拉强度由其材料所决定,可以达到1400~1500MPa,对混凝土不仅增韧效果好,而且增强效果也很好。

4. 土工合成材料加筋沥青混凝土

土工合成材料加筋沥青混凝土中掺加了石棉纤维、聚合物格栅(塑料格栅),主要目的是减少累积塑性变形,起到抗车辙作用,同时提高抗拉强度,减少和延缓了裂缝的产生。通过对沥青路面进行加筋来达到提高路面结构层对裂缝的抑制能力及对剪切破坏的抵抗能力,从而达到延长路面结构的疲劳寿命、节省材料和降低费用的目的。

格栅对沥青混合料中的矿料颗粒具有嵌锁作用,从减少反射裂缝和车辙的角度看,加铺格栅可以使路面结构的使用寿命提高 3 倍以上,就疲劳开裂而言,可延长使用寿命约 10 倍。

任务实施

根据任务描述,结合所学内容,写出两到三种其他类型沥青混合料在工程中的实践应用,分析为什么要在这些重大工程中使用,和热拌沥青混合料相比它们有哪些优缺点。

任务评价

评价项目	评价标准	参考分值	得分
写出两到三种沥青混合料的类型及其在工程上的应用	知识掌握扎实,查阅资料翔实	50	
写出以上两到三种沥青混合料的优缺点	归纳总结正确、全面	50	
总评			

任务三　认知砂浆类材料

学习目标	● 知识目标	了解各种砂浆的基本知识及应用
	● 能力目标	能正确使用各种砂浆
	● 素质目标	通过对各种砂浆材料的学习,激发对新材料新知识的学习兴趣,树立终身学习的理念

任务描述

什么是砂浆?砂浆的组成材料有哪些?都有哪些类型的砂浆?分别用于什么工程部位?通过本任务的学习,了解砂浆的种类和应用范畴。

任务引导

建筑砂浆的组成材料以及技术性质,和普通水泥混凝土有一定的相似之处,所以要完成此任务,需要对普通水泥混凝土的基本知识较为熟悉,在此基础上可以更好地认识砂浆。

相关知识

由无机胶凝材料(水泥、石灰、石膏等)、砂和水按一定比例拌和而成的混合料称为砂浆。在道路、桥梁和隧道工程中,建筑砂浆是一种用量大、用途广的工程材料,主要用于桥涵、挡土墙和隧道衬砌等砌体的砌筑(起黏结、衬垫和传递应力作用)及砌体表面的抹面。合理地选择和使用建筑砂浆,对保证工程质量、降低工程成本有着重要意义。

一、砌筑砂浆

砌筑砂浆是将砖、石等块材砌筑成为砌体,起黏结、衬砌和传力作用的砂浆。

1. 砌筑砂浆的组成材料

砂浆的组成材料除了不含粗集料外,基本上与水泥混凝土的组成材料要求相同,但亦有差异。

(1)水泥。

水泥宜采用通用硅酸盐水泥或砌筑水泥,且应符合相应的国家标准。M15 及以下强度等级的砌筑砂浆宜选用 32.5 级的通用硅酸盐水泥或砌筑水泥;M15 以上强度等级的砌筑砂浆宜选用 42.5 级通用硅酸盐水泥。

(2)细集料。

砂浆的细集料常用天然砂。砂宜选用中砂,并应符合现行行业标准的规定,且应全部通过 4.75mm 的筛孔。

(3)掺合料。

为改善砂浆的和易性,除了水泥外,还掺入各种掺合料(如石灰、黏土和粉煤灰等)作为结合料,配制成各种混合砂浆,以改善砂浆的工艺性能和降低成本。

(4)外加剂。

为使砂浆具有良好的和易性和其他施工性能,可以在砂浆中掺入外加剂(如引气剂、早强剂、缓凝剂、防冻剂等),外加剂的品种和掺量及物理性能等都应通过试验确定。

(5)水。

拌制砂浆用水与水泥混凝土用水相同。

2. 砌筑砂浆的技术性质

(1)新拌砂浆的和易性。

新拌砂浆的和易性是指其是否便于施工并保证质量的综合性质。和易性良好的砂浆易在粗糙的砖、石表面铺成均匀的薄层且能与底面紧密黏结,既便于施工,又能提高生产效率和保证工程质量。新拌砂浆的和易性可以根据其流动性和保水性来综合评定。

①流动性。

流动性是指新拌砂浆在自重或外力作用下产生流动性,能在粗糙的砖、石基面上铺筑成均匀的薄层并能与底面很好黏结的性能。它实际上反映了砂浆的稠度,用砂浆稠度测定仪测定。试验时,将按预定配合比拌制的砂浆装入圆锥体容器中,使标准的试锥自由下沉,用 10s 的沉入量作为流动性的指标,以"mm"计。

砂浆的流动性受胶凝材料的品种和用量、用水量、混合材料及外加剂掺量、砂粒粗细、砂粒形状和级配以及搅拌时间的影响。

②保水性。

保水性是指新拌砂浆保持水分不流失的能力,也表示各组成材料不易分离的性质。保水性不好的砂浆,其塑性差,储运过程中水分容易离析,砌筑时水分易被砖石吸收,施工较为困难,将会给砌体质量带来不利影响。

砂浆保水性可用保水性试验测定。保水性试验是将15片滤纸置于已知含水率的砂浆上,经过2min的时间测定滤纸吸走的水分,从而得到砂浆的保水率。

砂浆的保水性与胶结材料的类型和用量、细集料的级配、用水量等有关。为了改善砂浆的保水性,常掺入石灰膏、粉煤灰等。

(2)硬化后砂浆的强度。

砂浆硬化后成为砌体的组成材料之一,应能承受和传递各种外力,因此砂浆应具有一定的抗压强度。砂浆抗压强度是确定其强度等级的重要依据。

砂浆强度等级是以边长为70.7mm的三个立方体试块,按规定方法成型并养护至28d后测定的抗压强度平均值(MPa)来表示的。水泥砂浆和预拌砌筑砂浆的强度分为M30、M25、M20、M15、M10、M7.5、M5七个强度等级,水泥混合砂浆的强度分为M15、M10、M7.5、M5四个强度等级。

(3)黏结力。

由于砖、石等砌体基材是依靠砂浆黏结成整体的,因而要求砂浆与基材之间应有一定的黏结力。砂浆的黏结力与其强度密切相关,通常砂浆强度越高则黏结力越大。此外,黏结力也与基材的表面状态、清洁程度、湿润状况及施工养护条件等有关。

(4)耐久性。

圬工砂浆经常受环境水的作用,故除强度外,还应考虑抗冻、抗渗、抗侵蚀等性能。提高砂浆的密实度可提高其耐久性。

二、抹面砂浆

以薄层涂抹于建筑物或构筑物表面的砂浆称为抹面砂浆。

对于抹面砂浆,要求其具有良好的和易性,容易抹成均匀平整的薄层,便于施工,还要有较高的黏结力,砂浆层要能与底面黏结牢固,避免干裂脱落。

根据抹面砂浆功能的不同,一般可将抹面砂浆分为普通抹面砂浆和防水砂浆等。

1. 普通抹面砂浆

普通抹面砂浆对砌体起保护作用,通常分两层或三层施工,各层的成分和稠度要求各不相同。底层砂浆的作用是使其能与底面牢固地黏结,因此要求砂浆具有良好的和易性及较高的黏结力,稠度较稀,其组成材料常随基底而异;中层砂浆主要是为了找平,有时可省去不用,较底层砂浆稍稠;面层砂浆主要起保护作用,一般要求用较细的砂,且易于涂抹平整。

水泥砂浆常用配合比为水泥:砂=1:3~1:2(体积比)。

水泥石灰混合砂浆可用水泥:掺合料:砂=1:(0.5~1):(4.5~6.0)。

2. 防水砂浆

防水砂浆是一种具有高抗渗性能的砂浆，主要用于隧道和地下工程。配制防水砂浆的基本方法是合理选择配合比。用普通水泥砂浆多层抹面作为防水层时，要求水泥强度不低于32.5级，砂宜采用中砂或粗砂，配合比控制在水泥∶砂＝（1∶3）～（1∶2），水灰比控制在0.40～0.50。用膨胀水泥或无缩水泥配制防水砂浆时，由于水泥具有微膨胀或补偿性能，为使砂浆的密实性和抗渗性提高，并具有良好的防水效果，配合比（体积比）为水泥∶砂＝1∶2.5，水灰比为0.40～0.50。

配制防水砂浆的另一个方法是掺防水剂。常用防水剂有硅酸钠（水玻璃）类防水剂、氯化物金属盐类防水剂和金属皂类防水剂。

三、干混砂浆

干混砂浆又称为干粉料、干混料或干粉砂浆，是由胶凝材料、细集料、外加剂（有时候根据需要加入一定量的掺和料）等固体材料组成，经工厂准确配料和均匀混合而制成的砂浆半成品，不含拌和水。拌和水在施工现场搅拌时加入。

干混砂浆分为普通干混砂浆和特种干混砂浆。

（1）普通干混砂浆又分为砌筑工程用的干混砌筑砂浆和抹灰工程用的干混砂浆两种。

①干混砌筑砂浆具有优异的黏结能力和保水性，使砂浆在施工中凝结更为密实，在干燥砌块基面都能保证砂浆的有效黏结；具有干缩率低的特性，能够最大限度地保证墙体尺寸的稳定性；胶凝后具有刚中带韧的特性，提高建筑物的安全性能。

②抹灰工程用的干混抹灰砂浆能承受一系列外部作用；有足够的抗水冲能力，可用在浴室和其他潮湿的房间抹灰工程中；减少抹灰层数，提高工效；具有良好的和易性，使施工好的基面光滑平整、均匀；具有良好的抗流挂性能、对抹灰工具的低黏性、易施工性；具有更好的抗裂、抗渗性能。

（2）特种干混砂浆指对性能有特殊要求的专用建筑、装饰类干混砂浆，如瓷砖黏结砂浆、聚苯板（EPS）黏结砂浆、外保温抹面砂浆等。

①瓷砖黏结砂浆：节约材料用量，可实现薄层黏结；黏结力强，减少分层和剥落，避免空鼓、开裂；操作简单方便，施工质量和效率得到大幅提高。

②聚苯板（EPS）黏结砂浆：对基底和聚苯乙烯板有良好的黏结力；有足够的变形能力（柔性）和良好的抗冲击性；自身重量轻，对墙体要求低，能直接在混凝土和砖墙上使用；环保无毒，节约大量能源；有极佳的黏结力和表面强度；低收缩、不开裂、不起壳、长期的耐候性与稳定性；加水即用，避免现场搅拌砂浆的随意性，质量稳定，有良好的施工性能，耐碱、耐水、抗冻融、快干、早强、施工效率高。

③外保温抹面砂浆：聚苯乙烯颗粒添加纤维素、胶粉、纤维等添加剂后具有保温隔热性能的砂浆产品。加水即能使用，施工方便；黏结强度高、不易空鼓、脱落；物理化学性能稳定、收缩率低、防止收缩开裂或龟裂；可在潮湿基面上施工；干燥硬化快，施工周期短；绿色环保，隔热效果卓越；密度小，建筑自重轻，有利于结构设计。

干混砂浆的特点是集中生产，性能优良，质量稳定，品种多样，运输、储存和使用方便。

储存期可达3个月至半年。

干混砂浆的使用,有利于提高砌筑、抹灰、装饰、修补工程的施工质量,改善砂浆现场施工条件。

四、水泥沥青砂浆(CA 砂浆)

水泥沥青砂浆(简称 CA 砂浆)是一种由水泥、乳化沥青、细集料、水和多种外加剂等原材料组成,经水泥水化硬化与沥青破乳胶结共同作用而形成的一种新型有机复合材料。这种材料经过水泥水化凝结与乳化沥青破乳共同作用,能够较好地解决沥青"憎水"和水泥水化"需水"间的矛盾,使得材料同时具有水泥材料的刚性与沥青材料的弹性。

1. 水泥沥青砂浆的分类

水泥沥青砂浆按照乳化沥青/水泥质量比(EA/C 比)分为 I 型砂浆和 II 型砂浆。I 型砂浆乳化沥青含量较高,EA/C 比一般大于 1.4,乳化沥青质量与水泥质量大致相同,砂浆的抗压抗折强度和弹性模量低。II 型砂浆乳化沥青含量较低,EA/C 比一般大于 0.3,乳化沥青质量不得大于水泥质量,砂浆的抗压抗折强度和弹性模量高。

两类水泥沥青砂浆最明显的区别在于水泥与乳化沥青在材料中的固体相不同。水泥沥青砂浆是一种多孔隙结构材料,有较多的孔隙无规律地分布在沥青和水泥水化产物的结构中。对于 I 型砂浆而言,乳化沥青破乳后的沥青在水泥浆体中处于连续分布状态,水泥的水化产物颗粒则分散在沥青分子链之间,沥青完全包裹水泥水化物形成胶结结构,水泥水化产物之间的孔隙被沥青颗粒充分填充;而在 II 型砂浆中,水泥水化产物的凝结硬化浆体形成骨架结构,沥青颗粒则是以分散相分散在水化产物之中,大部分沥青填充在水泥水化产物颗粒与砂之间的孔隙结构中,从而成为复合胶体。

2. 水泥沥青砂浆的应用

水泥沥青砂浆是高速铁路 CRTS 型板式无砟轨道(图 10-16)的核心技术。水泥沥青砂浆填充于厚度约为 50mm 的轨道板与混凝土底座之间,起到支承轨道板、缓冲高速列车荷载与减震作用,其性能的好坏对板式无砟轨道结构的平顺性、耐久性和列车运行的舒适性与安全性以及运营维护成本等有着重大影响。

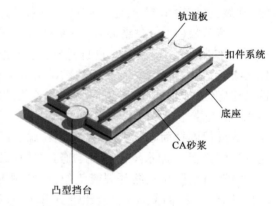

图 10-16 高速铁路 CRTS 型板式无砟轨道

我国第一条应用 CRTS Ⅰ型 CA 砂浆的高速铁路是哈大线,第一条应用 CRTS Ⅱ型 CA 砂浆的高速铁路是京津城际客运专线。目前,我国已建成或正在建设的京沪、武广、郑西、沪宁、宁杭等高速铁路都采用水泥沥青砂浆。

任务实施

请根据任务描述,通过相关知识,完成相应的任务。

序号	任务	实施
1	查阅资料,写出建筑砂浆的组成材料	
2	归纳总结砂浆的类型及其应用	

任务评价

评价项目	评价标准	参考分值	得分
建筑砂浆的组成材料	阐述正确	50	
砂浆的类型及其应用	归纳总结正确、全面	50	
总评			

任务四　认知环保再生类建筑材料

学习目标	● 知识目标	了解环保再生类建筑材料的基本知识及应用
	● 能力目标	能正确认识再生类建筑材料
	● 素质目标	通过对再生建筑材料的学习,树立循环利用的工程理念,培养节能环保的意识

任务描述

人们的环保意识越来越强,你知道哪些可再生的物品?查阅资料,了解哪些建筑材料是可以再生的?有哪些工程使用了再生材料?

任务引导

查阅相关的建筑材料再生的新闻,激发对建筑材料再生问题的兴趣,从而加深对建筑再生材料的好奇心,带着问题去学习。

相关知识

建筑材料的再生一般分为沥青混凝土再生和水泥混凝土再生两种。

一、废旧沥青混凝土再生

据调查,我国每年产生废旧沥青混凝土数千万吨,废旧沥青混凝土的有效再生利用对于推进我国固体废物再生利用事业具有决定性意义。废旧沥青混凝土再生利用在我国是一项既传统又新兴的研究课题,起步于 20 世纪 80 年代,近几年备受广大道路工作者的关注。

1. 废旧沥青混凝土的产生

沥青混凝土路面是道路路面的主要类型。一般情况下,沥青混凝土路面占道路路面的 70%~80%。作为沥青混凝土路面面层的沥青混凝土由碎石、砂、石灰石粉末和沥青组成。沥青是有机材料,作为路面结构层,沥青混凝土除了要经受磨耗、冲击等物理破坏作用外,还经受日晒、冰冻、水浸等环境作用的影响。因此,沥青材料的品质随着使用年限的增长而发生变化,其中的轻质部分逐渐散失,沥青逐渐老化,黏结力和强度逐渐下降,最终导致沥青混凝土路面出现裂缝、坑槽、飞散等病害。当路面性能下降到一定程度,不能满足汽车安全、舒适、经济、快捷行驶的要求时,就要对路面进行翻修或改建。有些情况下,沥青混凝土路面不能适应环境和荷载变化的要求,出现车辙、拥包、波浪等各类病害,使路面性能不能满足使用要求,需要对路面提前进行维修、养护,甚至翻修和改建。因此,沥青混凝土路面的使用寿命长则 10~15 年,短则 3~5 年,达到使用年限的路面必须进行翻修和改建。在沥青路面的维修、翻修和改建过程中会产生大量的废旧材料,废旧沥青混凝土是其中之一。废旧沥青混凝土含有碎石、砂及 3%~4% 的老化沥青,它是可利用价值较高的一种材料,对它进行再生利用可以在节省道路建设材料等方面做出贡献。

2. 再生利用方法概述

沥青路面的再生利用,是将旧沥青混凝土路面经过翻挖、回收、破碎和筛分后,与再生剂、新沥青材料、新集料等按一定比例重新拌和成混凝土,满足一定的路用性能并重新铺筑于路面的一整套工艺。沥青再生技术主要分为热再生和冷再生两大类,其中热再生又分为厂拌热再生和现场热再生,冷再生又分为厂拌冷再生和现场冷再生。

(1) 厂拌热再生。

厂拌热再生技术是先将旧沥青混凝土路面铣刨后运回工厂,通过破碎、筛分,并根据旧料中沥青含量、沥青老化程度、碎石级配等指标,掺入一定数量的新集料、沥青和再生剂进行拌和,使混凝土达到规定的指标,按照铺筑新路面的方法进行铺筑。国内外的经验证明,此方法可以用于废旧沥青混凝土品质较好条件下的旧沥青路面的再生利用,它充分地利用了废旧沥青混凝土的集料和所含有的老化沥青,在沥青再生技术中具有良好的经济效益和社会效益。

(2) 现场热再生。

现场热再生技术是通过现场加热、翻耕、混拌、摊铺、碾压等工序,一次性地实现旧沥青混凝土路面再生,具有无须运输、功效高等优点,主要用于修复沥青路面的表面病害。它具有以下特点:①改进了工艺,减少了施工程序;②施工配套设备少;③废料可就地再生使用;④修补速度快,质量高;⑤工程成本低,节省造价。

(3)厂拌冷再生。

厂拌冷再生技术是将旧沥青路面材料运回稳定土搅拌厂,经过破碎作为稳定土的集料,加入水泥或石灰、粉煤灰、乳化沥青等一种或多种稳定剂或新料进行搅拌,然后用于铺筑路面。此方法通过改变乳化沥青的用量,根据马歇尔稳定度、流值、空隙率等技术指标确定乳化沥青的最佳含量。对不能热再生的旧沥青混凝土可有效地进行再生利用,混凝土主要用于铺筑道路的基层和底基层。

(4)现场冷再生。

现场冷再生技术是指将旧路面沥青面层或部分基层材料破碎加工后,作为新结构的基层(或底基层)重新利用。利用专用再生机械在现场进行铣刨、破碎,加入适当新集料或细集料和外掺剂(水泥、石灰、粉煤灰、水等)拌和、整平和预压,再由压路机进一步压实。这种冷再生技术主要用于高等级公路路面基层或底基层的翻修或重修。

不同的废旧沥青混凝土可以选用不同的再生利用方法,也具有不同的经济和技术效益。技术人员应根据具体的情况,选择效益最好的再生利用方法。

3. 废旧沥青混凝土热再生利用试验

热再生可以充分利用旧料中的集料和旧沥青,是最有效的再生利用方式。但是如果旧沥青老化严重,其热再生就需要添加价格昂贵的再生剂才能收到比较满意的效果,因此废旧沥青混凝土的再生成本增加,经济效益下降,在此种情况下,采用冷再生方法将会收到良好的经济和技术效果。所以,要进行废旧沥青混凝土的再生利用,首先要对废旧沥青混凝土的基本性能有一个全面的了解。

(1)旧料的破碎筛分。

把从现场铣刨的块状旧料在工厂用破碎筛分机进行破碎和筛分。

(2)旧沥青的抽提与指标测定。

把从工厂取来的破碎、筛分好的再生集料放入桶中或其他容器中,加入工业用的三氯乙烯,浸泡、搅拌后,使再生集料中的沥青充分溶解于三氯乙烯溶液中。从溶有旧沥青的三氯乙烯溶液中用离心分离机分离出沥青,并对抽提出的沥青做三大指标的检测试验。

(3)再生沥青混凝土配合比设计。

采用针入度较大的新沥青和新集料作为再生沥青混凝土的基本材料,把再生集料按不同比例掺入上述基本材料,进行再生沥青混凝土配合比设计,并探讨再生沥青混凝土的各种路用性能。

首先进行再生集料的级配分析,然后称取所需质量的新集料并加热至180~200℃,将预热至100~110℃的再生集料掺入,并一起加热至160~170℃后,按所需质量加入已经预热至规定温度的新沥青和矿粉,拌和均匀后进行马歇尔稳定度试验,确定再生沥青混凝土的最佳沥青用量。

(4)再生沥青混凝土路用性能的试验验证。

①车辙试验:在最佳沥青含量情况下成型车辙试验试件,按标准车辙试验方法进行试验。

②冻融劈裂试验:验证混凝土在低温下抗冻性能及抗水损害能力。

③浸水马歇尔试验:验证沥青混凝土的抗水损坏能力。

4.泡沫沥青就地冷再生混合料

泡沫沥青就地冷再生混合料是以泡沫沥青作为冷再生混合料的胶结材料,添加一定比例的填料、外加剂、新集料提高混合料性能,后加水拌和形成混合料,主要用于道路基层和底基层。

(1)泡沫沥青就地冷再生混合料的主要组成材料。

①泡沫沥青。

泡沫沥青是在高温沥青中加水滴形成蒸汽泡后产生连锁反应,能显著提高胶合性能的新材料。泡沫沥青的生产如图10-17所示。其形成原理是:将水喷入高温液体沥青(150~180℃),水被迅速汽化,沥青膨胀呈泡沫状,其黏度降低,这便是泡沫沥青。持续一段时间后泡沫消失,沥青恢复原状,整个过程沥青的性质没有发生本质性变化。

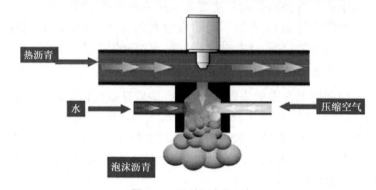

图10-17 泡沫沥青的生产

泡沫沥青黏聚性强且稳定,混合料可以长时间储存,可以冷碾压。泡沫沥青冷再生技术运用泡沫沥青这些良好性能,用铣刨机清洗沥青面层,把需大修的路面整齐地铣刨到基层面,削下来的废料用装载车拉回料场储存、再生利用。摊铺泡沫沥青混凝土新路面作业不受天气条件限制,冷天、阴雨天仍可进行施工。

②集料。

原沥青路面经铣刨机或再生机铣刨后,沥青混合料中的一部分粗集料被破碎。因此,与原路面级配相比,铣刨后的级配缺乏粗集料,需要添加一定的粗集料调整回收料级配。

③水泥。

泡沫沥青冷再生主要用于道路的基层和底基层,水泥作为一种活性添加剂,对泡沫沥青冷再生混合料性能具有重要影响。水泥掺量会直接影响冷再生混合料的力学性能,掺量过少使得力学性能过低,掺量过多使得冷再生混合料变脆,易产生裂缝。因此,需要通过试验确定水泥掺量。

(2)泡沫沥青混合料的冷拌原理。

沥青发泡后体积膨胀,表面张力减小,分散性良好,与细集料结合形成浆体而将粗集料牢固地黏结在一起,因此应保证有足够数量的细集料。

(3)泡沫沥青冷再生技术的优点。

①旧路面废料能回收再生,既利于环保,又节约大量投资。全国每年约有12%的高等级公路需要大修,保守估计每年沥青路面废弃量有220万t。回收利用这些废料,用于路面

新建或维修,每年全国仅在材料费方面就能节省数亿元。

②泡沫沥青混合料存储时间长,无须加热,碾压成型迅速。这为缩短公路路面施工工期创造了良好条件。混合料规模化生产,铣刨、摊铺机械化连续作业,摊铺后可以立即压实,压实后立即可以开放交通。路面小修甚至可以做到即修即通车。

③运用新技术浇铺的路面强度、抗疲劳度更胜一筹,使用寿命更长。

④泡沫沥青属于柔性材料,与集料胶结,增加了其剪切强度和结构的水稳定性,极大减少了道路反射裂缝的产生。

⑤泡沫沥青制备过程中无有害气体排出,不会对大气造成破坏,同时施工过程中无须对集料进行加热,节约资源。

二、废旧水泥混凝土再生

作为一种建筑废弃物,废旧混凝土块一般产生于水泥混凝土路面、桥梁、楼房等建筑物和其他混凝土结构物的改建、翻建或拆除过程中。废旧水泥混凝土块主要含有粗、细砂石集料和硬化的水泥水化物等成分。如果能对其进行有效再生利用,不仅可以减少固体废物的最终排放量,而且可以节约自然资源,达到保护环境、可持续发展的目的。废旧水泥混凝土根据其发生途径和品质的不同有多种再生利用方法,如旧水泥混凝土路面经过打碎压稳处理后,加铺沥青混凝土路面形成新的路面结构的就地再生利用方法;旧水泥混凝土块经过破碎筛分生产再生混凝土集料的再生利用方法。后者对废弃水泥混凝土的再生利用主要集中在对再生集料和再生水泥混凝土的基本性能的研究。这些基本性能包括物理性能、化学性能、力学性能、结构性能等。再生集料可用于公路的基层混凝土、面层的行车道以及水稳基层。

水泥混凝土面板的再生一般分为以下的流程:

(1)对原路面进行调查和取样。路况调查分两个层次进行,第一层次调查为路面损伤初步调查,该层次调查主要内容为水泥混凝土路面板裂缝、断板、错台、碎板、剥落等损伤情况,并进行取芯检测强度。第二层次调查为旧水泥路面板技术数据调查,如设计强度、配合比、原材料水泥、集料、砂、外加剂等料源与性质等。

(2)对再生集料技术指标进行检测与评价。这部分内容包括再生集料的生产方式及再生集料的级配、压碎值、吸水率、表观密度等物理力学性质。并提出再生集料可用于满足工程的技术指标。

(3)对再生混合料粒料的微观结构机理及控制强度的因素进行分析,根据颗粒级配设计再生混合料粒料的配合比,并通过相应的试验对比筛选最佳的再生混合料碎石配合比。

(4)研究再生混合料的路用性能并应用。

任务实施

根据任务描述,查阅资料,写出建筑再生材料的实践应用;结合所学内容,分析为什么要使用再生材料?有什么社会和经济效益?

任务评价

评价项目	评价标准	参考分值	得分
建筑再生材料的工程应用	查阅资料认真，覆盖面较广	50	
建筑材料再生的意义	总结全面、阐述正确	50	
总评			

任务五 认知加固补强类材料

学习目标	● 知识目标	了解加固补强类材料的基本知识及应用
	● 能力目标	能正确认识和应用各种加固补强类材料
	● 素质目标	培养防患于未然的安全意识

任务描述

道路桥梁经过多年使用，多多少少会出现一些损坏现象，如何对道路桥梁进行加固补强，增加道路桥梁的使用寿命，保证道路桥梁的安全至关重要。那么，加固补强的材料和方法都有哪些呢？查阅相关资料，了解道路桥梁的损坏现象，以及损坏的原因，并提出加固补强措施。

任务引导

通过查阅道路桥梁的损坏现象，了解对道路桥梁进行加固的必然性和重要性；在分析损坏原因的基础上带着问题去学习。

相关知识

一、注浆法

1. 注浆法概述

注浆法是将一定材料配制成浆液，用压送设备将其灌入地层或缝隙内，使其扩散、胶凝或固化,以达到加固地层或防渗堵漏的目的。

注浆法可用于防渗堵漏、提高地基土的强度和变形模量、填充空隙、进行既有建筑地基基础加固和控制变形。按浆液在土中的流动方式,可将注浆法分成以下三类:

(1)渗透注浆:浆液以渗透渗入方式,渗入土体孔隙的注浆方式。

(2)压密注浆(图10-18):用很稠的浆液灌入事先在地基土内钻进的孔中并挤向土体,在注浆处形成浆泡,浆液的扩散靠对周围土体的压缩。浆体完全取代了注浆范围的土体,在注浆邻近区存在大的塑形变形区,离浆泡较远的区域土体发生弹性变形,因而土的密度明显增加。评价浆液稠度的指标通常是浆液的坍落度。

(3)劈裂注浆(图10-19)。劈裂注浆是目前应用最广泛的一种注浆方法,是在钻孔内施加液体压力于土体,当液体压力超过劈裂压力时土体产生水力劈裂,也就是土体突然出现裂缝,吃浆量突然增加,劈裂注浆在注浆孔附近形成网状浆脉,通过浆脉挤压土体和浆脉的骨架作用加固土体。

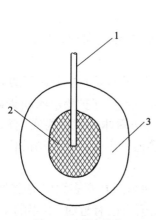

图10-18 压密注浆
1-注浆管;2-球状浆泡;3-压密带

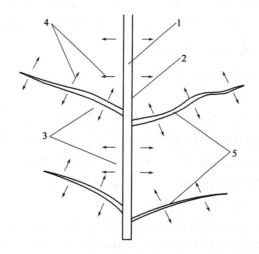

图10-19 劈裂注浆
1-浆液;2-注浆孔;3-渗入的浆液(通过劈裂面和注浆孔边缘);4-浆液挤压作用;5-劈裂面

虽然注浆法有以上分类,但在实际注浆中浆液往往是以多种形式灌入地基中,单一的流动方式是难以实现的,只是以某一种形式为主而已。例如在劈裂注浆施工时,浆液在压力未达到劈裂压力时首先以渗透形式充填土体中的空隙,然后局部堆积对土体形成压密,当压力达到劈裂压力时在土体中形成劈裂裂缝,在向裂缝注入时也伴随着渗透和压密,但其主要流动方式是劈裂形式。

2.常用的注浆材料

注浆材料大体可分为无机系和有机系两大类,见表10-2。而在日常使用中其一般又分为水泥浆材和化学浆材两大类。

注浆材料分类 表10-2

系别	类别	浆液名称
无机系	单液水泥浆 水泥-水玻璃类 黏土类 水玻璃类 水泥黏土类	普通水泥浆液；改性灌浆水泥浆液；超细水泥浆液…… 水泥-水玻璃双浆液 黏土-膨润土浆液 水玻璃-氯化钙浆液；水玻璃-铝酸钠浆液……
有机系	丙烯酰胺类 木质素类 脲醛树脂类 聚氨酯类 环氧树脂类 其他	纸浆废液-过硫酸铵浆液…… 脲醛树脂-硫酸浆液…… 水溶性聚氨酯浆液；油溶性聚氨酯浆液

选定适宜的注浆材料和配比,不仅对注浆效果至关重要,同时还直接决定了采用注浆法的经济性,所以必须综合考虑各种因素加以选择。

3. 注浆法的主要用途

注浆法在基坑工程中的用途目前主要有地层加固、周围环境保护跟踪注浆、抢险堵漏等。

在之前的很长一段时间内,注浆法是基坑周边地层大面积加固的主要施工方法,但随着基坑工程的不断发展,基坑平面尺寸和深度不断加大,周边环境保护要求不断提高,注浆法在基坑周边地层大面积加固方面逐渐被加固强度更高、加固体性能更稳定的深层搅拌法、高压喷射注浆法替代。目前在基坑工程中,注浆法更多地发挥着灵活机动的优点,而被广泛应用于局部地层加固。

自20世纪90年代初,我国自主研发生产的水泥基灌浆材料在众多大中型企业的设备安装、建筑结构加固改造工程中得到广泛应用。该材料在国内已有近30多年的工程应用历史。随着国民经济的发展,各行各业水泥基灌浆材料的应用越来越广泛,需求量越来越大。水泥基灌浆材料目前已广泛应用于冶金、电力、石化、焦炭、化工等行业的地脚螺栓锚固、设备基础或钢结构柱脚底板的灌浆、混凝土结构加固改造及预应力混凝土结构孔道灌浆、插入式柱脚灌浆等,大量替代了传统的细石混凝土,提高了施工效率,且发展势头强劲,受到了广大用户及施工单位的认可及好评。

二、环氧树脂、环氧树脂砂浆及环氧树脂混凝土

各种建筑物及构筑物经过多年的使用多数都会有不同程度损坏,需要进行维护和修补。近年来各国对已有混凝土及钢筋混凝土结构的评价鉴定和维修改造问题都越来越重视,环氧树脂就是该领域的重要材料。

以环氧树脂制成的环氧胶性能优越、改性途径较多,近年来发展较快。它多用于混凝土构件的黏结和修补、桥梁工程、飞机跑道、公路修造、混凝土结构裂缝补强加固或防渗堵漏灌浆等领域,应用最多的是混凝土构件的黏结和修补。

1. 环氧树脂

1）环氧树脂的概念

环氧树脂是指分子结构中含有两个或两个以上环氧基的化合物，由环氧氯丙烷与双酚A或多元醇缩聚而成，它是一大类树脂的总称。由于结构上的差异，有不同类型的环氧树脂，如双酚A型环氧树脂、脂肪族环氧树脂、酚醛环氧树脂、脂环族环氧树脂等。

环氧树脂是一种无定形黏稠液体（图10-20），加热呈塑性，没有明显的熔点，受热变软，逐渐熔化而发黏。它不溶于水，本身不会硬化，当加入一定量硬化剂后，才逐渐固化，变为不溶于水的坚固体型网状结构的巨大分子高聚物，其性能由热塑性变为热固性。固化后显出强度高、黏结力大、收缩性小及化学稳定性好等特点。

图10-20 环氧树脂

2）环氧树脂分类及辅助材料

（1）环氧树脂分类。

目前常用的环氧树脂分类方法很多，工程常用的分类为水性环氧树脂和油性环氧树脂。其工程应用的主要区别是：

①溶剂不同。

水性环氧树脂采用水作为溶剂，固化过程中，挥发到空气中的是水汽。油性环氧树脂采用二甲苯、丙酮等为溶剂，固化过程中，挥发到空气中的是二甲苯、丙酮等污染性气体。水性环氧树脂较环保。

②使用环境不同。

水性环氧树脂可以使用在湿度大、潮气重的环境中，不会起泡脱落（施工的时候还是需要干燥的环境）。油性环氧树脂不能使用在湿度大、潮气重的环境，在潮气重的环境中用久了会起泡脱落。

（2）辅助材料。

①固化剂。

固化剂是能与环氧树脂发生化学反应使树脂固化的材料，主要作用是使热塑性、线型的环氧树脂交联成体型网状的巨大分子，成为不溶的硬化产物。工程中常用胺类固化剂：乙二胺、二乙烯多胺、多乙烯多胺。乙二胺对人体有致癌作用，且在加入时会产生刺鼻的浓烟，这种烟雾对人体有较强的毒副作用，因此在施工时必须采用强有力的防护措施。现在配制环氧树脂砂浆可采用无毒的固化剂代替乙二胺。

②稀释剂。

稀释剂与环氧树脂有良好的相溶性，主要作用在于降低环氧树脂黏度，便于环氧树脂胶料浸润集料、提高黏结力，增加体积和填料含量，同时可以控制环氧树脂与固化剂的反应热，延长使用时间。稀释剂可分为活性稀释剂和非活性稀释剂两种，活性稀释剂含有活性基团能参与固化反应。常用的稀释剂有：丙酮、甲苯、二甲苯均为无色液体。当黏度满足要求时，可不添加稀释剂。

3)环氧树脂在工程中的应用

(1)新旧混凝土的黏结。在混凝土或者砂浆中加入一定量环氧树脂,通过选用不溶于水的聚酰胺、多元芳香胺及潜性脂肪胺固化的环氧胶黏剂黏结潮湿混凝土可获得满意效果。

传统的新旧混凝土接槎方法是先在清洗好的槎口上浇一层稀砂浆,紧跟着浇灌新混凝土,该方法黏结度低、防水性差。为了获得高强度的黏结,在混凝土槎口上涂敷环氧胶黏剂是目前较为流行的方法。新旧混凝土的黏结难点是胶黏剂必须同含水率较高的新混凝土接触,通过选用不溶于水的聚酰胺、多元芳香胺及潜性脂肪胺固化的环氧胶黏剂黏结潮湿混凝土可获得满意效果,此外环氧胶黏剂如用煤焦沥青改性并掺入适量吸水材料如石棉纤维和氧化钙等,则在潮湿介质中也有很好的效果。

(2)混凝土构配件的黏结、修补。混凝土构件黏结一般用环氧树脂胶进行。通过配方的调节可以满足冬季和夏季的不同施工要求。冬季用可掺入氨基催化剂,夏季用可掺入氨基酚附加剂。

图10-21 环氧树脂植筋胶

(3)环氧树脂加固化剂、稀释剂用于修补细小、裂缝宽度不变的混凝土裂缝。

(4)环氧树脂适用于非阳光直射区域的混凝土涂层耐久性保护。

(5)油性环氧树脂可直接用于岩石、混凝土试块的拉伸试验的黏结。

(6)环氧树脂制作的植筋胶用于钢筋和混凝土之间的黏结,具有良好的效果(图10-21)。

4)环氧树脂使用注意事项

(1)环氧树脂通常不能用于潮湿环境;

(2)环氧树脂单独使用,不能用于紫外线直接照射区域;

(3)环氧树脂作为有机物产品,其长期耐久性与安全性有待探讨,应谨慎用于重大结构中,以防止因火灾等原因而导致其性能失效。

2. 环氧树脂砂浆

环氧树脂砂浆主要由环氧树脂、固化剂和一定级配填料的混合物组成。根据不同需要可适当掺加增塑剂、稀释剂或其他材料。材料不同,可以影响环氧树脂砂浆的固化时间、固化速度、力学性能等,因而应根据材料的性质进行选择。

1)环氧树脂砂浆的组成材料

(1)环氧树脂。

选用双酚A型环氧树脂,按对环氧树脂砂浆流动性的要求可选择EP 01441-310型(E-51)和EP 01451-310型(E-44)。要求黏度低、使用方便时用EP 01441-310型,一般性要求时用EP 01451-310型。

(2)固化剂。

①采用改性胺或缩胺类固化剂,胺值为200mg KOH/g~700mg KOH/g,且能常温固化

环氧树脂,其固化时间符合使用单位的施工要求。

②尽量选用挥发性小、毒性小、对人体皮肤和呼吸系统刺激性小的固化剂。不得选用低分子量、挥发性大且毒性较大的胺类作为固化剂,如乙二胺、二乙烯三胺等。

③选用的固化剂要求反应平缓,反应放热峰值温度低,性能满足设计要求。在潮湿或低温条件下使用时,应选用适合潮湿或低温条件的专用固化剂。

(3)增塑剂。

硬化后的环氧树脂虽具有很高的强度,但较脆,抗冲击力差。增塑剂的主要作用是改善环氧树脂的柔顺性,提高抗弯及抗冲强度,分为活性增塑剂和非活性增塑剂两种。常用的增塑剂为二丁酯,无色液体。

①尽量选用与环氧树脂混溶性好、挥发性小、毒性小、对皮肤和呼吸系统刺激性小的增塑剂。

②尽量选用活性增塑剂,使固化物性能稳定。

(4)稀释剂。

应尽量选用挥发性小、毒性小、对皮肤和呼吸系统刺激性小的活性稀释剂,苯基缩水甘油醚类稀释剂对皮肤刺激性大,不宜采用。稀释剂与环氧树脂要有良好的混溶性。

(5)填料。

填料不参加固化反应,只起填充作用,应是中性或弱碱性的粉末状、颗粒状或纤维状物质。它加入环氧树脂体系中,能减少反应放热或固化收缩,可改善环氧材料的热性能、机械性能或赋予固化体系所要求的特殊性能。常用的有中性或弱碱性硬质粉料和粒料。粉料有石英粉、辉绿岩铸石粉、硅粉、普通水泥等,粒料有石英砂、硬质河砂等。

填料应烘干,含水率不得大于0.5%;粉料粒径100~200目,粒料的最大粒径不得大于2mm,宜选用石英砂,如用硬质河砂,应注意水洗、烘干。

2)环氧树脂砂浆的配制

按配合比比例对环氧树脂砂浆原材料进行严格计量,根据配料工艺仔细操作,配料时必须由有操作经验的人员进行配料。配料现场必须具有良好的通风效果。

将环氧树脂和二丁酯放在铁锅中,在炉上热至60℃时,搅拌均匀,铁锅冷却至30~35℃,再将乙二胺注入,拌和均匀成为环氧树脂浆液。然后将水泥和砂石混合均匀的填料倒入环氧树脂浆液中,迅速搅拌均匀,就制成了环氧树脂砂浆。

3)环氧树脂砂浆的应用

环氧树脂砂浆以其强度高、综合性能优良等特点,作为水工混凝土过流面抗冲耐磨保护层及冲刷、磨损和气蚀等破坏部位的修补加固材料,以及工业民用建筑、公路、桥梁和机场跑道等构筑物的维修加固材料应用已有40多年历史。

环氧树脂具有强度高、黏结性能好、耐磨性好、价廉等优点,对混凝土等各种材料都有很强的黏结性,但是其脆性大,为了扬长避短,常对环氧树脂进行改性处理。在树脂内加入适量的固化剂时,能配制出常温下正常固化的树脂砂浆,固化后具有可使用的物理力学性能。根据使用条件和要求不同,在树脂砂浆配制过程中还可以加入适当比例的水泥、砂等填料和增塑剂。这种砂浆具有良好的振动和易性,强度高、黏结力强、耐腐蚀、防水。根据环氧树脂砂浆的这种特性,可用修补裂缝及进行钢筋的锚固,以及用作腐蚀环境的黏结剂。

3. 环氧树脂混凝土

环氧树脂混凝土技术研究开发最早始于美国。树脂混凝土由于完全不使用水泥,称作塑料混凝土,又称为聚合物胶结混凝土(PC)。其使用不同的树脂和集料,可制成不同性质的树脂混凝土,一般为了减少树脂的用量,还可加填料、粉砂等。经试验证明,其抗裂性能比普通混凝土高出两倍。与普通混凝土相比,树脂混凝土具有耐化学腐蚀、耐磨、耐久、抗冻性好、凝结快、强度高、易黏结、电绝缘性好等优点,较广泛地用于耐腐蚀的化工和高质量的建筑工程中。

三、聚合物改性沥青抗裂贴

聚合物改性沥青抗裂贴是以工程纤维机织物为表面增强层,工程纤维毡为胎基,聚合物改性沥青为上下浸渍涂层,聚酯膜为底面隔离膜,经复合而成的具有自黏、防水与抗裂作用的卷状材料。抗裂贴按施工方式分为热黏型抗裂贴和自黏型抗裂贴两类。

目前,国内生产的路面层间复合夹层抗裂贴主要有:玻纤-高聚合物复合夹层抗裂贴、聚丙烯-沥青复合夹层抗裂贴和无纺布-沥青复合夹层抗裂贴。聚合物改性沥青抗裂贴施工如图10-22所示。

图10-22 聚合物改性沥青抗裂贴施工

1. 抗裂贴的特点

(1)加筋抗裂。

高强土工织物要求其在摊铺热沥青混合料(180℃)时不会发生强度衰变,并保持其高强度、低延伸率,使沥青路面局部补强,这样反射裂缝就在抗裂贴处被阻止了。玻璃纤维有纺织物具有很高抗拉强度,延伸率低,能有效抵抗层间裂缝处拉应力,限制裂缝宽度发展,可有效起到加筋、抗裂的作用。

(2)消能缓冲。

在路面层间抗裂贴的三层材料中,最下层的低劲度、高应变能力的黏弹性聚合物是直接与无机结合料稳定材料基层上裂缝相接触的,聚合物的变形能力决定了其跟随裂缝变形的能力。尤其是在低温的情况下基层与聚合物黏结良好,承担变形的聚合物实际上只有裂缝正上方的一小段,这就对聚合物的变形能力提出了更高的要求。所以,作为路面层间抗裂贴组成之一的聚合物,不仅应具有合适的模量,而且在低温的情况下要有足够大的变形能力和强度,在高温下要不流失,具有一定的稳定性,并保证形成一层应力吸收膜,从而发挥其消能缓冲的作用。

(3)隔水防渗的要求。

黏弹性聚合物是一种具有柔韧性的,与基层黏结很好的沥青基材料,可保证起到对路面的雨、雪水下渗的隔断作用。

(4)抗剪切的要求。

抗裂贴中间层的黏弹性聚合物,除了起到黏结和防水的作用外,还起到应力吸收的作用。所以,黏弹性聚合物模量越小,应力吸收作用就越明显,对应力集中的缓解就越大。但也正因为黏弹性聚合物的加入,使得路面结构在抗剪能力上出现了一个薄弱层,尤其是在高温下,黏弹性聚合物可能会在水平荷载作用下产生过大的层间运动,导致路面结构的整体滑移,因此黏弹性聚合物必须具有一定的抗剪能力。黏弹性聚合物抗剪问题主要涉及高温下的抗剪模量,为了满足聚合物的抗剪性能,可以采用美国战略公路研究计划(SHRP)的动态剪切流变试验(DSR),通过控制黏弹性聚合物的高温劲度来控制其抗剪能力,保证在高温时的剪切强度。

2.抗裂贴的应用

(1)水泥路面的"白改黑"工程。

在水泥面层上铺设聚合物改性沥青抗裂贴,可以很好地解决水泥板块工作缝产生向上的反射裂缝。

(2)沥青路面层间。

对于沥青混合料路面,适合铺设于沥青路面层间,用于防止下层反射裂缝向上层传递。对于高速公路宜铺设于下面层顶面,用于防止下面层反射裂缝向中、上面层传递,如图10-23所示。

图10-23 抗裂贴设置于沥青路面层间示意图

(3)基层或混凝土板顶面。

对于无机结合料稳定材料基层沥青混合料路面,适合铺设于半刚性基层顶间,用于防止基层反射裂缝向沥青面层传递。

对于复合路面,适合铺设于混凝土板顶间,用于防止板体接缝向沥青面层传递。

四、结构加固用胶黏剂

一种胶黏剂能否用于承重结构,主要由其安全性能的综合评价决定;但同属承重结构胶黏剂,仍可按其主要性能的显著差别,划分为若干等级。混凝土结构加固设计规范根据加固工程的实际需要,将室温固化型Ⅰ类结构胶划分为A、B两级,并按结构的重要性和受力的特点明确其适用范围。

承重结构用的胶黏剂,宜按其基本性能分为A级胶和B级胶;对重要结构、悬挑构件、承受动力作用的结构、构件,应采用A级胶;对一般结构可采用A级胶或B级胶。

这两个等级的主要区别在于其韧性和耐湿热老化性能的合格指标不同。在实际工程中,对不同品牌胶黏剂的考核也应侧重于这方面,而不宜单纯做简单的强度检验以决高低。

承重结构用的胶黏剂,包括粘贴钢板和纤维复合材,以及种植钢筋和锚栓的用胶,必须进行黏结抗剪强度检验,其抗剪强度标准值应具有足够高的强度保证率及其实现概率(即置信水平)。

经过数十年的实践,如今国际上已公认专门研制的改性环氧树脂胶为加固混凝土结构首选的胶黏剂;尤其是对黏结纤维复合材和钢材而言,其抗剥离性能、抗疲劳性能都是其他品种胶黏剂所无法比拟的。但应注意的是:这些良好的胶黏性能均是通过使用高性能固化剂和其他改性剂进行改性和筛选才获得的,从而也才消除了环氧树脂固有的脆性缺陷。因此,在使用前必须按《工程结构加固材料安全性鉴定技术规范》(GB 50728—2011)进行检验和鉴定,在确认其改性效果后才能保证其黏结的可靠性。植筋用的胶黏剂应采用改性环氧类结构胶黏剂或改性乙烯基酯类结构胶黏剂。当植筋的直径大于22mm时,应采用A级胶。

种植后锚固件(如植筋、锚栓等)的结构胶属于富填料型,规范专门制定了适用于锚固型结构胶的检验项目及其合格指标供安全性鉴定使用。

不饱和聚酯树脂及醇酸树脂,由于其耐潮湿、耐水和耐湿热老化性能极差,因而不允许用作承重结构加固的胶黏剂。

五、裂缝修补材料

改性环氧树脂类、改性丙烯酸酯类、改性聚氨酯类等的修补胶液,包括配套的打底胶、修补胶和聚合物注浆料等的合成树脂类修补材料,适用于裂缝的封闭或补强,可采用表面封闭法、注射法或压力注浆法进行修补。

无流动性的有机硅酮、聚硫橡胶、改性丙烯酸酯、聚氨酯等柔性的嵌缝密封胶类修补材料,适用于活动裂缝的修补,以及混凝土与其他材料接缝界面干缩性裂隙的封堵。

超细无收缩水泥注浆料、改性聚合物水泥注浆料以及不回缩微膨胀水泥等的无机胶凝材料类修补材料,适用于大于1.0mm的静止裂缝的修补。

无碱玻璃纤维、耐碱玻璃纤维或高强度玻璃纤维织物、碳纤维织物或芳纶纤维等的纤维复合材与其适配的胶黏剂,适用于裂缝表面的封护与增强。

六、水泥混凝土快速修补料

随着交通量急剧增长、重载车辆日益增多,公路水泥混凝土桥面铺装层、伸缩缝、收费站广场等经受着严峻的考验,经常出现开裂、坑槽等破坏,严重影响行车安全及舒适性,为此,需要进行修补。但采用普通水泥混凝土修补早期强度低,一般至少需要养护 7 天后才能开放交通。这在当今高密集的交通条件下是不适合的,往往造成严重的交通拥堵和交通事故。因此,采用快速修补技术来抢修高速公路意义重大(图 10-24)。

图 10-24　桥面铺装层与伸缩缝快速修补

(1)快速修补料的种类及特点。

目前工程中常采用早强硅酸盐水泥、铝酸盐水泥、硫铝酸盐水泥、超快硬磷酸盐胶结料等有机、无机相结合的胶结料,与细集料、粗集料以及各种外加剂、掺合料配比而成快速修补料。这些材料的使用缩短了混凝土的养护周期,社会效益明显,具有各自优势的同时,也存在着不同程度的缺陷。常用快速修补料有以下几种。

①快硬硅酸盐水泥类快速修补料。

由硅酸盐水泥熟料和适量石膏磨细制成,以 3 天抗压强度表示标号的水硬性胶凝材料为快硬硅酸盐水泥。快硬水泥凝结时间正常,而且初凝和终凝之间的时间间隔很短,早期强度发展很快,后期强度持续增长。用快硬硅酸盐水泥可配置高早强混凝土,与使用普通水泥相比,可加快施工进度、模板周转、提高工程和制品质量,具有较好的经济效益和社会效益。但在交通量巨大、超载频繁的现状下,显然不能满足应急快速修补的要求。另外,其水化放热比较集中,不宜用于大体积混凝土工程。

②铝酸盐水泥类快速修补料。

铝酸盐水泥是以铝矾土和石灰为原料,按一定比例配制,经煅烧、磨细所制得的一种以铝酸盐为主要矿物成分的水硬性胶凝材料。铝酸盐水泥早期强度高,但其后期强度存在"倒缩"问题,容易造成工程安全隐患,所以应用领域有限。通过配合比优化,主要用于机场跑道混凝土的维修。

③快硬磷酸盐类修补材料。

磷酸盐水泥是磷酸盐与重烧(轻烧)氧化镁发生酸碱反应生成的物质,通过硼砂等缓凝组分控制凝结时间。其优点为:抗冻融、耐高温、黏结强度高、可超低温施工、早期强度高、后期强度不倒缩等；缺点是凝结快、水化热高。目前使用较多的方面是做机场道路修补、抢救性修补等。由于磷酸盐水泥的缺点导致了磷酸盐水泥的使用范围非常狭窄，目前国内外各研究机构都在深入地研究其凝结时间和水化热。又因为磷酸盐水泥原材料稀缺，价格成本高，其制作的修补材料价格也是居高不下，其高昂的价格进一步限制了其大规模的应用与推广。

④硫铝酸盐水泥类修补料。

硫铝酸盐水泥主要是以无水硫(铁)铝酸钙和硅酸二钙为主要矿物组成的新型水泥。其特点是早强高强、高抗冻性、高耐蚀性和高抗渗性。

硫铝酸盐水泥是一种较好的修补水泥，且其价格合理，具有推广的空间和价值，但其凝结时间短、受环境温度影响大，后期强度有倒缩现象，长期耐久性有待加强。

（2）快速修补料的性能指标。

目前关于水泥混凝土快速修补材料相关规范只有交通运输部发行的《公路工程水泥混凝土用快速修补材料 第1部分：水泥基修补材料》（JT/T 1211.1—2018）。

任务实施

通过相关知识的学习，完成相应的任务。

序号	任务	实施
1	查阅道路桥梁损坏现象的相关资料	
2	归纳总结道路桥梁加固补强的材料或方法	

任务评价

评价项目	评价标准	参考分值	得分
道路桥梁的损坏现象	查阅资料认真仔细、内容较全	50	
道路桥梁的加固补强的材料或方法	归纳总结全面	50	
总评			

任务六　认知交通安全类材料

学习目标	● 知识目标	了解交通安全材料的基本知识及应用
	● 能力目标	能正确认识各种反光膜等交通安全材料
	● 素质目标	通过对交通安全类材料的学习和认知，增加交通安全意识

任务描述

在车辆行驶中，交通安全总是第一位的。有哪些材料或标识是为了交通安全设置的呢？通过互联网查询交通安全的标识和类型，以及设置的意义。

任务引导

要完成此任务，可以通过相关知识的学习，并结合网络图片和资料，了解常见的交通安全材料和应用。

相关知识

一、反光膜

反光膜（图10-25），是一种制成薄膜可直接应用的逆反射材料，利用玻璃珠技术或微棱镜技术、合成树脂技术、薄膜技术、涂敷技术和微复制技术制成。通常有白色、黄色、红色、绿色、蓝色、棕色、橙色、荧光黄色、荧光橙色、荧光黄绿色，国外还有荧光红色和荧光粉色。反光膜的首要作用，就是改善交通标志的表面性能，使之能适应全天候状态的交通需要，提高道路安全运行条件。

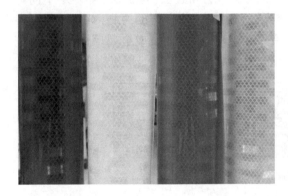

图10-25　反光膜

1. 反光膜的分类

我国反光膜标准是《道路交通反光膜》（GB/T 18833—2012）。

（1）反光膜按其逆反射原理，可分为玻璃珠型和微棱镜型。

根据棱镜的形式和技术特点，微棱镜型反光膜又可分为远距离逆反射能力好的截角型棱镜反光膜，近距离大角度逆反射性能好的截角型棱镜反光膜，以及兼顾各方面需求的全棱镜反光膜，白天和恶劣气候条件性能都好的荧光型全棱镜反光膜，符合传统工程级逆反射参数的棱镜型反光膜等等。

玻璃珠型反光膜较早出现，但其工艺变化比较少，主要有两种类型，一种为透镜埋入型反光膜，习惯上称为工程级反光膜；一种为密封胶囊型，通常称为高强级反光膜。

（2）按照反光膜的背胶种类，反光膜可以分为热敏胶反光膜、压敏胶反光膜和无背胶反光膜。

传统的应用于交通设施领域的反光膜以压敏胶为主。压力敏感型背胶，无须加热、溶剂或其他准备工作即可黏附在光滑、清洁表面，交通标志一般粘贴在铝板或铝合金板面上。

项目十　其他建筑材料　355

热敏胶的黏性在对材料加热并施加压力的情况下才会被激发。无背胶反光膜通常用于交通锥反光带、临时卷叠警告标志及设施柱反光带等自带支撑的材料。

2. 反光膜结构

反光膜是由多层不同性能材料组成的层结构,不同的反光膜,其组成的层结构也是不同的,各种反光膜主要结构见表10-3。

各种反光膜主要结构图　　　表10-3

结构名称	透镜埋入型玻璃珠	密封胶囊型玻璃珠	截角型微棱镜	全棱镜的正面结构
图解结构				
结构层数	5	4	5	5
结构材料	玻璃珠	玻璃珠	微棱镜	微棱镜

以最早出现的玻璃珠反光膜的基本结构图为例(图10-26),可以看出反光膜一般都是由表层(保护膜)、反射层(功能层)、基层(承载层)、胶黏层和底层(保护层)等多层不同物质组成的膜结构物体。反光膜的表层一般是透光性和耐候性能良好的树脂薄膜,反射层根据反光膜的不同类型其组成材料也各不相同,有微小玻璃珠、微棱镜或金属反光镀层等,基层多为树脂有机化合物制成的薄膜,胶黏层一般是环氧树脂胶,底层是厚纸做的保护层。

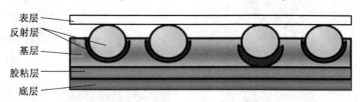

图10-26　玻璃珠反光膜基本结构图

高强级反光膜一般是由透光性和耐候性能良好的树脂薄膜作为表层,第二层是真空层,第三层是嵌入式微小玻璃珠,第四层为金属反光镀层,第五层为树脂承载层,第六层是胶黏剂,第七层背是纸保护层。

二、道路标线涂料

道路标线涂料又称路面防滑涂料,由基料及防滑集料组成。涂层表面可撒布玻璃微珠。成型后涂层的颜色主要为红、绿、黄、蓝等。

根据《路面防滑涂料》(JT/T 712—2008)中的规定,路面防滑涂料按施工方式可分为热熔型和冷涂型两类,其中冷涂型按干燥速度可分为快干型和慢干型。按抗滑性高低,可分为普通防滑型、中防滑型、高防滑型三类。

1. 热熔型

该类型涂料为物理干燥型。防滑集料一般预混于涂料中,施工温度在200℃以上,耗能高;但成本相对较低,环保性好,基本无环境污染。由于成膜物为热塑性树脂,高温易变形,易开裂,大面积施工困难,耐久性一般为2年左右。

2. 双组分冷涂型

该类型涂料为化学交联固化型。常温下施工,施工时将双组分基料混合涂布于路面,然后立即撒布防滑集料,所撒布集料为非彩色防滑集料,应加涂一层彩色面层。该类涂料的基料一般由无溶剂的双组分体系构成,但成膜树脂中存在部分残留单体,对环境污染较小。成膜树脂主要为丙烯酸、环氧树脂等类型,与基层附着力好,与路面结合牢固,耐磨性、耐久性好,但成本稍高。

3. 单组分冷涂型

该类型涂料为物理干燥型。防滑集料较细,一般预混于涂料中。常温下施工,由于涂料中含挥发性有机溶剂,环境污染严重。一次成膜厚度较薄,需多次喷涂才能达到一定涂层厚度,与基层附着力较差;其耐磨性、耐久性与涂层厚度关系较大。

三、桥面防水材料

桥面防水材料(图10-27)是指为了防止雨水进入桥面,雨水、雪水下水渗入桥体、桥梁,以及其他用水对桥体破坏等而设的材料。

图10-27 桥面涂抹防水材料

1. 分类

桥面防水材料分为防水卷材、防水涂料2大类(表10-4),具体适用范围见表10-5。

防水材料的适用范围 表10-4

材料		桥面铺装类型	桥面防水等级
防水卷材	弹性体改性沥青防水卷材	沥青混凝土	Ⅰ、Ⅱ
	塑性体改性沥青防水卷材		Ⅰ、Ⅱ
防水涂料	聚合物改性沥青防水涂料	沥青混凝土或水泥混凝土	Ⅰ、Ⅱ
	聚氨酯防水涂料		
	聚脲防水涂料		
	聚合物水泥防水涂料		Ⅱ
	水泥基渗透结晶型防水涂料	水泥混凝土	Ⅰ、Ⅱ

桥面防水等级　　　　表10-5

项目	桥面防水等级	
	Ⅰ	Ⅱ
桥梁类别	1. 特大桥、大桥； 2. 城市快速路、主干路上的桥梁、交通量较大的城市次干路上的桥梁	Ⅰ级以外的所有桥梁
防水层使用年限	大于或等于10年	大于或等于15年

2. 桥面防水材料适用标准

桥面用防水材料的性能应符合国家标准、行业标准的要求，其适用标准应按表10-6的规定执行。

防水材料的性能要求　　　　表10-6

材料		适用标准
防水卷材	弹性体改性沥青防水卷材	《道桥用改性沥青防水卷材》(JC/T 974—2005)
	塑性体改性沥青防水卷材	
防水涂料	聚合物改性沥青防水卷材	《道桥用防水涂料》(JC/T 975—2005)
	聚合物水泥防水涂料	
	聚氨酯防水涂料	《聚氨酯防水涂料》(GB/T 19250—2013)
	聚脲防水涂料	《喷涂聚脲防水涂料》(GB/T 23446—2009)
	水泥基渗透结晶型防水涂料	《水泥基渗透结晶型防水材料》(GB 18445—2012)
防水涂料的胎体增强材料	聚酯无纺布	《屋面工程技术规范》中的 B.1.9(GB 50345—2012)
	无碱玻璃纤维	《玻璃纤维无捻粗纱》(GB/T 18369—2022)
密封材料	道桥用密封胶	《道桥接缝用密封胶》(JC/T 976—2005)
基层处理剂	冷底油	《沥青基防水卷材用基层处理剂》(JC/T 1069—2008)
	热熔胶	《城市桥梁桥面防水工程技术规程》(CJJ 139—2010)中4.3.6

桥面防水体系中防水材料与基层处理剂、密封胶、其间的胎体增强材料、其上的结合层应具有相容性，两种复合使用的防水材料之间应具有相容性。

3. 桥面防水材料使用注意事项

桥面防水材料应根据使用地点的历年最高气温、有效最低气温、桥面铺装面层、桥面坡度、铺装面层厚度和防水层上沥青混凝土的摊铺温度等因素进行选择；当选择防水卷材或防水涂料时，还应满足其材料的耐热性、低温柔性和热老化性相适应的要求。

防水层材料的选用应符合下列规定：

(1) 对结构刚度较小或使用环境的最高有效温度和最低有效温度差、温度梯度较大的桥梁，宜选用拉伸性能和胀缩适应性较强的防水卷材或防水涂料。

(2) 当采用沥青混凝土铺装面层时，防水层宜采用防水卷材或防水涂料等防水材料。

(3) 当采用水泥混凝土铺装面层时，宜采用水泥基渗透结晶型防水涂料等刚性防水材料，严禁采用卷材做防水层。

(4)当桥面纵向或横向坡度大于4%时,不宜采用卷材防水层;当桥梁的平曲线半径≤60m时,桥面防水宜采用防水涂料。

(5)应根据防水层上沥青混凝土的摊铺温度选择相应的防水材料。防水卷材的耐热度应低于沥青混凝土的摊铺温度,但同时沥青混凝土的摊铺温度应低于170℃;防水涂料的耐热度应高于沥青混凝土的摊铺温度。当沥青混凝土的摊铺温度有特殊需求时,防水层应另行设计。

(6)选用防水材料时,不宜将防水卷材和防水涂料复合使用。

当铺设防水卷材时,环境气温和卷材的温度应不低于5℃,基层表面的温度必须高于0℃;当下雨、下雪和风力大于或等于5级时,严禁进行桥面防水层的施工。当施工中途下雨时,应做好已铺卷材周边的防护工作。

防水涂料不得在雨天、雪天施工。采用刷涂方式施工,风力大于或等于5级时严禁施工;采用喷涂方式施工时,风力大于或等于4级时严禁施工。不同防水涂料施工时,环境温湿度应符合规定。

水泥基渗透结晶型防水涂料严禁在雨中或环境温度低于5℃时施工,不适合在高温下工作。

四、彩色警示防滑路面

1. 概述

彩色路面自20世纪50年代源于欧洲,用于交通分流、防滑、警示和美化作用。自20世纪90年代开始,国内开始陆续出现了彩色路面铺装技术,并成功应用于城市道路、停车场、飞机场等场所,取得了很好的效果。而在高速公路上铺筑彩色路面是近几年来公路业界发展的一个热点,它主要用于高速公路及一般道路的弯道、坡道、隧道、收费站、服务区等的一个或几个并存的部位。

彩色警示防滑路面(图10-28)属于热固性树脂类彩色路面,它是由特殊配方的黏合剂和单粒径彩色陶瓷颗粒,以精确的数量涂敷于沥青路面的一种路面防滑系统。该路面具有交通分流、防滑、警示和美化作用,同时因陶瓷集料具有高耐磨耗性,可以延长路面的使用寿命。

图10-28 彩色警示防滑路面

2. 组成材料

(1) 黏合剂。

黏合剂由组分 A 和组分 B 等材料在现场按一定比例混合而成,其黏结效果好,并具有良好的柔韧性、耐腐蚀性、耐候性和耐久性。用量应根据路面的实际状况确定,一般为 $2.0 \sim 2.4 kg/m^2$。

(2) 集料。

集料采用人工合成的粒径为 $1.5 \sim 3.25 mm$ 的彩色陶瓷颗粒,应洁净、干燥、颗粒均匀。根据路面的实际状况确定用量,一般为 $8 \sim 10 kg/m^2$,覆盖率大于 100%。

3. 施工方案

工艺流程:路面清扫、施工放样、粘贴防污染物、黏合剂配制、涂抹黏合剂、撒布集料、初期养护、清除多余集料、开放交通。

(1) 路面清扫。

对做彩色路面的路段进行清扫,清除路面的杂物、泥土,并用吹风机吹净灰尘,必要时用水进行冲洗。对原路面有油脂污染的部位,先用清洁剂清洗,然后用水冲洗干净。用水冲洗过的路面,待完全干燥后才能进行施工。若路面存在深坑或小洞(孔)应采用适当材料填充。

(2) 施工放样。

在清扫干净的路段,根据设计要求精确放样,画出施工轮廓线。

(3) 粘贴防污染物。

为防止周围路面受到污染,并保证彩色警示防滑路面边线顺直,施工前应沿施工轮廓线外边缘粘贴塑料胶布,待集料撒布完,且黏合剂初期固化后将其揭除(常温条件下约 1h)。

(4) 黏合剂配制。

当施工面积较大时,施工前应先将其划分成若干个小的施工区域,施工时按施工区域面积计算各组分及集料用量,将称量的各组分材料,加入洁净的不锈钢容器中,采用手持快速搅拌机快速搅拌均匀,搅拌时间应根据配制量的大小和温度确定。

(5) 涂抹黏合剂。

涂抹黏合剂采用专人刮涂的方法,将搅拌均匀的黏合剂立即用锯齿状的橡胶刮板刮涂布于规定的区域,要保证黏结材料的厚度均匀、平整,不得有漏涂,接头处应适当增加涂布量,对局部漏涂或少涂的部位要人工进行修复,保证其黏结效果。

(6) 撒布集料。

集料撒布采用专人手工撒布的方法,黏合剂涂布后,应立即撒布集料,撒布覆盖率应大于 100%,集料用量为 $8 \sim 10 kg/m^2$,确保集料的分布均匀。

(7) 初期养护。

集料撒布后进入初期养护,黏合剂的固化时间一般为 $6 \sim 8h$,养护过程中应严格保证表面不被污染、不被雨淋、严禁行人、行车等,以免影响最终的黏结性能。

(8) 清除多余集料。

养护完成后,人工将多余的集料清除,回收的集料重新进行过筛、清洗、烘干后再利用。

(9)开放交通。

解除限制,开放交通。

任务实施

根据任务描述,查阅资料,归纳总结交通安全类材料的类型及其应用;结合所学内容,分析使用交通安全材料的意义。

任务评价

评价项目	评价标准	参考分值	得分
交通安全类材料的类型及其应用	归纳总结全面	50	
使用交通安全类材料的意义	分析正确、全面	50	
总评			

习题

一、单选题

1. 以下哪项不是沥青玛𹰫脂碎石混合料(SMA)具有的特点?(　　)
   A. 粗集料多　　　B. 矿粉多　　　C. 沥青多　　　D. 细集料多
2. 沥青稳定碎石(ATB)与沥青混凝土的区别主要是(　　)的不同。
   A. 沥青用量　　　B. 空隙率　　　C. 公称最大粒径　　　D. 矿粉
3. 以下哪项不是减水剂的作用?(　　)
   A. 不改变各种原材料配合比的条件下,提高混凝土的流变性
   B. 不改变混凝土配合比(除水)及混凝土的坍落度的情况下,减少用水量
   C. 不改变混凝土配合比(除水泥)及混凝土强度的情况下,节省水泥用量
   D. 混凝土的耐久性降低
4. 透水混凝土的组成材料中不含(　　)。
   A. 粗集料　　　B. 细集料　　　C. 水泥　　　D. 水

二、判断题

1. SMA 混合料高温抗车辙能力差。（　　）
2. 橡胶沥青混凝土被誉为"消音沥青"，可以降低行车噪声。（　　）
3. 水性环氧树脂乳化沥青是一种冷态的水性环氧树脂改性乳化沥青类材料。（　　）
4. 沥青稀浆封层和微表处混合料可以用于沥青路面的养护维修，也可以用于路表加铺抗滑层或磨耗层。（　　）
5. 自密实混凝土（SCC）是具有高流动性、均匀性和稳定性，无须外力振捣，能够在自重作用下流动密实的混凝土。（　　）

三、简答题

1. 提高混凝土强度的措施有哪些？
2. 简述泡沫沥青冷再生技术的优点。
3. 简述环氧树脂在工程中的应用。

参 考 文 献

[1] 王力艳,迟长玉.道路建筑材料[M].北京:人民交通出版社股份有限公司,2018.

[2] 李鹏飞.道路建筑材料[M].北京:北京邮电大学出版社,2017.

[3] 张金升,郝秀红,张旭,等.沥青混合料及其设计与应用[M].哈尔滨:哈尔滨工业大学出版社,2013.

[4] 中华人民共和国交通运输部.公路工程沥青及沥青混合料试验规程:JTG E20—2011[S].北京:人民交通出版社,2011.

[5] 中华人民共和国交通运输部.公路沥青路面施工技术规范:JTG F40—2004[S].北京:人民交通出版社,2004.

[6] 中华人民共和国交通运输部.公路工程集料试验规程:JTG E42—2005[S].北京:人民交通出版社,2005.

[7] 中华人民共和国交通运输部.公路工程无机结合料稳定材料试验规程:JTG E51—2009[S].北京:人民交通出版社,2009.

[8] 中华人民共和国交通运输部.公路工程水泥及水泥混凝土试验规程:JTG 3420—2020[S].北京:人民交通出版社股份有限公司,2020.

[9] 中华人民共和国交通运输部.公路路面基层施工技术细则:JTG/T F20—2015[S].北京:人民交通出版社股份有限公司,2015.

[10] 中华人民共和国交通运输部.公路水泥混凝土路面施工技术细则:JTG/T F30—2014[S].北京:人民交通出版社,2014.

[11] 中华人民共和国交通运输部.公路工程岩石试验规程:JTG E41—2005[S].北京:人民交通出版社,2005.

[12] 中华人民共和国交通运输部.公路土工试验规程:JTG 3430—2020[S].北京:人民交通出版社股份有限公司,2020.

[13] 中华人民共和国交通运输部.公路沥青路面设计规范:JTG D50—2017[S].北京:人民交通出版社股份有限公司,2017.

[14] 中华人民共和国住房和城乡建设部.建筑砂浆基本性能试验方法标准:JGJ/T 70—2009[S].北京:中国建筑工业出版社,2009.

[15] 中华人民共和国住房和城乡建设部.砌筑砂浆配合比设计规程:JGJ/T 98—2010[S].北京:中国建筑工业出版社,2010.

[16] 国家标准化管理委员会.建设用砂:GB/T 14684—2022[S].北京:中国标准出版社,2022.

[17] 国家标准化管理委员会.建设用卵石、碎石:GB/T 14685—2022[S].北京:中国标准出版社,2022.

[18] 中国国家标准化管理委员会.冷轧带肋钢筋:GB/T 13788—2017[S].北京:中国标准出版社,2017.

[19] 中国国家标准化管理委员会.钢筋混凝土用余热处理钢筋:GB/T 13014—2013[S].

北京:中国标准出版社,2013.

[20] 国家标准化管理委员会.金属材料 拉伸试验 第1部分:室温试验方法:GB/T 228.1—2021[S].北京:中国标准出版社,2021.

[21] 中华人民共和国工业和信息化部.建筑生石灰:JC/T 479—2013[S].北京:中国建材工业出版社,2013.

[22] 中华人民共和国工业和信息化部.建筑石灰试验方法 第2部分:化学分析方法:JC/T 478.2—2013[S].北京:中国建材工业出版社,2013.

[23] 中华人民共和国工业和信息化部.建筑消石灰:JC/T 481—2013[S].北京:中国建材工业出版社,2013.

[24] 王乾,耿九光,齐琳,等.公路水运工程试验检测人员考试习题精练与解析:道路工程[M].北京:人民交通出版社股份有限公司,2022.